陕甘宁边区法制史概论

顾　问　杨永华　方克勤
主　编　马　成
撰稿人　（按姓氏笔画排序）
马　成　王天丹　王斌通　吕　虹　任亚爱
刘　驰　李永宁　李政敏　汪世荣　张顺军
欧阳华　赵全宇　徐　鹏　韩　伟　薛永毅

高等教育出版社·北京

内容提要

陕甘宁边区时期的法制实践是中国共产党领导下的中国特色法制建设的初创阶段和重要组成部分，是延安精神的重要组成部分，其中蕴藏的理论与实践价值对于我们今天更好地践行“以人民为中心”的社会主义法治理念具有重要意义。本教材系国内首部专门为法学专业本科生、硕士研究生编撰的革命根据地法制史教材。全书从陕甘宁边区的法制概述、宪法、选举法、政权组织法、刑法、民事立法、诉讼审判制度、狱政等多个方面对陕甘宁边区法制实践进行了系统的、直观的、详细的介绍。有助于青年法科学子全面地了解中国革命历史，感知红色法律文化，自觉传承红色法律基因，继承弘扬延安精神，成为政治坚定、业务精良、敢于担当、值得党和人民托付的新时代高素质法治人才。

图书在版编目（CIP）数据

陕甘宁边区法制史概论／马成主编. --北京：高等教育出版社，2019.2

ISBN 978-7-04-051198-7

Ⅰ.①陕… Ⅱ.①马… Ⅲ.①陕甘宁抗日根据地－法制史－研究 Ⅳ.①D929.6

中国版本图书馆 CIP 数据核字（2019）第 008791 号

Shan Gan Ning Bianqu Fazhi Shi Gailun

策划编辑 程传省　责任编辑 程传省　特约编辑 李　策　封面设计 于文燕

版式设计 张　杰　责任校对 高　歌　责任印制 毛斯璐

出版发行 高等教育出版社

社　　址 北京市西城区德外大街 4 号

邮政编码 100120

印　　刷 三河市骏杰印刷有限公司

开　　本 787mm×1092mm 1/16

印　　张 18.25

字　　数 420 千字

购书热线 010-58581118

咨询电话 400-810-0598

网　　址 http://www.hep.edu.cn

http://www.hep.com.cn

网上订购 http://www.hepmall.com.cn

http://www.hepmall.com

http://www.hepmall.cn

版　　次 2019年2月第1版

印　　次 2019年2月第1次印刷

定　　价 **48.00**元

物 料 号 51198-00

本教材系西北政法大学特色自编教材建设成果

前　言

2018年3月8日，习近平在参加十三届全国人大一次会议山东代表团审议时表示："红色基因就是要传承。中华民族从站起来、富起来到强起来，经历了多少坎坷，创造了多少奇迹，要让后代牢记，我们要不忘初心，永远不可迷失了方向和道路。"只有牢记历史，方能赢得未来。陕甘宁边区时期的法制实践是中国共产党领导下的中国特色法制建设的初创阶段和重要组成部分，为新中国民主法治建设积累了宝贵的思想财富，是延安精神的重要组成部分，其中蕴含的理论与实践价值对于我们今天更好地践行"以人民为中心"的社会主义法治理念具有重要意义。

本教材系国内首部专门为法学专业本科生、硕士研究生编撰的革命根据地法制史教材。全书从陕甘宁边区的法制概述、宪法、选举法、政权组织法、刑法、民事立法、诉讼审判制度、狱政制度等多个方面对陕甘宁边区法制实践进行了系统的、直观的、详细的介绍。学习研究陕甘宁边区法制史，能够促进青年法科学子全面地了解中国革命历史，感知红色法律文化，自觉传承红色法律基因，继承弘扬延安精神，帮助他们成为政治坚定、业务精良、敢于担当、值得党和人民托付的新时代高素质法治人才。

作为西北政法大学重点支持建设的特色自编教材，本教材特邀西北政法大学杨永华教授、方克勤教授担任顾问，由西北政法大学马成副教授担任主编，其他撰稿人包括：西北政法大学校长助理、最高人民法院司法办副主任汪世荣教授，陕西省社会科学院王天丹博士，中国政法大学法律史专业博士研究生王斌通，西北政法大学吕虹副教授，西北政法大学任亚爱副教授，西北政法大学反恐怖主义法学院党委书记李政敏，西北政法大学教务处副处长李永宁，西北政法大学新闻传播学院副院长刘驰副教授，西北政法大学政治与公共管理学院张顺军博士，武警工程大学欧阳华教授、西北政法大学党政办主任赵全宇，西北政法大学新闻传播学院徐鹏博士，西北工业大学人文与经法学院韩伟副教授，西安市新城区人民检察院政治部薛永毅检察官。

本教材具体写作分工如下（以姓氏笔画排序）：马成、李永宁撰写第四章，王天丹撰写绪论，王斌通撰写第二章，吕虹撰写第七章第二、三、四、五节，任亚爱撰写第六章，刘驰撰写第三章第二节、第四节，李政敏撰写第一章第一节、第二节，汪世荣撰写结语，张顺军、赵全宇撰写第八章，欧阳华撰写第五章第一节、第七章第一节，徐鹏撰写第一章第三节，韩伟撰写第三章第一节、第三节，薛永毅撰写第五章第二、三、四节。

本教材得以顺利出版，我们要特别鸣谢高等教育出版社诸位同仁的悉心服务，还要感谢西北政法大学教务处、刑事法学院、中华法系与法治文明研究院诸位领导同事的大力支持，谢谢大家！

编写组

2018 年 11 月

目　　录

绪 论

习近平在十九大报告中指出："中国共产党一经成立，就把实现共产主义作为党的最高理想和最终目标，义无反顾肩负起实现中华民族伟大复兴的历史使命，团结带领人民进行了艰苦卓绝的斗争，谱写了气吞山河的壮丽史诗"，"不忘初心，方得始终"。[①] 陕甘宁边区，亦称陕甘宁革命根据地，自 1935 年 10 月至 1948 年 3 月一直是中共中央所在地。"是全国革命的指挥中心，是中国人民进行革命斗争的总后方"。[②] 陕甘宁边区为中国革命作出了重大贡献。为此，毛泽东指出："没有陕北那就不得下地。我说陕北是两点，一个落脚点，一个出发点"。[③] 陕甘宁边区对中国共产党的发展壮大产生了深远的影响，为抗日战争的胜利及新中国的成立作出了巨大贡献。

一、陕甘宁边区是中共中央和红军长征的落脚点

陕甘宁边区的前身是陕甘苏区，即陕甘革命根据地，也称西北革命根据地，由陕甘边革命根据地和陕北苏区两块组成，习惯上统称为陕北苏区或陕甘根据地。陕甘宁边区是刘志丹、谢子长、习仲勋等革命家，出生入死，开展土地革命，逐步发展起来的，是土地革命时期硕果仅存的革命根据地，并成为中共中央和红军一、二、四方面军长征的落脚点、中国革命的落脚点，也成为中国共产党领导抗日战争和中国革命新的出发点。

二、陕甘宁边区是模范抗日民主根据地和首席根据地

在此形成以毛泽东为核心的领导集体。从 1935 年 10 月 19 日中共中央长征胜利到达保安县（今志丹县）吴起镇到 1948 年 3 月 23 日中共中央从吴堡县川口南心园侧塔渡口东渡黄河，陕甘宁边区及其首府延安一直是中共中央所在地和毛泽东同志的驻地，中共中央和毛泽东在此领导中国革命，指挥全党，制定党的政策和策略。《毛泽东选集》第 1－4 卷[④]总共

① 《人民日报》2017 年 10 月 28 日。

② 习仲勋：《〈陕甘宁边区抗日民主根据地〉序言（1990 年 11 月 21 日）》，载《习仲勋文集》（下卷），中共党史出版社 2013 年版，第 1268 页。

③ 毛泽东：《中国共产党第七次全国代表大会的工作方针》，载《毛泽东文集》（第 3 卷），人民出版社 1996 年版，第 297 页。

④ 《毛泽东选集》（第 1－4 卷）由人民出版社于 1991 年出版。

有158篇著作，其中有112篇是在这个阶段完成的；《毛泽东军事文集》第1－6卷[①]中有957篇是在这个阶段完成的；《建党以来重要文献选编（1921—1949）》[②]中在此阶段完成的著作则高达2 072篇。党中央在陕甘宁边区制定了引导中国革命走向胜利的正确路线和一系列方针政策；将马克思列宁主义同中国革命的实践相结合的毛泽东思想也是在这一时期全面形成和成熟起来的。正如习仲勋所讲："党中央在延安培养了大批干部，成为各条战线上的骨干力量；伟大的整风运动和大生产运动也是党中央和毛泽东同志在延安倡导，总结了成功经验，然后普及到各抗日根据地，使全党在思想上、政治上、组织上达到了空前的统一和团结，在革命军民的精神生活和物质生活两方面都产生了巨大的作用。在党中央的直接领导下，陕甘宁边区成为全国的模范抗日民主根据地，在国内产生了重大影响，在国外也产生了很好的影响。"[③]毛泽东称之为"民主中国的模型"[④]。陕甘宁边区是新民主主义的"试验区"和"示范区"，在全国根据地中居于"模范根据地"和"首席根据地"的地位[⑤]，对其他根据地起着指导和示范作用。在陕甘宁边区，中国共产党人以集体智慧形成了全党的指导思想——毛泽东思想，召开了中国共产党第七次全国代表大会，形成了以毛泽东为核心的第一代中央领导集体。

三、中国共产党在陕甘宁边区提出党的抗日战略，指导全国抗战，指挥人民军队和敌后抗日根据地取得抗战胜利

抗日战争时期，中共中央和毛泽东在延安为推动全民族抗战，提出了中国共产党的抗日战略，指导全国抗战克敌。并指挥八路军、新四军挺进敌后，建立敌后抗日根据地，抗击日寇，为中国的抗战胜利作出了贡献：建立统一战线，坚持持久抗战，开辟敌后战场，开展游击战，是敌后战场克敌制胜的关键战术；提出新民主主义理论，为中国革命抗战胜利后中国的发展指明了方向，鼓舞了全国人民抗战的信心。

中共中央在陕甘宁边区指挥全党全军夺取解放战争的胜利。解放战争时期，中共中央和中央军委制定了正确政治政策、军事政策和全国统一的战略布局，领导军民取得了解放战争的伟大胜利。通过制定正确的政治政策，团结社会各界力量，凝聚人心，在国民党统治区掀起了声势浩大的爱国民主运动，形成了配合解放战争的第二条战线，加快了解放战争的胜利进程。

---

① 《毛泽东军事文集》（1－6卷）由军事科学出版社、中央文献出版社于1993年出版。

② 《建党以来重要文献选编（1921－1949）》由中央文献出版社于2011年出版。

③ 习仲勋：《〈陕甘宁边区抗日民主根据地〉序言（1990年11月21日）》，载《习仲勋文集》（下卷），中共党史出版社2013年版，第1268－1269页。

④ 毛泽东：《论联合政府》，载《毛泽东选集》（第3卷），人民出版社1991年版，第1044页。

⑤ 任弼时：《关于几个问题（1943年1月8日在陕甘宁边区高干会上的演说）》，载陕甘宁边区财政经济史编写组、陕西省档案馆编：《抗日战争时期陕甘宁边区财政经济史料摘编》（第1编：总论），陕西人民出版社1981年版，第83－84页。

四、中国共产党在陕甘宁边区形成了许多重大理论成果和优良传统，完成了干部准备，并为中国革命在全国取得胜利奠定了基础

中国共产党在陕甘宁边区总结了历史经验教训,形成了许多重大理论成果和优良传统作风,如新民主主义理论、毛泽东思想、延安精神、三大作风、三大法宝、延安整风、双拥运动等,业已成为党的宝贵精神财富,对全党影响至深。陕甘宁边区也是党的干部培训基地,为中共中央和全党培养出了大批干部,在此学习和战斗过的许多同志在新中国成立后成为党和国家的领导人,为新中国成立后的国家建设奠定了人才基础。习仲勋同志指出:“陕甘宁边区最突出的成就和贡献,就是在党中央领导下,在政治上、经济上、文化上全面地实施了新民主主义革命的纲领和政策,取得了极大的成功和丰富的经验,为中国革命的胜利和新中国的建设,奠定了坚实的基础。”①陕甘宁边区为中国共产党的发展壮大和中国革命取得胜利作出了重大贡献,也为新中国的建设和发展产生了深远的影响。展望新时代，上述宝贵经验对于进一步深化改革,推进对外开放,仍具有重要的历史借鉴价值。

五、陕甘宁边区的法制是新民主主义政治的重要组成部分，是陕甘宁边区民主政权稳固运行的重要保证

陕甘宁边区法制建设是在中共中央的直接领导和指导下,在总结土地革命政权法制建设经验教训的基础上建立和发展起来的,为抗日民主政权和中国共产党局部执政提供了法制保障。担任过边区高等法院院长的雷经天指出:边区高等法院遵照国民政府司法制度,执行司法工作的任务;同时,它也继承过去苏维埃政权时代司法制度的革命传统。因为边区的法律建立在人民的基础上,保障人民的利益,巩固抗日的人民政权,这是边区法律的最高原则。在目前抗战时期,“抗战高于一切,一切服从抗战”,边区的司法工作都遵照这个原则,以求抗战的最后胜利。

边区实行的法律,以适应边区的环境及抗战的需要为标准,以采用中央颁布的各种法律为原则,并参照地方的实际情况。因此,边区处理案件时,根据法律条文,并参酌案件具体事实予以判决。对于一些特殊的过去的革命传统,如土地、婚姻等问题的解决,则以革命传统及边区政府所颁布的文告为依据。② 陕甘宁边区的法制保证了边区社会秩序的稳定和抗日民主政权的发展和壮大,支持了敌后抗战,为敌后各抗日根据地树立了标杆,起到了示范和辐射作用,是中国共产党领导的中国特色法制的具体体现,是马克思主义中国化的成果,与马克思主义法制理论一脉相承,也是中国共产党进行依法治国的艰辛探索,为新中国法制建设奠定了坚实基础,提供了宝贵经验,如马锡五创立的“马锡五审判方式”,目前仍是中国法制史上唯一以个人名字命名的审判方式,对于新中国的司法制度产生了深远影响,并被国际

---

① 习仲勋:《〈陕甘宁边区抗日民主根据地〉序言(1990 年 11 月 21 日)》,载西北五省区编纂领导小组、中央档案馆:《陕甘宁边区抗日民主根据地(文献卷)》(上),中共党史资料出版社 1990 年版,第 2 页。

② 雷经天:《陕甘宁边区的司法制度》,载《解放》1938 年第 50 期。

司法界誉为“东方审判经验”，其成效被司法务实人员和法学学者认定为重塑中国司法形象的重要历史成果和本土法制资源。

第一章　陕甘宁边区政府及法制概述

陕甘宁边区是中共中央与中央红军经过长征到达陕北后，在西北革命根据地的基础上，巩固、扩大和建立起来的全国模范根据地。边区首府延安是中共中央的所在地。陕甘宁边区自 1937 年 9 月 6 日成立至 1950 年 1 月 19 日撤销，历时 12 年 3 个月，在中共中央的直接领导下，先后经过五届政府的建设和治理，全面实施了新民主主义革命的纲领和方针政策，在政治、经济、文化、教育、法制等各方面都积累了丰富的经验，探索了新民主主义社会建设的模式和道路，对全国的建设、治理起到了指导和模范作用，在国内外都产生了重大影响，为革命胜利和新中国的建设奠定了坚实的基础。

第一节　陕甘宁边区自然社会环境

一、边区的地理和气候

陕甘宁边区包括今天陕西延安地区、榆林部分地区，甘肃庆阳部分地区，以及宁夏盐池县，是一个以陕西北部为主体的特殊历史时期的产物。陕甘宁边区基本处于我国黄土高原之上，北起陕西北部的府谷、横山，南达陕西中部的淳化、旬邑，西至甘肃的固原、宁夏的豫旺堡，东临黄河，南北长 450 公里，东西宽 400 公里，人口约 150 万。边区山川连绵，沟壑纵横，地表走势呈现为西北高、东南低。边区地形主要分为原地和川地。原地虽地势平坦，却由于黄河水对高原的冲刷作用而密布沟壑并被其切割，导致大小不一，最小面积不足 1 平方公里，最大面积才十几平方公里；川地指山涧中河流冲击平地，最宽处不足 1 公里。边区主要"以黄土为主，另有红黏土、石灰结核红土和各种冲积土"①，大部分土壤属于钙质土，其中所含营养成分均有利于农作物的生长。原地和川地都是良好的种植区域，对雨水的要求也颇高，表现为一年内降水量与农作物产量成正比。

虽然陕甘宁边区自然条件恶劣，该地区却蕴藏着铁、煤、石油、盐、碱等种类齐全、分布广泛、储量惊人的矿产资源。其中石油、煤、天然气等资源，几乎遍及区内每个角落；正宁、甘泉、旬邑等地还蕴藏少量金、铜、铁、铅等金属矿产；盐池、定边等北部地区有丰富的盐、芒硝

① 黄正林：《陕甘宁边区社会经济史（1937－1945）》，人民出版社 2006 年版，第 25 页。

等资源。受当时条件限制，人们根本无法大规模开采和利用这些矿产资源。

陕甘宁边区属于北温带大陆性气候，总体特征是干燥少雨，霜冻期长，加上地表河流水量小，降水的季节分配严重不均衡，可用于农田灌溉的水量是少之又少。受限于这样的地理气候环境，陕甘宁边区民众经常遭受多种自然灾害的侵扰。旱涝、冰雹和霜冻是边区频发的灾害种类，此外还常伴有风灾、虫灾、鼠灾以及瘟疫等。据《中国近代十大灾荒》记载，1928－1930年的西北、华北是万里赤地。一位内地传教士形容当时的黄土高原为“活地狱”。“陕北……所辖二十三县，无县不旱”[①]，陕北全境一年之内滴雨未落，结果就是百姓无粮可食，纷纷拆屋卖畜，低价换取口粮，更有甚者，卖儿鬻女，其哀鸿遍野之境，真是无以言表。旱灾导致饥荒，而饥荒明显的后果是加速了经济的衰退。贫乏的水资源是毛泽东改善边区民众生活、进行生产发展时遇到的首要问题，因此发展灌溉成为农业生产中的重要措施。

二、边区的社会状况

土地革命前，陕甘宁边区政治极其黑暗，经济、文化、教育、卫生、医药异常落后，广大人民生活极为艰苦。军阀争夺、匪患猖獗、烟毒遍地、苛政如虎、民生凋敝是对当时社会状况的真实写照。

（一）政治黑暗，政治生态荒蛮和无序

土地革命前[②]，陕北遭受帝国主义及其封建军阀惨无人道的蹂躏。许多德意志帝国主义教堂横行不法，蔑视我国主权；各地驻军对人民生杀予夺，为所欲为，而土劣恶霸为军阀作爪牙，倚势作恶，鱼肉良民；加之土匪遍地，岁无宁日，人民的人权、财权毫无保障；农民没有土地，辗转呻吟于暴政、苛捐杂税、地租沉重和高利贷等重重压迫之下，因而破家荡产，纷纷逃亡，土地荒废，生产衰落。[③] 民国以来二十余年，陕西都是军阀主持陕政，他们贪污腐败榨取民脂民膏，寄希望于他们实现政治民主、经济发展和解除民众疾苦，无异于痴人说梦。陕西农民把这二十余年的痛苦经验总结为“把狗喂成熊”。边区人民遭受帝国主义和封建势力暗无天日的政治统治。

（二）经济落后，生产力水平低下

限制陕甘宁边区社会建设的，除先天劣势的自然环境外，社会生产力低下也是一个不可回避的问题。边区的社会生产力水平低下主要表现在农业和手工业两个方面。农业是陕甘宁边区经济的主体，其耕作水平却很低下。农业生产力主要受耕作工具、耕作技术和耕作规模三方面的制约。畜力是陕北地区传统农业生产力的主要决定因素，主要指耕牛和耕驴，当时耕牛每头市值为700－800元，耕驴仅为200－300元，耕牛因在草料消耗方面远大于耕驴而多为大户所用，但即使价格实惠的耕驴在边区也不能遍及全体农户，很多农民无力负担，

---

① 李文海等：《中国近代十大灾荒》，上海人民出版社1994年版，第171页。

② 指1935年前，下文所指相同。

③ 陕甘宁边区财政经济史编写组、陕西省档案馆：《抗日战争时期陕甘宁边区财政经济史料摘编》（第9编：人民生活），陕西人民出版社1981年版，第3页。

边区最贫困的125户贫农中仅有耕驴16头。畜力严重不足是阻碍农业发展的主要原因。粗放式的耕作技术表现为对肥料的使用。边区地广人稀处的耕作主要靠休耕，即通过减少耕作次数来恢复地力；而人口相对密集、无法实现休耕的地方，则多数使用天然肥，主要有人畜粪便和草木灰等。肥料只能依靠人工收集，“每家都有自己的茅厕，决不轻易去自己茅厕以外的地方排泄，……勤奋的农民(包括女人与小孩)还清早起来到外面去捡粪。”①受限于地表环境和封建土地制度，边区以个体家庭的小农经济为主，农业生产规模表现为每一户使用耕地的数量少，每一户使用的耕地又分散为多处小块，劳动力分布不平衡问题突出。生产工具的匮乏、生产资料收集效率的低下以及耕作模式的分散都对农业发展造成严重阻碍，降低了边区农业生产力水平。除无耕地者外，拥有耕地的农户之间差距也十分明显，既有2户占有51－60垧的情况，也有37户仅占1－5垧的情况。贫苦农民没有耕地主要是封建地主经济造成的，农民自己土地很少甚至没有，不得不向封建地主租种土地，地租很高，出产物却很少，常常入不敷出。不仅如此，抗日战争全面爆发之前，边区农业还因长期受到军阀混战的破坏而凋敝不堪。封建军阀和国民党反动派为弥补其巨大的军事开支而强令农民种植鸦片，这就更加减少了农作物的产量。手工业方面，手工业在轻工业生产中占有重要地位。据《陕甘宁边区社会经济史》记载，虽然边区具备了传统的手工业部门，但从20世纪30年代起便开始走向衰落。陕北地区苛捐杂税盛行，迫使多数农村手工业经营不善。为了逃避过重负担，多数手工业者背井离乡，也使得传统手工业后继无人；近代工业的发展对于传统手工业的冲击非常之大，以至于到抗战前夕，边区除粮食和羊毛外，日常所需的一切供应，均必须依靠外来。边区建设面临先天不足的自然环境和落后低下的社会生产力水平带来的种种难题。

（三）文化卫生落后，民众心智未开

封建社会在中国延续长达两千年之久，封建等级观念在广大民众的脑海里根深蒂固，迷信思想大为流行，他们没有受教育的权利，中国的封建统治者也因人民的愚昧有利于维护其自身的政治统治而极为乐意维持这种状况。自然条件恶劣、交通闭塞、经济落后的陕甘宁边区的这种情况尤为突出。生活在这里的群众大都因深受封建军阀的欺压、盘剥而非常贫困，加之边区人口稀少，农民受地形因素影响住得比较分散，远离沿海地带。地理上遥远的位置，使新文化运动的激进思想在这里发展缓慢，浓厚的封建礼教、封建迷信大量存在，社会风气和社会习俗等方面远远落后于其他地区。

以往的省政府和封建军阀只关注本省军政大权的归属问题，丝毫不关注劳苦民众的生活和生产问题，更不要奢求提高整体教育水平。科学文化极端落后导致了边区的民众目不识丁，思想保守愚昧，“许多贫苦的农民，简直是几辈子不识字”②，这里是“全国最黑暗的地

① 柴树藩、于光远、彭平：《绥德、米脂土地问题初步研究》，人民出版社1979年版，第10页。

② 陕西师范大学教育研究所编辑：《陕甘宁边区教育资料·小学教育部分(上)》，教育科学出版社1981年版，第159页。

区之一”和“最荒凉区域的中心”。① 在当地农村，人人只为填饱肚皮，哪里顾得上脑子空空，最终演变为村子里只有“乞讨之乡风，而无求学之村俗”②。陕甘宁边区民众的愚昧落后直接影响到他们的生产生活。落后的小农思想使得当地农民不仅不愿意接受科学知识对自己旧有的生活方式的改造，同时由于缺乏民主政治意识的普及，更加不会愿意投身到陕甘宁边区的社会建设中去。

陕甘宁边区地理位置偏僻，土地贫瘠，经济落后，绝大多数民众的生活尚不能获得保证，对文化教育的投入可想而知。“文盲率几乎达到了95%左右”③，能够接受教育的只有那些有权有势或者富裕阶层的子弟。由于文化科学知识的贫乏，“教科书之外几无任何知识食粮”④；由于地区对教育的不重视，只有很少的学校。人们的思想观念落后，即便到了20世纪的三四十年代，陕甘宁边区依然活跃着大量的巫师、术士、神官等，巫魅、阴阳、术数等封建迷信甚嚣尘上，尤其是巫婆神汉到处招摇撞骗，据统计，边区内的巫婆神汉就达到了2 000多人。民众因为文化知识的缺乏导致迷信横行，对医疗卫生极不重视，使民众的生命健康根本得不到保障，民众的死亡率高达30%⑤。根据斯诺的记载，陕北地区和甘肃地区某些地方的民众一生之中只洗两次澡，这些民众也不愿意洗脚、洗脸，并且不剪指甲。而在陇西，民众如果说“洗澡”便是骂人，出现这些现象的原因就是迷信——当地人认为水是有害的，特别是对于人！这仅仅是文化教育缺乏的一个方面。边区文化教育的缺乏还表现在一些社会行为上，如抽大烟、缠小脚、蓄发辫的现象极为普遍，甚至有的妇女膝行而前，“盖缠足过纤小，不能支其身重也”⑥。

（四）烟毒泛滥，社会危害严重

陕甘宁边区面临的毒品问题有其历史渊源。这些毒品主要是从罂粟中提取的鸦片和鸦片的深加工产物（吗啡、海洛因等）。清中期以后，英国人为攫取巨额利益，改变贸易逆差，不断向中国输入鸦片，毒品成为占整个中国人口16.8%⑦的人群日常生活的重要组成部分，半数以上的中国人的生活都与毒品贸易有关。民国之后，烟税（对鸦片及其他毒品征收的捐税）是中央和各级地方政府财政极其重要的组成部分，导致禁烟工作步履维艰。各地军阀为了扩充实力，在其控制区大规模种植鸦片，进行毒品贸易，毒品已经影响到了整个中国社会的方方面面。当时的陕西也并非一片净土，鸦片进入陕西的时间大约在道光年间，民国初年陕西生产的鸦片位居全国第四⑧。由于种植鸦片的利润远远大于种植粮食作物，一般

---

① 《抗日战争时期解放区概况》，人民出版社1953年版，第5页。

② 《陕甘宁边区政权建设》编写组编：《陕甘宁边区参议会》，中共中央党校科研办公室1985年编印，第126页。

③ [美]埃德加·斯诺：《西行漫记》，董乐山译，生活·读书·新知三联书店1979年版，第210页。

④ 顾颉刚：《西北考察日记》，甘肃人民出版社2002年版，第194页。

⑤ 任学岭、谭虎娃主编：《陕甘宁边区史稿》，中央文献出版社2011年版，第214页。

⑥ 顾颉刚：《西北考察日记》，甘肃人民出版社2002年版，第154页。

⑦ 苏智良：《中国毒品史》，上海人民出版社1997年版，第3页。

⑧ 冼波：《烟毒的历史》，中国文史出版社2005年版，第11页。

为几倍甚至10倍之多[①],吸引了大批农民种植。而当时陕西耕地面积仅有3000万亩,适合种植鸦片的水田仅有300余万亩。陕北的鸦片问题更为突出和严重。早在民国三年(1914年),军阀头领陆建章就解禁种烟,“在陕北的绥德、延安等地区大规模种植鸦片,并派手下军官派兵保护”[②]。陕北的鸦片种植地区主要集中在延安、神木、佳县、榆林、府谷、延川等地土壤肥沃、气候适宜的水田中,几乎当地的水田都种满了鸦片[③]。甘肃鸦片种植地区主要集中在黄河两岸易于灌溉且土壤肥沃的地区,而宁夏只有贫瘠的土地才种粮食,肥沃的土地都种植了鸦片。全国有名的“西土”就是陕西、甘肃出产的烟土,由此可以看到边区烟毒的可怕。

(五)思想愚昧,妇女社会地位低下

自古以来,中国妇女深受压迫。“缠足”是封建时期压迫妇女最明显的例证。在封建社会,为了满足无耻文人的病态审美观而摧残妇女的肢体,使妇女不能走出闺阁,不能独立谋生而更加依靠男人。自宋代以来,缠足一直持续到新中国成立,延续了几百年。而自明代以来,陕西地区缠足的风气大盛,还出现了所谓的“赛脚会”。历代以来均有有识之士到处奔走,宣传废除缠足,但收效甚微。民国建立以后,虽多方宣传,其效果也仅仅局限在城市,广大的农村地区依旧和原来一样。“溺婴”现象古已有之,近代在陕西的地方史料当中也屡见不鲜,女婴呱呱坠地之时就是其毙命之时。“童养媳”的现象层出不穷,经常出现婆母、主母残忍虐待童养媳的现象,惨不忍闻,甚至出现了“名为童养媳,实际上是人口买卖”[④]的事实。童养媳大多比其丈夫大七八岁,婚前就像夫家的佣人。

在乡村,婚后妻子必须对丈夫和公婆百依百顺,甚至还要忍受丈夫和公婆的打骂。这仅仅是其受到的不公正待遇之一,与此同时还要忍受丈夫的纳妾,否则便是“妒妇”,丈夫随时可以休妻再娶。封建时期也有专门保护妇女的法律规定,但只是贵族妇女的特权[⑤]。民国以来,虽然颁布了许多保护妇女的法律,允许妇女离婚,但往往局限于城市之中,广大乡村的妇女根本享受不到。如果妇女守寡,甚至会出现为夺取其财产而逼迫其改嫁的现象。鲁迅先生文中的“祥林嫂”更是其典型代表。受旧观念、礼教的影响,寡妇再嫁受到“种种歧视、不公正甚或近于残忍的对待”[⑥]。妇女的人身权利无从保障,更奢谈受教育权利。自古以来中国便有“女子无才便是德”的传统道德,妇女根本得不到受教育的机会。自清末以来便有有识之士多方奔走呼吁加强对妇女的教育,但受经济和社会观念的影响,广大乡村的妇女根本无缘教育。而陕甘宁地区因为地处偏远,经济文化落后于东南沿海地区以及其他大中城市,人民思想观念落后,封建礼教根深蒂固,妇女的社会地位可想而知。

---

① 《文史精华》编辑部编:《近代中国烟毒写真》(上卷),河北人民出版社1997年版,第195页。

② 李庆东:《烟毒祸陕述评》,陕西旅游出版社1992年版,第45页。

③ 李庆东:《烟毒祸陕述评》,陕西旅游出版社1992年版,第20页。

④ 郑永福、吕美颐:《近代中国妇女生活》,河南人民出版社1993年版,第156页。

⑤ 邵雍:《中国近代社会史》,合肥工业大学出版社2008年版,第208页。

⑥ 郑永福、吕美颐:《近代中国妇女生活》,河南人民出版社1993年版,第179页。

（六）匪患猖獗，社会秩序混乱

土匪是采用暴力、胁迫等手段强行劫夺他人财物的人，以不正当手段谋生。土匪不仅抢劫他人的财物，而且实施谋杀、强奸等恶行，由于朝不保夕的生活，行为往往随心所欲，被害者稍不顺从即被戕害。边区所在地是匪祸的重灾区。

抗日战争爆发后不久，在日伪汉奸和国民政府中的反共分子的指使下，大批土匪进入陕甘宁边区境内活动，在边区各地奸淫掳掠、杀人放火、流窜作案，成为边区的一大毒瘤。如不及时治理，会给边区政府的正常工作带来很大的麻烦，也会造成边区社会秩序动荡，给日伪汉奸和国民政府可乘之机。这些盘踞在边区各地的土匪主要分为惯匪和政治土匪两大类。政治土匪有着极其明确的政治目的，往往以杀害边区的党政军工作人员，破坏边区政府的基层组织为主要目的。在这些政治土匪之中，还有一大批听命于当时的日伪汉奸和国民政府中的反共势力，专门“打家劫舍，奸淫烧杀，暗杀共产党干部以及政府工作人员，刺探党政军情报等”①。1937 年 5 月 23 日，周恩来在前往西安的途中遭到武装土匪的袭击，十余名工作人员丧生，可见土匪的嚣张气焰。边区臭名昭著的土匪有“以董良如、张廷芝、赵老五、王四等为首领的几十支土匪武装，人数在 2 000 以上”②。解决土匪问题最直接、最有效的方法是军事打击。但陕甘宁边区境内地形十分复杂，多山，沟壑纵横，土匪十分容易隐蔽，这些土匪昼伏夜出、活动分散，到处流窜作案，很难一次性消灭干净。

（七）“二流子”横行，社会风气败坏

由于民国以来长时间的战乱，加之在 20 世纪 30 年代西北地区持续的水旱灾害，陕甘宁边区出现了一大批不从事社会生产的游民。民众将这些不从事社会生产的游民称为“二流子”。其实，这些不从事社会生产，懒惰成性，游手好闲，招摇撞骗，坑蒙拐骗，从事封建迷信装神弄鬼，到处搬弄是非，与吸毒、赌博、卖淫、嫖娼这些社会毒瘤有染，或有抢劫或小偷小摸等行为的二流子完全来自整个边区社会的下层。根据调查，以当时总人口仅 3 万人的延安为例，二流子就达到了 1 629 人，由此估计整个边区的二流子达到 3 万 –7.8 万，③而当时边区的总人口还不足 140 万人。这么多没有正当职业的社会流动人员大量出现在一个地区，这个地区的治安情况也就可想而知。陕甘宁边区各个地方都有好逸恶劳、游手好闲的懒汉、吸毒成瘾从而变卖家产甚至卖儿卖女的瘾君子以及骗钱害人、传播封建迷信的巫婆神汉，卖淫嫖娼现象层出不穷，以偷窃为生者比比皆是，边区各地赌博成风，地痞流氓欺压良善的事件从未间断……二流子问题严重影响了边区的社会风气。

三、边区先前的治理模式

（一）借助家族本位制度开展基层社会管理

“家”在中国传统社会中是重要的社会单元，它是个人接受教育，完成社会化的主要平

① 雷云峰编著：《陕甘宁边区史（抗日战争时期）》（上），西安地图出版社 1993 年版，第 48 页。

② 陕西省档案馆、陕西省社会科学院合编：《陕甘宁边区政府文件选编》（第 1 辑），档案出版社 1986 年版，第 125 页。

③ 牛淑萍：《陕甘宁边区的二流子改造运动》，载《党史文汇》1999 年第 2 期。

台，其社会功能不容小觑。中国的“家”不仅包括同居一室的家庭成员，还包括纵向延伸的列祖列宗和横向扩展的宗族甚至氏族。“家”的不断外延，为家族制度的形成创造了条件。

通过不断的整合与建构，家族制度又衍生出以封建王权为主的社会秩序。上至庙堂之高下至江湖之远，我们皆能看到“家”的影子。维系中国传统社会运行的纽带不是律法，也不是契约，而是以家族制度为基础的亲缘关系。无论王公贵族还是黎民百姓，他们在外对君王尽忠，在内对父母尽孝。概括而言，中国传统社会形成了一个核心下两个体系的模式。一个核心即家族制度，两个体系即皇权体系和父权体系，忠孝伦常自然也就成为保障封建社会运行的稳定器。

在低流动性和以小生产为主的传统社会，家族制度尚且能够维系其稳定。当面对以高流动性和大生产为特征的近现代社会时，家族制度就再难发挥功能，甚至其存在成为束缚社会发展的阻力。清末民初，中国社会风云突变。随之而来的诸多思想解放运动正是围绕抨击家族制度而展开的。故欲至太平独立性善之美，惟有去国而已，去家而已。那时，偏居中国西北隅的陕甘宁变区变化不大。尤其在农村社会，当地依旧保留着家族本位的制度和观念。

陕甘宁边区的农村与国内其他农耕地区非常相似，都以家族聚居形成村落。“人们历来习惯聚族而居，以族为村，而宗族为户”①。在人口流动速率较为低下的传统社会，虽然也有一些混杂姓氏村，但是当地村落仍以单一姓氏村和主要姓氏村为主。顾名思义，单一姓氏村是指一个姓氏宗族聚居形成的村落；主要姓氏村是指由一两个主要宗族聚居形成的村落；混杂姓氏村是指由多种姓氏宗族形成的村落。家族聚居过程中形成的亲疏远近的差序格局，也是家族本位制的存在形式。

在运行体制上，当地家族本位制度体现出明显的尊卑有序，即长者为尊，幼者为卑；男子为尊，女子为卑。只有凸显长者最尊贵而崇高的地位，才能使整个家族凝聚在一起。否则，便会有家族分崩离析之虞。这种尊卑观念明确了每个成员在家族中扮演的角色，并规定了家族成员在行使角色时应该遵守的规则，成为维系家族存在的根本。陕甘宁边区家族本位制度成为社会的核心，一切乡规民约、风俗习惯皆围绕家族本位制度形成，也成为边区基层社会治理的基本规范。

（二）借助保甲制度维系和巩固黑暗政治

中国作为一个家族社会，在推行中央集权、皇权至上的过程中，必须要建立控制地方以及豪强大族的制度。“为了进一步加强中央对地方的控制，统治者还推行保甲制度”②，以宗族维系地方统治。辛亥革命推翻清王朝后，陕甘宁边区同其他中国地区一样经历了地方权力私有化和家族化的过程。各种地方权力机构建立后，地主士绅们都占据了重要的位置，担

① 《宁县志》编委会编：《宁县志》，甘肃人民出版社 1988 年版，第 168 页。

② 中国的保甲制度由来已久，是统治者控制基层社会的常态手段。明清时期保甲制度在全国范围内的许多地方实施，但其制度化和全面延伸是在民国年间。保甲制度建立在宗族血缘、亲缘关系的基础上，由此将统治权力与宗族权力捆绑在一起，使公权力的触角渗透至社会基层，强化统治者对整个社会的控制力。

任了重要角色。这导致了地方政治权力私有化和家族化，也削弱了中央政府对地方政治的控制力。

民国成立后，虽然尝试建立一套现代、高效的行政体系，实现国家统一，但是其效果并不明显。随后，国民政府决定通过健全保甲制度作为加强中央对地方控制的手段。当时，中国陷入军阀割据的局面，中央权力不断受到来自地方的挑战。在这种情况下，国民政府建立和推行保甲制度助推了地方政治权力私有化和家族化，加剧了地方政治生态的封建性和落后性倾向。陕甘宁边区很多地方宗族借保甲制度，架空县政府，甚至以政府的名义为祸一方，强化宗族势力，弱化中央政权控制能力。

为强化自身的势力，借助地方政治权力私有化和家族化崛起的宗族势力利用保甲制度又建立了自己的武装——民团。民国时期，各县政府成立后，既有民团被改编成保安团，成为陕甘宁边区各地维持社会治安的力量，担负起警察职责。无论是民团还是保安团，它们隶属于地主阶级的私人武装性质并未改变，所造成的社会危害也没有改变。民国之后，各地借保甲制度整编民团，使地方宗族势力获得更大的权力资本。地方政府与宗族势力虽偶有摩擦，但是镇压人民的共同利益使他们长期处于合作状态，私人武装成为他们实现利益的工具，导致当地政治局势日趋黑暗与混乱。

（三）实行军人政治，实施军人社会治理

辛亥革命后，陕西、甘肃两省相继成立军政府，实行军人政治。清朝初期，陕甘总督衙门驻于西安。后为震慑西北边疆，陕甘总督衙门于乾隆二十九年（1764 年）移驻兰州。武昌起义爆发后，陕西是北方最早响应起义的省份，成立了以张凤翙为统帅的"秦陇复汉军"。由同盟会、新军和哥老会组成的"秦陇复汉军"很快便攻克西安城内的"满城"（今西安新城广场、陕西省政府一带）。攻克西安城后，张凤翙等人组建"秦陇复汉军政府"。甘肃响应辛亥革命之举受到统治者的极大阻挠。陕甘总督长庚闻听陕西革命成功后，密不宣布。与前总督升允致电清政府，要求组织东征军攻陕。后来，甘肃征讨军内部将领黄钺发动秦州起义，并成立临时军政府，甘肃才得以脱离清政府统治。军政府成立后，当地旧官僚相继加入新政府，继续谋取利益；政府职能部门也被手握重兵的军事将领控制，而这些将领多是清军旧将，具有浓厚的封建军阀色彩。由军阀控制的军政府，实行军人政治，实施军人社会治理。由于军阀的封建性，军政府虽披着民主政治的外衣，打着政治现代化的旗号，实质却是封建专制统治的变体，因此，它并没有与实施保甲制的宗族势力、土匪势力一道建立起法理统治，而是基于各自的利益形成了形式上的机械团结。

第二节　陕甘宁边区政府的形成和发展

一、陕甘宁边区政府的形成和发展

（一）陕甘宁边区的形成

陕甘宁边区是在西北革命根据地的基础上，经过艰苦卓绝的斗争才逐渐建立和发展起

来的。

1. 建立以南梁堡为中心的陕甘边工农革命政权。自 1927 年 10 月中共陕西省委在陕西发动工农武装起义起，在以刘志丹、谢子长为代表的中国共产党人的领导下，历经武装斗争和数十次的失败，终于在 1933 年 11 月 3 日，中共陕甘边特委、陕甘边革命委员会和陕甘边红军总指挥部召开联席会议，建立起了以南梁堡为中心的陕甘边工农革命政权。之后，南梁堡革命根据地发展日益壮大，到 1934 年 11 月陕甘边苏维埃政府委员会成立时，根据地范围“东起临真镇，南到淳化、耀县，西到庆阳、环县，北到定边、靖边，发展成为面积达 3 万多平方公里，人口近 80 万的广大地区，中心区包括华池、赤安、庆北、合水、安定、安塞等县”①成为西北革命根据地的重要组成部分。

2. 成立陕北省苏维埃政府。经过陕北红军的浴血奋战，1935 年 1 月 29 日，在定安县白庙盆举行了陕北省第一次苏维埃代表大会，成立了以马明方为主席的陕北省苏维埃政府。此时，陕北省已建成包含安定、秀延、延水、延川、延长、安塞、清涧、葭县、佳产、神木、府谷、米东、米西、靖北、吴堡、横山等 17 个县②的革命政权，成为西北革命根据地的一个重要组成部分。

3. 成立中共西北革命军事委员会。1934 年陕甘边根据地和陕北根据地在相继粉碎敌人的第一次反革命“围剿”后，为了统一协调配合作战，更好地应对敌人的第二次“围剿”，将两块根据地合并成立西北革命根据地。1935 年 2 月中共陕甘边特委和中共陕北特委联席会议在赤源县举行，会议成立了以惠子俊为书记的中国共产党西北工作委员会和由刘志丹任军委主席的中共西北革命军事委员会。这次会议标志着陕甘边和陕北两个革命根据地党的领导和军事指挥的统一，也标志着西北革命根据地的正式成立。在第二次反“围剿”中，红军先后攻克了延长、延川、安定、安塞、保安、靖边县城，并开辟甘泉、鄜县、宜君、定边、环县等地区的工作。到 1935 年 7 月第二次反“围剿”胜利后，陕北和陕甘边两块根据地成功连成一片，在 20 多个县建立了工农民主政权，游击区扩大到陕北、陇东一带的多个县，使西北革命根据地进入了全盛期。

4. 设立中华苏维埃共和国中央临时政府驻西北办事处。1935 年 10 月，继红二十五军于同年 9 月在陕北延川县永坪镇与红二十六军、红二十七军会师后，中共中央和毛泽东率领的中央红军也胜利到达陕北吴起镇。党中央在纠正了错误和经过直罗镇战役后，取得了第三次反“围剿”的胜利，巩固了西北革命根据地。11 月 2 日，为了统一和加强对西北苏维埃运动的领导，党中央决定设立中华苏维埃共和国中央临时政府驻西北办事处。西北办事处设立外交、财政、粮食、土地、经济、教育、司法内政、劳动各部和工农检查局，并将陕甘省、陕北省和关中、神府两个特区纳入西北办事处的领导，使原来几个独立的革命根据地实现了集中统一领导。

5. 成立陕甘宁省。1936 年 1 月 – 5 月，为顺应抗日大潮和巩固扩大西北革命根据地，

---

① 房成祥、黄兆安主编：《陕甘宁边区革命史》，陕西师范大学出版社 1991 年版，第 9 – 10 页。

② 宋金寿、李忠全主编：《陕甘宁边区政权建设史》，陕西人民出版社 1990 年版，第 45 页。

红军对山西和绥远进行了东征;5月-7月为直接对日作战和打通苏蒙联系,争取国际支援,又对盘踞在宁夏的马步芳、马鸿逵进行了西征。东征和西征解放了环县、宁条梁、定边、花马池、盐池、固原、豫旺等城镇,开辟了纵横400多华里的新根据地,正式成立了陕甘宁省,为后来边区政府的成立打下了坚实的基础。

6. 陕甘宁边区政府正式成立。1936年12月12日,"西安事变"发生。中共中央抓住时机,使得此次事变得以和平解决并成为国共两党重新合作、建立全国抗日民族统一战线的重要转折点。12月17日,红军接防东北军进驻延安,1937年1月13日,中共中央及苏区中央工农民主政府迁到延安。1937年2月10日,中共中央为实现国共正式合作抗日,致电国民党三中全会,提出希望国民党能够集中全国人才共同救国等五项国策,并保证在国民党接受五项国策的同时,"苏维埃政府改名为中华民国特区政府,红军改名为国民革命军,直接受南京中央政府与军事委员会之指导",并"停止没收地主土地之政策,坚决执行抗日民族统一战线之共同纲领"。[①] 7月15日,中共将《中国共产党为公布国共合作宣言》(简称《宣言》)提交国民党中央,再次声明取消现在的苏维埃政府,实行民权政治,以期全国政治之统一。7月17日,中共代表团周恩来、林伯渠、秦邦宪在庐山与国民党代表蒋介石、邵力子、张冲正式谈判。中共代表团提出以《宣言》作为两党合作之政治基础,蒋介石对陕甘宁根据地政权的改制和归属表示同意和赞扬。1937年9月6日,中共中央提议撤销西北办事处,改组为陕甘宁边区政府,以林伯渠为主席,张国焘为副主席。1937年10月12日,国民政府行政院召开第333次会议,正式通过决议,承认陕甘宁边区政府,边区为行政院直属行政单位,划延安、延川、延长、神府、子长、安塞、靖边、定边、志丹、甘泉、鄜县、淳化、正宁、宁县、庆阳、合水、旬邑、盐池18个县为边区管辖。12月,经过谈判商定,再增加绥德、米脂、葭县、清涧、吴堡5个县。后来,蒋介石指定宁夏的豫旺和甘肃的镇原、环县3个县为八路军补募区。至此,"陕甘宁边区辖关中、庆环、三边3个分区共26个县(市),面积约12.9万平方公里,人口约200万,陕甘宁边区政府正式成立"[②],以延安作为边区政府首府。名义上边区政府是隶属于国民政府的一个省级特区,其实质是共产党独立领导建设的新民主主义新型政权。

(二)陕甘宁边区政府的发展演变

陕甘宁边区政府的发展演变,主要体现在政府的组成及其职能的发展演变和管辖行政区划的发展演变。

1. 陕甘宁边区历届政府的发展演变。自1937年9月6日陕甘宁边区政府正式成立,到1950年1月19日随着西北军政委员会的成立而结束,边区政府历时12年4个月13天。其间,除1937年9月边区成立之初的首届政府是由边区议会推选产生的以外,由边区参议会选举和增补产生过四届政府。因为每届政府所处的政治局势不同,由其所肩负的具体任务和目标的侧重点就不同,呈现出各自不同的特点,政府组织建制也逐渐趋于完善。

---

① 中央档案馆编:《中共中央文件选集》(第11册:1936-1938),中共中央党校出版社1991年版,第157-158页。

② 李顺民、赵阿利编著:《陕甘宁边区行政区划变迁》,陕西人民出版社1994年版,第64页。

（1）陕甘宁边区政府正式成立（首届政府）。1937 年 4 月，为使苏维埃政府向特区政府转变，将苏维埃政策转变为抗日民族统一战线的政策，特成立选举法起草委员会、特区行政组织法起草委员会、文化建设委员会、特区经济建设计划起草委员会等四个委员会专门研究具体转变问题。5 月，依据中共中央《致中国国民党三中全会电》提出的“在特区政府区域内，实施普选的彻底的民主制度”的精神，西北办事处通过了四个委员会起草的《陕甘宁边区议会及行政组织纲要》和《陕甘宁边区选举条例》等法规。按照《陕甘宁边区议会及行政组织纲要》和《陕甘宁边区选举条例》的要求，边区于 7－8 月完成了乡级选举，9 月－11 月完成了区县选举。其间，由于 7 月 7 日爆发“卢沟桥事变”，形势紧急，9 月 6 日，中华苏维埃共和国中央政府驻西北办事处更名为陕甘宁边区政府，主席林伯渠，副主席张国焘，直属南京政府行政院，边区政府正式成立。10 月，边区选举委员会决定从 11 月 1 日起进行改选边区政府的宣传工作，并于 11 月下旬选举边区议会议员。由于首次民主选举的特殊性，以及在实际选举中直接选举困难较大，在一部分县进行直接选举后，其他地区没有采取直接选举的办法，而是简化了程序，由县代表大会选举特区代表大会代表。12 月底边区的第一次民主选举胜利结束。林伯渠当选为特区政府主席，选举产生了边区秘书处、民政厅、财政厅、教育厅、建设厅、农工厅、保安司令部、保安处、审计处等常设机构工作人员。由于首届边区政府从西北办事处转化而来，因此，虽然其为抗日民主政府，但仍然带有工农民主政府的某些性质。政府委员都是共产党员，没有其他抗日党派或阶层的代表。边区首届政府历时一年半完成了由苏维埃工农民主政府向新民主主义政权的过渡。

（2）由工农民主政府向抗日民主政府的转变（第一届政府）。1938 年 4 月，国民党公布《国民参政会组织条例》，7 月召开了第一届参政会并作出了关于在各省、市建立参议会的决定。之后，还公布了《省参议会组织条例》和《市参议会组织条例》。据此，陕甘宁边区政府参照《省参议会组织条例》，于 1938 年 11 月 25 日决定改陕甘宁边区议会为陕甘宁边区参议会。1939 年 1 月 17 日－2 月 4 日，边区第一届参议会在延安召开，会议选举高岗为边区参议会议长，张邦英为副议长，高岗、张邦英、毛齐华、崔田夫、陈伯达、周长安、路志亮（女）、王观澜、高述先为边区参议会常驻参议员，选举林伯渠为边区政府主席，高自立为副主席，林伯渠、雷经天、周兴、王世泰、高自立、周扬、曹力如、刘景范、阎红彦、霍维德、马锡五、王兆相、贺晋年、李子厚、乔钟灵为边区政府委员；选举雷经天为边区高等法院院长，选举产生了秘书处、民政厅、财政厅、教育厅、建设厅、保安司令部、保安处、审计处、生产委员会等常设机构工作人员。2 月 6 日，边区政府委员会第一次会议确定了政府委员的具体分工，边区第一届民选政府成立。从工作机构的调整来看，第一届边区政府正式成立时，边区已经基本完成了由工农民主政府向抗日民主政府的转变。

（3）典型的抗日民主政府（第二届政府）。这是由 1941 年召开的边区第二届参议会选举产生的。在 1941 年 11 月 6 日延安召开的第一次全体大会上，严格按照中共中央提出的“三三制”原则和《陕甘宁边区施政纲领》规定，选出了边区参议会常驻议员和新的边区政府委员。高岗为边区参议会议长，安文钦、谢觉哉为副议长，高岗、安文钦、谢觉哉、李丹生、乔松山、任绍亭、王锡成、刘培基、崔田夫人为常驻参议员，其中共产党员只有三人；林伯渠为边区政府主席，李鼎铭为副主席，林伯渠、李鼎铭、高自立、南汉宸、萧劲光、贺连城、刘景范、马明方、柳湜、霍子乐、那素滴勒盖（蒙古族）、毕光斗、肖筱梅、高步范、杨正甲、马生福（回族）、高崇山、白文焕18人为边区政府委员；雷经天为边区高等法院院长，选举产生了秘书处、民政厅、财政厅、教育厅、建设厅、保安处、保安司令部等常设机构工作人员。大会是在边区遇到空前困难的历史条件下召开的。此时，既要面对日本帝国主义对敌后抗日根据地的大规模"扫荡"，还要应对国民党顽固派对陕甘宁边区的封锁和包围。1944年，边区政府将原工作机构调整为办公厅、民政厅、财政厅、教育厅、建设厅、保安处、民族事务委员会、司法委员会。这届政府是在发扬民主政治，加强团结，调动各阶级的积极性，克服物质困难，坚持抗战的条件下诞生的。经过三次"精兵简政"，边区政府主要机构与1941年相比大幅精简，并且从此基本稳定下来。这届政府是共产党领导下的一切赞成和拥护抗日和民主的各革命阶级的联合政府，是典型的抗日民主政府。本届政府克服了严重的经济困难，取得了巨大的成绩，为抗日战争的胜利打下了坚实的物质基础。

（4）从力图把边区建设成为模范的自治省区转向应对内战全面爆发（第三届政府）。这是在边区第三次民主选举的基础上产生的。此时，抗日战争已经胜利，国内阶级矛盾成为主要矛盾。在国共重庆谈判达成的初步停战协议基础上，1946年4月2日，边区第三届参议会选举产生第三届参议会常驻会议员和新的边区政府委员会委员。高岗当选边区参议会议长，谢觉哉、安文钦为副议长，产生参议会常驻会议员12人；林伯渠、李鼎铭、刘景范、贺连城、马济川、毕光斗、霍维德、王子宜、霍祝三、唐洪澄、霍子乐、刘文卿、阿拉并巴音（蒙古族）、杨正甲、蔡登霄（回族）、李仲仁、魏民选、靳体元为政府委员；选举产生边区政府主席林伯渠，副主席李鼎铭、刘景范，高等法院院长马锡五；选举产生办公厅、民政厅、财政厅、教育厅、建设厅、保安处、审计处、保安司令部等机构工作人员。在政府委员和常驻会议员中，共产党员只占1/3。1946年6月26日，国民党公然撕毁《停战协定》，向解放区发动进攻，全面内战爆发，边区的形势发生了急剧的变化。1946年10月30日－11月5日，边区第三届政府委员会第二次会议在延安召开，工作重点向自卫战争转移，在工作机构中增加总动员委员会以应对急剧变化的革命形势。

（5）从陕甘宁边区政府到西北军政委员会成立（第四届政府）。在粉碎胡宗南对陕甘宁边区的进攻后，从1948年2月起，西北人民解放军开始由内线防御转入外线进攻，战斗逐渐在国民党统治区展开。经过1年的奋战，国民党节节败退，新的解放区发展极其迅速，大片增加。1949年2月8日－17日，陕甘宁边区第三届参议会常驻会议员和政府委员暨晋绥边区代表在延安召开联席会议，决定在边区政府主席林伯渠奉命赴华北筹备新政治协商会议暂离边区期间，由副主席刘景范代理主席职务；在第三届政府成员的基础上，增补王维舟、贾拓夫、武新宇、周兴、王达成、白如冰、赵秉彝、黄亚光、江隆基、惠中权、高士一、任谦、蒋崇璟、苏资琛、喻杰为政府委员。这届政府是在适应解放战争新形势下成立的。由于国统区地方政权的快速瓦解，新区政权不得不采取自上而下快速建立的方式，即先组织好一批干部随军前进，解放一地就成立专员公署和县政府，而后再逐渐建立下级的区、乡政权。因此，维护新区社会秩序的基本安定成为新区政权的重大任务。会议决定统一陕甘宁和晋绥边区的行政管理，调整边区政府组织机构；决定将晋绥边区的行政管理统一于陕甘宁边区政府，直接受陕甘宁边区领导。因此，在机构设置上，调整并扩大了边区政府组织结构，除秘书处、民政厅、财政厅、教育厅不变外，将建设厅改为农业厅，将保安处改为公安厅，将西北农民银行改为中国人民银行西北区行，将边区高等法院改为人民法院，增设了工商厅、交通厅、公营企业厅；设立了西北财经分会，少数民族事务委员会、抚恤委员会、人民监察委员会。这届政府的政府委员会权限大大增加，除了行政管理权外，还有一定的立法权，逐渐成为"议行合一"的最高政权机构。由于陕甘宁与晋绥边区在组织上的合并，陕甘宁边区已发展成为西北解放区。截至1949年3月，它包括山西西半部、陕北全部、陕中一部分、宁夏和甘肃各一部分。边区政府已经成为西北解放区的最高行政机构，成为西北的大区政府。1950年1月19日，西北军政委员会在西安成立，标志着西北地区新民主主义革命的基本完成和社会主义革命的开始。至此，陕甘宁边区政府胜利完成了它的历史使命和任务。

2. 陕甘宁边区政府的行政区划演变。陕甘宁边区的形成与发展是一个历史过程，向前可以追溯到土地革命战争时期的陕甘边苏区和陕北苏区，向后延伸到1950年陕甘宁边区政府撤销。在这个过程中，苏维埃时期的行政区划为陕甘宁边区奠定了基础。同时，陕甘宁边区与国民党之间的"围剿"与"反围剿"、"摩擦"与"反摩擦"的斗争以及边区内部管理的变化使得陕甘宁边区行政区划变化频繁、复杂，呈现出强烈的动态变化性。

（1）初步建立时期的陕甘宁边区政府行政区划。1937年9月－1940年3月为初步建立期。这一阶段的主要特征为行政区划初步建立，双重政权并存。边区政府于1937年9月正式成立后，在同年12月呈文国民政府，要求将陕西的肤施（延安）、保安、延川、靖边、安塞、甘泉、安定、延长、旬邑、淳化、定边、鄜县、洛川，甘肃的庆阳、合水、环县、宁县、正宁、镇原、靖远，以及宁夏的盐池、固原、海原共23县划为陕甘宁边区政府的管辖范围。然而国民政府一直予以拖延，未能明令边区的具体范围，这样在红军东征时被国民党侵占的地区和"西安事变"后红军从东北军、西北军接防的地区内，原有的国民政府委派的县长、政府工作人员仍然存在，造成了这些地区共产党和国民党两套政权并存的局面，并且各县的国民党政权大都建有自己的保安队。由于两种政权的性质不同，国民党政权的反共立场并没有根本改变，因此两种政权"摩擦"不断，冲突不断，造成边区在行政上难以统一，政令难以贯彻，在某些地方出现了造谣污蔑和攻击共产党和边区政府、挑拨群众关系、威逼农民交还已经分配的土地，甚至杀害和驱逐边区政府和八路军工作人员的事件。双重政权使得边区人民的生命财产无法得到保障，原土地改革的既得利益也面临丧失的危险，对边区政府的施政危害极大。1939年1月，国民党召开五届五中全会，会议确定了"防共、限共、溶共、反共"的方针以及《限制异党活动办法》，并建立了专门的"防共委员会"。会后形成了《共党问题处置办法》《沦陷区防范共党活动办法草案》等一系列反共文件。在这种情形下，边区的"摩擦"呈现出不断加剧的状态。为了赶走专事"摩擦"的专员和县长，保证边区新民主主义的政治、经济、文化建设，1940年2月19日，中共中央以八路军后方留守处主任肖劲光的名义，致电西安行营程潜主任，通知陕西省政府迅速将边区境内的国民党县长撤走。程潜回电表示同意后，1940年3月，边区对境内所有国民党派驻的县长采取"护送"出境的办法，对个别一贯制造“摩擦”的分子实行逮捕法办，对一般分子予以“放行”，结束了双重政权的局面，使边区在行政上得到了完全的统一。

（2）内部调整期的陕甘宁边区政府行政区划。1940年3月－1947年3月为内部调整期。在结束了双重政权局面和取得反摩擦斗争胜利之后，边区整体管辖范围进入了相对稳定期，开始根据实际需要调整内部行政区划。如1941年9月，经晋西北区党委和陕甘宁边区中央局协商，并报中共中央批准，将神府分区划归晋绥边区代管。在1940年3月设立绥德分区和陇东分区后，又于同年8月撤销庆环分区，并将其辖区并入陇东分区。为了便于行政管理，按照边区第二届参议会的要求，边区政府于1942年1月6日下发“关于各级行政区划等级及人员编制名额”的通令，对某些专员公署和县、区、乡进行了调整。即依据人口、地区、自然与政治环境设绥德（兼县）、陇东两个甲等专员公署，关中乙等专员公署，三边（兼县）丙等专员公署①。1942年10月，边区决定设立延属分区，以管辖边区直辖县（市），12月专员公署正式成立，下辖延安市和延安、鄜县、甘泉、固临、延长、延川、子长、安塞、志丹10个县市。同年12月靖边县划归三边分区。1944年5月，将南泥湾、金盆湾、南蟠龙和清泉镇一带从延安县和甘泉县划出，成立南泥湾垦区政府，直属延属专署领导等。除了上述分区和县级行政区划变动外，区、乡行政区划也屡有变化，大多是根据实际需要以及经济因素、移民难民问题和军队垦荒、民族因素而做的调整。

（3）内线作战时期的陕甘宁边区政府行政区划。“1947年2月28日，胡宗南部整编第76师师长廖昂在国民党马步芳部整编82师的配合下，进攻陕甘宁边区陇东分区”②，陕甘宁边区进入全面战争状态。1947年3月13日，边区政府机关暂时撤离延安，3月20日延安被国民党军占领。撤离延安初期，边区政府对领导干部的分工进行了调整。西北局书记习仲勋兼任野战军副政治委员，边区政府副主席刘景范兼任野战军后勤司令员，赴前线总指挥部工作；林伯渠、范子文、唐洪澄等到后方组建党政军联合办事处，负责边区政府的日常工作，并由林伯渠、王子宜、惠中权、周兴、曹力如、马锡五等人组成后方委员会，主要任务是支援前线、组织自卫、整顿群众纪律、改善军民关系等。边区各级党政机关坚持县级不离本县、区级不离本区、乡级不离本乡，就地发动群众，支援前线，参军参战，开展游击战争，配合西北野战兵团的军事行动。从1947年3月起至1948年2月，党中央和边区政府转战陕北内线，胡宗南军队节节败退，逐步由内线作战向外线作战转变。1948年2月27日由林伯渠主持的边区参议会常驻议员和边区政府委员扩大联席会议在绥德举行时，胡宗南和马步芳仅困守着延安、甘泉、鄜县、庆阳、合水、镇原、盐池、定边等孤城，其余广大地区均在边区政府手中。这一阶段，边区的行政区划完整性因战争而中断，政府只能采用战时临时体制。

（4）外线作战时期的陕甘宁边区政府行政区划。1948年2月至1950年1月为外线作战，解放大西北时期。1948年2月，西北野战军由内线反攻转入外线反攻，先后建立了黄龙

---

① 陕西省档案馆、陕西省社会科学院合编：《陕甘宁边区政府文件选编》（第5辑），档案出版社1988年版，第17－18页。

② 雷云峰主编：《陕甘宁边区大事记述》，三秦出版社1990年版，第336页。

分区、西府分区，并于4月22日光复延安。同月，绥远省伊克昭盟东部的准格尔旗获得解放。10月，恢复榆林分区。1949年初，荔北战役后，边区又设立大荔分区。截至1949年3月，陕甘宁边区扩展到包括山西西半部、陕北全部、关中北部及甘肃、宁夏东部，东到汾河和同浦路一线，西至宁夏的盐池、甘肃的镇原，南迄渭河和晋南黄河一线，北至绥远伊克昭盟的广大地区。随着1949年4月毛泽东和朱德向全国进军的命令的发布，新纳入陕甘宁边区政府管辖的区域急速扩大，逐渐超出了作为一个区域地方政府所能承受的管辖范围。1949年5月20日西安解放，26日，西北局和陕甘宁边区政府迁入西安。6月，原属中原人民政府的陕南行政区划归陕甘宁边区。7月汉中分区成立。同时，宝鸡分区建制划归陕甘宁边区。8月26日解放甘肃兰州，甘肃行政区建制归陕甘宁边区。9月6日，西宁解放，青海省建制归陕甘宁边区。9月23日，银川解放，宁夏省建制归陕甘宁边区。同月，新疆省警备司令陶峙岳和政府主席包尔汉通电起义，11月，新疆省人民政府成立，建制归陕甘宁边区。1949年12月陕南战役胜利，陕西全境解放。直到1950年1月19日西北军政委员会在西安成立，陕甘宁边区转变为西北行政区，光荣完成历史使命。

二、陕甘宁边区政府的历史地位

（一）陕甘宁边区是全民族抗战的政治指导中心

1. 陕甘宁边区是中国革命的大本营和人民武装挺进抗日前线的出发点。由于陕甘宁边区当时是我党在全国保留下来的唯一根据地，同时它又处于抗日的前沿阵地，所以党中央到达后，便结束了长征，把革命大本营放在了这里。从此，中国革命就转危为安，以陕甘宁边区为根据地开创了抗日战争的新局面。全民族抗战爆发后，1937年8月25日，红军正式改编为八路军。八路军主力陆续从陕甘宁边区东渡黄河，开赴华北抗日前线，实现了直接对日作战，并在敌后创建了抗日根据地，人民的革命力量迅速发展壮大，极大地鼓舞了华北人民和全国人民的抗日士气。

2. 陕甘宁边区是引领全民族抗战走向胜利的灯塔。全民族抗战期间，陕甘宁边区始终处在一个相对稳定的和平环境中，使党中央在这里集中研究和解决了中国革命发展过程中的一系列重大问题：毛泽东同志写了大量的马列主义著作（仅收入《毛泽东选集》中的就有112篇）；党中央制定了指导抗日和解放战争以及解放区各项建设事业的基本政策；中央军委制定了无数的作战指示和命令……这些都从陕甘宁边区传到了各个根据地，乃至全中国和全世界。它不仅给中国人民指明了革命的方向和道路，而且使世界人民看到了中国的光明前途。

3. 陕甘宁边区是新民主主义中国的模型。陕甘宁边区和华北、华东各抗日根据地的社会性质已经是新民主主义的。在党中央的领导下，边区积极从事新民主主义的各项建设。在政治方面，实行了“三三制”的民主政治和提高农村生产力的经济政策，开展了人民大众的新文化运动，贯彻了保卫边区、坚持抗战的军事政策，加强了民主与法制建设、民众团体与党的建设；在经济方面，进行了彻底的土地改革，大力开展劳动互助合作，在城乡各地建立了许多不同类型的合作社，政府和军队、机关、学校办了许多农工商企业，发展了商业、交通运输和财政金融事业，形成了新民主主义的经济模式；在文化方面，用人民大众的反帝反封建的新文化代替了国民党的旧文化，实行了多层次的教育体制，大力发展社会教育，确立了文艺为工农兵服务的正确方向，新闻、出版、卫生、体育等事业也有很大发展。总之，党在陕甘宁边区取得了政治、经济、文化等方面新民主主义建设的经验。这一经验指导我们顺利完成了全国新民主主义建设的任务，并在此基础上开始了社会主义革命和建设。

（二）陕甘宁边区是革命根据地建设的典范

1. 陕甘宁边区是革命战争的坚强堡垒和总后方。全民族抗战时期，边区担负着抗战，保卫中共中央和总后方的双重任务。

（1）陕甘宁边区是革命战争的坚强堡垒。在共产党和边区政府的领导下，边区人民群众的抗战情绪很高，80%以上的人参加了抗日救国群众团体，青壮年男子积极报名参加八路军，妇女组成妇女救国会；开展了锄奸和剿匪运动，多次打退了国民党顽固派的军事进攻，从而保证了边区的各项建设顺利进行。

（2）陕甘宁边区是培养干部的基地。为了解决干部缺乏问题，中共中央和边区政府先后创办了中国人民抗日军政大学、中共中央党校、鲁迅艺术学院、延安大学、陕北公学等干部学校，举办了各种各样的干部培训班。这些学校和培训班为党和军队培养和培训干部数十万人，这些干部成为各根据地、人民军队的领导骨干，成为革命队伍的中坚力量，为争取抗日战争胜利和最终夺取全国政权作了干部上的充分准备。

（3）陕甘宁边区是革命战争的总后方。随着陕甘宁边区的党、政、军、学脱产人员逐年增多，所需粮食、被服、医药及其他物资给养不断增大，这对于经济落后又被封锁且外援断绝的边区来说是非常困难的。边区群众为支援战争，保证前方的供给，更是竭尽全力，不惜一切代价。在粮食极为困难的条件下，边收边打赶送前线，有的地方群众宁愿自己挨饿，也把节省的粮食都送给党中央机关工作人员。

2. 陕甘宁边区是发扬民主的模范。陕甘宁边区是第一个实行民主制度的区域。“西安事变”后，共产党为了团结抗日，于1937年2月把陕甘宁根据地政权由工农苏维埃制度改为抗日民主制度。同年5月，边区根据议会民主制度的原则，制定了第一个《陕甘宁边区议会及行政组织纲要》和《陕甘宁边区选举条例》，1939年1月边区第一届参议会（议会改为参议会）民主选举产生了边区参议会和边区政府，并制定了边区在抗战时期的施政纲领。1941年，边区进行第二次民主普选，并在各级议会和政府机关中实行了“三三制”，一批党外人士到政府任职。“三三制”政权在边区的普遍实行，标志着抗日民主制度得到进一步发展。1946年，边区进行了第三次民主普选，淘汰了不称职的干部，新选了许多优秀干部。民主制度的实施，使人民获得了广泛的民主和自由，受到了人民的拥护。这不仅为其他根据地的民主建设提供了经验，对全国民主运动的发展也产生了重要的影响。

3. 陕甘宁边区是经济建设的模范。陕甘宁边区特殊的政治地位赋予它极其艰巨的经济建设任务。为了发展生产，改善人民生活，支持长期抗战，边区实行争取外援的政策。1937年－1939年争取到的外援占边区财政收入的71%以上，达到了休养民力、恢复和发展生产的目的。同时，在农业方面实行劳动互助，发放农贷，减租减息；在工商业方面废除苛捐杂税,奖励手工业生产,保证商人正当利益等。一系列的有力措施使农村经济得到了迅速发展,陇东地区成为党中央、陕甘宁边区困难时期物资的主要供给地。

（三）陕甘宁边区培育了伟大的延安精神

1. 树立坚定的理想信念,坚持正确的政治方向。中国共产党为什么能在那么艰难困苦的环境中创造奇迹呢？这就是精神的力量,理想信念的力量,他们把国家和民族的前途放在了首位,这是所有革命干部群众的政治方向。延安时期,毛泽东提出政治方向好像是一个人的头,有了头其他各部分才能动作。坚持正确的政治方向,就要坚持最高纲领与最低纲领的统一、崇高理想与现实任务的统一;坚持抗日民族统一战线,一切为着战胜日本帝国主义;坚持党的七大路线,建立独立、自由、民主、和平的新中国;坚持以德才兼备的标准培养干部。正是这种崇高的理想信念和坚定正确的政治方向支撑着中国共产党人跨越了种种艰难险阻。中国革命的胜利是理想信念的胜利,坚定的政治信仰和百折不挠的革命意志,是战胜一切艰难险阻的力量源泉。

2. 理论与实践的结合锻造出以解放思想、实事求是为精髓的求实精神。实事求是是从实际出发,理论联系实际的彻底唯物主义精神。抗战期间,以毛泽东同志为代表的中国共产党人,冲破教条主义的束缚和禁锢,着力推进马克思主义中国化,实现了马克思主义同中国实际相结合的历史性飞跃,从认识论和方法论的高度批判主观主义,深入进行“实事求是”教育,形成了实事求是的思想路线。这既是中国共产党人的世界观、方法论和价值观的集中体现,也是全体中国人的思维方式和行为方式的核心。实事求是作为行为观,表现为一切从实际出发的价值取向,突出地体现在党制定路线政策时,从当时当地的具体情况出发,而不是从“本本”出发,到实践中去,大兴调查研究之风;说老实话、办老实事。革命战争年代,面对各种复杂局面,我们党能够制定和实行正确的大政方针、战略策略,靠的就是解放思想、实事求是。

3. 严峻的形势铸就了陕甘宁边区自力更生、艰苦奋斗的创业精神。自力更生、艰苦奋斗是中华民族的优良传统,是中国共产党人的政治本色,是我们立党立国的根基,是党员干部立身立业的根基。艰苦奋斗既是一种生活作风和工作作风,更是一种政治品格、精神状态。它要求要坚持坚定正确的政治方向,把立足点放在自己力量的基点上;坚持顽强拼搏、奋发图强、锐意进取的创造精神;坚持崇尚节俭、戒奢倡廉、艰苦朴素的生活方式。土地贫瘠、经济凋敝、生产落后的边区,面临着自然灾害和国民党的封锁,边区军民的经济生活极其困难。在这种情况下,中央发出自力更生、艰苦奋斗的精神指导。八路军三五九旅开发南泥湾,用实际行动诠释了自力更生、艰苦奋斗的精神内涵。党和边区各级领导身体力行发扬自力更生、艰苦奋斗的精神。正因如此,党战胜了艰难险阻,把陕甘宁边区建成了全国模范抗日根据地,保障了抗战的胜利。

4. 崇高的信仰塑造了陕甘宁边区全心全意为人民服务的奉献精神。由于党中央和毛泽东的大力倡导,全心全意为人民服务已经成为陕甘宁边区干部的优良传统和作风。在政策制定上,要制定人民都有说话机会、都有事做、都有饭吃的政策;在政府工作上,要给人民看得见的物质利益,建设给老百姓帮忙的政府;在领导方法上,坚持群众路线,密切联系群众,一刻也不脱离群众;在言行准则上,必须以合乎最广大人民群众的最大利益,为最广大人民群众所拥护为最高标准;在作风养成上,从领袖到基层干部要养成深入群众,深入基层,同人民群众打成一片的工作作风。中共绥德地委书记习仲勋注重到基层调查研究,解决南下移民生产生活困难等问题,正是陕甘宁边区广大党员干部全心全意为人民服务的真实写照。

第三节 陕甘宁边区法制建设的概况和主旨

陕甘宁边区的法制建设在中共党史、中国革命史和中国法制史上,都占有极其重要的地位。在党中央的领导下,陕甘宁边区的法制建设以马列主义为指导,继承和发扬中央苏区法制建设的优良传统,坚持和发展群众路线,坚持实事求是、重证据不轻信口供、法律面前人人平等的原则,建立了一整套适应战时需要的全新的从立法到司法、从实体法到程序法、从审判机关设置到审判人员任用的人民司法制度,创造了为广大边区所推广、为新中国所弘扬的"马锡五审判方式",为打击反革命和各种刑事犯罪、调解民间纠纷、促进边区生产、巩固民主政权、保证抗日战争的胜利,作出了历史性的贡献,也为新中国的法制建设奠定了坚实基础。

一、陕甘宁边区法制建设的概况

根据抗战时期的社会特点和边区的具体情况,参照国民政府司法制度和中国苏维埃时代的司法制度,1937 年 7 月 12 日陕甘宁边区成立了高等法院。同年 9 月 6 日,成立了陕甘宁边区政府,受国民政府领导,辖延属、关中、绥德、陇东、三边 5 个专区共 1 个市 30 个县。1937 年《陕甘宁边区议会及行政组织纲要》规定了边区的司法组织体制,指出:法院为边区政府的一个组成部分,边区法院审判独立,但仍隶属于主席团之下,不采取司法与行政并立状态,法院院长由边区议会选举。1939 年 4 月 4 日,边区第一届参议会通过的《陕甘宁边区高等法院组织条例》规定:"边区高等法院受中央最高法院之管辖,边区参议会之监督,边区政府之领导。"同时还规定,边区司法行政事宜由高等法院院长兼理,检察处设在高等法院内,行使检察职权。从此,边区基本上建立了人民的司法制度。

陕甘宁边区作为中华民国的特别行政区,既区别于国民党统治地区的政府机构,也不是完全按照苏维埃原则建立起来的地方政府,而是国共两党再度合作的直接产物。边区的权力机关是边区参议会,其职责是制定和修改法律,选举和监督边区政府、边区司法机关等。换言之,边区司法机关的产生和运行均需要受参议会监督。陕甘宁边区的立法机关主要是边区参议会和边区政府。1938 年 3 月 15 日,边区政府委员会第 24 次会议决定成立法令研究委员会。8 月 26 日,成立了地方法规起草委员会;10 月 26 日,成立了边区法制委员会;1939 年 1 月 8 日,成立了法令审查委员会。在司法工作中,边区各级司法机关在处理各种民刑案件时,以边区政府颁布的带有法律性质的纲领、决议、决定、布告和法令,以及各种专门性的单行法规和条例为判案的法律依据。由于边区政府是地方性政府,当时又无实质性的全国统一抗日民主政府，法制并不完备，因此，边区高等法院亦用命令和指令信的方式，制定部分规范审判活动的一些单行法规，以弥补立法上的不足。中共中央和中共西北局的有关决议和指示，同样是边区司法工作的准绳。这些决议、决定、条例和法规，是从中国革命的实际需要出发，为建设抗日民主的政治、军事、经济和文化教育事业而制定的。其特点是带有浓厚的治理农村环境和服务战争的色彩。它是边区民意的集中体现，是边区政府施政纲领的具体化。其任务明确，内容丰富，机构和体系科学，具备典型的新民主主义的法制性质，是共和国法律法规的重要基础。

陕甘宁边区的法律法规大体分为六类，即宪法及关系法规、组织法规、诉讼法规、刑事法规、民事法规、行政法规。据统计，中共中央、陕甘宁边区参议会和陕甘宁边区政府曾先后制定、颁布了五六十种共计一千多件法律法规。按照当时的分类标准，具体由以下四个部分组成：

第一部分，宪法性文件。宪法性文件主要有 1939 年的《陕甘宁边区抗战时期施政纲领》、1941 年的《陕甘宁边区施政纲领》、1942 年的《陕甘宁边区保障人权财权条例》、1946 年的《陕甘宁边区宪法原则》等。这些宪法性文件规定了团结边区内外各社会阶层、各党派、各群众组织共同抗日的基本任务，制定了保障抗战的政策和措施。实行抗日民主政权的“三三”制原则，贯彻普遍、平等、直接、无记名的选举制，确保一切抗日人民（地主、资本家、农民、工人等）的人权、政权、财权以及各项自由权。废除苏区时期同罪异罚的错误做法，实现法律面前人人平等。审判重证据，不轻信口供，坚决废止肉刑，实行镇压与宽大相结合的政策。厉行廉洁政治，推行俸以养廉原则，严惩贪污腐化，禁止假公济私，共产党员有犯法者从重处罚。在土地已经分配区域，保证一切取得土地的农民的土地所有权；在土地未分配区域，保证地主的土地所有权及债主的债权，惟需减低佃农租额及债务利息，佃农则向地主缴纳一定的租额，债务人向债主缴纳一定的利息。调节劳资关系，实行 10 小时工作制，提高劳动生产效率，适当改善工人生活。发展工业生产与商业流通，奖励私人企业，保护私有财产，欢迎外地投资，实行贸易自由，反对垄断统制，鼓励合作事业，扶助手工业发展。

第二部分，刑事立法。刑事立法主要有 1939 年的《陕甘宁边区抗战时期惩治汉奸条例（草案）》《陕甘宁边区抗战时期惩治盗匪条例（草案）》《陕甘宁边区惩治贪污条例（草案）》《陕甘宁边区禁烟毒条例（草案）》，以及 1941 年的《陕甘宁边区破坏金融法令惩罚条例》《陕甘宁边区惩治反革命条例》等。还颁布了十多个有关管理、教育、改造、安置犯人的决定与办法。在总结实施刑事单行条例经验的基础上，1942 年起草了《陕甘宁边区刑法总、分则草案》。这部刑法典草案虽未颁布，但已经边区参议会和边区政府认可，交由各级司法机关内部实行。这些刑事立法规定了汉奸、盗匪、破坏边区、破坏军队等主要罪名，提出了镇压与宽大相结合、保障人权、感化教育的原则。从有利于团结国民党共同抗日出发，援引了国民政府某些法律及应遵守的原则，还制定了死刑、有期徒刑、拘役、教育释放、当庭训诫及剥夺公权、没收财产、罚金等刑罚措施，完善了边区的刑罚制度。对于犯人，以尊重人格为出发点，采取“自管自教”的原则，建立犯人自治组织，在监狱领导下管理自己的生活。组织犯人学文化、学政治、学劳动技能，在生产中实行分红制，为他们的就业或从事生产打下基础。刑满之后，愿作工者，安排适当工作；愿回家务农的则礼送回乡；愿垦荒重建家园者，帮助建立新民村。判处短期徒刑的轻微罪犯，则交区乡或机关单位执行，由群众帮教小组监督改造。

第三部分，民事立法。土地方面，主要有1937年的《关于土地政策的布告》，1938年的《关于处理地主土地问题的布告》，1939年的《陕甘宁边区土地条例》，1942年的《陕甘宁边区土地租佃条例草案》，1943年的《陕甘宁边区政府命令——颁布关于土地典当纠纷处理原则及关于旧债纠纷处理原则》，1944年的《陕甘宁边区地权条例草案》，1946年的《陕甘宁边区关于查租减租的指示》《陕甘宁边区征购地主土地条例草案》《陕甘宁边区关于贯彻土地改革准备明年生产加强民兵整训以支持战争胜利的指示信》，1947年的《关于土改的布告》，以及1948年的《陕甘宁边区政府关于调剂土地确定地权的布告》等。婚姻家庭方面，主要有1939年的《陕甘宁边区婚姻条例》、1942年的《陕甘宁边区继承条例》、1943年的《陕甘宁边区抗属离婚处理办法》、1944年的《修正陕甘宁边区婚姻暂行条例》、1946年的《陕甘宁边区婚姻条例》等。劳动方面，主要有1942年的《陕甘宁边区劳动保护条例草案》以及各种补充规定、决议和办法。

陕甘宁边区参议会和政府，在吸收有关土地、债务、婚姻、继承、劳动立法和司法经验的基础上，借鉴了中外民法典有关的内容和合理的条款，于1942年起草了第二部法典草案，即《陕甘宁边区民法条例草案》，并发布命令，责成各级司法机关先在内部贯彻试行，待条件成熟后，再交由边区参议会通过并颁布。

这些民事法律规定，在抗战时期，凡合法土地所有人，在法令限制范围内，对于其所有土地有自由使用、收益和处分之权。在已经土地改革地区，土地为一切依法分得土地的人所有；在未经土地改革区域，不再没收地主土地，并保护其土地所有权。允许地主出租土地，惟需按照不同地租形态进行减租，一般减租率不得低于25%。佃农应按减租后之租额交租，不得短少，有能力交而故意不交者，出租人有请求政府依法追交之权。承租人的佃权由法律保障，非有法定理由，出租人不得随意收回租地，不得使减租流于形式，出现明减暗不减。对于旧债，凡是宣布废除的区域，不管土地分配彻底与否，一律视为债务关系的消除，不得再行追偿。但在土地未分配地区，抗战以前存在的旧债仍为有效，须按照计息不得超过一分半的标准减息。付息已超过原本1倍者，停利还本；超过原本2倍者，本利一概免除。因旧债偿还发生纠纷，在照顾贫苦人民利益原则下，酌情处理。抗日战争胜利后，随着党的土地政策由减租减息向没收地主土地分配给无地或少地农民的转变，这方面的民事立法随之也发生了重大变化。首先是规定和平土改办法，即通过发行土地公债，征购地主超过平均数之土地，分给无地和少地的农民，达到耕者有其田。由于这种规定和做法对地主富农照顾过多，不能彻底满足广大贫农对土地的迫切愿望，接着转入暴力土改政策，本着坚决彻底消灭一切封建势力的原则，结合边区已经基本解决土地问题的实际情况，采取“抽多补少，抽肥补瘦”的办法，重新统一平均分配土地。

这些民事法律规定，要废除强迫包办和买卖的封建婚姻，建立新民主主义的婚姻家庭制度，实行婚姻自主、一夫一妻、男女平等的基本原则。结婚必须达到法定年龄（男20岁，女18岁），排除亲族血统关系，并在区或乡政府办理登记手续，方为合法婚姻。离婚以感情是否破裂为主要依据，非具备一定条件者不准离婚。离婚后，原来各自财产和债务，自行解决。共同经营的财产，平均分配，对于所欠债务，原则上共同负责偿还。对于子女的抚养教育，不论哪方负责，另一方必须给予帮助。女方再婚，所生子女，由她和新夫负责抚养教育。陇东专署华池县封捧儿（评剧刘巧儿的原型）与张柏儿冲破重重阻力，在陇东分庭庭长马锡五支持下，争得婚姻自由，建立美满幸福的新家庭，就是当时贯彻婚姻立法的真实写照。在婚姻问题上，特别注意保护军婚。对于抗属，除确知其夫已经死亡、逃跑或投敌外，未经抗日军人本人同意，不得离婚。妻子请求离婚时，政府和司法机关应尽力说服，坚决不同意者，则依照年限规定（4 年以上，其夫无音讯）准予离婚。值得一提的是，司法机关还运用刑罚手段与这方面的违法犯罪行为做斗争，以确保抗日军人婚姻。对于继承，规定了男女平等、赡养父母的原则，确定遗产继承分为法定继承和遗嘱继承两种方式。法定继承的范围和顺序是：直系亲属；父母；亲兄弟姐妹；亲兄弟之子女；祖父母。遗嘱继承分为口头与书面两种：口头遗嘱要有第三人证明；书面遗嘱要本人签字，本人不能签字者，可由第三人代之。

这些民事法律还规定了工人的政治和文化权利，实行 8 – 10 小时工作制。工资的最低标准，除享受供给制以外，一般要能供养 2 – 2.5 人的生活。关心童工和青工的利益，他们的工作，以不妨害身体健康及有利于教育为原则，特别繁重或地下工作，禁止雇用他们。女工的特殊利益更是受到无微不至的关怀。对劳动合同、集体合同的缔结与签订、解除与生效、工资与工时、各项福利待遇与双方应承担的权利义务，也做了详细的规定。

第四部分，诉讼立法。诉讼立法主要有 1938 年的《关于裁判员工作手续规定之通令》，1939 年的《关于管辖文件通知》《为呈报判决死刑案件应将口供判决书等附送审核通令》《重新规定办理案件手续通令》，1941 年的《案卷归档方法通令》《为饬严格遵行上诉程序训令》，1942 年的《为案件调查务须确实迅速的命令》《为判决书上须注明上诉期间之命令》《关于诉讼手续的指示信》等。在 1941 年边区第二届参议会上，通过了边区高等法院院长雷经天提出的《制定及颁布适应边区的民刑及诉讼法规案》的议案。代理院长李木庵受大会委托，起草了《陕甘宁边区刑事诉讼条例草案》和《陕甘宁边区民事诉讼条例草案》。1946 年边区政府发布的通令（10 月 28 日，示字第五号）就执行审级、保护上诉权、管辖、编制卷宗等问题作了新的规定，使两个诉讼法律得到补充与完善。这些诉讼法律确立了司法机关受政府领导又依法独立行使审判权的组织体制，规定了各级法院、检察机关、保安机关的组织和职权，坚持了调查研究、实事求是、重证据不轻信口供、公开辩论、原被告平等、有利生产、方便群众、保障人权以解决实际问题等原则，并把上诉、审级、人民陪审、审判公开、审判方式（包括马锡五审判方式）、死刑复核、审判监督以及人民调解等作为基本诉讼制度确定下来。

抗战期间，边区司法工作的宗旨是贯彻边区政府抗日民主的施政方针，以反对日本帝国主义，保证边区的抗日民主制度，保护抗日人民的合法权益，镇压汉奸、反动派为基本出发点。陕甘宁边区的司法制度，既不同于封建的、资本主义的司法制度，也不同于社会主义的司法制度。总体来看，它具有以下特点：

第一，它是反帝反封建的各个革命阶级联合专政的司法制度，也就是团结各民族和一切阶级、阶层打倒日本帝国主义的司法制度。

第二，司法机关实行过渡性的一元化领导。除高等法院院长由边区参议会选举外，地、县审判机关领导均由政府领导兼任，如高等法院分庭庭长由分区专员兼任，县司法处处长由县长兼任。

第三，坚持司法审判独立。审判、检察、司法行政都集中于法院，实行三者一体制。坚持审检合一制，审判职权和检察职权均受法院领导，边区法官由法院直接委派。

第四，援引国民政府法律体系中适合边区抗战与民主需要且适合新民主主义精神的部分，以弥补法律的不健全。

第五，实行民主审判制度。审判实行人民陪审和公审制度。

第六，诉讼程序简便。诉讼当事人口头起诉、书面起诉有同等效力，不收诉讼费。边区的法律是保护人民利益的，是彻底为人民服务的。1939 年 4 月 4 日公布的《陕甘宁边区抗战时期施政纲领》第 13 条明确要求"建立便利人民的司法制度"。边区的诉讼程序之所以简便，是为了便利人民。由于边区幅员辽阔，交通极为不便，边区人民若要到边区高等法院上诉，近则数天，远者如陇东等地，要走十几天。为了适应战争环境，方便群众诉讼，1942 年颁布的《陕甘宁边区民事诉讼条例草案》第 4 条明确规定"司法机关得派审判人员流动赴事件发生之乡、市，就地审理。流动审理时，审判人员应注意以当地群众对于案情意见之反映为处理之参考"。边区司法机关建立的不分时效、不分场合、不分地点和形式的巡回审判特点，彻底改变了坐堂办案的传统，很受边区人民的欢迎。"马锡五审判方式"就是这种"简政便民"诉讼程序的成功实践。

边区诉讼不交任何费用，书面起诉、口头起诉均可受理。1942 年 2 月边区政府公布的《陕甘宁边区保障人权财权条例》第 14 条规定："人民诉讼，司法机关不得收受任何费用。"《陕甘宁边区民事诉讼条例草案》(1942 年)第 8 条则进一步规定："司法机关对于人民诉讼，不收讼费，不收送达费及抄录费。"1943 年 7 月 5 日，高等法院代院长李木庵以快板诗的形式，发布通俗易懂的诉讼布告："近闻人民诉讼，请人代写状稿。花钱动辄盈千，穷人真受不了。法院便利人民，允许口头控告。有员代写状词，费用分文不要。特此布告周知，望勿自增烦恼。"受理民事案件时，都要先经过调解程序，如调解实不能成立，才得根据法律或合理原则予以判决(时间不长)。多数案件采用宜调则调、宜判则判的办法。

第七，审讯采取解释说服的方法，不采用威吓肉刑的办法。

第八，刑罚从轻，废除无期徒刑，除死刑外，最高刑不超过 5 年(后又根据实际需要，调整为 10 年)。犯人在服刑过程中能够转变错误的可假释，并尽可能地改善其待遇，以教育感化为主，力争其为革命服务。

第九，边区没有律师，诉讼当事人可邀请所在群众团体代理人出庭代为陈述，但本人必须到场承认代理意见，也可请直接亲属为代理人。其中一些原则至今仍在沿用。

陕甘宁边区的抗日民主法制，是在党中央和毛泽东同志的直接领导下，在董必武、谢觉哉、李维汉等老一辈无产阶级革命家的主持下，创造性地将马克思主义法学的基本原理与边区的具体实践结合起来创立的。这一时期的法制，建立在新民主主义经济基础之上，以抗日民族统一战线政策为指导，最大限度地体现了各阶层、各阶级的共同利益和意志。这一时期的法制，继承和发展了中央苏区的法制建设经验，排除了“左”“右”倾错误路线的干扰，标志着新民主主义法制建设进入了成熟阶段。但是，必须承认，在边区立法工作中，仍有许多不完善的地方，例如，经济金融、行政、文化出版、医药卫生、兵役、治安管理等各方面法律的缺乏，直接导致了边区许多工作开展中无法可依、无法可循局面的形成。如边区没有制定明确的兵役政策和法规，就使各地的征兵工作陷于混乱状态，逃兵现象频繁发生，在征兵过程中侵害人民利益的事件亦屡屡发生。

综上所述，陕甘宁边区的法制建设，在中共中央和陕甘宁边区政府的直接领导下，成效显著。边区司法工作者在坚持“法律面前人人平等”的原则下，审理了大量的刑事、民事案件，维护了社会秩序，巩固了革命政权，促进了社会进步，保障了中央中心工作的顺利开展和革命战争的最后胜利。可以说，新中国的法律传统形成于陕甘宁边区政府时期。陕甘宁边区的许多法制思想、审判原则、基本政策、法律依据、审判机构设置、司法审判干部的工作作风和工作方法等，为我国社会主义法制建设提供了极为重要的历史经验。

二、陕甘宁边区法制建设的主旨

（一）贯彻抗日民族统一战线的政策

如前文所述，依照中国共产党的抗日民族统一战线政策，在援引国民政府各项法律的基础上，边区各级政府和参议会制定了大量的单行条例和法规。为执行抗日民族统一战线政策，《陕甘宁边区施政纲领》明确规定：“团结边区内部各社会阶级、各抗日党派，发挥一切人力、物力、财力、智力，为保卫边区、保卫西北、保卫中国、驱逐日本帝国主义而战。”“坚持与边区境外友党、友军及全体人民的团结，反对投降、分裂、倒退的行为。”“保证一切抗日人民（地主、资本家、农民、工人等）的人权、政权、财权及言论、出版、集会、结社、信仰、居住、迁徙之自由权……”“依据民族平等原则，实行蒙、回民族与汉族在政治、经济、文化上的平等权利，建立蒙、回民族的自治区，尊重蒙、回民族的宗教信仰与风俗习惯。”可见施政纲领的制定依据及目的皆是实现中共中央的抗日民族统一战线政策，取得中华民族的独立与自由。

为使抗日民族统一战线政策在边区得到全面贯彻与执行，林伯渠于1941年在边区县长联席会议上作了《把握统一战线的政策》的报告，在论及政权组织问题时提出：“统一战线的政权，必（须）是各阶级人民的组织才能建立起来的。我们不赞成国民党的一党专政，也不主张共产党或其他党的一党专政，我们是团结各党派、各阶级、各界的人来参加政权，它普遍地照顾到各阶级人民的利益。在土地政策上，停止没收土地的政策；在劳动政策上，保护工人与投资者的利益，增加战时生产。[①] 梳理边区政府制定的各项法规，无不将抗日民族统一战线政策作为指导思想。

总之，抗战时期的陕甘宁边区，在抗日民族统一战线的理论指导下，制定了大量的单行法规和条令来贯彻落实抗日民族统一战线之“团结各阶层、各抗日党派、一切爱国人士”的

① 《把握统一战线的政策——林伯渠在边区县长联席会议上的报告提要》，载陕西省档案馆、陕西省社会科学院合编：《陕甘宁边区政府文件选编》（第3辑），档案出版社1987年版，第83－85页。

原则。统一战线政策是边区各项法规、条令制定的基础。同时,各项法规、条令的制定又为抗日民族统一战线在边区的实现提供了法律上的保障。①

(二)坚持群众路线

在立法上,边区相信和依靠群众的最大特点,是从党到政府都尊重人民的权力机关,尊重它们的立法权。人民群众及其代表,无所顾忌,不受制约和限制,按照自己的意志和利益制定法律,真正成了立法权的主人。按照法律规定,立法提案权属于人民群众及其代表。只要一人提议,有10-20人联署,即可成为正式提案。一个法律草案拟出后,代表们各抒己见,展开热烈的讨论和争辩。如有分歧,在施政纲领的基础上,本着有利团结的原则,民主协商解决。

雷经天院长在阐发司法工作如何贯彻群众路线时指出:第一,判决案件应站在群众的立场上,为群众谋利益。第二,判决案件应便于大多数群众,便于穷苦的人民。第三,判决案件要保证群众的利益,为此,就要注意诉讼当事人的经济状况,按照他们的需要加以解决。第四,判决案件要做到倾听群众意见。这种诉讼程序简便,缓解人民群众的经济困难,便利人民群众的做法,被学者称为"大众司法""人民司法"。

(三)坚持法律面前人人平等的原则

坚持法律面前人人平等的原则,在边区法制建设中主要表现为:首先,一切抗日人民在适用法律上一律平等,不因阶级成分及出身的不同而不同对待。边区政府依法保护一切抗日人民的人权不受非法侵犯,对于违法犯罪者,无论是工人、农民,还是地主、资本家,不因阶级成分及出身不同而加重或减轻处罚。即使曾因反对边区而逃亡在外的地主富农,只要拥护抗日,自觉遵守边区法律,一律不咎既往,并受法律保护。在监狱、看守所中,所有犯人不论出身如何,法律地位和生活待遇一律平等。当然,为了了解犯人犯罪的原因,选择具体的改造途径,需要考虑他们的具体情况,如出身、历史、成分等,但这是为了有针对性地做教育改造工作。其次,一切公务人员,不论职位高低、功劳大小,与普通群众在法律面前一律平等。从革命根据地成立起就取消了旧中国遗留下来的所有等级划分和阶级特权,把人民的任何一分子,通称为边区的公民。换言之,共产党员和非党群众、首长和一般公务人员、公务人员和人民群众、指挥员和战士在法律面前均一律平等。反对任何特权思想和违法乱纪行为,反对依仗资格老地位高功劳大而破坏政府法纪的人,他们犯了法应和老百姓一样严格依法审判。1937年10月,在延安发生了一起重大案件。抗大第六队队长黄克功是一位老干部老红军老党员,因逼婚未遂,枪杀了陕北公学学员革命青年刘茜。黄克功被捕后曾幻想党和政府会因他对革命有功而从轻处罚。边区政府主席林伯渠和高等法院院长董必武,为了维护法制尊严,贯彻平等原则,经过党中央和毛泽东的批准,依法判处黄克功以极刑。正因为如此,国统区到边区参观者说边区的法律"没有法制小人,礼遇君子的恶劣观念"。国外友好人士傅路德②说:"边区的司法系统中充满着平等与正义的精神。"

① 《同美国记者斯诺的谈话》,载《毛泽东文集》(第2卷),人民出版社1993年版,第239页。

② 傅路德系世界学联赴延安参观团团长。

（四）发扬自力更生、艰苦奋斗的作风

边区的法制建设，从机构设立、人员编制到具体工作，都发扬了自力更生、艰苦奋斗的作风。在司法机构设立和人员编制上，为适应革命战争和农村根据地的环境，在物质和干部非常缺乏的条件下，按照"短小精干，政简民便""人尽其才，才尽其用"的原则进行组建。各分庭一般为3－4人，其中，庭长1人，由专员兼任，推事1人或2人，书记员1人或2人。各县司法处，多数县为3人，其中，处长1人，由县长兼任，审判员1人，书记员1人或2人。据1942年统计，边区共设有29个县、市司法机关，4个分庭，在职干部为160人，加上边区高等法院，最多也不超过260人，他们却负责审理边区内外复杂环境下发生的一切民刑案件，承担着"以镇压反革命为中心，以保护人民权利为天职"的繁重任务。在人员缺少、案件复杂的情况下，没有自力更生、艰若奋斗的工作作风，要完成边区司法的繁重任务是难以想象的。他们不怕困难，富有开拓和创造精神。自力更生、艰苦奋斗是广大干部和人民群众克服和战胜困难的重要武器和法宝。在党中央和边区参议会、边区政府领导下，广大法制工作人员，拿着这个武器，克服各种阻力，粉碎内外敌人的破坏和捣乱，在极其困难的环境中，创造了史无前例的人民民主法制。

第二章 宪 法

第一节 《抗日救国十大纲领》的发布及执行

一、两条抗战路线的激烈论战

由于日本帝国主义疯狂地侵略中国，中华民族同日本帝国主义的矛盾成为主要矛盾。1936年10月10日“西安事变”后，国共两党达成协议，抗日统一战线初步形成，十年内战基本结束。1937年7月，日本发动全面侵华战争，国共两党再次合作，正式建立抗日民族统一战线，领导全国人民进行抗日战争。从此，国共两党结束了应否抗战问题的争论，从争取国内和平、准备抗战的阶段，开始步入实行抗战的阶段。两党的争论，也转到了如何争取抗战胜利的问题上。要不要发动人民抗战成为斗争的焦点。

中国共产党从民族利益和人民利益出发，采取坚决抗战的方针，不仅主张依靠政府和军队抗战，更提出要相信群众，依靠群众，实行全国人民总动员，打一场波澜壮阔的人民战争。这种放手发动群众，坚决依靠人民力量，实行全民族抗战的路线，便是中国共产党的全面抗战路线。实行这条全面抗战路线，“就一定得一个驱逐日本帝国主义、实现中国自由解放的前途”。①

国民党则从大地主、大资产阶级利益出发，采取对日妥协退让的方针，主张依靠政府和军队进行抗战，反对动员广大人民起来抗战。这种单纯由政府和军队包办，不要人民参加的抗战路线，就是国民党的片面抗战路线。在这种路线指导下，国民政府的军队一溃千里，节节败退；虽然能取得个别的或一时的胜利，但不可能彻底战胜侵华日军。最后“就一定得一个日本帝国主义占领中国、中国人民都做牛马奴隶的前途”②。

国共两党截然不同的抗战路线，是统一战线中阶级矛盾和阶级斗争的集中体现。代表大地主、大资产阶级的蒋介石集团，与日本帝国主义有矛盾，但又害怕人民群众。所以，他们一方面出于本阶级利益的考虑，不得不参加抗战；另一方面企图在统一战线中，仰仗其军事优势，限制共产党和八路军的发展，甚至借刀杀人，阴谋在抗战中消灭共产党和人民革命

① 《毛泽东选集》（第2卷），人民出版社1991年版，第350页。

② 《毛泽东选集》（第2卷），人民出版社1991年版，第350页。

力量。

在革命战争中锻炼成熟的中国共产党准确地判断了这种局势，英明地指出，争取抗战胜利的关键，在于反对国民党片面抗战的路线，实行全面抗战，即实行发动全民族抗战的路线。中国共产党全面抗战路线同国民党片面抗战路线的战斗，其结局如何，将决定中华民族的存亡与中国革命的前途。

为了给全国人民指出抗战的正确方向，促使国民政府放弃片面抗战的错误路线并转向全面的抗战，动员一切力量争取抗战胜利，具体地规定一个全国上下共同遵守的全面彻底的抗战纲领，便被提到了中国共产党的议事日程。1937 年 8 月 25 日，中共中央在洛川召开政治局扩大会议，根据毛泽东的提议，制定和通过了著名的《抗日救国十大纲领》。

二、全面抗战路线的伟大纲领

就内容而言，《抗日救国十大纲领》（以下简称《纲领》）共分为两大部分。

（一）《纲领》以全面抗战路线为指导，规定了“打倒日本帝国主义”的任务

《纲领》第 1 条科学而具体地阐述和概括了“打倒日本帝国主义”的任务，即“对日绝交，驱逐日本官吏，逮捕日本侦探，没收日本在华财产，否认对日债务，废除与日本签订的条约，收回一切日本租界。为保卫华北和沿海各地而血战到底。为收复平津和东北而血战到底。驱逐日本帝国主义出中国。反对任何的动摇妥协”。

这一规定，为全国人民指明了抗日战争的奋斗目标和方向，反对国民政府在抗战问题上的动摇、退让和妥协，表现了中国共产党人忠于民族利益，忠于国家利益，为保卫祖国抗战到底的坚强信念和英雄气概。

（二）《纲领》以全面抗战路线为指导，规定了为实现“打倒日本帝国主义”的任务而采取的基本政策

1. 全国军民总动员。《纲领》第 2 条规定了全国军事的总动员：“动员全国陆海空军，实行全国抗战。反对单纯防御的消极的作战方针，采取独立自主的积极的作战方针。设立经常的国防会议，讨论和决定国防计划和作战方针。武装人民，发展抗日的游击战争，配合主力军作战。改革军队的政治工作，使指挥员和战斗员团结一致。军队和人民团结一致，发扬军队的积极性。援助东北抗日联军，破坏敌人的后方。实现一切抗战军队的平等待遇。建立全国各地军区，动员全民族参战，以便逐步从雇佣兵役制转变为义务兵役制。”

《纲领》第 3 条规定了“全国人民的总动员”，提出“全国人民除汉奸外，都有抗日救国的言论、出版、集会、结社和武装抗敌的自由。废除一切束缚人民爱国运动的旧法令，颁布革命的新法令。释放一切爱国的革命的政治犯，开放党禁。全中国人民动员起来，武装起来，参加抗战，实行有力出力，有钱出钱，有枪出枪，有知识出知识。动员蒙民、回民及其他少数民族，在民族自决和自治的原则下，共同抗日”。

军队是抗战的钢铁长城，人民是抗战的基础力量。坚持抗战，必须紧紧依靠全国军民同心同德，共御外侮。实行全国军事总动员，发动军队抗战，是全面抗战路线的必然要求。全面抗战发生之时，中国军队保持着 200 多万的庞大规模，但由于国民政府的反动统治和失败

军令的指导，导致军队缺乏战斗力，在日本进攻时仓促应战，连连溃败，大部分国土沦丧，人民陷入日本帝国主义的铁蹄践踏之中。《纲领》第 2 条的提出，正是为了彻底改变这种状况。

要不要发动人民群众起来抗战，是国共两党抗战路线分歧的根本之点。针对国民党只要政府和军队抗战，不要人民参战的极端错误的主张，《纲领》第 3 条规定实现全国人民的总动员。要求把全国人民发动起来，组织起来，武装起来，参加抗战，形成一个轰轰烈烈的人民抗战的局面。这个基点，是中国共产党坚信只有人民才是抗战胜利之本，脱离人民群众的广泛参与，抗日战争将毫无疑问地陷入困境。中国共产党在总结近代以来国家备受欺侮的惨痛历史教训和长期的革命斗争经验中认识到，日本帝国主义之所以敢欺负中国，主要原因在于中国民众的无组织状态。如果能够把全国人民发动和组织起来，把存在于民众之中的抗战威力发掘出来，就可以把日本侵略者置于数万万站起来的人民之前，使它像一匹野牛冲入火阵，非被烧死不可。

要做到这一点，没有广大人民群众的各种民主和自由，并调动人民的积极性，是绝不可能的。为此，《纲领》第 3 条规定，要废除一切束缚人民爱国运动的旧法令，取消《危害民国紧急治罪法》和《新闻检查条例》，颁布革命的新法令，开放爱国运动，承认现有爱国团体的合法地位，扩大爱国团体组织于工商学各界，释放一切爱国政治犯，开放党禁。除了汉奸外，全国爱国的同胞们都有抗日救国之责，都享有抗日救国的言论、出版、集会与结社自由。对于广大的少数民族同胞，也要充分动员起来，特别是内蒙古地区的人民群众正在日本帝国主义直接威胁之下奋起抗争，在民族平等的原则下，要团结他们，共同抗日。

2. 改革政治机构。《纲领》第 4 条规定："召集真正人民代表的国民大会，通过真正的民主宪法，决定抗日救国方针，选举国防政府。国防政府必须吸收各党各派和人民团体中的革命分子，驱逐亲日分子。国防政府采取民主集中制，它是民主的，又是集中的。国防政府执行抗日救国的革命政策。实行地方自治，铲除贪官污吏，建立廉洁政府。"

实现全民抗战，首先需要全国人民的团结，而全国人民的团结，则必须以全国人民的民主作为根本保证。实行民主的关键问题是推动国民党及其政府的政治改革。国民政府妄图巩固专政，鼓吹待抗战胜利后再实行改革的谬论，拒绝民主的改革。中国共产党给予这种谬论以有力的批驳，尖锐地指出，没有全国政治的民主化，抗日战争的胜利是没有保障和希望的。因此，中国共产党号召全国人民及各党派爱国分子，放弃过去对于国民大会和制定宪法问题上的冷淡与厌恶态度，集中力量进行这一带有国防意义的国民大会运动与宪法运动，严厉批判当权的国民党，推动和监督国民党放弃一个党派、一个阶级的独裁，将政治制度上的国民党独裁政体，改为各党派各阶级合作的民主政体。唯有如此，全国人民才能在抗日的、廉洁的、民主的政府领导下，将日本帝国主义置于人民战争的汪洋大海之中，最终夺取抗战的胜利。

3. 实行抗日外交政策。《纲领》第 5 条规定，要实行"抗日的外交政策"，"在不丧失领土主权的范围内，和一切反对日本侵略主义的国家订立反侵略的同盟及抗日的军事互助协定。拥护国际和平阵线，反对德、日、意侵略阵线。联合朝鲜和日本国内的工农人民反对日本帝国主义”。

毛泽东在《论反对日本帝国主义的策略》一文中指出:“我们中华民族有同自己的敌人血战到底的气概,有在自力更生的基础上光复旧物的决心,有自立于世界民族之林的能力。但是这不是说我们可以不需要国际援助;不,国际援助对于现代一切国家一切民族的革命斗争都是必要的。”联合一切抗日的国际力量,争取必要的国际援助,是打击日本帝国主义的必然之举,也是中国赢得抗日战争的重要保障。从此出发,纲领提出订立反侵略的国际同盟,与世界上爱好正义与和平的力量建立统一战线,积极抗日。

4. 实行抗日财政、经济、教育政策。《纲领》第 6 条规定,要实行“战时的财政、经济政策”,“财政政策以有钱出钱和没收汉奸财产作抗日经费为原则。经济政策是:整顿和扩大国防生产,发展农村经济,保证战时生产品的自给。提倡国货,改良土产。禁绝日货,取缔奸商,反对投机操纵”。

《纲领》第 8 条规定,要实行“抗日的教育政策”,“改变教育的旧制度、旧课程,实行以抗日救国为目标的新制度、新课程”。

由于国民政府长期推行其传统的对外妥协、对内压迫的错误政策,便得中国经济贫穷,文化教育落后。抗战开始后,国民政府不思反省,进行检讨,反而抱怨中国力量薄弱,无力支持抗战。当时毛泽东尖锐地批评说,穷是错误的办法产生出来的,在有如此广大民众的国家,有了合乎人民利益的新政策,中国不会再穷,财政经济也是有办法的。《纲领》第 6 条的规定就是中国共产党对国民政府的有力反驳和切实解决国家经济贫弱状态的有效对策。

要坚持抗战并取得最后胜利,必须根除落后的教育制度,用新民主主义的文化统帅民族精神。所以,《纲领》第 8 条规定要根本改变国民政府过去的文化教育方针,推行以抗日救亡为目标的新制度和新课程,实施免费的普及义务教育方案,对学生进行武装训练。各种形式的宣传都要切合国防利益,从而提高人民的觉悟程度。

5. 改良人民生活。《纲领》第 7 条规定,要“改良人民生活”,“改良工人、职员、教员和抗日军人的待遇。优待抗日军人的家属。废除苛捐杂税。减租减息。救济失业。调节粮食。赈济灾荒”。

在保障国防物质需要的前提下,适当地改善生活水平,是调动人民群众抗日积极性的重要一环。而国民政府却以影响国家财政收入和抗战为借口,反对改良人民生活,以贯彻其片面抗战路线和乘机大发国难财的政策。《纲领》第 7 条对此进行了针锋相对的批评,也为如何改善人民生活提出了办法。中国共产党认识到,只有改善抗战人民的生活,减少影响人民生活的一切不合理政策,使人民摆脱苛捐杂税的束缚,才能提高人民的抗日热情,巩固政府的基础,保证抗战的胜利。

6. 实行抗日民族团结。《纲领》第 9 条规定,要“肃清汉奸卖国贼亲日派,巩固后方”。第 10 条规定,要实现“抗日的民族团结”,“在国共两党合作的基础上,建立全国各党各派各界各军的抗日民族统一战线,领导抗日战争,精诚团结,共赴国难”。

面对侵华日军的大肆侵略,中国共产党主张在国共两党精诚合作的基础上,团结全国各族人民,构筑广泛牢固的抗日民族统一战线,使抗日战争真正做到不分党派、不分民族、不分男女、不分老幼，同仇敌忾，万众一心，共赴国难。这是符合历史潮流、合乎抗战形势的壮举，也体现了中国共产党在国难当头之时的历史担当。

《纲领》颁布后，得到了有效实施。陕甘宁边区在党中央直接领导下，从边区的实际和特点出发，坚决贯彻《纲领》规定的基本任务和各项政策，不断取得各项事业的进步，初步奠定了抗日民主模范根据地的基础，为全国人民齐心抗战作出了示范与榜样，成为全国执行《纲领》的光辉典范。

《纲领》彻底体现了中国共产党的人民战争路线和全面抗战路线，它全面地概括了中国共产党在抗日战争时期的基本政治主张，是共产党全面抗战路线的具体化，给全国人民指明了争取抗战最后胜利的道路。这也是中国共产党历史上第一次提出建立廉洁政府的施政纲领，对于中国共产党的廉洁政治建设具有重要的意义。

第二节　《陕甘宁边区抗战时期施政纲领》的制定和内容

一、新三民主义的危机

1939年前后，中国政治思想界展开了关于三民主义的激烈论战，这是一场关系到抗日民族统一战线政治基础存亡和抗战成败的重大斗争。1924年1月，中国国民党第一次全国代表大会在广州举行。会议审议并通过《中国国民党第一次全国代表大会宣言》，对三民主义作出适应时代潮流的新解释。与旧三民主义相比，新三民主义有了质的飞跃和巨大的进步：在民族主义方面，旧三民主义所突出的是“反满”，矛头指向清王朝，新三民主义则提出了反对帝国主义的目标；在民权主义方面，过去只是抽象地提倡“自由、平等、博爱”，现在则主张普遍平等的民权；在民生主义方面，过去只有“平均地权”的政纲，现在则提出了平均地权和节制资本的办法，承认“耕者有其田”，并谋求改善工人和农民的生活。因此，孙中山的新三民主义又被中国共产党人称为“革命的三民主义”和“新民主主义的三民主义”。

新三民主义同中国共产党在民主革命阶段的纲领基本一致，因而，新三民主义成为第一次国共合作的政治基础和大革命时期的旗帜。在抗日民族统一战线建立之初，中国共产党再次声明，新三民主义完全适合中国革命的历史行程，可以作为两党重新合作的政治基础。1937年10月25日，毛泽东在会见英国记者贝特兰时就明确指出：“说到统一战线的巩固，就是要实行一个共同纲领，用这个纲领来约束各党各派的行动。我们同意以孙中山先生的革命的三民主义、三大政策及其遗嘱，作为各党派、各阶层统一战线的共同纲领。”[①]有了这个纲领，才能有共同的政治基础，才能有明确的奋斗目标和行动准则，才能约束自由的行动，才能有统一战线的巩固，才能有抗战的胜利。

然而，全面抗战还不到两年，国民政府就背叛了国共两党政治合作宣言的基本精神，利用三民主义大做文章，为其妄图进攻陕甘宁边区和各个抗日根据地、消灭共产党和八路军制

① 《毛泽东选集》(第2卷)，人民出版社1991年版，第377页。

造理论根据。这样,孙中山的新三民主义便遇到了危机。

在全面抗战初期,国民政府回到了孙中山的新三民主义的轨道,改变了对外妥协的政策,积极抗日,在正面战场取得了一些重大胜利,成为日本帝国主义的主要威胁。对共产党实行了某种程度上的互助互让的政策,两党合作关系比较密切。对于群众抗日运动,虽有限制,但也允许人民有较多自由,政治上则出现民主化的趋势。而共产党,由于内战的挫折,当时只有4万左右的有组织的党员、3万多人的军队及其依托——陕甘宁边区革命根据地。进入敌后的部队,处在游击战争和根据地的创设阶段,还不是侵华日军的主要对手。因而,侵华日军重视国民党,轻视共产党,用其主要力量向国民党战场进攻,对其采取军事打击为主、政治诱降为辅的政策,而对共产党领导的游击战争和抗日根据地则非常轻视,以为不过是少数共产党人打游击。

1938年10月,武汉失守后,抗日战争形势开始发生重大转折。共产党领导的敌后抗日游击战争和根据地迅速成长壮大,对日本帝国主义造成严重威胁。国民党因战争失利和仇视共产党情绪增长,逐渐出现了消极抗日、积极反共的倾向。与此同时,日本侵略者感到真正的威胁是共产党而非国民党,随即改变政策,将矛头对准共产党,加强对共产党的军事打击,并停止向国民党战场的战略性进攻,对其执行政治诱降为主、军事打击为辅的政策。国民党也开始调整政策,由积极抗日转向积极反共。1939年1月,国民党召开五届五中全会,确定了"溶共、防共、限共、反共"的方针。在这一方针的指导下,蒋介石集团陆续发布了《限制异党活动办法》等一系列秘密文件,指示其党徒大肆进行反共活动。同时,调兵遣将,封锁围困陕甘宁边区,加紧在各抗日根据地制造摩擦和惨案,挑动内战。

为了配合军事进攻,在政治思想上,授意部分知识分子歪曲篡改孙中山的新三民主义,企图将其变为反共反马列主义的旗帜,破坏抗日民族统一战线的政治基础。1938年12月,民社党首领张君劢在蒋介石授意下,发表《致毛泽东先生一封公开信》,打着三民主义的招牌,在"促进团结""统一力量""利于抗战之持久"的幌子下,向共产党提出三点"建议":一是将"八路军之训练任命与指挥""完全托之"蒋介石,以实现"军事权之统一";二是取消抗日民主根据地,以做到"一国之内惟有一种法律,一种行政系统";三是共产党既然"信奉"三民主义,"努力于对外民族战争,不如将马克思主义暂搁一边"。[①] 1938年9月,共产党叛徒叶青(任卓宣)抛出《中国的现阶段及其将来》的小册子,打着三民主义的旗号,全面篡改孙中山新三民主义,不仅鼓吹抗战需要"统一"和"强固中央政权",否定民主,取消了孙中山的民权主义,而且恶意曲解孙中山的民生主义,宣扬"和平转变"和"一次革命论",为国民党一党独裁辩护。这场论战,在革命内部少数人中也有某些反响。共产党有右倾思想的人和某些进步学者,在阐述统一战线的政治基础中在理论上产生了混乱,将共产主义与三民主义相混淆,将三民主义同科学社会主义相混淆。

共产党人承认和始终不渝地执行孙中山的新三民主义,但反对蒋介石集团及其御用文人利用三民主义与共产党的最低纲领有许多相同之处,叫嚣共产主义应该"收起"的谬论。

① 张君劢:《致毛泽东先生的一封公开信》,载《再生》1938年第10期。

如何捍卫抗日民族统一战线的政治基础，以巩固两党的精诚团结，争取抗日战争的胜利，成为新三民主义危机下中国共产党面临的重要问题。

一方面，需要在理论上对上述谬论进行严正的驳斥和批判，划清真假三民主义的界限，阐明孙中山的新三民主义和共产主义的关系，揭露国民党蒋介石集团挑起这场论战的罪恶阴谋，消除流毒，以正全国人民视听。

另一方面，需要在实践上以马列主义为指导，制定一个符合孙中山新三民主义政治原则的纲领，向全国人民表明，只有共产党人才真正继承和发展了孙中山的新三民主义精神，并以真诚的态度和不懈的努力，坚持和维护这一政治基础。

共产党人认为，1924 年孙中山在国民党全国第一次代表大会上重新解释的民族主义、民权主义和民生主义三大政治原则，和共产主义在中国民主革命阶段的政纲基本上是相同的，因此，才承认三民主义为抗日民族统一战线的政治基础，才提出三民主义为中国今日之必需，共产党为其彻底实现而奋斗。

共产主义在中国民主革命纲领中，还有彻底实现人民权利、八小时工作制和彻底土地革命的内容，三民主义则没有这些部分，因而，两者在民主革命阶段的纲领也有不相同的部分。共产主义于民主革命阶段外，还有一个社会主义革命阶段，即于最低政纲之外，还有一个最高政纲，即实现社会主义和共产主义。三民主义只有民主革命阶段，没有社会主义革命阶段，因此，它就只有最低政纲，没有最高政纲，即没有建立社会主义和共产主义社会制度的政纲。这是共产党人终生奋斗的理想，也是区别于任何三民主义者的标志。

在三民主义问题激烈论战过程中，1939 年 1 月 15 日 –2 月 4 日，陕甘宁边区第一届参议会在延安隆重举行。这次大会通过了以新三民主义为基本内容的《陕甘宁边区抗战时期施政纲领》①，于 1939 年 4 月 4 日正式公布。这一纲领对于巩固抗日民族统一战线的政治基础，发展抗日民族统一战线，维护团结，坚持抗战，反对分裂，反对投降，争取抗战的最后胜利，具有伟大的历史意义。

二、新三民主义的纲领

《陕甘宁边区抗战时期施政纲领》（以下简称《纲领》）是在毛泽东同志的亲自关怀下，以马列主义关于殖民地半殖民地的革命理论为指导，继承孙中山新三民主义的精神，结合抗战条件下边区的实际与环境制定的。纲领把对外争取独立解放规定为民族主义；将对内实行民主自由规定为民权主义；将对内增进人民幸福规定为民生主义。这种对三民主义的新概括，不仅揭露了一切伪三民主义的罪恶阴谋和背叛行为，同国民党蒋介石的假三民主义划清了界限，而且在新的历史条件下，总结多年的实践经验，大大发展了孙中山的新三民主义。

《纲领》共 28 条，分民族主义、民权主义和民生主义三部分。边区政府依据这三个政治原则确立工作内容，制订实施计划，并以它作为检查工作的尺度和准绳。经过 3 年多的努

① 本书所引《陕甘宁边区抗战时期施政纲领》内容见陕西省档案局编：《陕甘宁边区法律法规汇编》，三秦出版社 2010 年版，第 1 – 2 页。

力，到边区第二届参议会召开前夕，基本上完成了三民主义规定的历史任务，一个抗日的民主模范根据地已经初步建立起来。

（一）关于民族主义

1. 团结全边区的人民共同抗战，把日本帝国主义驱逐出中国，争取中华民族的独立和解放。《纲领》第 1 条规定："坚持巩固与扩大抗日民族统一战线，团结全边区人民与党派，动员一切人力、物力、财力、智力，为保卫边区，保卫西北，保卫中国，恢复一切失地而战。"为了实现民族主义这个重大任务，边区政府根据《纲领》要求，建设与充实武装，壮大人民抗战力量。3 年来，边区人民发扬高度的爱国热情，有 5 000 多子弟涌进了边区的主力兵团——八路军留守兵团。这支部队，以政治文化的进步、质量的改进、战斗力的提高向着模范兵团的道路迅速迈进。边区的地方兵团——保安部队，发扬了富有地方性和惯于分散行动的特点，为适应残酷战争的需要，加强了统一领导，扩大了数量，增强了素质，提高了战斗力，向着正规化大步前进。民众武装——自卫军普遍建立，配有红缨枪、马刀、大炮、快枪和手榴弹等武器，他们实行兵民结合，拿起武器是兵，放下武器是民，成了抗战的基础力量。人民的主力部队，在 3 年的河防战斗中，给不断轰炸边区城乡并时刻企图过河消灭陕甘宁边区的日本帝国主义以迎头痛击。地方部队除配合正规兵团作战外，还与自卫军一致行动，肃清了在边区境内打家劫舍的土匪，保卫了边区的安全。

《纲领》第 2 条规定："高度地发扬边区人民的民族自尊心与自信心，反对一切悲观失望、妥协投降的倾向。"边区政府根据《纲领》要求，成立动员委员会，组织运输，发挥一切物力的作用，保障军队供给。边区政府依靠行政与政治动员之配合及人民自动的抗日积极性，迅速完成了历年的征收救国公粮工作，保证了军队的食用。切实贯彻代耕条例，优待八路军、友军和边区公务人员的家属，保证了他们的基本生活。还征收寒衣代金，慰劳军队鞋袜，动员担架、牲口修路运盐，配合了战争的需要，补充了军队的日用品。这些充分体现了人民拥护抗战和拥护军队的热忱。

《纲领》第 3 条规定："厉行锄奸工作，提高边区人民的警觉性，彻底消灭汉奸、敌探、土匪的活动，以巩固抗日后方。"边区政府根据《纲领》要求，积极采取行动，发动人民消灭汉奸、敌探、土匪等影响边区安全及抗战大业的破坏分子。全面抗战以来，原先潜入边区的汉奸、敌探，并未因边区政府持续的打击而完全销声匿迹。侵华日军从不断侵犯边区的需要出发，也加紧了汉奸、敌探的派遣工作。这样，又出现了汉奸、敌探猖獗的现象。为此，边区政府大力宣传锄奸政策，动员和组织民众，配合保安与司法机关，粉碎了汉奸和敌探对边区的破坏活动，并成功处置了边区内部的各种土匪叛乱活动，有力地保卫了边区的治安和一切抗日人民的人权和财权。

2. 联合蒙、回民族共同抗日。《纲领》第 4 条规定："实现蒙、回民族在政治上、经济上与汉族的平等权利，依据民族平等的原则，联合蒙、回民族共同抗日。"第 5 条规定："尊重蒙、回民族之信仰、宗教、风俗、习惯，扶助其文化的发展。"

边区政府反对大汉族主义，并纠正了国民政府错误的民族政策，实现了边区内各民族在政治、经济上与汉族的权利平等，还帮助蒙、回民族组织了抗日团体、文化团体，建起了清真寺和成吉思汗纪念堂，开办民族学院，建立民族村，并在政府中设立少数民族事务委员会，为少数民族谋福利。在边区的选举中，实现各民族一律平等的原则，规定少数民族可以单独进行民族选举。这些政策和办法，不但适用于边区境内人数较多的蒙、回民族，也适用于边区的其他少数民族。

3. 联合一切同情中国抗战国家的人民共同抗日。《纲领》第6条规定："在不损害边区主权的原则下，保证一切同情中国抗战国家的人民、工商业者、教民在边区生产、经营与文化事业方面的活动。"这一条纲领为抗战形势下团结国际抗战力量提供了方向。为了团结一切爱好和平与正义的国家和人民，组成国际统一战线，共同反对德、意、日法西斯联盟，既需要将侵华的日本帝国主义和暂时没有侵略的其他帝国主义加以区别，又需要将同日本结成同盟承认伪满洲国的德、意帝国主义和同日本处于对立地位的英美帝国主义加以区别，还需将过去采取远东慕尼黑政策危害中国抗日的英美，和目前放弃这个政策改为赞助中国抗日的英美加以区别，也需将一切帝国主义国家决策的统治阶层和这些国家的广大人民加以区别。因而，边区的民族主义，是彻底的民族主义，不仅反对日本帝国主义，而且反对其他任何帝国主义，但它不是排外主义。

（二）民权主义

1. 巩固民主制度，增强人民自治能力。《纲领》第7条规定："发扬民主政治，采用直接、普遍、平等、不记名的选举制，健全民主集中制的政治机构，增强人民之自治能力。"《纲领》第11条规定："发扬艰苦作风，厉行廉洁政治，肃清贪污腐化，铲除鸦片赌博。"《纲领》第13条规定："建立便利人民的司法制度，保障人民有检举与告发任何工作人员的罪行之自由。"《纲领》第14条规定："建立工作检查制度，发扬自我批评，以增进工作的效能。"

边区政府积极巩固民主制度，人民依法直接选举边区、县乡参议会的参议员，各级参议会依法选举各级政府工作人员。这种选举，并无阶级、党派、性别、职业、文化、财产、信仰或民族等任何限制。在政权组织机构中，行政权集中于政府，创制权、复决权及对于政府行政人员的选举罢免权，则属于各级参议会。在乡或市采取议行合一制，设立各种委员会，吸收一乡一市的各阶级、各党派、各民族的积极分子参加政府工作。民主集中制原则成为各级民意与行政机关的最高组织原则。

各级公务人员是人民忠实的仆人。公务人员时刻以抗战与人民的利益为重，从人民手里拿到的每一文钱，都用在政治、经济、文化建设和保卫边区上。"用钱少、办事多"是边区政府工作人员的主要原则。这些政府工作人员，很多没有受过学校的教育，但都有长期的斗争历史，有着丰富的实际工作经验，吃苦耐劳，埋头苦干，忠诚于人民解放事业，深受人民的拥护和爱戴。

便利人民的司法制度，是边区民主制度的一个重要组成部分。审判机关打击的重点是罪大恶极的汉奸、土匪和反共分子，保护的则是一切抗日人民的人权、财权和民权。人民随时可以控告违法的公务人员，不受任何限制。他们打官司，不收任何诉讼费用，允许群众团体代为进行。审判活动重视证据而不轻信口供，严禁刑讯体罚，实行公开审判制度，鼓励调解。对罪犯采取惩办与教育相结合的方针，除罪犯的自由受到一定限制外，其生活和一般人没有多大区别;他们有自治组织,按时上课、劳动、开检讨会,研究时事;经过一个时期的劳动改造,他们锻炼了思想意识,培养了劳动观念,学到了生产技能,许多犯人变成了守法的好公民。

为了巩固民权主义与民主制度,《纲领》第 9 条规定:“充实抗日地方武装力量,发展与健全人民抗日自卫军、抗日少先队,加紧其政治、军事、文化上的教育与训练。”第 10 条规定:“以政治工作与组织力量的配合,实行兵役与参战的动员。”这两条规定不仅强调增强武装力量以保卫边区,还对武装力量的教育、训练与动员进行了明确规定。

2. 提供物质条件,保障人民的权利。《纲领》第 8 条规定:“保障人民言论、出版、集会、结社、信仰、居住、迁徙与通讯之自由,扶助人民抗日团体与民众武装之发展,提高人民抗战的积极性。”第 12 条规定:“实行男女平等,提高妇女在政治上、经济上、社会上的地位,实行自愿的婚姻制度,禁止买卖婚姻与童养媳。”

人民的言论、出版、集会、结社、信仰、居住的自由,已经切实做到。各种平等的民主权利,已经彻底实现。民众团体可以在边区自由地发展,各种宗教信仰受到法律保护。武装自卫,保卫边区,成了人民不可剥夺的神圣权利。一切抗日党派,均可以在边区公开存在和自由活动。

特别值得边区自豪的,是广大妇女投入斗争的热潮。她们活跃在政府与民意机关、工厂与学校中,有的当了区长和县长,成为抗战、建设边区和生产的重要力量,获得了法律上与政治上同男子平等的权利和地位,成了边区社会进步与发展的标准和尺度。

3. 发展教育事业,提高人民文化水平。《纲领》第 15 条规定:“实行普及免费的儿童教育,以民族精神与生活知识教育儿童,造就中华民族的优秀后代。”第 16 条规定:“发展民众教育,消灭文盲,提高边区成年人之民族意识与政治文化水平。”第 17 条规定:“实行干部教育,培养抗战人才。”

边区教育的发展,人民文化的提高,是贯彻民权主义的重大成果。边区的学校教育比以前有了很大进步。到 1939 年,小学发展为 1 341 所,学生达 43 652 人之多。五年制完全小学,在两年内增加了 3 倍。据 1941 年统计,小学教师中有 78% 是边区自己培养的,这表明边区已经有了自己的知识分子。边区的中等学校发展到 7 所,在校学生有 1 000 余人。过去这些学校,课程过于偏重政治,修业期限也很短,现在得到了根本改善,一般都走上了正规化的轨道。因为要靠这些学校培养干部和提高师资,所以边区在这些方面投入的精力与资金最多,成为文化教育的重点。边区的社会教育,经过近 3 年的艰苦工作,已经初具规模。识字组得到普遍巩固,夜校、半日校在继续发展。民众教育馆成立了 60 处,地方剧团有 10 个,流动图书馆也有两个。从 1940 年开始在冬学中试用新文字,对迅速消灭文盲提供了重要经验。边区的抗日干部教育,在全国是首屈一指的。学校之多、成绩之大、影响之广、培养人才之优秀,是最值得夸耀的。这些学校把海内外优秀青年培养成一批又一批德才兼备的人才,输送到全国各条抗日战线,为中华民族的解放事业作出了巨大贡献。

(三)民生主义

1. 实行以农业和私营为主的政策,发展边区的国民经济。《纲领》第 18 条规定:“确定私人财产所有权，保护边区人民由土地改革所得之利益。”第20条规定：“发展手工业及其他可能开办之工业，奖励商人投资，提高工业生产。”第22条规定：“保护商人自由营业，发展边区商业。”

在实行以农业和私营为主政策的基础上，边区的农业和工业都得到了较快发展，特别是工业方面，已建立起119处较大的公营工厂与作坊，其中纺织业占优势，其次是造纸、皮革和化学工业，石油和煤在继续开采。因为利用军工打盐，盐的产量大幅度增加。这些工厂和作坊提高了边区工业的产量，制造了日常用品，满足了军民的需要，增加了边区的收入。在商业上，实行贸易自由，反对统制垄断，集市到处皆有，商业资本两年增加了10倍。贸易局建立后，调整出入贸易，输出大量土货食盐，进口大宗棉花布匹。统一领导公营商店，反对操纵，平抑物价，稳定了金融。现有的138处消费合作社，大量运输土产，抵制了商人的过分剥削。

2. 保证军队的物资需要，争取抗战的胜利。《纲领》第21条规定：“实行统一累进税，废除苛捐杂税。”边区政府的收入，除了依靠公营事业的收入外，主要的还是依靠税收。其中以农业税占优势，其次是货物税和商业税。农业税，1939年征了5万石，1940年征了9万石，而1941年则征收了20万石，并发行救国公债600万元边币，动员群众驮运公盐6万驮。显然，人民的负担加重了。这是国民党顽固派停发八路军全部经费和对边区封锁造成的严重后果。边区政府难为无米之炊，在动员军队屯田打盐、行政人员参加生产，用尽一切方法之后，仍不能减轻边区人民的负担。为了抗战，为了中华民族的利益，边区人民理解这么做的必要性，承受了最大程度的物质负担，有力地支援了中华民族的抗战。

3. 改善人民生活，提高群众抗战积极性。《纲领》第19条规定：“开垦荒地，兴修水利，改良耕种，增加农业生产，组织春耕秋收运动。”第23条规定：“厉行有效的开源节流办法，在各级机关、学校和部队中，提倡生产运动与节约运动，增加收入、减少支出，以解决战时财政经济之困难。”第24条规定：“确定八小时工作制度，改善劳动待遇，保护工人利益，同时提高劳动热忱，增加生产效能。”第25条规定：“优待抗日军人与工作人员之家属，使抗战军人安心作战，工作人员安心工作。”第26条规定：“废止高利贷，政府举办低利借贷，奖励合作社之发展。”第27条规定：“保育儿童，禁止对于儿童的虐待。”第28条规定：“抚恤老弱孤寡，救济难民灾民，不使流离失所。”

边区依靠新民主主义的经济基础，激发广大人民的劳动热情，使边区全体人民的生活有了相当的改善。他们在战争的废墟上，不但恢复了残破的家园，而且逐渐地繁荣起来。大部分地区达到了有饭吃、有衣穿的生活水平。

边区工人免除了失业的威胁，生活得到了充分的保障，工资或津贴随物价的增加而提高。边区农民的生活，无论是土地改革地区，还是减租减息地区，均已获得适当的改善。边区的农业生产，以增加粮食产量、发展畜牧和推广植棉为中心。经过3年的努力，边区耕地达到1 600万亩，每年产粮200万石；畜牧数量增加了1倍以上，据1940年统计，羊有165万头，牛有17万头；前几年，棉花收获很少，1941年政府对种棉实行奖励，仅沿河地区就发展到4万亩，收成很好。农业的发展，是同政府发行农贷，解决部分农民耕牛、种子的困难，紧密联系在一起的。

但是,总的来说,灾害与疾病仍然是边区人民生产生活的极大威胁,边区在政治上是先进的,在经济上却是非常落后的。历史给边区以罕有的重托,它既要支持长期的民族与人民解放事业,又要适当地解决民生问题。在这种条件下,除了调动人民的积极性、发展农业生产这一根本途径之外,大力提倡在各机关、学校、部队中进行生产运动与节约运动,优待抗日军人家属,废止高利贷,矜恤老幼孤寡等特殊群体等便成为必要手段。因而,边区的民生主义具有自己的突出特点。

综上所述,《纲领》是中国共产党在新三民主义的指导下制定的宪法性文件。它的制定与实施,不仅全面呈现了中国共产党对新三民主义的坚持、创新及发展,有力地驳斥了三民主义论战中的种种谬论;也反映出中国共产党适应新的抗战形势对施政方针作出的积极的、必要的、进步的调整,客观上促进了边区政权与法制的民主建设。中国共产党在独自建设政权的初期,强调对工农阶级的保护和对敌对阶级的消灭;但从决定建立抗日民族统一战线时起,在政治上决定给予一切抗日阶级以平等的权利,到《纲领》制定时,这些权利以法律的形式得以确定,并在此基础上逐步扩大和发展,这是符合全民统一抗战需要的进步性举措,有着深远的历史意义。

第三节 《陕甘宁边区施政纲领》的主要内容和历史意义

一、施政方针的提出和施政纲领的制定

1941 年,中国人民的抗日战争进入最艰难的岁月,从这年起,侵华日军为实现其“以战养战”“以华制华”的阴谋,在残酷地榨取沦陷区的同时,集中侵华兵力的 75%,连同伪军的全部,更加猖狂地进攻抗日根据地,实行野蛮的大扫荡,推行极其残忍的“三光”政策,企图扼杀敌后抗日根据地军民的生存条件。与此同时,侵华日军为逼迫蒋介石尽快投降,除政治诱降以外,还兼以军事打击相威胁,致使国民党军队再次溃败于晋南中条山和浙赣之间。蒋介石出于加速反共的需要,停发了八路军、新四军的全部军费,派遣几十万大军包围封锁陕甘宁边区和各个抗日根据地,断绝其与外界的经济来往,妄图困死、饿死抗日根据地军民,还制造了骇人听闻的“皖南事变”,发动了第二次反共高潮,造成了惊心动魄的抗战时局危机。

在这种情况下,革命的力量被严重地削弱。各抗日根据地的面积、人口、军队数量大幅减少,出现了极端的物质困难,敌后抗日军民几乎到了没有衣穿,没有油吃,没有纸,没有菜,战士没鞋袜,工作人员在冬天没棉被的境地,抗日民族统一战线出现了空前的危机。国民党顽固派下了全面破裂的决心,妄图在消灭皖南的新四军之后,挑动全国内战,进攻陕甘宁边区,夺取延安,彻底消灭共产党势力。

在侵华日军加紧侵略中国和国民政府实行反共、反人民的高压政策和军事进攻面前,在抗日根据地遇到极端严重物质困难的时刻,应该施行什么样的方针,制定怎样的政策,才能最大限度地调动一切抗日人民的积极性,巩固各抗日阶级、各党派和各民族的团结,以克服

困难，巩固根据地，争取时局好转，取得抗日战争的胜利呢？这个问题十分尖锐和严重地摆在陕甘宁边区和各个抗日根据地面前。

毛泽东在这些严重形势已有端倪可察之时，以革命者的大智大勇，科学地回答了这个问题。1940 年 3 月 6 日，他就指出抗日民族统一战线政权的施政方针，“应以反对日本帝国主义，保护抗日的人民，调节各抗日阶层的利益，改良工农的生活和镇压汉奸、反动派为基本出发点”①。这年 12 月 25 日，他又系统全面地论述了应坚决地执行对抗日民主政权具有决定意义的各项重大政策，主要有“三三制”的政权组织政策、调节劳资双方利益的政策、减租减息与交租交息的土地政策、公平合理的税收政策、镇压与宽大相结合的刑事政策、地主资本家与工人农民平等的人民权利政策、以发展自给自足为目的的经济政策、普及与提高大众抗日知识技能和民族自尊心的教育政策以及扩大八路军和新四军的军事政策。

1941 年初，陕甘宁边区在 200 万军民发扬革命英雄主义，开展大生产运动，克服困难，努力支援前线的热烈气氛中，揭开了第二届参议会选举的序幕。为满足办好选举和竞选的需要，并为下届政府确定工作方向，边区中央局根据毛泽东拟定的施政方针和各项政策，制定了《陕甘宁边区施政纲领》(因 5 月 1 日公布，又称“五一施政纲领”)。这个纲领经过中共中央政治局的批准，于 5 月 1 日公布，并且规定如共产党员当选为行政人员，即将照此纲领坚决实施。②

在边区第二届参议会召开过程中，中共中央西北局书记高岗于 11 月 15 日向大会做了《关于五一施政纲领的解释》的报告，回答了各界人士提出的一些意见和问题。正式向大会建议，提请全体参议员讨论与通过，作为边区政府和人民共同奋斗的纲领。11 月 17 日，民主人士贺连城等 108 人和习仲勋等 73 人，分六案向大会提出接受中共西北中央局之“五一施政纲领”为全边区人民共同的施政纲领，并交政府切实实行的动议。经全体参议员一致通过，作出如下决议：“本会同仁听了中共中央西北局代表高岗先生的报告，并详细研究了中共中央西北局所提出的施政纲领之后，一致认为该纲领不但适合于边区的需要，而且完全符合于中国的国情，是唯一正确的边区施政方针，也是团结抗战以救中国的良策。因此，本会全部接受作为政府今后的施政纲领，并责成政府领导全边区人民切实执行之。”③陕甘宁边区政府诚恳地接受了边区第二届参议会的决议，“把‘五一施政纲领’作为今后的‘政府施政纲领’，在参议会的监督之下，坚决执行，使全部的纲领，迅速地彻底地实现”④。

陕甘宁边区政府在新的历史条件下，提出以抗战、团结、民主为内容，以团结为核心的施政纲领，不是偶然的。

首先，它是中国现阶段阶级关系的正确反映。当时，中国除陕甘宁边区和各个抗日民主根据地的新民主主义社会外，都是半殖民地半封建社会。在这样的社会里，4.5 亿人口中，

---

① 《毛泽东选集》(第 2 卷)，人民出版社 1991 年版，第 741 页。
② 陕西省档案局编：《陕甘宁边区法律法规汇编》，三秦出版社 2010 年版，第 5 - 6 页。
③ 陕西省档案局编：《陕甘宁边区法律法规汇编》，三秦出版社 2010 年版，第 6 页。
④ 陕西省档案局编：《陕甘宁边区法律法规汇编》，三秦出版社 2010 年版，第 6 页。

大地主大资产阶级是屈指可数的，无产阶级也不过几百万，其中绝大部分是农民和中小资产阶级。这就是毛泽东当时说的中国是个两头小中间大的社会。就政治能量来讲，则与此相反，是两头大中间小。因此，在无产阶级与大地主大资产阶级的斗争中，谁能获得中间力量的支持，将决定中国的命运与前途。当时中国的革命，既不是无产阶级的社会主义革命，建立无产阶级专政；也不是旧式的资产阶级民主革命，实现资产阶级专政；而是进行新民主主义革命，建立各个革命阶级的民主专政，也就是实现真正的民主，各革命阶级共同抗日，一起治理国家。而由于中国长期受帝国主义侵略和压迫，再加上政治、经济、文化落后等许多条件的限制，又决定了革命的长期性；日本帝国主义不是一两天就可以被打出去的，全国民主的实现，也不可能一蹴而就。在这种情形下，就需要无产阶级同全国人民，特别是中间阶级的长期团结合作，才能完成抗战救国的历史任务。中国共产党 20 多年斗争的实践证明，无论什么政党和人物，团结中间阶层，革命就能胜利；不团结，就一定行不通。正因为如此，共产党坚持团结中间阶层，无论遇到什么阻挠和破坏，都始终如一，毫不动摇。

其次，它是中国共产党探讨和总结 20 多年来历史经验教训的产物。共产党认识到，在第一次大革命中，全国团结，北伐战争所向披靡，北洋军阀的反动统治土崩瓦解，武汉九江租界也被成功收复；而团结破裂之时，东北沦陷、日本全面侵华，中华民族遇到了亘古未有的磨难和痛苦。所以，只有全国团结，才能取得革命的胜利，才能建立强大的国防，才能赢得民族的解放。1937 年 7 月 7 日，“卢沟桥事变”发生，历史再一次将团结的重要选项交给共产党和国民党。经过共产党的积极争取，全国各党派、各阶级、各民族又团结起来，坚持了旷日持久的抗战，重新奠定了民族解放的基础。由此可见，在国家危难之际，只要全国各党派、各阶级、各民族团结一心，众志成城，共御外侮，革命就有出路，国家就有力量，民族就有希望；反之，中华民族就会陷入多灾多难、备受凌辱的血泪历史之中。

二、施政纲领的主要内容及其发展

《陕甘宁边区施政纲领》（以下简称《施政纲领》）以新民主主义革命的理论为指导，贯彻团结、抗战、救中国的基本精神，以进一步巩固边区，发展抗日的政治、经济、文化建设，坚持长期抗战增进人民福利为目的。其特点在于，它是依据中国半殖民地半封建社会而又处于抗日战争的具体环境中的客观现实，规定的适用于一切领域和部门的具体政策。纲领的主要内容是：

（一）关于抗战的规定

《施政纲领》第 1 条规定：“团结边区内部各社会阶级，各抗日党派，发挥一切人力、物力、财力、智力，为保卫边区、保卫西北、保卫中国、驱逐日本帝国主义而战。”第 2 条规定：“坚持与边区境外友党、友军及全体人民的团结，反对投降、分裂、倒退的行为。”第 3 条规定：“提高边区武装部队的战斗力，保障其物质供给，改善兵役制度及其他后方勤务的动员制度，增进军队与人民的亲密团结。同时加强抗日自卫军、少先队的组织与训练，健全其领导系统。”第 4 条规定：“加强优待抗日军人家属的工作，彻底实施优抗条例，务使八路军及一切友军在边区的家属得到物质上的保障与精神上的安慰。”

《施政纲领》从进一步巩固边区,坚持抗战的目的出发,高举民族解放的旗帜,规定了“驱逐日本帝国主义”的神圣历史任务。

1. 在全边区实行人民战争的方针,增强和巩固抗战力量。根据《施政纲领》,边区继续加强对驻守边区的八路军和地方保安部队的教育,提高其政治觉悟和民族意识,经常进行实战训练,增强他们的作战能力。在群众中进行反复的爱国主义教育,按照自愿与政治动员相结合的原则,多方扩兵,改善兵役制度。发动军民,开展大生产运动,克服一切困难,保障部队的物质供给。整顿自卫军和少先队的组织,健全其领导系统,逐步达到平时加紧训练、战时配合正规军作战的目标。实行保障军队需要和节省民力物力的原则,组织群众搞好运粮送草、抬担架、修工事的工作,完善后方勤务制度。加强优待抗日军人家属工作,彻底实施优抗条例,务使八路军及一切友军在边区的家属得到物质上的保障与精神上的安慰,把关心、尊重和帮助抗日军人家属的工作推进到一个新的阶段,以巩固部队的战斗力。对于在战斗中被俘的敌伪官兵和国内进攻边区的反共军队的官兵,除为群众所痛恶、非杀不可而又经上级批准的人以外,不问情况如何,一律实行宽大政策。其中被迫参加、多少带有革命性的分子,愿参加抗战者,收容并优待之,争取为我军服务;不愿者,释放之,一律不得加以杀害、侮辱,强迫自首或强迫其写悔过书。在释放之后又连续被俘者,不问其被俘之次数多少,不论他们如何反动,一律照此办理,借以分化瓦解敌军、伪军和反共军,孤立反动营垒。

2. 在全国范围内,坚持抗战、团结、进步三位一体的方针,反对投降分裂倒退行为。国民党顽固派在抗战的幌子下,破坏团结,反对进步,在全国范围内掀起投降分裂倒退的逆流。对此,共产党针锋相对地指出,仅仅强调抗战,不要团结与进步,是完全错误的。没有真正的坚强的团结,没有迅速的切实的进步,所谓抗战是难以进行,也是不能持久的,终有一天要变为投降,或者归于失败。从这个方针出发,边区积极执行纲领,反对投降,反对汪精卫的卖国协定,反对一切暗藏在抗日阵线中的汉奸和投降派;反对分裂,反对内部摩擦,反对进攻八路军、新四军,反对破坏陕甘宁边区和各个抗日根据地,反对不承认共产党的合法地位;反对倒退,反对把三民主义和抗战救国纲领束之高阁,反对不执行孙中山遗嘱上唤起民众的指示,反对把抗战初期仅有的一点言论出版自由取消干净,反对把宪法运动变为少数人包办的官僚事业,反对残杀革命青年,反对贪官污吏的横行,反对土豪劣绅的猖獗。在这个斗争中,陕甘宁边区成了全国抗战团结进步的典范。

(二)关于团结的规定

《施政纲领》第 5 条规定:“本党愿与各党各派及一切群众团体进行选举联盟,并在候选名单中确定共产党员只占三分之一,以便各党各派及无党无派人士均能参加边区民意机关之活动与边区行政之管理。在共产党员被选为某一行政机关之主管人员时,应保证该机关之职员有三分之二为党外人士充任,共产党员应与这些党外人士实行民主合作,不得一意孤行,把持包办。”第 17 条规定:“依据民族平等原则,实行蒙、回民族与汉族在政治经济文化上的平等权利,建立蒙、回民族的自治区,尊重蒙、回民族的宗教信仰与风俗习惯。”

第 18 条规定:“欢迎海外华侨来边区求学,参加抗日工作,或兴办实业。”第 19 条规定:“给社会游民分子以耕种土地、取得职业与参加教育的机会,纠正公务人员及各业人民中对游民分子加以歧视的不良习惯,对会门组织实行争取、团结与教育的政策。”第 20 条规定:“对于在战斗中被俘之敌军及伪军官兵,不问其情况如何,一律实行宽大政策,其愿参加抗战者,收容并优待之;不愿者,释放之,一律不得加以杀害、侮辱、强迫自首或强迫其写悔过书。在释放之后又连续被俘者,不问被俘之次数多少,一律照此办理。国内如有对八路军、新四军及任何抗日部队攻击者,其处置办法仿此。”第 21 条规定:“在尊重中国主权与遵守政府法令的原则下,允许任何外国人到边区游历,参加抗日工作,或在边区进行实业、文化与宗教的活动。其有因革命行动被外国政府压迫而来边区者,不问其是宗主国人民或殖民地人民,边区政府当一律予以恳切的保护。”

《施政纲领》从团结是抗战胜利的根本保证出发,高举抗日民族统一战线的旗帜,作出了加强团结的规定。

1. 加强边区内部各社会阶级、各阶层、各党派的团结。边区社会阶级有农民阶级、地主阶级、工人阶级、资产阶级。这些对立的有着不同利益的阶级,在抗战条件下,又有了共同的民族利益,他们之间有着团结的基础。政府实行调节各阶级利益的政策,各阶级本着求同存异的精神,完全可以团结一致,共同对敌。

边区社会党派,有执政的共产党,有国民党,还有救国会派。这些代表不同阶级的政党和政派,随着各个阶级共同政治基础的建立,已经在共产党的领导下,以盟员的资格,为民族解放事业努力奋斗。

边区有许多海外华侨,他们抱着满腔的爱国热情,不远万里回到祖国的边区,有的求学,有的参加抗日工作,有的兴办实业,是抗战和建设中不可忽视的重要力量。团结他们抗日,影响海内外,是巩固和发展抗日民族统一战线的重要工作。

边区有一些会门组织,特别是哥老会,势力大,影响广,但政治方向不明确,只要加以正确的引导,将是抗日的一个重要力量。边区政府对它们实行了争取、教育和团结的政策,使广大会众站到抗日的行列。

边区有不少的游民分子。他们是旧社会恶劣政治经济环境的产物,在新社会仍然窃赌成性,终日不事劳动,引起人民的不满,是社会的消极力量。在民族生死存亡的关头,纠正公务人员及各业人民对他们歧视的不良习惯,给予他们耕种土地、取得职业与参加教育的机会,将是化消极因素为积极因素,增强抗战力量的重要一环。

2. 增进边区内部军队与人民的团结。军队来自人民,由人民的子弟组成。军队是人民政权的支柱,是人民权利的捍卫者。没有人民群众的帮助和支持,军队就无法打胜仗;没有军队的保护,人民群众也就不能安居乐业。军队和人民群众应该更亲密地团结起来。军民团结,既是边区民主政治发展的必然,也是全面抗战形势的要求。

3. 加强边区内各民族的团结。为了团结蒙、回民族,共同抗日,《施政纲领》规定,实行民族平等的原则。不论在政治上、经济上还是文化上,蒙古族,回族和汉族享有同等的权利。政府还优待少数民族,让他们多选出一些参议员和政府工作人员以便代表和维护其特殊的民族利益,并尊重其信仰、文化、风俗等。

4. 坚持与边区境外友党、友军的团结。友党,是指国民党、国社党、青年党、第三党。在这些政党中，国民党势力最大，其他小党多依附于国民党，其政治观点类似，唯国民党马首是瞻是它们共同的特点。抗日民族统一战线是以国共合作为基础的各党派、各界、各军的统一战线。巩固统一战线的关键是国共两党的团结与合作，国民党的当权派是以蒋介石为首的集团，他们与以汪精卫为首的汉奸集团是有区别的。为了团结，针对国民党抗日的积极性和不愿意在根本上破坏国共合作的行为，采取联合的政策；对于国民党的反共活动，军事进攻八路军、新四军和抗日根据地的分裂活动，以及向人民推行的高压政策，则采取孤立和斗争的政策。即对于反共、反人民的丧尽天良之徒，共产党人决不容忍和让步，必定给予还击和惩罚。这样做完全是为了坚持抗日，维护抗日民族统一战线。通过有利、有理、有节的斗争，加强团结，达到巩固抗日民族统一战线的目的。

5. 加强与全国人民的团结。陕甘宁边区是中共中央所在地，是抗日民族统一战线的发源地，是全国民族解放和人民革命事业的指导中心，加强边区与全国人民的团结，对于抗日战争的胜利有着决定性意义。

按照《施政纲领》的要求，边区与全国人民的团结，一是加强边区与各个抗日民主根据地人民的团结。华北、华中各个抗日民主根据地，是在党中央领导下，由陕甘宁边区派出大批干部，配合当地干部和人民群众，通过抗日武装斗争，消灭敌伪势力，以陕甘宁边区政权建设为榜样逐步建立起来的。这些根据地干部的学习与培养、对一些残疾军人的安置与优待、某些部队的训练与补充、某些战略物资的调配与转运，都离不开边区的支持。同时，华北、华中各个抗日民主根据地的开辟，牵制了侵华日军的主要军事力量，使其不敢肆无忌惮地西犯边区，保卫了边区这个革命的大后方，使边区出现了相对的和平环境，这又是对边区的最大支援。边区和兄弟根据地存在着团结的亲密关系。《施政纲领》要求边区与各个根据地加强友谊，互相支援，铸成抗日民族统一战线的坚固长城。

二是加强边区与国民党统治区人民的团结。抗战初期，全国和平得以实现，边区政府和人民，与国民党统治区的上层爱国人士和广大人民来去频繁，交往密切，互相配合，共同抗战。后来国民党顽固派实行军事包围、经济封锁，割断了边区与国统区人民的联系。针对这种情况，《施政纲领》要求广大军民，通过反包围反封锁的斗争，把边区抗战和民主建设的经验传遍国统区，争取那里的人民在政治上、道义上和物质上对边区的支持，粉碎国民党破坏边区和全国人民团结抗战的阴谋。

6. 加强边区与各国抗日人民的团结。边区欢迎任何外国人在尊重中国主权与遵守政府法令的前提下到边区游历，参加抗日工作，或在边区进行实业、文化与宗教活动。这体现了共产党坚持加强世界反法西斯联盟及抗日统一战线的原则，为争取抗战胜利团结国际力量。

（三）关于民主的规定

除《施政纲领》第5条规定团结各党派进行民主管理，实行“三三制”外，《施政纲领》第6条规定：“保证一切抗日人民（地主、资本家、农民、工人等）的人权、政权、财权及言论、出版、集会、结社、信仰、居住、迁徙之自由权。除司法系统及公安机关依法执行其职务外，任何机关、部队、团体不得对任何人加以逮捕、审问或处罚，而人民则有用无论何种方式控告任何公务人员非法行为之权利。”第7条规定:“改进司法制度,坚决废止肉刑,重证据不重口供。对于汉奸分子,除坚决不愿改悔者外,不问其过去行为如何,一律施行宽大政策,争取感化转变,给以政治上与生活上之出路,不得加以杀害、侮辱、强迫自首或强迫其写悔过书。对于一切阴谋破坏边区的分子,例如叛徒分子、反共分子等,其处置办法仿此。”第8条规定:“厉行廉洁政治,严惩公务人员之贪污行为,禁止任何公务人员假公济私之行为,共产党员有犯法者从重治罪。同时实行俸以养廉原则,保障一切公务人员及其家属必需的物质生活及充分的文化娱乐生活。”第16条规定:“依据男女平等原则,从政治经济文化上提高妇女在社会上的地位,发挥妇女在经济上的积极性,保护女工、产妇、儿童,坚持自愿的一夫一妻婚姻制。”

《施政纲领》从实行民主是加强和巩固边区人民团结的关键出发,继续高举民主政治的旗帜,作出了健全民主制度的规定。在总结过去经验的基础上,《施政纲领》提出了许多发扬民主自由的新措施,大大地发展和丰富了《陕甘宁边区抗战时期施政纲领》的内容。

1. 在政权组织上,实行“三三制”。毛泽东在谈到十年内战时期政权建设的经验时说,那时共产党员对政权的独占,也是不够恰当的,是左倾路线在政权问题上的反映,我们要吸取这个教训。1940年3月,他考虑到当时抗战的严重困难局势,从抗日民主政权应是几个革命阶级联合起来对汉奸反动派实行专政的政权出发,又明确指出,我们只破坏大资产阶级和大地主阶级的国民党一党专政,并不代之以共产党的一党专政。各个抗日民主政权,应该实行“三三制”,吸收那些不积极反共的小资产阶级、民族资产阶级和开明士绅的代表参加。根据这个指示,陕甘宁边区政府教育工农大众从民族利益大局出发,克服党内许多同志的宗派主义倾向,主动同党外人士合作,建立了地方民主联合政府,团结了各个阶级的广大人民,调动了他们的抗日积极性。

2. 在政府活动上,厉行廉洁政治。《施政纲领》总结边区政府执行政务活动的经验教训,在厉行廉洁政治上,有新的规定和要求。

第一,推行奉公守法和俸以养廉的制度。边区政府工作人员不是骑在人民头上的老爷,而是群众的公仆。为人民服务,是他们的天职;追求私利,谋取特权,是他们所不齿的行为。个别公务人员的贪污、腐化行为,受法律之严惩;任何假公济私或以公报私行为,都在禁止和处罚之列。同时,为了调动公务人员的积极性,始终保持他们公而忘私,为民族为革命不怕困难和牺牲、英勇奋斗的精神,保障一切公务人员及其家属必需的物质生活及充分的文化娱乐生活,也是完全应该的。

第二,实行“共产党员有犯法者从重治罪”的原则。按照边区政府的解释,这一原则也适用于一切非党的公务人员。过去我们有些党员犯了法,有些地方政府不处罚他,说这样会损害共产党的威信,这是十分错误的观点。共产党员是群众的先进分子,应该做遵守法令的模范。如果他们犯了法,不予处罚,必然将他们与群众放在法律上不平等的地位,不仅违背边区在法律面前人人平等的原则,而且严重地破坏了共产党员在人民群众中的光辉形象。共产党员犯了法,应该处罚,还须加重处罚,才是马列主义的观点。只有使用这种“不平等”的惩罚尺度去对待先进分子与一般群众,才能真正实现他们之间的法律平等,才能够向广大群众证明共产党是不为党员谋私利和特权的，才能真正提高共产党在人民中的威信。

3. 在人民权利上，坚决保障一切抗日人民的人权。早在1940年12月25日，毛泽东在《论政策》一文中就明确指出："应规定一切不反对抗日的地主资本家和工人农民有同等的人权、财权、选举权和言论、集会、结社、思想、信仰的自由权，政府仅仅干涉在我根据地内组织破坏和举行暴动的分子，其他则一律加以保护，不加干涉。"根据这一指导思想，《施政纲领》保证一切抗日人民的人权。

1942年，边区政府还根据这个立法原则制定了《陕甘宁边区保障人权财权条例》，从整个诉讼程序（即侦查、起诉、逮捕、审判）上对保障人权措施进行了规定。

妇权，是人权的主要组成部分。妇权得到保障的程度，是衡量人权进步和实施状况的尺度。《施政纲领》突出强调了"发挥妇女在经济上的积极性"，推动她们参加生产劳动和社会工作，使她们具有经济独立性，使其在婚姻和家庭问题上有发言权乃至决定权，借以提高妇女的社会地位，实现自愿的婚姻制度，做到男女平等。

4. 在司法政策上，实行镇压与宽大相结合的原则。边区司法的主要锋芒是指向死不悔改的汉奸分子和反共分子的，主要任务是保卫抗战、巩固政权。一方面，坚决地镇压那些坚决的汉奸分子和坚决的反共分子，非此，不足以保护抗日的革命势力；另一方面，决不可以多杀人，决不可以牵涉任何无辜人员。对于反动分子中的动摇分子和胁从分子，应进行宽大处理。在司法实践中，应将国民党一般情报人员与日探、汉奸相区别，分清性质，不同处理。对于阴谋破坏边区的叛徒分子，除罪大恶极者外，在其不继续反共的条件下，给予自新之路，如能回头革命，还可予以接待，但不准重新入党。同时，在斗争和审判中，坚决废止肉刑，实行重证据不轻信口供的原则，改进边区的司法制度。

（四）关于经济和文化的规定

《施政纲领》第9条规定："发展农业生产，实行春耕秋收的群众动员，解决贫苦农民耕牛、农具、肥料、种子的困难，今年开荒六十万亩，增加粮食产量四十万担，奖励外来移民。"第10条规定："在土地已经分配区域，保证一切取得土地的农民之私有土地制。在土地未经分配区域（例如绥德、富县、庆阳），保证地主的土地所有权及债主的债权，惟须减低佃农租额及债务利息，佃农则向地主缴纳一定的租额，债务人须向债主缴纳一定的利息，政府对东佃关系与债务关系加以合理的调整。"第11条规定："发展工业生产与商业流通，奖励私人企业，保护私有财产，欢迎外地投资，实行自由贸易，反对垄断统制，同时发展人民的合作事业，扶助手工业的发展。"第12条规定："调节劳资关系，实行十小时工作制，增强劳动生产率，提高劳动纪律，适当地改善工人生活。"第13条规定："实行合理的税收制度，居民中除极贫者应予免税外，均须按照财产等第或所得多寡，实施程度不同的累进税制，使大多数人民均能负担抗日经费。同时健全财政机构，调整金融关系，维护法币，巩固边币，以利经济之发展与财政之充裕。"第14条规定："继续推行消灭文盲政策，推广新文字教育，健全正规学制，普及国民教育，改善小学教员生活，实施成年补习教育，加强干部教育，推广通俗书报，奖励自由研究，尊重知识分子，提倡科学知识与文艺运动，欢迎科学艺术人才，保护流亡学生与失学青年，允许在学学生以民主自治权利，实施公务人员的两小时学习制。"第15条规定："推广卫生行政，增进医药设备，欢迎医务人才，以达减轻人民疾病之目的，同时实行救济外来的灾民、难民。"

《施政纲领》确认，实行政治民主，保障各阶级人民的权利，对于调动他们抗日和生产的积极性，有着极为重大的意义。但是，要将这种积极性凝聚成为一种巨大的力量，没有调节各阶级物质利益的经济民主，也是办不到的，所以，《施政纲领》又规定了三大经济民主。

1. 实行减租减息与交租交息，调节地主与农民的关系。具体说来，在已经实行土地革命的地区，边区政府保护农民分得土地的私有权，地主不得反攻倒算，违者，依法论处。同时，分给地主与农民同样的一份土地房屋，安置其生产，保障其生活。在未实行土地改革的地区，不再没收地主的土地，保护地主的土地所有权与财产所有权，政府依法保护地主对自己土地出卖、出典、折押及做其他处置之权，当地主作这些处置之时，应顾及农民的生活。地主出租土地和放债，要减租减息，不得抗而不减；农民租种地主土地和欠的债务，要交租交息，不得抗而不交。对于地主与农民的纠纷，政府工作人员，不是站在农民或地主的某一边，而是按照双方的合理要求，坚持服从民族利益的原则，进行调节。边区政府之所以这样规定，首先是承认农民是抗日与生产的基本力量，故政府的政策是扶助农民，减轻地主的封建剥削，实行减租减息，借以改善农民的生活，提高农民抗日与生产的积极性。同时也承认地主的大多数是有抗日要求的，一部分开明士绅是赞成民主改革的，故边区政府仅仅扶助农民减轻封建剥削，而不是消灭封建剥削，更不是打击赞成民主改革的开明士绅，故实行减租减息之后，又须实行交租交息，保证地主的合法收入，借以联合地主阶级一致抗日。

在实行减租减息与交租交息的过程中，为配合法令的执行，边区政府在党内干部和农民群众中进行了广泛而深入的宣传解释工作，使他们明白我党抗日民族统一战线的土地政策，是与内战时期的土地政策有根本区别的，使他们不限于眼前的狭隘的利益，而应把眼前利益与将来利益联系起来，把局部利益和民族利益联系起来，劝告农民在实行减租减息之后，同时交租交息。同时，在减租减息问题上，劝告地主不应该限制于眼前的狭隘的利益，而要顾及将来与全民族的利益。

2. 实行互助互利的政策，调节劳资关系。边区是新民主主义社会，反对的是帝国主义压迫，消灭的是封建剥削，并不废除非帝国主义的、非封建主义的私有财产，并不没收民族资产阶级的工商业，还要鼓励民族工商业的发展。

这种抗日民族统一战线的劳资政策，首先是承认要开展民族革命，对于民族革命的先锋队不给予政治上、经济上的权利，工人阶级没有力量对付帝国主义及其走狗，革命是绝对不能成功的。但是，资本主义生产方式是中国当时比较进步的生产方式，民族资产阶级是中国当时比较进步的社会成分与政治力量，他们不但有抗日要求，也有民主的呼声。故边区政府并不是削弱资本主义与资产阶级，而是在适当地改善工人生活条件的同时，鼓励资本主义生产，联合民族资产阶级实行互助互利，教育劳资双方正确地处理眼前利益与长远利益、局部利益与民族利益的关系。双方利益的冲突与矛盾，应限制在一定的范围内，一切以有利于民族利益为最高标准。教育工人切忌过左，要求加薪减时均不应过多。在边区当时情况下，八小时工作制难以推行，有相当多的生产部门还允许实行十小时工作制。劳资间订立契约后，工人必须履行合同,遵守劳动纪律,提高生产率,使资本家有利可图,否则,一旦工厂关闭,不仅对抗日不利,也害了工人自己。至于乡村雇工的生活待遇,更不应该提得过高。要教育资本家适当地加薪减时,改良工人生活,以调动工人抗日与生产的积极性。

3. 实行公平合理的累进税,调节贫富经济负担。税收,是抗日财政收入来源的重要组成部分,它对保障抗战物质供给,对于边区的经济建设和行政管理,有着极为重要的作用。如果像十年内战时期那样,将税收的负担完全压在少数地主、富农、资本家身上,不但满足不了民族解放战争和革命建设的需要,还会引起各个革命阶级之间不团结,破坏统一战线。因此,早在1940年12月25日,毛泽东就指出:“关于税收政策。必须按收入多少规定纳税多少。一切有收入的人民,除对最贫苦者应该规定免征外,百分之八十以上的居民,不论工人农民,均须负担国家赋税,不应该将负担完全放在地主资本家身上。”①根据毛泽东的这个指示,边区第二届参议会,分析了过去税收的实施情况,检讨了错误,作出了《关于税收问题的决议》。决议指出,各级政府在分配公粮(农业税)等赋税负担时,由于缺乏普遍的居民财产和收入的调查,只好依靠概括的估计,以致不能使负担完全公平合理。特别是个别地方的区乡工作人员,在分配负担时,不按人民现在财产等第和收入状况,而按过去或分配土地以前的经济情况,有的个别地方的负担集中在少数富有者身上。这些情况,致使一部分地主、富农、资本家负担过重,严重地破坏了团结地主、富农、资本家共同抗日的政策,在社会上造成了很坏的影响。为此,决议规定,立即普遍进行公私财产和收入的调查,建立税收制度的科学基础,真正贯彻《施政纲领》的累进税制,做到不分地主、佃农、自耕农或雇主工人,除极贫者外,均应按照现有财产等第或所得多少缴纳累进税,负担人口应在80%以上。累进税率应力求适合各阶级人民的经济状况,起征点不应过低,致使真正无力负担之赤贫户强纳负担;同时起征点亦不应过高,致使负担集中在少数富有者身上。在乡村中负担分配之权,属于乡参议会或村民大会,任何其他机关不得越俎代庖。

《施政纲领》规定的调节各个革命阶级利益的经济民主,使地主与农民、资本家与工人、贫苦者与富有者团结起来,稳定了社会和生活秩序,形成了抗日的群众基础,巩固了革命根据地,支持了长期抗战。

与此同时,《施政纲领》从发展经济文化建设是争取抗战最后胜利的物质和精神条件出发,高举新民主主义经济文化的旗帜,作出了推进经济建设和促进文化发展的原则性规定,在经济、文化、卫生、灾民难民救济等方面取得了长足进步。经过不到3年的艰苦努力和奋斗,边区军民的生活开始进入了丰衣足食的状态,文化面貌也发生了翻天覆地的变化。

三、边区民主政治建设新阶段的出现

在《施政纲领》指引下,边区政府和参议会领导边区广大军民,在第二届参议会后经过3年多的奋发努力和创造性的工作,不仅执行了《施政纲领》确立的新民主主义政治及其各项政策,而且增添了新的内容,使边区民主政治建设进入了新阶段。这个新阶段的标志,就是

① 《毛泽东选集》(第2卷),人民出版社1991年版,第767页。

五大民主的健全与发展。

（一）政治民主

政治民主，即边区由人民选举政府，政府为人民服务，保障人民的权利，深化人民管理自己生活和创造自己生活的改革。其办法是将群众的意见集中起来，向群众宣传解释，转化为群众的意见，并使群众坚持下去，付诸行动，并于群众行动中检验这些意见是否正确，然后再从群众中集中起来，坚持下去。这种坚持群众路线的管理方法比旧民主主义的内容要丰富百倍。边区人民在艰难的抗战条件下，因地制宜地摸索出人民管理自己生活和创造自己生活的民主道路，是十分正确的，也是值得骄傲的。因为，中国是一个有着漫长专制历史的国家，中华民国建立之后，人民仍饱受专制的国民政府的残酷统治和压迫，他们从斗争中取得的权利和摸索到的管理政权的方法，显得非常珍贵。边区政府和参议会从制度上加以发扬和完善，运用到各个生活领域，使边区成了追求自由、幸福的新社会。民主成了社会生活各个领域的准则。

政治民主还体现在：首先，实现了政权机构的“三三制”原则，使各个阶级的人士都有机会参与政权，巩固了各阶级的团结，充分提高了各阶层群众保卫与建设边区的积极性。其次，边区政府创造了乡村政权一揽子会的形式，集合各个阶级的代表和各种积极分子，各抒己见，各尽所能，既能解决问题，又能一致实行，使人民自己管理政权，创造新生活，表现得更为直接、丰富和热烈。最后，实行精兵简政的政策，公布简政实施纲要，创造了简政、统一、效能、节约和反对官僚主义的内容，纠正了制度上的各种错误倾向，确立了领导一元化的体制，提高了政府工作效能。

（二）军事民主

边区的军事民主，内容丰富，形式多样：一是在部队中开展官教兵、兵教兵、兵教官的练兵运动，克服了学用脱节的倾向，提高了部队的战斗力，增强了战士的文化素养，为接受现代武器训练创造了条件。二是在部队中发动拥政爱民运动，批评部队人员不尊重政府和法令的倾向，加强纪律检讨，教育干部和战士。三是部队帮助人民进行文化教育卫生建设，政府帮助抗日军属、退伍军人和残疾军人处理家务。四是开展大生产运动，奖励部队劳动英雄，凭借全军自身的劳动，自力更生，艰苦奋斗，渡过了空前的难关，既大大地减轻了人民的负担，又为提高军事训练与政治文化教育奠定了物质基础。军事民主的健全与发展，促进和加强了官兵之间、军民之间、军政之间的团结。

（三）经济民主

经济民主在过去的基础上，又增添了新的内容：一是在大生产运动中选举劳动英雄和模范工作者。劳动英雄和模范工作者是从群众中产生的由群众直接推举出来的人物，他们从精神上联系着群众，体现着群众的积极性和创造性。二是在调整生产关系中，创造了把农业劳动力组织起来的变工队和合作社。变工队和合作社是以私有财产为基础的由群众自愿联合建立的组织，体现了群众觉悟性与组织性的提高，从物质上团结着群众。在经济民主的推动和激发下，边区军民齐动手，坚持农业生产第一的方针，开展了大规模的生产运动。在农业方面，3 年垦荒 200 万亩，植棉从 4 万亩扩展到 32 万亩，食盐运销维持在每年 30 万驮，牲畜繁殖率逐年提高。在工业方面,无论私营、合营还是公营都有所发展。1943 年,单就棉布、纸张、毛巾、袜子、火柴、肥皂和瓷器就减少了进口的相当大的部分,纸烟、袜子、肥皂、毛巾已经完全自给。金融和贸易事业在 1944 年大有发展,金融相对稳定,物价日趋平稳,出进口趋向平衡。

随着经济民主的深入发展,人民的收入和生活水平有了明显的提高。关于农民的变化,以清涧县辛家沟为例,全村共 26 户,1941 年收获量为 209 石 6 斗 2 升,消费量为 142 石 4 斗 2 升,负担为 24 石 7 斗,收支相抵后,盈余 42 石 5 斗。1943 年收获量为 285 石 6 斗 9 升,消费量为 184 石 3 斗,负担为 19 石 9 斗 8 升,收支相抵后,盈余 81 石 8 斗 1 升。这说明人民群众负担下降,生活水平上升。城市手工业工人实际工资比战前提高 149.8% –400%,公营企业工人工资提高 84% –85.7%,而公营企业工人的医药费、文化费、娱乐费、劳保费、社保费则由公家供给。这些事实说明,边区人民正在向丰衣足食和主要工业品完全自给的目标大步迈进。

(四)文化民主

边区执行为人民大众服务的文教方针和民办公助的政策,纠正了脱离群众实际需要的倾向,采用和推广了适合于群众生活条件的文教形式,奖励了教育、医药、报纸、文艺模范,改变了长期存在的死亡率高、文盲与迷信大量存在的落后状况,使边区的文教工作面貌焕然一新。一个生理上、心理上完全解放的健康文明的新文化生活,逐步展现在边区广大人民面前。

(五)司法民主

边区反对脱离群众实际的司法教条主义,发扬民主作风,提出了以调解为主、审判为辅的刑事政策,产生并推广司法民主的杰出代表——马锡五审判方式,积极贯彻群众路线,执行以感化教育为主的狱政政策,改造犯人,使新民主主义司法制度不断巩固、创新和发展。

特别值得提出的是,在贯彻《施政纲领》、创造各种民主的过程中,边区政府和参议会还找到了五大民主内部之间的必然联系和发展规律。谢觉哉在边区二届二次参议会上指出,以经济民主为其经济基础,以文化民主为其精神武器,以军事民主为抗日的力量支撑,那么,政治民主就会被广大人民所特别珍贵与充分利用。同时,经济上、文化上与军事上的民主又必将在运用政治民主的过程中得到推进。这种十分宝贵的经验,为进一步发展和巩固边区的民主制度,创造了极为有利的条件。

边区民主政治建设新阶段的出现,标志着抗战前毛泽东提出的把陕甘宁边区建设成抗日民主模范区的历史任务已经完成。这充分说明,边区不仅是抗战的堡垒、民主的摇篮,更是引导中华民族战胜日本帝国主义和建立强盛、独立、自由的新中国的战斗旗帜。

总括上述,《施政纲领》在新民主主义的指导下,从保障抗战、团结人民的战略决策出发,在完善抗日民主政权的选举制度、"三三制"的政权组织原则,以及加强抗日人民政治权利、人身权利和财产权利等方面,作出了全面规定。并且在总结经验的基础上,纠正了苏维埃时期曾经发生的"左"的政策错误,发挥了坚持抗日、坚持民主、加强团结、巩固抗日民族统一战线的积极作用,成为中国宪法史上洋溢着民主精神和科学态度的历史文件。它体现了中国共产党在抗日战争时期的基本政策，它的贯彻施行，对于扩大抗日民族统一战线，巩固抗日民主政权，发展抗日的政治经济文化建设，尤其是陕甘宁边区建设具有直接指导意义，在中国法律史上具有重要地位。

第四节　《陕甘宁边区保障人权财权条例》的主要内容及变化

一、保障人民权利的历史发展

随着敌后抗日根据地的开辟，陕甘宁边区逐渐进入了相对和平的环境，革命政权日趋巩固，人民各得其所，安居乐业，努力生产，支援抗战。但是，在这种环境里，某些干部贪图安逸，以功臣自居，目无法纪、追求特权的思想开始滋长。在国共合作的形势下，地主阶级腐朽意识形态潜移默化，致使一些区乡和部队基层干部的违法乱纪行为时有发生，更有甚者，出现了对群众打骂威吓、任意拘捕捆绑、滥用刑讯以及随便砍伐树木、侵占土地房屋敲诈勒索等现象，侵犯了人民的权利和财产，造成社会秩序的混乱。针对这种情况，早在 1940 年 3 月，毛泽东就批评说，边区的革命秩序还做得不够好。据此，边区政府和高等法院立即着手整顿法纪，建立新的革命秩序，以保障人民的权利。

边区采取了三项重大措施：

第一，分析违法乱纪行为发生的原因，提高干部和司法人员的法治观念。边区政府指出，广大干部本质是好的，但对边区实行民主的真正意义没有深刻地了解，而边区各种明文法令和正规制度的缺乏，更使他们没有养成遵守革命法律与革命秩序的习惯。加之，过去游击主义的残余，在旧社会恶性遗传和边区周围环境的影响下，使得一些干部做出了侵犯人民权利的违法乱纪行为。

通过法纪整顿的学习和实践，广大干部和司法人员认识了民主的意义、本质以及民主与非民主的界限，并找到了错误的根源，明确了自己工作的根本特点，就是根据法律，执行法律，巩固政权，保护人民的利益。

第二，明确规定人民的权利，真正尊重人民的权利。边区政府规定人民的权利包括：自己管理自己的政权的权利；除汉奸罪犯及精神病者外，年满 18 周岁就有选举权和被选举权；请愿、诉愿及诉讼的权利；言论、出版、集会、结社、居住、信仰自由的权利；享受教育的权利；保证生活的权利；有私有土地财产的权利。边区的干部来自人民，是人民的代表，与人民有着血肉联系，一旦明确人民的权利，就会坚决地尊重人民的权利，切实地保护人民的利益。

第三，严格划定行政、司法和军队的职责权限，拘捕审判权依法统一由司法公安机关行使。边区政府对批捕和执行逮捕的主体、程序、对象等都有明确规定，如：未经政府命令，任何团体、学校或机关（司法公安机关除外）都不得超越法律自行处理本团体、学校或机关违犯纪律规则之事件；对于触犯法律的现行犯，可送交当地司法机关；乡长、区长在特殊的情形下，可以下令逮捕一切刑事犯，但必须于逮捕后 24 小时以内，将犯人连同有关的证据材料，解送司法机关，不得自行判决处罚；县裁判员或检察员，得下令逮捕一切刑事犯，负责审判，但判决死刑的案件，必须呈报高等法院批准，不得擅自执行；县保安科逮捕犯人，必须经县长同意批准；军队逮捕非军人时，必须先行通知当地政府，会同执行。这些规定在消除乱捕乱判，确立革命秩序，保障人民权利方面，发挥了重大作用。

边区政府和高等法院整顿法纪，从内部入手，特别是从司法公安部门入手，抓住了问题的方向和中心环节，因而取得了建立革命秩序和保障人民权利的显著效果。

切实尊重和保障工农群众的权利，是十分容易做到的；然而，在当时的边区，让广大党员干部尊重和保障抗日的地主、富农、资本家的权利，却绝非易事，需要有一个对抗日民族统一战线进行学习和提高的过程。边区绝大部分干部，经历过打土豪、分田地，粉碎国民党反革命围剿的斗争和生活，具有仇视和鄙视剥削阶级的心理。许多干部并未随着抗日战争的兴起和党的政策的转变而发生变化，他们习惯于用工农民主专政的观点和法律意识看待抗日民族统一战线条件下的地主、富农和资本家问题。1938 年下半年，边区政府为了捍卫土地革命的胜利成果，反击了某些不明大义的地主分子利用统一战线，反攻倒算农民土地挑起的阶级斗争，这在客观上加剧了“左倾”情绪，使一部分干部和群众漠视抗日地主、富农和资本家的人民的法律地位，侵犯他们权利的现象屡有发生。

在抗战危机日益严重，物质供给形势日趋严峻之时，制定一部统一地规定各个革命阶级人民权利的法律，既要调动工人、农民抗日和生产的积极性，又要调动地主、资本家抗日的积极性，便成了挽救时局危机、克服物质困难、坚持长期抗战的急迫事务。

经过第二届参议会讨论，广大参议员一致认为，《施政纲领》提出的保障人权的口号，是异族侵略、国共合作之下，各个革命阶级最容易接受的形式。据此，参议会于 1941 年 11 月 17 日通过了《陕甘宁边区保障人权财权条例》，并于 1942 年 2 月公布执行，揭开了革命根据地用法律保障人权的新纪元。人权立法的制定，不仅开拓了抗日民族统一战线的新领域，加强了各个革命阶级的团结，对于提高干部的法制和人权观念，培养其严于执法的理念，提高群众的公民意识和捍卫自身权利的自觉性，都有重大的意义。

“从来的革命运动都是人民争取民主的伟大运动，革命与反革命的分野，只在于要不要民众，给不给民众以民主自由。对于英勇斗争中的中国，民主始终是团结与进步的基础。因为，离开了民主就不能团结全国人民起来战胜日本帝国主义，没有民主也就没有新民主主义在中国的胜利。而民主与不民主的尺度，主要地要看人民的人权、政权、财权及其他自由权利是不是得到切实的保障，不做到这点，根本就谈不到民主”①，这就是边区制定人权立法的理论基础。

二、人权法律概念的确立及保障措施

《陕甘宁边区保障人权财权条例》②（以下简称《条例》）明确了人权的法律概念，全面规

---

① 《切实保障人民权利》，载《解放日报》1941 年 5 月 26 日。

② 《陕甘宁边区保障人权财权条例》内容见陕西省档案局编：《陕甘宁边区法律法规汇编》，三秦出版社 2010 年版，第 7 页。

定了人权的保障措施。

（一）人权法律概念的确立

《条例》第 1 条规定："本条例以保障边区人民之人权、财权不受非法之侵害为目的。"第 2 条规定："边区一切抗日人民，不分民族、阶级、党派、性别、职业与宗教，都有言论、出版、集会、结社、居住、迁徙及思想信仰之自由，并享有平等之民主权利。"

《条例》首先规定了人权的法律概念。《条例》规定的人权，是指"人民之人权"。边区政府与资产阶级政府不同，从不玩弄"人民"的概念，以掩盖本阶级之私利，而是根据不同革命任务的需要和各个阶级对革命的政治态度，赋予"人民"这个概念以不同的含义。因此，在边区历史发展的不同时期，"人民"这个概念，也就有着不同的内容。在抗日战争时期，凡是拥护、参加抗日的一切阶级、阶层或集团，都属于人民的范畴。具体来讲，不仅工人、农民属于人民，抗日的地主、资本家也在人民之中。只有取得人民资格者，才享有人权。而民族败类如汉奸、助纣为虐的反动派，则属于敌人范畴，边区政府剥夺其人权。

《条例》对人权的内容作了具体的规定。从第 2 条规定中可以清楚地看到，边区的人权包括两个方面的内容：一是一切抗日人民有政治之自由，如言论、出版、集会、结社、居住、迁徙、思想信仰等自由；二是一切抗日人民享有平等之民主权利，如法律面前人人平等、选举权平等、男女平等、民族平等。在人权之中，人身自由权占有主导地位。一旦人身失去自由，所谓人权就是一句空话。因此，边区政府非常重视这方面的规定。

人权表现在犯人身上，就是尊重和保护他们的人格。其具体含义就是《条例》第 10 条规定的"逮捕人犯不准施以侮辱、殴打及刑讯逼供、强迫自首，审判采证据主义不重口供"。边区监所在总结多年工作的基础上，认识到犯人就是普通的人犯了法，但"犯"字下面是"人"字，因而犯人也是人；犯人与普通人不同，他们被剥夺了政治自由权与平等民主权，但又和普通人一样，他们也具有人格权；犯人之所以甘为犯人，主要是社会不把他当人，要恢复他的人格，必从尊重他是一个人开始。这些体现无产阶级伟大胸怀和充满尊重人类崇高感情的真知灼见，是边区监所对犯人人权的正确认识。如 1937 年 10 月 27 日，边区高等法院曾错误地规定，犯人须着半红半蓝的衫裤，发蓄在头之左右方，头顶及前后头部之发，一律剃光。这种做法，对犯人刺激很大，增加了他们对政府、法律、监所的对抗情绪，十分不利于犯人的教育和改造。边区政府在总结 10 年司法工作的报告中提出，这种做法虽使犯人逃跑时易于辨认，但对犯人人格的尊重是不够的。1939 年便很快地纠正了这种做法。

（二）人权的保障措施

中国共产党和边区政府，一向是忠实于它对人民的诺言的，一向是言行一致的。因此，人权立法中的每一条文与每一句话，都是可兑现的，从不空谈保障人权。其不仅保障普通人的人权，而且尊重人类崇高的感情与向上发展的愿望，对犯过罪但愿意走向光明的分子，采取宽大的态度，反对把人拖到卑鄙无耻的道路上去。这些事实使得人权得到充分保障。《条例》规定的保障人权措施主要有：

1. 司法公安机关统一行使逮捕审问处罚权。《条例》第 7 条规定："除司法机关及公安机关依法执行其职务外，任何机关、部队、团体不得对任何人加以逮捕审问处罚，但现行犯不在此例。人民利益如受损害时，有用任何方式控告任何公务人员非法行为之权。”第 9 条规定：“非司法机关或公安职权之机关、军队、团体或个人，拘获现行犯时，须在二十四小时内连同证据送交有检察职权（的机关）或公安机关依法办理，接受犯人之检察或公安机关应于二十四小时内侦讯。”第 13 条规定：“除戒严时期外，非现役军人犯罪不受军法审判，如军人与人民发生争讼时，刑事案件在侦查完结后，军人交军法处，非军人送司法机关依法裁判，民事诉讼则由司法机关办理。”第 17 条规定：“区级以下政府对违警以外任何案件，仅可进行侦查及调解，绝无审问拘留与处决权。”

2. 司法机关或公安机关逮捕人犯应有充分证据，依法定手续执行。《条例》第 8 条规定：“司法机关或公安机关，逮捕人犯应有充分证据，依法定手续执行。”一是逮捕人犯要有拘票，司法机关由院长、司法处长、审判员签署，保安机关须经同级行政首长批准。二是逮捕反革命分子，如系公务人员，还必须由该上级主管负责人签字，始能生效；军队公务人员中的反革命分子必须由越级以上之长官及政委签字批准。

3. 司法机关审判采用证据主义，按照法定程序进行。《条例》第 14 条规定：“人民诉讼，司法机关不得收受任何费用。”第 11 条规定：“司法机关，审理民刑案件从传到之日起，不得逾三十日必为判决之宣告，俾当事人不受积延讼累。但有特殊情形，不能即时审判者，不在此例。”第 12 条规定：“司法机关受理民事案件，非抗传或不执行判决及有特殊情形时，不得扣押。”对不服调解的案件，当事人可以依法向司法机关告诉，如第 16 条规定：“区乡政府对该管区居民争讼事件，得由双方当事人之同意为之调解。如不服调解时，当事人得自由向司法机关告诉，不得拦阻或越权加以任何之处分。”对于上诉案件，《条例》第 18 条规定：“边区人民不服审判机关判决之案件，得依法按级上诉。”第 19 条规定：“各级审判机关判决死刑案件，已逾上诉期限，而不上诉者，须呈报边区政府审核批准方得执行，但有战争紧急情形不在此限。”

4. 实行宽大为怀政策，保护因反对边区而逃亡在外者的人权。《条例》第 20 条规定：“边区人民曾因反对边区逃亡在外者，自愿遵守边区法令返回边区，一律不究既往，并受法律之保护。”即凡是在苏区时期，因反对土地革命逃亡在外者或在边区成立后因反对边区各项政策而逃亡者，若自愿返回边区家乡，遵守政府法令，其人权一律受法律保护。

5. 依法保障人民的财产权，不得非法侵犯。《条例》第 3 条规定：“保障边区一切抗日人民的私有财产权及依法之使用及收益自由权（包括土地、房屋、债权及一切资财）。”第 4 条规定：“在土地已经分配区域，保证一切取得土地的农民之私有土地权。在土地未经分配区域，保证地主的土地所有权及债主的债权。”第 5 条规定：“租佃及债权债务双方，须遵照政府法令实行减租减息交租交息。一切租佃债约的缔结，须依双方自愿。”第 6 条规定：“边区人民之财产、住宅，除因公益有特别法令规定外，任何机关、部队、团体不得非法征收、查封、侵入或搜捕。”不仅普通民众的财产权受到法律保护，被捕人犯的财产权也不得被非法侵犯，如《条例》第 15 条规定：“被捕人犯之财物非经判决不得没收，并不得掉换或任意损坏。”

三、人权保障的实践与经验

（一）人权保障的实践

陕甘宁边区在司法实践中，认真贯彻执行了《条例》。从各级法院审判的大量案件中可以看出，对于妨害生命与人身安全，妨害个人自由、个人名誉与个人信用，妨害通信秘密与选举自由以及诬告伪证等罪行，都依法惩处，以保障人权。

如1942年，在延安学生疗养院发生的因侵犯人身自由致死人命案，就是闻名边区的典型案件。1942年1月19日，学生疗养院运输员刘世荣与保管员李德成，同往三十里铺运送木炭，途中两人发生口角，刘将李打伤。回院后，总务科长白占山、秘书李延德下令将刘捆绑在窑洞内，因绳缚过紧，刘气绝而亡。经过延安市地方法院和边区高等法院两级审理，判处秘书李延德徒刑3年、总务科长白占山徒刑2年10个月。这次公开审判，《解放日报》进行了详细的报道和广泛的宣传，在群众和干部中引起了很大反响，成为边区贯彻《条例》的开端。晋西北士绅代表团，在旁听了案件审理后，向报界发表谈话称赞延安的人权有了保障。

（二）人权保障的经验

边区政府和高等法院还在实践中积累了一些保障人权的经验。主要的有：

1. 宣传《条例》与典型案例相结合，普及人权教育。中国是没有民主传统的国度，加之边区文化落后，就人权而言，整个边区社会还处在启蒙阶段。为了在党员干部、人民群众中广泛宣传《条例》，边区政府组织人力编写了《人权条例通俗读本》，用易懂文字详加解释，并普遍地发到县、区、乡政府与群众团体作为教育材料；通令各级政府用大字把它写在交通要道的墙上，以便群众和来往行人观看与学习；命令各师范及中小学必须教授《条例》，并督促学生在课余时间，向其家长父兄及邻舍解释人权内容和保障措施；对各机关的杂务人员，派专人讲授，并发动他们讨论；各群众团体还须逐级传达与讨论《条例》，使之真正为群众所了解和掌握。与此同时，边区高等法院还选择典型案例进行公开审理，用生动的事实教育广大群众。

2. 参议会与人民团体相配合，保障人民的控告权。人民利益受损害时，有用任何方式控告任何公务人员非法行为之权，这是《条例》规定的保障人权的重大措施之一。为保证它的落实，边区各级参议会和各人民团体密切配合，想方设法协助被害人呈报或通知政府。如政府未能适当处理，则选派代表前往各级政府协助解决。政府如需调查，还要帮助收集证据材料，反映群众的意见和要求。而接到人民控告的政府，则本着发扬民主的精神，遵守政纪，随时负责转呈上级。

3. 奖励与惩罚相结合，确保人民之人权。边区行政立法规定，凡是正确了解，广泛宣传，并具体实现《条例》成绩优异者，可受到提升、记功、奖章的奖励以及书面、物质和口头奖励。反之，要受到撤职查办、记过、警告、申斥以及被起诉的惩罚。奖惩结合在当时保障人权中起了很好作用，深得广大群众的赞赏和拥护。如1945年，清涧县公安局逮捕盗窃犯刘过彬。在预审中，该犯诬供了无辜者张师锁。局长刘光荣偏听偏信，将张逮捕下狱。张不招供，刘用木棍刑讯逼供，后经县司法处讯明，张确无其罪，将其开释，予以平反。刘光荣被以侵犯人权为由控告到边区高等法院,高等法院将刘光荣逮捕,判处徒刑,并裁定公安局赔偿被害者经济损失小米5石。

综上所述,制定专门法律以保障人权,是抗日战争时期中国共产党的重大决策,也是陕甘宁边区法制建设的重要历史经验。《条例》的公布和执行,揭开了中国法律史特别是宪法史上依法保障人权的辉煌篇章。

《条例》是中国共产党领导下的最早的关于人权的立法,它将抗日战争时期如何保障人权财权落到了实处,是抗日民主政权民主性的突出表现,是对《施政纲领》的重要补充,对以后人权保障法的制定具有积极的借鉴价值,有利于克服根据地存在的一些侵犯人权的现象,增强了各级干部的法制观念,推动了边区民主制度的发展,调动了一切积极因素投入到全面抗战与民族解放的艰巨斗争中去。

第三章 选举法

第一节 边区选举立法的基本原则与选举立法

一、选举立法的基本原则

陕甘宁边区选举立法，继承了苏维埃民主选举制度，适应抗日民族统一战线的需要。在党的领导下，对选举立法原则进行了创新，实行了普遍、直接、平等、无记名和“三三制”的选举原则，这些选举原则紧紧地围绕着党的政策方针。1936 年 7 月，长征到达陕北保安的毛泽东同美国记者斯诺有一次谈话，提出要给广大人民以民主权利，成立一个“有国会的代议制政府”。他以选举制度为例，特别解释了何为“代议制”，即“选举权应该是普遍的，不受财产、社会地位、教育程度和性别的限制”。[①] 1936 年 8 月，中国共产党发表了《致国民党书》，宣布“我们赞助建立全中国统一的民主共和国，赞助召集由普选权选举出来的国会，拥护全国人民和抗日军队的抗日救国代表大会，拥护全国统一的国防政府”[②]。这份宣言，初步奠定了抗战时期选举立法的基本原则，而“普选权”是其核心。到 1937 年，党的抗日民主制度构想更为完善，林伯渠在中共的刊物《解放》上系统地论述了由苏维埃向民主共和制度的转变，普遍的、平等的选举是新民主制度的特点，即实现真正的民主的选举制度及议会政治。各级议会议员的产生均按照平等直接无记名投票方法选举，议员应对各选举区的选民负责。议会议员不仅按区域和生产单位选举，还应有各该级政府所属抗日武装直接选出的议员代表。各级行政长官由议会及代表会议选举产生，对议会要负完全责任。[③] 林伯渠的这一论述，细化了选举的原则：一是平等直接无记名的投票方法；二是选区划分不仅按地理区域、生产单位，还应兼顾抗日武装部队；三是各级行政官员都由议会选举产生，并且对议会负责。

在陕甘宁边区，中共抗日民主及选举的原则，落实在一系列施政纲领中。1939 年，边区颁布了《陕甘宁边区抗战时期施政纲领》，分为民族、民权、民生三大部分。在民权主义中规定：“发扬民主政治，采用直接、普遍、平等、不记名的选举制，健全民主集中制的政治机构，

① 《毛泽东文集》（第 1 卷），人民出版社 1993 年版，第 410 页。

② 《毛泽东文集》（第 1 卷），人民出版社 1993 年版，第 429 页。

③ 西北五省区编纂领导小组、中央档案馆：《陕甘宁边区抗日民主根据地》（文献卷・上），中央党史资料出版社 1990 年版，第 194 页。

增强人民之自治能力。”同时确定男女平等的原则：“实行男女平等，提高妇女在政治上、经济上、社会上的地位。”[①]1942 年，边区制定了《陕甘宁边区施政纲领》，在民主政治中贯彻了“三三制”原则：“本党愿与各党各派及一切群众团体进行选举联盟，并在候选名单中确定共产党员只占三分之一，以便各党各派及无党无派人士均能参加边区民意机关之活动与边区行政之管理。”1946 年《陕甘宁边区宪法原则》规定：“人民普遍、直接、平等、无记名选举各级代表，各级代表会选举政府人员。”“各级政府对各级代表会负责，各级代表会对选举人负责。”最终确立了选举立法的根本原则。

普遍、直接、平等和无记名是边区选举立法的主要原则，它与过去区分等级的资产阶级选举原则有着根本的区别。“普遍”是指选举人资格的广泛性，除法定极少数人之外，所有公民都有选举权和被选举权。选举的普遍性，在边区尤其表现为地主、商人等获得了民主权利。有地主说：“尔格真正实行三三制了，咱的名字也能上红榜，土地革命时咱可没权。”[②]在盐池县 1941 年选举中，总计 519 名议员，除工人、贫雇农之外，中农、富农和商人分别为 130 人、32 人、17 人[③]，显示了选举的普遍性。此外，妇女也享有了民主权利，提高了政治地位。“直接”是指通过民主投票直接选出被选人，不经过中间环节，边区、县、乡三级参议会的参议员均由选民直接选举产生，这也不同于苏维埃时期的间接选举。“平等”包含两方面含义：一是任何选民都有一票选举权，其效力完全平等；二是选举的人数比例上一律平等，没有任何差别，边区选举立法中的平等“是建立在相信群众大多数的基础上的”。边区的工农和其他劳动人民占绝对优势，只要选票效力平等，那么选出的人“自然是劳动者所要选举的了”。[④] 选举的平等，不仅有别于资产阶级根据财产区分选举权大小，也不同于苏俄的选举制度，苏俄实行不同比例的“城乡代表制”，更重视工人的代表权。如 1918 年《苏俄宪法》第 53 条规定：“乡苏维埃代表大会选出的代表按每一万居民选举一人的比例产生，市苏维埃选出的代表按每二千选民选举一人的比例产生。”[⑤]这种立法原则也延续到中国苏维埃的选举立法中。苏区规定的工人与农民选出的代表比例不一样：工人 13 人选一个代表，农民 20 人选一个代表。有的苏区比例更为悬殊：“工人每四人选一代表，农民每五百人选一代表”[⑥]，实际上未能实现实质的平等。而选举立法的平等原则，充分体现了边区选举法制的进步性。“无记名”是指秘密投票。边区为了使选民能自由表达自己的意愿，创造了适应边区社会文

---

① 中国社会科学院近代史研究所《近代史资料》编译室主编：《陕甘宁边区参议会文献汇辑》，知识产权出版社 2013 年版，第 42 页。

② 中共延安地委统战部、中共中央统战部研究所编：《抗日战争时期陕甘宁边区统一战线和三三制》，陕西人民出版社 1989 年版，第 474 页。

③ 盐池县档案局（馆）编：《陕甘宁边区时期的盐池：档案史料汇编》（上），宁夏人民出版社 2016 年版，第 183 页。

④ 杨永华：《陕甘宁边区法制史稿（宪法政权组织法篇）》，陕西人民出版社 1992 年版，第 155 页。

⑤ ［苏］谢·谢·斯图坚尼金主编：《苏维埃宪法史（文件汇编：1917－1957）》（第 1 分册），中国人民大学出版社编译室译，中国人民大学出版社 1958 年版，第 170 页。

⑥ 张希坡编著：《革命根据地法律文献选辑》（第 2 辑·上卷），中国人民大学出版社 2017 年版，第 37 页。

化的秘密投票方式，如背箱法、投豆法等，真正实现了自由选举。

"三三制"原则是边区选举立法的核心原则。根据该原则，从候选人的提出到选举结果，各级参议会和政府中共产党占1/3，非党的左派进步分子和中间派各占1/3，从而组成无产阶级领导下各抗日阶级的民主联合政府。选举中的"三三制"原则，最早出自1941年初边区中央局《关于彻底实行三三制的选举运动给各级党委的指示》。其中指出：边区研究了延安各地征粮委员会组织以及绥德、陇东等地参议会的经验，认为可以自乡村起彻底地实行"三三制"。"三三制"政策，不仅实行于议会，"还要实行于政府机关中"。"要办到各阶级人民都能重视选举，参加选举工作，争取选举与被选举的权利，使每一人民都庄重地对付选举运动"。① 为了贯彻"三三制"原则，共产党的各级组织，在候选人提名时，不只提共产党员，还提其他抗日党派和无党派进步人士，并进行党内外动员，帮助他们当选。选举实践中采取共产党员主动申请退出、依法聘请民主人士、提前改选、"指名保证"等方式，保障"三三制"原则得到落实。

回顾《陕甘宁边区施政纲领》《陕甘宁边区宪法原则》中涉及的选举原则，可以发现其诸多特点：

第一，选举权的普遍性扩大了阶级基础，不再限定只有工人、农民享有选举权，而是除汉奸等反动派之外，地主、士绅、资本家等各阶级都享有平等的选举权。

第二，选举权不设财产、教育等条件限制，保障贫农、雇工等底层民众的民主权利。"选举是表现民主最重要的东西，应直接普选平等，不记名的投票选举，这个和国民党不同，如参政会的人选，他们是圈定的，有财产、地位限制的，要记名的。而我们呢？凡年在十八以上，只要是抗日的，不分性别、财产、地位，都有选举权与被选举权。苏联斯大林宪法就是如此，其他资本主义国家则不然。"②边区在20世纪30年代就提出不受资格限制的选举权，是非常进步的。国民政府1945年颁布的《市参议员选举条例》第2条规定："市公民年满二十五岁经市参议员候选人试验或检核及格者得被选为市参议员。"③也就是说，市参议员的候选资格有文化程度的限制，若未通过考试，不能担任参议员。在欧美，英国选举中一直都有财产、文化教育等资格的限制；法国选举有"资格税"的限制，只有交纳土地税的法国人才能参加选举，虽然早年实行了女选运动，但到1918年还没有承认④，女子的选举权和被选举权受到诸多限制；美国宪法1920年才承认了女子的投票权，而黑人的选举权，直到1964年还受到限制，"行使选举权要交纳一至二美元的小税款"⑤。

---

① 中共延安地委统战部、中共中央统战部研究所编：《抗日战争时期陕甘宁边区统一战线和三三制》，陕西人民出版社1989年版，第411－415页。

② 陕西省档案馆、陕西省社会科学院合编：《陕甘宁边区政府文件选编》（第2辑），档案出版社1987年版，第131页。

③ 中国人民大学国家与法权历史教研室辑：《中国国家和法权历史参考资料（抗日战争时期国民党反动政府）》，中国人民大学1957年版，第58页。

④ ［日］森口繁治：《选举制度论》，刘光华译，中国政法大学出版社2005年版，第97页。

⑤ ［法］让-驱·科特雷、克洛德·埃梅里：《选举制度》，张新木译，商务印书馆1996年版，第14页。

第三，创造性地引入了竞选制度，竞选其实是将竞争引入政治领域的一种形式，在选举中引入竞争，“有利于优秀领导管理人才脱颖而出，有利于加强选民对干部和代表的监督，这无疑也是民主革命时期中共在政权选举制度建设方面取得的一条重要经验”①。更重要的是，边区选举法的这些原则，不仅写进了法律文件，而且都得到了落实，1946年李鼎铭在第三届参议会的讲话中说：“我们是完全做到了普遍、直接、平等、自由等选举原则，他们只是部分做到，不普遍、不直接、不平等、不自由的地方还很多。”②这说明，边区的选举立法，在当时的中国是最为先进的。

二、边区选举立法的演进

边区的选举立法是随着边区抗日民主制及各级参议会的成立形成、发展的。1937年5月，为了筹备边区第一届参议会，边区的前身——中华苏维埃共和国中央政府驻西北办事处成立了四个专门委员会，其中选举法起草委员会由蔡树藩、周景宁、谢觉哉、肖劲光、郭洪涛、董必武、王观澜等7人组成，蔡树藩负责，不久后，选举法起草委员会制定并颁布了《陕甘宁边区选举条例》。该条例包括总则、选举资格、选举参议员人数比例、选举委员会、选举区域、各级行政长官选举等共12章27条。与此同时，西北办事处行政会议通过了特区行政法起草委员会起草的《陕甘宁边区议会及行政组织纲要》，规定陕甘宁边区实行“最适合于抗战的彻底的民主制度”——议会民主制，“各级议会议员，由选民直接选举，选民对于所选代表认为不称职时，得随时撤回改选之”。议会享有选举行政长官、批准预算及建设计划等职权。③ 1939年2月，边区第一届参议会召开，通过了修正后的《陕甘宁边区选举条例》，该条例包括总则、选举资格、改选、选举委员会、选举区域等共21条，由边区政府正式公布施行，这成为边区第一个正式的选举立法。

1941年初，为了准备边区第二届参议会选举，边区颁布了《陕甘宁边区各级选举委员会组织规程》，包括总则、组织、职务、会议、任期、附则共6章32条。1941年11月，边区参议会对选举条例进行了修订，通过了《陕甘宁边区各级参议会选举条例》，这个条例包括总则、选举资格、选举区域、选举参议员人数的比例等共9章25条，将选举区域提前至第三章，在选举参议员人数比例中增加了1条，改选增加1条。1942年，依据“三三制”民主的精神，边区第二届参议会修订公布了《陕甘宁边区各级参议会选举条例》，条例包括通则、选举区域、各级参议会参议员选举名额比例、改选等共9章25条，条文数量上同于1941年。

1944年12月，陕甘宁边区第二届参议会第一次大会召开，通过了全新的《陕甘宁边区各级参议会选举条例》，共7章32条，包括通则、选举区域、各级参议会参议员选举名额比例、改选、候补及竞选、选举经费等内容，条文更为细致。1948年10月，陕甘宁边区参议会常驻委员会与边区政府委员会联合制定并通过了《陕甘宁边区县、乡人民代表会及县、乡政

① 张正光：《民主革命时期中共政权选举制度述论》，载《中共党史研究》2008年第4期。

② 李鼎铭：《关于选举工作的报告》，载《解放日报》1946年4月15日。

③ 宋金寿、李忠全主编：《陕甘宁边区政权建设史》，陕西人民出版社1990年版，第107页。

府选举暂行办法》,该办法包括总则、选举区域、代表人数比例、任期等共 5 章 23 条,提出"在县、乡采用人民代表会的办法"[①],参议会开始向人民代表会转变。

除了"条例"这一正式选举立法之外,边区参议会和政府还根据选举实际,制定了诸多补充性法律文件,它们有对选举条例作出解释说明的,如 1941 年《陕甘宁边区各级参议会选举条例》公布后,边区参议会常驻委员会发布了《选举条例的解释及其实施》,解答了选举操作中的具体问题;有的则明确了选举的程序及方式,如 1937 年《陕甘宁边区选举委员会工作细则》和 1941 年《陕甘宁边区各级选举委员会组织规程》,它们分别对选举准备工作、选委会组成、职务任期等作出规定。边区参议会和政府还发布有选举训令、指示等文件,对选举中的具体问题予以明确,如 1941 年边区政府《为改选及选举各级参议会的指示信》《为改选各级参议会第二次指示信》,以及 1942 年边区政府《为完善三三制给各县的指示信》等,说明了选举的重要意义,阐释了选举立法原则,指出了选举应该注意的问题。它们构成了边区选举立法的有机组成部分。此外,还有"问答"的形式,把选举条例概括成许多具体的问题,以一问一答的形式,通过具体的人或事,向群众通俗地解释选举立法的内容。"问答"内容具体形象、生动活泼,又通俗易懂,非常便于人民群众理解。

第二节　陕甘宁边区的历次选举运动与伟大成绩

中国共产党为了取得抗日战争的胜利,在陕甘宁边区提出了建立抗日民族统一战线的主张,制定了符合边区实际的选举法律制度,并开展了三次较大的选举运动,进行了民主选举的有益实践,取得了伟大的成就。社会各阶层群众响应边区政府号召,积极参与民主选举,通过各种形式踊跃参政议政,形成了良好的互动局面。这为后来的民主选举实践提供了很好的经验。

一、陕甘宁第一次选举运动及取得的伟大成绩

陕甘宁边区政府的第一次选举运动,大概从 1937 年 7 月开始,到 12 月结束。根据中共中央致国民党五届三中全会的电报"在特区政府区域内,实施普选的彻底的民主制度"的精神,1937 年 5 月 12 日,西北办事处行政会议正式通过由特区选举法起草委员会拟定的《陕甘宁边区选举条例》,标志着边区选举制度的确立。《陕甘宁边区选举条例》共 13 章 29 条,规定:陕甘宁边区"采取普通的直接的平等的无记名的选举制,保证实现彻底的民主";除汉奸、经法庭判决被剥夺相关权利和精神病患者以外,"凡居住陕甘宁边区区域的人民,在选举之日,年满 16 岁的,无男女、宗教、民族、财产、文化的区别,都有选举权和被选举权"。随后,设立边区选举委员会,由蔡树藩任主任,高朗亭任副主任,办理边区的民主选举事宜。

为了选好代表,中共陕甘宁边区委员会于 7 月 6 日发出《关于选举运动的指示》,决定把 7 月定为"选举运动宣传月",重申"现在是普选,除汉奸外,不分阶级,都有选举权。苏区

① 宋金寿、李忠全主编:《陕甘宁边区政权建设史》,陕西人民出版社 1990 年版,第 441 页。

现虽无别党，但我们已允许别的党存在”。在选举前，先行训练干部，向群众广泛宣传选举的意义、政策和办法，进行选民登记并在选举前半个月张榜公布，把选民和非选民分别写在红白榜上，让群众监督，不使一个坏人混入红榜。在选举中，强调向群众总结与公布苏维埃工作，批评政府的错误和缺点，把选举运动与反对贪污腐化、反对官僚主义作风结合起来，把廉洁公正、能为群众办事的优秀的革命分子选进领导机构。

1937 年 7 月，经过试点后，陕甘宁边区的第一次选举运动由下而上逐步展开，主要经历了以下工作步骤：(1) 宣传发动工作。主要工作内容是向群众阐明从苏维埃民主制向抗日民主制转变的必要性和意义，目的是使选民接受抗日民主的选举制，并能积极投入到选举活动中来。(2) 审查选民资格和选民登记工作。这是选举运动的组织工作基础，因为居民人数是确定乡代表、区以上议员数额的依据，而选民资格决定着选举权和被选举权。(3) 对政府工作进行审查和评议。即由政府工作人员向选民作政府工作报告，选民对政府工作进行评审，对政府工作人员进行评议，使选民了解政府工作，考察干部的业绩，决定取舍，进行换届改选。(4) 提出候选人名单。候选人名单分别由共产党组织、贫农团、青年抗日救国会、妇女抗日救国会等组织提出。由于地主、富农没有适当的组织，因此往往没有他们的候选人。极少数地主、富农分子及其他民主分子的候选人名单，一般由共产党组织提出，而且往往还需要向群众做工作，才能获得通过，但到选举时仍有很多落选的。(5) 正式投票选举工作。召开选民大会，由工作人员念候选人姓名，采取“认人”(被选人背朝选民)投豆的方式，辅之以流动票箱，深入到选民家中，进行投票。(6) 召开乡代表会和各级议会，确定今后的工作方针和选举产生各级政府机关工作人员。这是选举最关键的步骤，关系到边区各级政权组织掌握在谁手里和各级政府工作的成败。(7) 选举工作总结。由各级选举委员会对各该级的整个选举工作作出总结，将选举经过、选举结果以及经验教训，报上一级选举委员会和政府，至此选举最终结束。

按照选举办法规定，边区范围内人民以 20 人为单位，选出 1 名乡代表，由乡代表会推选乡长；以 50 人为单位选举区议员，由区议会推选区长；居民每 200 人选举县议员 1 人，由县议会产生县长；居民每 1 500 人选举边区议员 1 人，由边区议员推选出边区政府主席、副主席。1937 年 11 月，在完成乡县选举的基础上，开始进行边区议会的选举，各县区的党委陆续提出边区代表大会候选人名单。经过各地直接选举或县代表大会选举，于 12 月选出边区代表 500 多名。进而组成了边区政府，推选林伯渠为边区政府主席，张国焘为副主席，并于 12 月 13 日得到中共中央政治局的批准。至此，历时半年多的边区第一次选举工作全部结束。

陕甘宁边区第一次选举运动是中国共产党在全新环境下进行的民主选举实践。为了更好地完成选举任务，中国共产党在这次选举活动中进行了选举宣传方式和投票选举方式的创新，这些创新有力地推动了选举工作的开展，也为以后的两次选举提供了宝贵的经验。

（一）选举宣传工作的创新

由于封建思想的影响，边区群众头脑中几乎没有民主政治之概念，虽然民国政权也曾在边区办过一些选举，但那些完全没有贴近老百姓的假民主、假选举，更使得劳动群众对民主选举比较反感，中央认识到要搞好民主选举，必须高度重视对群众的宣传工作。

首先，加强报纸、出版物等媒体的宣传力度。中共陕甘宁边区委员会宣传部于1937年9月20日专门印发了《关于召开边区议会推进民主政治的宣传大纲》，就陕甘宁边区的民主建设、边区议会召集的意义、边区人民应该积极拥护自己的议会进行了明确的阐述，并提出了"坚决把抗日的分子复选到边区议会中去，把真正能代表群众利益的代表复选到议会中去"[①]的口号。当时边区选举委员会出版的《选举通讯》是影响最大的刊物之一，共出版了9期，每期发行都在2 000份以上。

其次，重视口头宣传。每个宣传工作者利用休息时间在农村的街头巷角和郊外的地头、坪、畔去谈话；积极利用各种群众大会、庙会等形式进行宣传动员；按照社会地位和职业，在不同的时间召开座谈会，征求群众意见，引导他们积极参加选举工作。各个选委会都根据延安群众能歌善舞的特点，创作了大量的秧歌、歌曲、话剧，采取了灵活多样的宣传形式。如当时传唱很广的《选举小调》，它的歌词是："民主政治要实行，选举为了老百姓，咱们选举什么人？办事又好又公平，还不要私情。选举不分什么人，男女穷富都平等，自己来管自己事，不许任何人贪污，欺压老百姓。"用通俗易懂的方式唱出了选举的意义。

再次，注重发挥宣传队伍作用。为此专门召开培训班培训选举宣传干部。"选举的重要，不再说。同时，选举也不是一容易办好的事。所以要开训练班，训练班所讲的，是接受旧民主主义时代的选举的精华，而弃其糟粕，添上新民主主义历次选举的经验，给同志们备个基础。至于在这基础上更发展光大，那是同志们实际去做的时候的事。"[②]边区政府抽调各专员公署及各县第一科的科长共27人，还调来中国女子大学高级班学生37人、行政学院学生8人、陕北公学学生44人，共计116人，后因病退学者6人、调工作2人，实际参加者108人，开办了边区1941年1月17日的选举培训班。边区领导如林伯渠、刘景范以及当时的一些党政军领导结合当时边区的主要任务和选举需要解决的问题分别给边区选举培训班授课。培训班采取灵活的授课方式，既有理论学习，又有自由讨论，还有案例教学，通过多方面的培训，给全边区的选举工作干部打下一个坚实的理论基础。

最后，发动学校和学生进行选举宣传。边区教育厅下发了教育工作配合选举的指示，各县乡召开会议加强对教员选举宣传培训。各个学校还搜集各种与选举有关的真实的人和事，编入相应的学生课本，使学生和青年人对选举有了一定的了解。同时组成宣传队，排练各种话剧等节目到负责村庄进行宣传和动员。仅清涧的学校系统就组织了115个宣传队、881个农村工作组，其他的县份也都有类似的学校选举宣传组织。边区政府发挥宣传动员学生的优势，使宣传选举工作成为了教育工作的一部分，边区一千多所学校就是一千多个宣传的阵地，有力地调动了农民(村)选民的热情，促进了农村选举工作的开展。

(二) 独具特色的投票方式

陕甘宁边区的普选运动如火如荼地开展的过程中，遭到不少敌对势力的恶意嘲讽，认为

① 中共陕甘宁边区委员会宣传部:《关于召开边区议会推进民主政治的宣传大纲》，载《新中华报》1938年9月20日。

② 谢觉哉:《谈谈选举训练班——在开学会上讲话》，载《新中华报》1941年1月31日。

边区政府组织的普选运动只是做秀。八成左右的群众目不识丁，能把自己的名字写完整都非易事，更不认识名单上候选人的名字，也就谈不上行使权利，表决选出政权的组织人员。要狠狠地给予反对派一个有力的反击，针对当时大多数人文化程度不高、政治觉悟低、民主意识薄弱的现状，除了采用一般的召开选民大会集中投票表决外，政府因地制宜地运用了许多适合农村居民特点的根据不同文化程度在不同时间参与投票的方式，简单、方便又灵活多样。具体包括：(1) 投豆法。即选委会按照候选人的数量，准备几个碗，在每个碗上贴着不同候选人的名字，将贴有候选人名字的碗放在桌子上，在场的人中不仅有参加选举的选民和候选人，还有监督投票的工作人员。主持者按选举名单顺序叫每个选民上前投票，并交给选民作为选票替代品的豆子，同意谁当选，就将豆子投入写着他名字的碗里。(2) 烧洞法。即每人得到一张选票，在详细地介绍完候选人的情况以后，由选民自行选择。如果赞成谁，就在他的名字上烧洞，然后放进票箱。(3) 针对离选举地点比较远和行动不方便的选民，选委会创造了流动性的背箱法。即在选举开始前，委派一些忠诚可靠的人，把选票按名册发给选民，等到选举那天，准备若干个箱子，锁上并贴好封条，由工作人员沿途把选票进行回收。这些选举方法新颖而便捷，从实际情况出发，最大限度地保障了选民自由意志的实现，体现了真正的民主，也体现了党贯彻践行民主道路的坚定决心。

二、陕甘宁边区第二次选举运动和取得的伟大成绩

边区第二次选举运动大致从 1941 年 1 月开始至 11 月基本结束。抗日战争时期，根据中国共产党制定和实行的关于敌后抗日根据地政权建设的政策，随着抗日根据地的开辟和发展，各解放区相继建立了各种形式的过渡性组织或半政权性组织，以取代旧的政权，组织和发动群众的抗日斗争。为了贯彻抗日民族统一战线政策，适应全民族抗战的需要，中国共产党开创性地在选举运动中提出了“三三制”原则，并以此为原则开展了第二次选举运动。1938 年 11 月，边区议会改名为边区参议会，这也标志着中国共产党领导广大群众从苏维埃制度过渡到民主共和制度。1939 年 1 月 15 日至 24 日举行了陕甘宁边区第一届参议会，先后制定并颁布了《陕甘宁边区选举条例》《陕甘宁边区选举委员会工作细则》等与选举有关的文件。这些文件都是在原《陕甘宁边区选举条例》的基础上，按照民主选举原则，结合边区的实际情况重新修订而成的。第二次选举运动的展开，就是以这些文件中的具体规定为依据的。

“三三制”原则是一种关于抗日民族统一战线政权组织成分的政策。中共中央于 1940 年 3 月 6 日发出《抗日根据地的政权问题的指示》，指出：在抗日时期，我们所建立的政权的性质，是民族统一战线的。这种政权是一切赞成抗日又赞成民主的人们的政权，是几个革命阶级联合起来对汉奸和反动派的民主专政。根据组织抗日民族统一战线政权的原则，在抗日根据地政权人员分配上实行“三三制”，即共产党员占 1/3，他们代表无产阶级和贫农；左派进步分子占 1/3，他们代表小资产阶级；中间分子及其他分子 1/3，他们代表中等资产阶级及开明士绅。中共中央的政策规定，“三三制”原则必须保证共产党员在政权中占领导地位，因此，必须使占 1/3 的共产党员在质量上具有优越的条件。在一部分党员中还必须克服不善于同党外人士合作的狭隘关门主义、宗派主义的作风。在基层政权中，人员比例分配可

做某些变动,以防止豪绅地主把持政权。毛泽东在《抗日根据地的政权问题》的指示中对“三三制”作出了全面描述:在抗日战争时期,我们建立的是最广泛的全民统一战线,政权人员的组织成分要体现出各种不同革命阶级的有机结合。在人员的分配上,应规定为共产党员占1/3,非党的左派进步分子占1/3,不左不右的中间派占1/3……[①]简言之,就是共产党员、非党左派进步人员和中间派各占1/3。1941年的《陕甘宁边区施政纲领》以法律文件的形式确定了这项政权组织原则,党外的积极分子和不断壮大的中间派,在密切联系群众,争取更多进步势力方面发挥了重要作用。对于共产党以外的人,无论他们是否有党派关系和属于何种党派,只要拥护抗日、赞成民主与党合作的,就应该吸收他们作为抗战的同盟,为合作的对象。“三三制”原则开始未能得到很多保守党员和农民群众的理解,为了使大家树立对“三三制”原则的正确认识,林伯渠、谢觉哉、李维汉等领导人立即发文,为“三三制”正名。边区政府和中共中央组成了专门的讨论小组,为群众答疑解惑,消除他们的疑虑,普及“三三制”原则的知识,争取更多群众的支持和拥护。“三三制”原则的动员工作在根据地热火朝天地展开,宣传的方式也多种多样,有在街头出板报、画漫画的,有编排文艺节目演出的,还有印发小册子、口袋书的。目的都是纠正人们对“三三制”的错误认识,树立起正确的选举观念,提高政治觉悟。

通过耐心的教育和宣传,边区人民热烈拥护“三三制”原则,积极地参加选举运动。“就以试点的裴庄乡为例,整个裴庄乡共划分了4个选区,有选举资格的人数为731人,其中男性407名,女性324名,参加选民大会投票选举者574人,占全体参加人数的80%左右,超过了预定计划,参加了选举的妇女高达90%以上。选出参议会正式议员25人,其中妇女3人;候补议员7人,其中妇女2人。正式议员中,有士绅1人,富农13人,地主2人,贫农2人。25人中,共产党员9人,约占1/3,加上候补议员7人计算,则仅占1/4。真正落实了党提出的‘三三制’组织原则。”[②]选举试点成功后,以贯彻实施“三三制”原则的第二次选举运动在各地有秩序地开展起来。边区各级政府机关和参议会中,当选举中的共产党员数量超过1/3时,就有共产党员主动要求退出,再依次替补上非党进步人员或中间派成员,保证“三三制”原则真正落到实处。1941年2月,陕甘宁边区各级政府首先按照“三三制”原则进行了改选,建立了“三三制”革命政权。随后,晋察冀抗日根据地、晋西北抗日根据地、晋冀豫抗日根据地和山东抗日根据地等,也相继进行了改选,建立了“三三制”政权,颁布了施政纲领,推动了根据地的民主运动和政权建设。抗日根据地政权建设的“三三制”原则,是根据地实行民主政治的体现,对于巩固中国共产党在抗日民族统一战线中的无产阶级领导权,发展进步势力,争取中间势力,孤立顽固势力,夺取抗战的胜利,起到了重要作用。中共党员表现出最大的诚意,树立了“言必信,行必果”的模范形象,赢得了良好的口碑。

通过实行“三三制”原则,实现了在普选的基础上把社会各阶层的优秀分子吸收到政权机关中,实现了参政议政主体的多元化。如陕甘宁边区第一届参议会选举时,“女选民在增

① 《毛泽东选集》(第2卷),人民出版社1991年版,第741－721页。

② 海燕:《延安市裴庄乡的民主选举——新华社访稿》,载《新中华报》1941年4月17日。

加，女参议员不断地当选，保护妇女切身利益的提案到处地提了出来。如延安市排庄乡女选民数目占选民之二分之一，绥德各保四百六十六位参议员中有八十个女参议员，占全体参议员的六分之一”①。陕甘宁边区第二届参议会召开时间在《陕甘宁边区施政纲领》发表之后，因此议员和政府的构成进一步体现了各方的代表性。边区政府副主席李鼎铭谈到边区第三届参议会组成时说：“一百七十位边区参议员里头，有工人六，贫农六十九，富农二十六，商人九，地主三十四，其他八，回回三人，蒙古人三个，妇女七人。”②根据边区法律规定，从立法地位上来讲，政府隶属于参议会，政府机关的设置和人员需要经过参议会决定和选举。经边区第二届参议会第一次会议选举的陕甘宁边区政府委员 18 人，其中就有蒙古族那苏滴勒盖、回族马生福两位人士。当时开始选的边区政府中共党员委员有 7 名，徐特立同志当即声请退出，并经大会同意，依次由非党人士白文焕替补，保证了共产党员只占 6 人，完全落实了“三三制”原则。而在第三届参议员选举的 19 名边区政府委员中，有阿拉并巴音（蒙古族）、蔡登霄（回族）等两位人士。各阶层群众以自己的方式参政议政，呈现出参政形式的多样性。经过宣传动员，社会各阶层民众积极参加民主选举，行使自己的选举权。在陕甘宁边区第一次参议会召开前，选举各级议员时，一般的地方参加比例达到 80% －90%。如“延安一般的均是到了百分之八十以上，尤其是北一区差不多全部参加了，老太太都觉得更非到会不可”③。陕甘宁边区参与政权建设的另一个方式就是通过提交参议会提案反映群众关心的问题。当选的议员们提交提案的热情高，1939 年 1 月 31 日陕甘宁边区参议会召开时，各界代表就已经提出了 12 项重要提案。到 1941 年 11 月 18 日陕甘宁边区第二届参议会第一次大会召开时，大会更是提出了军事、政法、财经、文教、经建、特种共计 6 大类 380 余件提案，④议员参政热情可见一斑。“至于妇女方面，更明显提出了她们的要求。例如安塞的妇女提出：妇女参加生产、放足、剪发、废除买卖婚姻等，这些差不多成为每个妇女的呼声。”⑤陕甘宁边区第二届参议会第一次大会时，张琴秋等女议员提出了妇女教育案、加强保护妇孺工作案及加强对妇女工作帮助案，边区妇联提出了加强女子教育案等多项涉及妇女的议案。同时无党派人士和少数民族代表也通过提案参政议政，如马国藩等提出的建立回民自治乡案；当时的开明士绅李鼎铭在调查研究的基础上慎重提出了著名的“精兵简政”议案，毛泽东认为“这个办法很好，恰恰是改造我们的机关主义、官僚主义、形式主义的对症药”⑥。党中央立即向各抗日根据地发出精兵简政的指示。很多提案都结合边区实际提出，得到了边

---

① 《动员边区妇女来参加选举运动》，载《解放日报》1941 年 6 月 21 日。

② 《陕甘宁边区政权建设》编写组编：《陕甘宁边区参议会（资料选辑）》，中共中央党校科研办公室 1985 年版，第 542 页。

③ 林伯渠：《陕甘宁边区政府对边区第一届参议会的工作报告》（1939 年 1 月），载《陕甘宁边区政权建设》编写组编：《陕甘宁边区参议会（资料选辑）》，中共中央党校科研办公室 1985 年版，第 118 页。

④ 《陕甘宁边区政权建设》编写组编：《陕甘宁边区参议会（资料选辑）》，中共中央党校科研办公室 1985 年版，第 377 页。

⑤ 林伯渠：《陕甘宁边区政府对边区第一届参议会的工作报告》（1939 年 1 月），载《陕甘宁边区政权建设》编写组编：《陕甘宁边区参议会（资料选辑）》，中共中央党校科研办公室 1985 年版，第 118 页。

⑥ 《李鼎铭研究资料选》，陕西人民出版社 1988 年版，第 124 页。

区政府的重视并很快执行。社会各阶层同时加入到建设与保卫民主政权的队伍之中，如当时陕甘宁边区妇联在当地影响很大，很多妇女都参加了妇联组织，这些组织团结妇女开展了如织布比赛、组织前线慰问等多项活动，积极参加生产实践，支援抗战。很多妇女组织都成为全国妇女参政议政和支援抗日的模范。各地的民主人士纷纷组成各种形式的士绅参观团、开明士绅学习团等到各个抗日根据地参观，边区也经常组织开明士绅参加座谈会，使他们了解学习中国共产党的方针政策。这些活动对这些民主人士思想都产生了一定程度的影响，很多人后来都拥护党的领导，他们畅所欲言，为政府献计献策，为边区的建设起到了很好的作用，推进了民主发展的进程，巩固了抗日民族统一战线，为抗日战争的胜利和民族的解放奠定了坚实的群众基础。

“三三制”原则将党际合作、阶级阶层合作与民主选举中的竞争妥协以及共和精神中的共治原则等结合起来，形成一个混合政体，这是中共选举制度史上的一次伟大的创举。在“三三制”原则落实过程中，中共面临的最大困难，是如何平衡民主选举与权力分配问题。一方面，“三三制”原则的成员结构比例，很容易出现“无法真正放手做”或者被人认为“放弃了党的领导权”的困境；另一方面，中国共产党如何保持在“三三制”原则中的优势地位成为另一个难点。毛泽东在他的文章中用尖锐的笔锋对“领导权”做了诠释：“所谓领导权，不是要一天到晚当作口号去高喊，也不是盛气凌人地要人家服从我们，而是以党的正确政策和自己的模范工作说服和教育党外人士，使他们愿意接受我们的建议。”[①]由此看来，中共在政权中的领导地位，并不是取决于党员在数量上的优势，而是质量。各种政治阶级和战斗力量参与到政权的建设中，为全民统一战线注入了更多新鲜的血液和活力。[②]

三、陕甘宁边区第三次选举运动及取得的伟大成绩

陕甘宁边区第三次选举活动自 1945 年 8 月开始，至 1946 年 3 月结束。其全过程可分为试选和普选两个阶段。

（一）试选阶段

边区政府根据第二届参议会第二次大会关于 1945 年边区各级人民代表机关普遍改选的决定，于 1945 年 2 月成立了以谢觉哉（后为刘景范）为主任委员的边区选举委员会。为照顾群众生产等具体情况，1945 年 8 月 4 日，边区政府第 106 次政务会议决定在 1945 年秋收后开展普选，同时指出这次普选的主要目的在于通过运动深入检查政府工作，改选人员，使边区的各项建设更加提高一步。为使普选活动达到预期目的，边区政府要求各地进行充分准备，选择一个乡提前进行试选，并决定派秘书长罗迈、民政厅副厅长唐洪澄分赴延安市和延安县帮助试选。另由延安大学的行政学院及其他机关学校抽调干部开办普选短训班，培训干部。边区政府确定的试选乡有延安市新市乡，延安县川口区第一乡、第五乡，延长县三区三乡，并派去 4 个工作组协助工作。此外，各区、县也都确定了自己的试选乡。这样，从

① 《毛泽东选集》（第 2 卷），人民出版社 1991 年版，第 742 页。

② 郭亚骏：《中央苏区与陕甘宁边区政权时期选举制度探析》，南昌大学 2014 年硕士学位论文。

边区到各分区、各县三级都有自己的试点单位。经过一个多月的努力，边区政府及各分区于9月中旬先后召开了试选工作会议总结经验。边区选举委员会在总结延安市等四个乡试选情况会议上着重讨论了如何贯彻放手民主、发动群众检查政府工作的问题。会议认为，放手民主是彻底检查工作，整顿作风，选举好人的关键，但放手不等于放弃领导。如果能用多种方法启发群众，并解决一两个实际问题，就能扭转群众认为说话不顶事的情绪。试选中，人民群众还就乡市政权的组织形式及选举条例中规定的一些具体办法提出了切实的修改建议。如新市乡在试选时，群众就提议改乡参议会为乡人民代表会，取消行政组长制，由各行政组选民依人口比例选出代表领导本组，并由他们组成乡人民代表会，成为乡政权的最高机关，真正做到议行合一。这些经验得到边区参议会常驻会和边区政府的肯定，后在全边区的乡选中普遍实行。

（二）全面展开阶段

在试选取得基本经验的基础上，边区政府于9月6日发出关于选举工作的训令（即“九·六”训令），决定于1945年10月15日至12月底举行乡、县、边区三级政权改选。训令指出，选举必须做到：(1) 坚持不分阶级、党派、民族、性别、信仰，不受财产与文化程度限制，实行普遍、平等、直接、无记名投票的原则；(2) 发动人民群众彻底检查工作，是这次选举活动的主要步骤，也是办好选举的关键；(3) 任何公民、任何抗日党派与民众团体，都有依选举条例提出候选人的权利和实行竞选的权利，但必须制止任何操纵行为；(4) 在各级政府领导之下成立选举委员会。“九·六”训令后，各分区立即召开县长、县委书记联席会议，布置选举事宜，以自然村为单位的选举活动从此展开。随着乡级普选的广泛开展，边区选举委员会又于10月5日就乡选工作具体问题发出指示信，再次强调这次选举运动实质上是政府人员同广大群众结合的自下而上的整顿政风运动，是几年来政权工作中整风运动的继续和发展，对于改进工作和作风，提高边区各项建设事业有决定意义，因此必须坚决贯彻在“三三制”精神下发扬民主，团结人民，放手发动群众检查政府工作和人员，健全民主制度，加强地方自治的基本方针。10月7日，西北局就区乡干部冬训发出指示，要求把1945年的区乡干部冬训与选举运动实际结合起来。选举工作正式开始之际，边区参议会驻会委员会和边区政府于10月14日联合发出通知，决定对边区各级参议会组织条例、选举条例作三项重大修正：(1) 改乡市参议会为乡（市）人民代表会，不另设自然村长及行政村主任。这样，人民代表会就成为乡政权的最高权力机关，纠正了议行并立的缺点。(2) 乡市选举区域，一般应以自然村为单位，便于人民选举自己熟悉的代表。(3) 为贯彻自由选举方针，取消十人联署的规定。10月15日，《解放日报》发表“要在全国人民面前做出更好榜样”的社论，宣布陕甘宁边区的选举运动开始。经过一系列宣传、组织、试点的准备工作，全边区选举运动进入全面展开阶段。10月27日，边区选举委员会发出关于边、县两级政权改选法指示，分配各县边区参议员比额，并对边、县两级选举具体办法作出说明。经过选民登记、检查政府工作、酝酿候选人、正式选举四个阶段，至12月上旬，普选活动取得显著成绩，许多地方选民到会比例都在80%以上。但部分地区也存在一些弱点，如有些干部不能大胆接受群众批评，没有将群众发动起来，使选举流于形式，或没能引导群众就最需要解决的问题展开讨论。因而《解放日报》12

月5日以“把边区选举运动再推进一步”为题发表社论，要求各级领导机关检查前一段工作，吸取经验教训，使选举运动更顺利地开展。到1946年1月中旬，三级普选基本结束。各县紧接着召开县参议会，选举新一届参议会和政府领导人。3月中旬，各县参议会先后闭幕。由于第三次选举运动着重强调以检查批评政府工作推动选举，因而在选举中不仅做到了发现问题，而且结合实际真正解决了一些问题，从而提高了人民群众对选举的积极性，群众敢于以主人翁的态度发表意见。在土地未分配的地区，土地纠纷较多，新正县马栏市就把选举与减租结合起来，在人民代表会上解决高额利息问题，提出并通过了地权租佃方案。庆阳三十里铺四乡人民代表会上，专员马锡五亲自领导解决了干部误工、诬告乡长等问题，并因全乡秋田歉收而决定免交地租，受到群众的赞扬。鄜县城关三乡人民代表会一经产生，就解决了本地30年没能解决的群众纠纷。这些都说明，坚持“三三制”原则和坚决贯彻以检查工作推动选举运动的第三次选举把边区民主政治的建设推向了新阶段。

历时半年多的陕甘宁边区三级普选，达到了预期的目的。全边区38个选举单位参选人数平均占全部选民的82.5%，有的达到90%，人民充分享受和行使了民主权利。各党派、各阶层、各民族、各方面公正人士、优秀人物、劳动模范被群众推举为人民代表，组成权力机关为人民议事办事。经过三级普选，推选出边区参议员170人（正式参议员135人，候补参议员35人）。按本人出身统计，其中工人6人，贫农18人，中农69人，富农26人，地主34人，商人9人，其他8人。从党派关系统计，其中共产党员63人，旧国民党员19人，救国会派1人。无党无派87人。从民族成分看，其中汉族164人，蒙古族3人，回族3人。从性别看，其中妇女有7人。第三次选举运动体现了边区普遍、直接、平等、自由的选举原则和“三三制”选举特点，以及平等的民族关系。①

第三节　边区选举法的基本内容

一、1939年《陕甘宁边区选举条例》及解释

虽然中华苏维埃共和国中央政府西北办事处曾在1937年草拟过选举条例，并直接指导了1937年边区的第一次民主选举，但1939年《陕甘宁边区选举条例》是边区第一个正式通过的选举立法，也是中共由工农民主制向抗日民主制转变的开始。该条例总则规定了选举的原则，即根据“国民政府建国大纲之民主选举原则及陕甘宁边区之实际情形”制定，采取普遍、直接、平等、无记名之投票选举制，选举边区、县及乡三级参议会议员。条例扩大了选举资格范围，规定除“卖国行为，经政府通缉有案者”，剥夺公权者及神经病等，“凡居住边区境内之人民，年满十八岁者，无阶级、职业、男女、宗教、民族、财产与文化程度之区别，经选举委员会登记，均有选举权和被选举权”。在选举年龄上，1937年草拟的选举条例，为了调动更多青年参加抗日，曾规定选举年龄为年满16岁，到了1939年，边区获得合法地位，考虑到

① 雷云峰主编：《陕甘宁边区大事记述》，三秦出版社1990年版，第295－296页。

青少年需要更多的学习教育时间，故恢复至 18 岁。在选举权平等方面，增加了“无阶级、职业”区别的规定，更加明确了地主、资本家、商人等阶级的选举权，有助于团结各阶级共同抗战。在程序方面，要求“经选举委员会登记”，增强了选举的严肃性和规范性。

在选举参议员人数的比例上，条例作了非常细致的规定：“乡参议会，每居民三十人得选举议员一人；县参议会，每居民七百人得选举议员一人；边区参议会，每居民五千人得选举议员一人。”这一规定不同于 1937 年选举条例代表比例的规定。1937 年选举条例在县以下层面分为乡代表会和区议会，乡代表会居民 20 人选举 1 人，区议会 50 人选举 1 人；新的条例取中间数 30 人，可说明乡参议会应是介于原乡与区之间的代议机关。在县和边区层面，选举的比例都有所下降。1937 年选举条例规定分别是 200 人和 1 500 人，这反映出边区在参议员和居民的人数比例上的设定更加科学，也更符合边区社会实际（详见表 1）。

表 1 《陕甘宁边区选举条例》修订后参议员比例变化

<table>
<tr><th colspan="2">1937 年《陕甘宁边区选举条例》参议员比例</th><th colspan="2">1939 年《陕甘宁边区选举条例》参议员比例</th></tr>
<tr><td>乡代表会</td><td>1/20</td><td rowspan="2">乡参议会</td><td rowspan="2">1/30</td></tr>
<tr><td>区议会</td><td>1/50</td></tr>
<tr><td>县议会</td><td>1/200</td><td>县参议会</td><td>1/700</td></tr>
<tr><td>边区议会</td><td>1/1500</td><td>边区参议会</td><td>1/5000</td></tr>
</table>

1939 年的选举条例对选举区域作出了规定：乡参议会之选举区域以行政村为单位，县参议会之选举区域以行政区为单位，边区参议会之选举区域以县为单位；而 1937 年的选举条例规定边区参议会之选举区域“以区为选举单位”。1939 年选举条例延续了 1937 年的做法，对“竞选”作了规定：“各抗日政党及各职业团体，可提出候选名单，进行竞选运动，在不妨害选举秩序下，选举委员会不得加以干涉或阻止。”①边区政府虽借鉴了资产阶级的民主形式，却有着本质的不同：竞选不是为了升官发财，而“是在竞选中练习参政，提高广大人民对政治的认识与兴味”②。竞选制度在此后的几部选举立法中都有规定，提高了人民群众参与民主选举的热情。

除了正式的选举条例，边区政府还发布了详细的条例解释。“解释”依据条例章节，分为 9 章。在总则中，“解释”开宗明义地指出条例依据孙中山建国大纲及陕甘宁边区实际制定，这是因为，孙中山革命是为了建立民主国家，需要由人民选举出来的议会和政府。“可是建国大纲上写的选举法，国民政府并没有实行。只有陕甘宁边区没有阻止实行的障碍了。”③对选举条例的原则，“解释”作了说明：“普遍”是“指选举人的资格，没有任何限制”。“直接”是指“选民直接选出被选人，而不要经过转弯”。“平等”是指“任何选民投的票，其效力都是一样的”。“无记名”就是“秘密”，即选民的票上只写被选出的人的姓名，不需写自

① 中国科学院历史研究所第三所编辑：《陕甘宁边区参议会文献汇辑》，科学出版社 1958 年版，第 57 页。

② 谢觉哉：《边区选举训练班开学讲话》，载《解放日报》1941 年 1 月 22 日。

③ 《延安民主模式》课题组编：《延安民主模式研究资料选编》，西北大学出版社 2004 年版，第 234 页。

己的姓名。“解释”特别指出，各国的选举法，有的规定：要有财产若干以上，读过书的，或者宣过誓，经过考试合格的，才有选举权和被选举权。[①] 这充分说明了边区选举条例是当时最公平最进步的立法。对选举资格，“解释”对一些重要概念作了说明：“阶级”是指地主、农民、资本家、工人等；“职业”是指工、农、商、学等。可见边区不只工农有选举权，地主、资本家也有，反映出选举的平等与普遍。“解释”还以延安中区某乡选举为例，以“答复”的形式明确了地主等阶级的选举权：当时有乡村工作干部认为地主、富农不应有选举权，边区选举委员会答复说：选举条件上规定只要不是汉奸卖国贼，都有选举权和被选举权，都有竞选自由，政府不能禁止他。还有基层干部询问国民党员的选举资格，选举委员会答复说：选举条件规定各党派竞选自由，国民党是国内大政党，应该有人竞选，并且应有人当选，“国民党或其他党、团体，也都提出人和政纲来，都要在人民面前听人民选择”。“解释”对选举中少数民族的条款作了说明：如回族民众、蒙古族民众，有他们的特殊利益，应该进行单独的民族选举，但因为人数少，如果按照一般居民选举，很难选出其代表，故有特别的规定。

各级选举委员会在民主选举中发挥了重要的作用，“解释”对此作了详细说明：选举委员会是办理选举的专门机关，边区政府设一个，办理各级的选举事宜；县设一个，办理该县及乡的选举事宜；乡市设一个，办理该乡市的选举事宜；乡县的不常设，边区政府则常设。选举委员会的工作，主要是宣传选举，登记选民与居民，同时对选举中各地发生的一些争执作出解答或解决。对《陕甘宁边区选举条例》的这一规范解释，集中回答了选举中实际存在的一些问题，有助于选举条例的实施。此外还对选举中一些细节问题作出了说明，如对于五行政村住得分散，小脚妇女一起开会很难做到的问题，选举委员会答复说：“可以分作两处开。不过票要写清楚，要两处的票合起来，才能定出谁当选。”对选举中不识字的问题，答复说：“不能写票的可以用举手的办法。不过数手要数得清楚，在记录本上载明。”这些答复均有针对性，较好地解决了基层选举中的困难。

二、1942 年《陕甘宁边区各级参议会选举条例》及解释

边区自 1940 年开始推行“三三制”原则，对选举的方式和结果有了新的要求，故选举立法需要适时修订。1941 年 1 月，边区中央局发布《关于彻底实行三三制的选举运动给各级党委的指示》，提出必须要有符合“三三制”的立法，否则要加以修正。“今年的选举是未曾有过的彻底贯彻三三制的选举，不能把过去选举的观点来看今年新的选举。今年的选举必须做到党与非党的与各阶级都参加的选举，今年各地党都要注意研究如何采取在这一形式下的选举方式。”[②]同月，边区政府发布《为改选及选举各级参议会的指示信》，对选举的意义和原则作出说明，强调提高民主需要选举，“我们反对那说老百姓文化低，不够讲民主，需要‘训’的胡说。但我们承认老百姓管理国家，要在实行管理中来练习。选举运动，是选举人和被选举人一齐上大课”。选举发扬民主，必须保证选举自由，“边区没有‘贿选’‘圈定’

① 《陕甘宁边区选举条例的解释及其实施》，载《新中华报》1941 年 1 月 29 日。
② 《延安时期资料选编（政治建设卷）》，中国延安干部学院 2010 年编印，第 63 页。

‘结党营私’那一套，是可以保证的。但由于我们来自封建社会，旧社会的不民主生活，容易影响到我们工作人员：求简便，不耐烦。同时，老百姓没完全脱离‘怕官’的旧习，争行民主的勇气不够”。同时要求选举遵循一定程序，遵守法治原则，对选举委员会组织规程、各级参议会组织条例都要严格执行，“不用讳言，我们有些人还是缺乏法治习惯的，容易发生违反人民法定利益的事，这回选举要切实纠正不依法办理及把条文搁着不看的毛病。还有，选举手续颇繁，边府另印有小册子，上面说得明白。要把它研究清楚，配合当地具体情况，一点不苟地进行”①。5 月 22 日，边区政府又发布《为改选各级参议会第二次指示信》，对选举的程序作出说明，如政府工作报告“要在什么时候好呢？要在选举前一个星期或两个星期。为了居民容易到会，乡市长要分村报告，在报告以先作好提纲，报告时要求内容实在，又要简单明了，使报告后老百姓了解政府的工作，启发他们积极地提意见，主动地批评工作，造成很热烈空气”。对提名的候选人，要进行充分讨论，“边区内的各抗日党派、各群众团体或是各行政村开会的时候，都可以提出自己的候选人来。这种候选名单，也应该在选举前一个星期或上十天公布，公布了之后，应召集群众会，由原来提出的党派及团体介绍给大家，如果有竞选纲领的话，一道宣布出来，大家听了可以热烈地讨论、批评。他们已经知道那个人好不好，选的时候心里才有准”②。1941 年 11 月，根据新的选举原则，边区第二届参议会修正通过了《陕甘宁边区各级参议会选举条例》，并于次年 4 月公布实施。

1942 年公布的选举条例，很多条文都延续了 1939 年的选举条例，如普遍、直接、平等、无记名的选举原则，不分阶级、党派、职业、男女的选举资格，剥夺选举权的三类情况也大致相同，只在第二类“经法院判决剥夺公权”之前，加入了“经军法”。变化较大的是选举区域部分。在乡市层面，选举单位由行政村改为“居民小组”。这是因为，以行政村为单位选举，“有的村庄参议员多，有的村庄参议员少，甚或一个没有，要他划分来管理居民，不便利；就（算）划分了，而该参议员又不一定是该级的每个居民所选，不都信仰该参议员。所以条例上虽然规定乡参议员应有管理的固定居民，实际并没有做到”③。选举区域改为居民小组，根据居住情况合理划分，开会组织更容易，参议员也能够与居民形成固定的联系。在县一级，选举单位改“区”为“乡”，区的地域更广，以乡为单位选，每个乡都有产生参议员的机会，人民与参议会的联系会更加紧密。边区一级的选举单位不变，仍然为县。

由于选举区域发生变化，选举参议员的人数比例相应作了调整：在乡市参议会，规定每 20－60 人选举参议员 1 人；等于区的市参议会，每 60－250 人，可选举参议员 1 人；在县参议会，每居民 400－800 人，可以选举参议员 1 人；在边区参议会，每居民 8 000 人可选举参议员 1 人。此外，增加了选举自由保障条款：“凡以威胁利诱等舞弊妨害选举自由者，不问当

① 陕西省档案馆、陕西省社会科学院合编：《陕甘宁边区政府文件选编》（第 3 辑），档案出版社 1987 年版，第 48－51 页。

② 陕西省档案馆、陕西省社会科学院合编：《陕甘宁边区政府文件选编》（第 3 辑），档案出版社 1987 年版，第 279 页。

③ 陕西省档案馆、陕西省社会科学院合编：《陕甘宁边区政府文件选编》（第 6 辑），档案出版社 1988 年版，第 40 页。

选与否，除制止其行动外，并将当事人及参加人依法提交法院惩处。”对选举经费的规定有所调整，要求各级选举委员会“造具预决算”，“报请边区政府财政厅支付之”。

1942 年边区政府公布选举条例时，对其作了较为详细的说明。新的说明，在总则等部分，大致延续了 1940 年“解释”的内容，但又有多处增加。如居民小组，是在选举前，“由选举委员会把东村八家人划做一个小组，南坡上九家人划做一个小组”。对投票方式做具体说明：“背箱子”是由选举委员会准备若干箱子，再把箱子上锁，贴封贴，“交司票员分途收票”。“投豆子”是根据候选人人数，有几个就准备几个碗，每个碗上贴一个候选人的名字。“乍胳膊”就是唱一个候选人乍一次胳膊，每选民有几票，只（至）乍几次为止。并指出“投豆子”适合文化低落地区，选民容易“解得开”，但不能做到票选之“秘密”，个别选民会因碍于“情面”，不想选某人，而又不得不给某人投豆子；“乍胳膊”最不好，容易使选民马马虎虎敷衍了事。1942 年的选举条例区分了居民与选民：“居民是指所有在那里居住的人，包括男的、女的、老的、幼的（连才出胎的婴儿也准）及没有选举权的都在内；选民是年龄在十八岁以上且不受第四条之限制者。”也就是说，居民是指全体居住人口，而选民是其中具有公民权的。对选举中有较大的争议的问题，以“选举委员会答复”的形式作了说明，如对于地主、富农的选举权问题，认为“现在的政权，各阶级各党派都有参加的权利，共产党不应该都占，在共产党占优势的边区，应该帮助非共产党员进行竞选。共产党中央决定共产党员只应在政权机关中、民意机关中占三分之一”①。通过“选举委员会答复”这一形式，明确了选举中的“三三制”原则，也解决了选举中的一些困惑。

三、1944 年以后《陕甘宁边区各级参议会选举条例》

到 1944 年，边区已经进行了两次普选，发展至“民主政治的新阶段”。随着政治社会的变化，需要对选举条例进行相应的调整。如谢觉哉在总结边区民主选举的经验时，提出要使民主组织和建设抗战的具体实际密切结合，“要使政权机构更民主更集中，现行的选举条例和各级参议会组织条例未能全适应此要求，将于大会提出修正”②。还认为参议员名额太多，影响议事质量，“为使选举办理得更好，提议选举条例酌加修改，例如各级参议会议员名额应当减少，便于开会。过去许多参议会未能如期开会，议员名额太多，是其中一个原因。乡市选举，以居民小组为单位，颇多不便，应加改变”③。在 12 月召开的边区第二届参议会第二次大会上，修正通过了《陕甘宁边区各级参议会选举条例》，内容大致延续了 1942 年的选举条例，但在选举名额比例等方面作了细化。

修正后的选举条例在选举资格后增加一条，强调平等原则，即“凡合于前条所规定之公民，皆按平等原则参加选举，每一公民皆有一票选举权”。这一条文的设置，同样是为了贯

① 陕西省档案馆、陕西省社会科学院合编：《陕甘宁边区政府文件选编》（第 6 辑），档案出版社 1988 年版，第 49 页。

② 《谢觉哉日记》（上卷），人民出版社 1984 年版，第 637 页。

③ 《谢觉哉日记》（上卷），人民出版社 1984 年版，第 722 页。

彻落实“三三制”原则。选举区域的乡参议会,又恢复了以行政村为单位。在各级参议员选举名额比例上,作了更细致的划分:乡市参议会以 400 人作区分,不满 400 人的选举参议员 15 人,超过 400 人的,每增加 100 人,增选参议员 1 名;等于区的市参议会,以 5 000 人作区分,不满者选参议员 20 人,超过者每增加 1 000 人,增选参议员 1 名;县市参议会以 2 万人作区分,不满者选举参议员 30 人,超过者每增加 3 000 人,增选参议员 1 名;边区参议会亦以 2 万人作区分,不满者选举参议员 2 人,超过者每增加 2 万人,增选参议员 1 名。改选的年限有所变化,乡市参议会每年改选,县市参议会每 3 年改选,边区参议会每 3 年改选。比较看,1939 年选举条例规定乡参议会每半年改选一次,县及边区参议会每 1 年改选一次;1942 年选举条例规定县市参议会每两年改选一次。

从 1939 年的《陕甘宁边区选举条例》,到 1944 年的《陕甘宁边区各级参议会选举条例》,基本上反映了边区选举立法的主要内容与变化,特别是体现了普遍、直接、平等及“三三制”等诸多原则。抗日战争结束后,边区政治环境发生极大的变化,民主政治被赋予新的任务,故于 1948 年 10 月 19 日重新制定并通过了《陕甘宁边区县、乡人民代表会及县、乡政府选举暂行办法》。该办法共 5 章 23 条,仍然贯彻了普遍、直接、平等的民主原则,不分阶级、民族、职业、性别、宗教,除破坏边区等情形外,都有选举权和被选举权。但内容上有诸多变化:“总则”部分未明确提三民主义,而改作“为发扬民主,加强县、乡政权,提高工作效率”;代议机关不再采取参议会的形式,而改为“县、乡人民代表会”,“参议员”改为“人民代表”;县人民代表会之会期为 1 年 1 次,乡为 3 个月 1 次;选举区域及代表人数比例大致延续了 1944 年选举条例的规定:“不满五百人之乡,选举代表十五人;五百人以上之乡,每增居民一百人,增选代表一人。”“不满二万人之县选举代表三十人;二万人以上之县,每增加居民二千五百人,增选代表一人。”制定主体为“边区参议会常驻会及边区政府委员会联席会议”①,由边区政府公布实施,并负责解释。1949 年 2 月,边区政府再次颁布了该暂行办法,但内容基本一致。到 1949 年 8 月全国解放前夕,边区政府颁布了《陕甘宁边区新解放区城市召开各界代表会办法》,规定各界代表会具有政协会议性质,多数代表“以聘请为原则”,但也有一部分采取选举的办法,或者是先由群众团体民主选出,再由政府审查聘请,“各界代表开会时,选出七至十五人组成主席团主持会议”②。它成为边区政府最后一个涉及选举的法律制度。

第四节　陕甘宁边区选举立法的突出特征和取得的经验

一、陕甘宁边区选举立法的基本措施

毛泽东曾说:“抗战需要人民的动员,没有民主自由,便无从进行动员。”③因此抗日政权

① 陕西省档案馆、陕西省社会科学院合编:《陕甘宁边区政府文件选编》(第 12 辑),档案出版社 1991 年版,第 235 – 238 页。

② 陕西省档案局编:《陕甘宁边区法律法规汇编》,三秦出版社 2010 年版,第 61 页。

③ 《毛泽东选集》(第 1 卷),人民出版社 1991 年版,第 256 页。

的一切方针政策都必须以反对日本帝国主义及其反动派为根本原则,以调动群众广泛的民主参与热情为基本方向。从1937年《陕甘宁边区选举条例》开始,陕甘宁边区政府和参议会制定了很多涉及民主选举的制度文件,呈现出如下特点:

(一)突出选举对象平等参与

陕甘宁边区选举制度的设计者之一谢觉哉同志1937年在陕甘宁边区机关报——《新中华报》上撰文论述边区政府和苏维埃政权不同的地方时指出:现在由工农民主改为一般的民主,那就是说,除工农小资产阶级外,地主、富农、资产家也有选举权和被选举权,只要他不是汉奸、卖国贼。①《陕甘宁边区选举条例》第二章在选举资格中明确规定,凡居住在境内的人民,年满18岁者,无阶级、职业、性别、宗教、民族、财产和文化程度之区别,经选举委员会登记,均有选举权和被选举权。② 此规定与红军苏维埃时期关于选举参选资格的规定有了根本的不同,改变了红军时期只有工、农、小资产阶级有选举权和被选举权的现状。林伯渠同志代表边区政府在边区第一届参议会的工作报告中提供了固临、延长、安定、曲子四县的选举结果(百分比),很多地方地主、富农、商人当选了参议员。③

同时面对边区蒙古族、回族群众较少的现实和有些工厂、学校、抗日驻防部队的实际情况,为使他们能够平等地参与基层政权建设,扩大抗日民族统一战线的群众基础,边区参议会对有关代表人数比例的规定进行了修正,规定了单独选举制度。陕甘宁边区第二届参议会第二次大会通过的《陕甘宁边区各级参议会选举条例》第19条规定:"边区保安队、抗日驻防部队、专门以上学校……进行单独选举,边区少数民族之选举如下:(一)已达各级参议会选举居民法定人数者,依据第十二条至十四条之规定比例,单独进行民主选举……"④第20条规定:"对于侨居在边区的朝鲜、安南、台湾、印度、藏苗等人,同样有选举和被选举的权利,边区政府设有少数民族事务委员会,专门管理少数民族的义务与权利。"⑤这些政策措施表明边区的选举制度比红色割据时期苏区的选举制度在选举对象平等性方面有了进一步发展,这种发展保证了不同阶层的选举权,有利于进一步凝聚各阶层抗日力量。

(二)体现选举制度的系统性

共产党到达陕北后,有了一个相对和平的环境。为了更好地贯彻民族统一战线的方针政策,边区非常重视选举制度的系统性建设,边区参议会制定了很多涉及选举的制度,这些制度中有很多有关实体权利的规定,如陕甘宁边区第一届参议会通过的《陕甘宁边区各级

---

① 谢觉哉:《边区政府的组织和建设》,载《新中华报》1937年6月16日。

② 《陕甘宁边区政权建设》编写组编:《陕甘宁边区参议会(资料选辑)》,中共中央党校科研办公室1985年版,第157页。

③ 林伯渠:《陕甘宁边区政府对边区第一届参议会的工作报告》,1939年1月。

④ 《陕甘宁边区政权建设》编写组编:《陕甘宁边区参议会(资料选辑)》,中共中央党校科研办公室1985年版,第470页。

⑤ 陕西省档案馆、陕西省社会科学院合编:《陕甘宁边区政府文件选编》(第3辑),档案出版社1987年版,第232页。

参议会组织条例》就规定了总则、议员、组织、职权、会议、期限、改选、附则等八个方面的内容,其中在第四章职权部分又分别规定了边区、县、乡三级参议会的职权范围,其中仅乡参议会之职权就规定了7种,分别是:“一、选举乡长及乡政府委员;二、监察及弹劾乡政府之人员;三、议决本乡之单行公约;四、议决乡长或乡政府委员会提交审议之事项;五、议决本乡人民或民主团体提交审议之事项;六、督促及检查乡政府执行乡参议会决议之事项;七、决议本乡应兴应革之事项。”[①]实体权利规定之详细堪比现行体系中乡镇人大之职权,令人赞叹。此外,选举制度中还有大量的较为完善的有关边区、县、乡各级选举的程序性规定,保障了选举的可操作性。例如,第一届参议会通过的《陕甘宁边区选举条例》这一部指导整个选举工作的纲领性文件中就有很多程序性规定。此外,第二届参议会第一次大会通过的《陕甘宁边区各级参议会选举条例》《陕甘宁边区参议会会议规程》以及根据《陕甘宁边区各级参议会选举条例》第18条[②]专门制定的《陕甘宁边区各级选举委员会组织规程》,基本上都是关于边区选举组织程序、参议院选举原则等程序方面的规定。针对选举中出现的问题,当时的一些领导同志通过在陕甘宁边区机关报——《新中华报》上发表讲话和文章指导选举工作,保障选举的有序进行。如谢觉哉在《新中华报》上专门发表了《陕甘宁边区的选举与议会制度》一文,全面阐释陕甘宁边区的选举制度和选举中应注意的问题。如他在谈到选举地点的选取时谈到,虽然选举条例没有规定,但“为使选民易于到会,除乡选举以行政村为单位,无庸另划外,县以上的选举,不能是某个选举单位,一定要在一个地点投票,可以在几个地点投,所以虽在偏僻之区,选民能够达到百分之八十以上”[③],这都是对当时选举制度的一些及时的补充和说明。另外陕甘宁边区民主选举制度的一个重要特点就是贯彻“三三制”原则。“三三制”原则是中国共产党为了巩固抗日民族统一战线在选举制度方面的重大创新。1940年中共中央《抗日根据地的政权问题》明确规定,各抗日根据地政权必须实行“三三制”,即“在人员分配上,应规定共产党员占三分之一,非党的左派进步分子占三分之一,不左不右的中间派占三分之一”[④]。“三三制”原则在当时条件成熟的地方试点后很快推广开来,后边区政府在1941年5月1日颁布的《陕甘宁边区施政纲领》第5条明确提出:“本党愿与各党各派及一切群众团体进行选举联盟,并在候选名单中确定共产党员只占三分之一,以便各党各派及无党无派人士均能参加边区民意机关之活动与边区行政之管理,在共产党员被选为某一行政机关之主管人员时,应保证该机关之职员有三分之二为党外人士充任……”[⑤]该规定起到了巩固抗日统一战线的作用。此外,各个抗日根据地根据选举需要也

① 《陕甘宁边区各级参议会组织条例》,1939年2月边区第一届参议会通过。

② 《陕甘宁边区各级参议会选举条例(1941年)》第18条规定:“为便利进行各级参议会的选举,设立各级选举委员会,其组织规程另订之。”参见中国科学院历史研究所第三所编辑:《陕甘宁边区参议会文献汇辑》,科学出版社1958年版,第119页。

③ 谢觉哉:《陕甘宁边区的选举与议会制度》,载《新中华报》1940年7月16日。

④ 《毛泽东选集》(第2卷),人民出版社1991年版,第742页。

⑤ 《陕甘宁边区政权建设》编写组编:《陕甘宁边区参议会(资料选辑)》,中共中央党校科研办公室1985年版,第190页。

发布了很多决定与指示，组成了一个中央与地方、实体与程序、制度规定和领导指示相统一的选举制度体系。该选举制度体系从制度上全面保障了人民平等行使选举权与被选举权，也为后来的民主选举实践提供了很好的立法素材。

（三）强化监督以保障选举公平公正

1941年2月7日，陕甘宁边区政府公布了《陕甘宁边区各级选举委员会组织规程》。该部法规明确了边区各级选举委员会是管理选举的专门机关，选举委员会奉行“中立”原则，各级政府、法院、驻军长官不得为选举委员会委员。边区政府选举委员会办理并监督边区各级的选举事宜，保证选举过程按照边区政府要求公平公正地进行。陕甘宁边区第二届参议会第二次大会通过的《陕甘宁边区各级参议会选举条例》第28条明确规定：“以威逼利诱等舞弊妨害选举自由者，不问当选与否，除制止行动外，并将当选人及参加舞弊人提交法院依法惩处……”①显示了对选举舞弊的严肃处理态度。由于“陕甘宁边区政府由陕甘宁边区参议会选举委员十三名，组织边区政府委员会，呈请国民政府加以委任，陕甘宁边区政府设主席一人，副主席一人，由陕甘宁边区参议会在边区委员中选举之”②，各县乡政府的组成人员也由对应参议会选举产生，因此对经过选举产生的公职人员的监督也成为选举监督的一部分。根据《陕甘宁边区各级参议会组织条例》，参议会有广泛的监督权。在边区和县设参议会，参议会选举出常驻议员，他们有权监督同级政府对参议会议案的执行。《陕甘宁边区施政纲领》第8条明确提出：“厉行廉洁政治，严惩公务人员之贪污行为，禁止任何公务人员假公济私之行为，共产党员有犯法者从重治罪。”③《陕甘宁边区宪法原则》也规定：“各级政府人员违反人民决议，或玩忽职守，应受到人民代表会议斥责或罢免，乡村则由人民直接罢免之。”④陕甘宁边区政府也特别重视对选举产生的公务人员的监督，于1938年出台了《陕甘宁边区政府公布边区惩治贪污暂时条例》，1939年又出台了《陕甘宁边区惩治贪污条例（草案）》等一系列制度与条例，加强了对选举产生的政府公职人员的监督力度，防止腐败现象的发生。一言以蔽之，就是号召“放手发动群众，检查政府工作和人员”，以“发现问题，给予适当解决”。林伯渠同志在陕甘宁边区政府对边区第二届参议会第一次大会的工作报告中谈到选民对代表的监督时，指出“延安县乡政府委员中连任者仅有133人，新当选者则为185人，61个乡长中有41个是新当选的；安定70%乡、市政府人员是新任；绥德旧乡政府人员落选者达到1001人”⑤。从报告中可见对选举产生的代表的监督力度之大。正是以上较

---

① 《陕甘宁边区各级参议会选举条例》（1944年12月边区第二届参议会第二次大会通过），载《陕甘宁边区政权建设》编写组编：《陕甘宁边区参议会（资料选辑）》，中共中央党校科研办公室1985年版，第250页。

② 陕西省档案馆、陕西省社会科学院合编：《陕甘宁边区政府文件选编》（第1辑），档案出版社1986年版，第212页。

③ 《陕甘宁边区施政纲领》，载《新中华报》1941年5月1日。

④ 《陕甘宁边区政权建设》编写组编：《陕甘宁边区参议会（资料选辑）》，中共中央党校科研办公室1985年版，第560页。

⑤ 林伯渠：《陕甘宁边区政府对边区第二届参议会第一次大会的工作报告》（1941年11月8日），载《陕甘宁边区政权建设》编写组编：《陕甘宁边区参议会（资料选辑）》，中共中央党校科研办公室1985年版，第250页。

为完善的体制，克服了以权谋私、腐败贿选等种种弊端，产生了真正为群众谋利，使百姓欢心的公务人员和各级参议会代表。

二、边区选举立法及其实施的重要经验

边区的选举立法，以及由法制保障的选举运动，实际上是迈向边区政府政治民主、人民自治的重要前奏。实现普遍选举之后，人民的自治权才得以体现，对政府工作的监督也更为有效。在普通民众看来，首先，各级政府都是由人民自己选举出来的，人民可以自由选举他所信任的人到政府去工作。其次，政府的设施和工作是在选民的监督下进行的。政府的重要决定要经过人民的讨论，政府要定期向选民作工作报告，选民有随时撤换自己代表的权利。最后，政府经常留意人民的疾苦，帮助人民改善自己的生活。① 不仅如此，经由选举，普通民众实现了对政府权力的制约。对政府工作的监督和制约，首先鲜明地体现为在基层政权当中，对于工作不负责、人民不满意的政府工作人员，可以随时进行批评，重新选举或罢免的情形也时有发生。"按照边区自治的要求，乡政府分村向村民大会报告工作，请求批评，区、县以上政府，还得把报告登在报上，做得好，人人称赞；做得不好，就得受指责，人民是不客气的。政府负责人能否继续当选，就看这次讨论中人民对他的评论如何。"②在选举的推进中，民众对政府及其工作人员的监督更为直接，更为常态化。

选举立法保障了民主权利。民众不仅通过在会议上提出建议、批评行使民主权利，还可在必要时直接罢免不负责任的政府工作人员。在宝安县的乡改选中，选民对政府过去的工作作了批评，并把过去工作消极的乡负责人洗刷出去了，三十四个旧乡长落选了 13 个。③曾经亲身经历选举运动的作家刘白羽写道：他们选举谁和罢免谁，有绝对的权利。比如，今年春耕的时候，在关中分区，有一个西峪村村长，叫路江胜，他参加搭工组，不起作用，甚至还提出自己要另外耕地，退出搭工组。大家就开了个会，要他讲不参加的理由，当场，大家罢免了他的村长职务。还有一个搭工组长任席匠，不负责任，组员发生问题不解决，有时候个别组员不上搭工组，也不追究，他们就开会批评了任席匠，还另外选了一个人进行这项工作。④这样，通过选举及其配套制度，人民的民主权利得到充分发挥，政府及其官员权力受到更多的制约，一些不规范的行政行为大为减少。而且在这一过程中，特别是在乡选中，发扬了中国传统的民主习惯，"下层（乡村）则凡有土地的农民，都有说话的地步。'讲茶'哪，'点团'哪，'庙会公约'哪，共同决定，就得共同遵守"⑤。可以看到，倾向于诉诸宗族商议或街谈巷

① 鲁芒：《陕甘宁边区的民众运动》，大众出版社 1938 年版，第 57 页。

② 《谢觉哉文集》，人民出版社 1989 年版，第 356 页。

③ 鲁芒：《陕甘宁边区的民众运动》，大众出版社 1938 年版，第 51 页。

④ 参见刘白羽：《延安生活》，现实出版社 1946 年版，第 33 页。

⑤ 谢觉哉：《乡市参议会怎样工作》，载中国科学院历史研究所第三所编辑：《陕甘宁边区参议会文献汇辑》，科学出版社 1958 年版，第 187 页。

议的“农民民主传统”[①]，经由制度化、组织化的民主方式，被更好地激发出来，形成了一种在基层社会具有实际作用的力量，地方一定程度的民主自治得以实现。

在各种行政权力中，治安权是极为特殊的一种。如何保障警察工作效率的同时又确保公民的合法权益，就涉及治安权与市民权的平衡问题。因此，警察权是否有所限制，市民权能否得到保障，就成为检验一个社会民主程度的试金石。在陕甘宁边区，通过考察治安权的演变，即可以感知边区民主的新变化。陕甘宁边区的延安，大多数村里没有正式的警察，多由自卫队来执行职务。自卫队是村民自己的武装团体，有一个公选的队长，自卫队的权力受制于民选的村政府。这样，经由选举产生的基层政府，对自卫队的权力形成制约。另一方面，经历这样的民主选举运动，边区民众对于民主、自治有了全新的认识，对于民众和政府的关系也有了新的看法，自我权利意识迅速提升。警察作为政府工作人员，治安权作为一种行政权力，当然会随着普通民众权利意识的迅速增长而受到制约。普选之后，“警察制度不怎么明显，但是似乎防止得很好。……不断对地下反共力量底（的）警惕好像解脱了那种足以产生不利于无辜人民的不分区别的怀疑和恐怖因素。我也没有发现他们利用防御地下工作者作借口而限制共产党员和非共产党员的政治思想的倾向。相反地，我看到一个惊人的仁慈和有希望的态度对待政治犯和别的反社会主义分子。对于一般的犯法行为，也和以前共产党所采取的残忍的革命方法大不相同”[②]。可以说，在几方面因素的共同作用下，旧时代野蛮、粗暴的警察作风得以涤除，边区警政迎来了一股民主之风。边区的警察作风大为改观，旧时代那种极端腐败、欺压百姓的警政现象得到根本改观。[③] 由此，行政权力中最容易扩张的一支——治安权，经过普遍的选举，得到了民主的驯化。

陕甘宁边区的选举立法及其实施，也直接影响了浸润着延安特色的参议会制度。民主选举初始阶段，部分人士对普选的诚意持怀疑态度，认为赋予地主、资本家市民权，不过是“一个形式，甚至是假面具，所谓抗日民主制，在实际上将依然是个工农专政”[④]。但普选的结果却直接回击了这些疑问，在选举后成立的参议会中，地主、富农、商人当选参议员的情况比比皆是。1944 年，华池县的地主感激地说：“三七年选举，咱们没有选举权，现在共产党、八路军、边区政府看得起咱们了，又给咱们选举权，咱今后一定要选好人。”[⑤]在乡市参议会，推行了直接民权。居民有事，告诉自己的议员，议员议的做的，直接告诉居民或领导居民来

---

① 王斯福在北京大学的一次演讲中提到了“农民民主传统”，他将农村庙会中的种种行为、活动政治化，从人类学的视角提出其包含了民主的因子，进而提出了中国农村民主的自生性问题。参见王斯福：《农民抑或公民？》，载《人类学与民俗研究》1996 年 6 月 20 日。

② 《动员群众篇》，载孙照海主编：《陕甘宁边区见闻史料汇编》（第 2 册），国家图书馆出版社 2010 年版，第 367 页。

③ 韩伟：《民主政治的兴起与警察权的规范化——以陕甘宁边区为例》，载《中国人民公安大学学报（社会科学版）》2012 年第 4 期。

④ 中国科学院历史研究所第三所编辑：《陕甘宁边区参议会文献汇辑》，科学出版社 1958 年版，第 17 页。

⑤ 《西北局办公厅关于边区“三三制”经验的初步研究》，载中央档案馆、陕西省档案馆：《中共中央西北局文件汇集（1944 年）》，1994 年印刷，第 217 页。

做，居民虽不每件事都直接去管，也和每件事自己去管差不多。[①] 这样，在乡这样的基层，实现了直接民主；而在区县，则通过参议员代表民众行使民主权利。而且，由于参议员来源的广泛性，各个群体的利益、意见可以被充分地吸纳、融合，最终形成符合绝大多数人民利益的决策。

① 中国科学院历史研究所第三所：《陕甘宁边区参议会文献汇辑》，科学出版社 1958 年版，第 179 页。

第四章　政权组织法

第一节　参议会的组织和职权

一、参议会的由来和发展

（一）参议会的由来

陕甘宁边区参议会的前身是陕甘宁边区议会。陕甘宁边区议会是由土地革命战争时期的苏维埃政权演化而来的。1935 年底，中央红军长征到陕北后，召开瓦窑堡会议，确定了抗日民族统一战线策略，开始了由土地革命向抗日战争的转变。中国共产党在 1936 年 8 月 25 日发出的《致中国国民党书》中指出“我们赞助成立全中国统一的民主共和国，赞助召集由普选权选举出来的国会”，宣布“在全中国统一的民主共和国建立之时，苏维埃区域即可成为全中国统一的民主共和国的一个组成部分，苏区人民的代表将参加全中国的国会，并在苏区实行与全中国一样的民主制度”。“西安事变”和平解决后，为了促进国共合作早日形成，1937 年 2 月，中共中央再次致电国民党五届三中全会，提出“五项要求”和“四项保证”。其中一项重要内容是“工农政府改名为中华民国特区政府”，“在特区政府区域内，实施普选的彻底的民主制度”。中共中央在 1937 年 5 月召开的中国共产党全国苏区代表会议上，确立了由苏维埃制度向民主共和国制度转变的议会民主制方向：借鉴西方资本主义国家的政体形式，采行议会民主制，即由选民直接选举各级代表、议员组成同级议会，然后由各级议会选举产生同级政府，人民通过议会监督政府和行使权利。1937 年 5 月 12 日，由边区行政组织法起草委员会拟定的《陕甘宁边区议会及行政组织纲要》和由选举法起草委员会拟定的《陕甘宁边区选举条例》获得通过。1937 年下半年经过第一次选举产生了自乡（代表会）、区至县、边区各级议会，边区议会制民主初具规模。

陕甘宁边区政府根据 1937 年 9 月 26 日国民政府颁布的命令，参照《省参议会组织条例》，于 1938 年 11 月 25 日发布了《边区议会改为边区参议会训令》，指出：“案查陕甘宁边区为发扬民主，增强抗战力量，曾于二十六年五月二十五日，由前中华苏维埃中央政府驻西北办事处，明备令希全边区各级议会，限期选举，建立普选之民主政权机关。”这次更改，不仅“表现于名义及形式方面，在内容与精神上，当本精诚团结，坚持抗战之主旨，争敢（争取）最后胜利，完成抗战建国大业。”陕甘宁边区参议会与国民党统治区的省参议会虽然名称相同，但内容是完全不同的。边区参议会拥有选举权、监察弹劾权、立法权、财政权、否决权，内容是抗日救国，是新的内容用旧的形式表现。毛泽东指出："决定进步与否的东西是实质，不是形式。"就使边区参议会超出了国民政府省市临时参议会组织法中规定的"咨询机关"的性质。中国共产党没有将参议会建成咨询机关，也没有照搬西方议会，而是结合抗战与民主政治的实际，使其成为边区人民的权力机关。

（二）参议会的发展

1939 年 1 月 17 日 -2 月 4 日陕甘宁边区第一届参议会在延安召开。边区第一届参议会的胜利召开，标志着边区参议会制度的正式确立。大会是边区在第一次民主选举的基础上召开的，到会参议员 146 人（其中有边区政府聘请的开明士绅特约参议员 10 人）。中共中央领导人毛泽东、王明、洛甫、陈云、王稼祥等出席开幕式。

林伯渠在代表边区政府作的工作报告中，提出了边区在新阶段的任务和总方针。通过立法形式确立抗日民主政治的基础成为这次大会的一项十分重要的任务。大会审议并通过了《陕甘宁边区抗战时期施政纲领》，使之成为"边区一切工作之准绳"。大会还通过了一系列重要法规和条例，如《陕甘宁边区政府组织条例》《陕甘宁边区各级参议会组织条例》《陕甘宁边区选举条例》等确立了抗日民主政治的基础；《陕甘宁边区土地条例》等法规确定了边区土地私有制，保证地主与农民的土地所有权，充分体现了党的抗日民族统一战线政策。会议选举出高岗为陕甘宁边区参议会议长，张邦英为副议长，选举高岗、张邦英、毛齐华、崔田夫、陈伯达、周长安、路志亮（女）、王观澜、高述先为边区参议会常驻参议员。大会选举并产生了边区第一届民选政府，选举林伯渠为边区政府主席，高自力为副主席，林伯渠、高自力等 15 人为边区政府委员。选举雷经天为高等法院院长，曹力如为边区政府秘书长。陕甘宁边区第一届参议会的召开，确立了边区政治体制，奠定了边区法制建设的基础，具有重大意义。它为其他根据地参议会建设和民主政治的实行树立了榜样。在陕甘宁边区带动下，其他解放区的参议会相继建立。

陕甘宁边区第二届参议会任期 4 年 6 个月。参议会贯彻了"三三制"原则，在边区的民主政治建设方面做了大量工作。第二届参议会期间召开了两次全体大会。

1941 年 11 月 6 -21 日，陕甘宁边区参议会第二届第一次会议在延安新建的大礼堂举行。到会参议员 219 人，其中共产党员 123 人，民主党派 25 人，无党派人士 61 人。毛泽东在开幕式上和闭幕式上讲话，着重说明中国共产党抗日民族统一战线的基本政策，号召共产党员的参议员克服关门主义和宗派主义，同党外人士实行民主合作。

大会的中心内容是讨论并决定接受作为共产党竞选纲领的《陕甘宁边区施政纲领》，其特点是贯彻了"三三制"原则和发扬了民主精神。大会听取了边区政府工作报告和参议会常驻参议员的工作报告，通过了《陕甘宁边区政府施政纲领》《陕甘宁边区保障人权财权条例》《陕甘宁边区土地租佃条例草案》《陕甘宁边区债务条例草案》《陕甘宁边区婚姻条例》《陕甘宁边区战时动员壮丁与牲口条例》《陕甘宁边区各级参议会选举条例》等。大会审查了边区政府三年来的财政收支，通过了 1942 年度总概算书，并责成边区政府实行精兵简政政策，开源节流。大会最后以无记名投票方式，选举高岗为边区参议会议长，谢觉哉、安文钦为副议长，林伯渠等18人为边区政府委员；林伯渠、李鼎铭分别为边区政府正、副主席。还选出了高等法院院长和9名常驻议员。

第二届参议会第二次大会于1944年12月4日-19日在延安召开。199名参议员参加会议。朱德、陈毅等出席了开幕式。这次大会是在边区“三三制”政权得到巩固，民主政治建设进入一个新阶段，经济事业与文化事业不断发展，军民生活开始进入“丰衣足食”的时候召开的。而此时，正面战场在国民党指挥下节节败退，国民党政治上空前孤立，国统区经济上到达崩溃的边缘，国内局势十分危机。

会议的中心任务是讨论时局和要求国民党取消一党专政、成立联合政府，团结和统一全国一切抗日力量驱逐日本帝国主义。边区政府主席林伯渠作了《边区民主政治新阶段》的政府工作报告，毛泽东到会作了《一九四五年的任务》报告。毛泽东指出：“我们唯一的任务是配合同盟国打倒日本侵略者。”这为边区人民指明了斗争的方向。这次大会，为了调动边区各阶层人民的积极性，发展生产，蓄积反攻力量，还通过了《陕甘宁边区地权条例草案》《陕甘宁边区土地租佃条例》《陕甘宁边区各级参议会选举条例》。总体来讲，这次大会因促进了边区本身建设，推动了大后方民主运动，奠定了抗日战争胜利基础而被载入史册。

第二次大会之后的一年多时间，陕甘宁边区进行了普选工作，并最终选出了出席新一届边区参议会的135名正式议员和35名候补议员。边区的此次普选工作，原定于1945年12月底完成。由于国民党蒋介石集团在全国范围内准备发动内战的影响和干扰，边区新的一届参议会比原定计划推迟了3个月举行。

陕甘宁边区参议会第三届大会于1946年4月2日-27日在延安召开。参加会议的正式参议员121人，候补议员21人。中共中央书记处书记朱德代表中共中央到会讲话，号召边区人民把边区建设成为和平民主新中国的更光明的灯塔、更坚强的堡垒，并且与全国人民一起粉碎反动派的阴谋，推进全国的民主事业和建设事业。

边区政府主席林伯渠代表政府作了题为《边区建设的新阶段》的政府工作报告，报告在总结抗战时期建设的基础上对1946年-1948年的建设提出了具体要求。会议通过了《陕甘宁边区宪法原则》《陕甘宁边区复员方案》《陕甘宁边区1946年到1948年建设计划方案》《陕甘宁边区婚姻条例》《陕甘宁边区营业税暂行条例》等，并发通电多通，要求国民政府执行政协决议，彻底实行停战协定，撤除对陕甘宁边区的封锁。会议选举高岗为参议会议长，谢觉哉、安文钦为副议长，习仲勋等9人为参议会常驻议员；选举林伯渠为边区政府主席，李鼎铭、刘景范为副主席，贺连城等16人为边区政府委员，王子宜为高等法院代理院长。从团结的愿望出发，会议还选举林伯渠、李鼎铭、谢觉哉、高愉庭、霍祝三、马济川、柯仲平、吴满有、杜瑞兰、鲜维俊（回）等10人为出席国民大会的正式代表，田绍锡等4人为候补代表。

这次大会是在抗日战争取得胜利，打倒日本侵略者的任务已经完成，民族矛盾下降，国内阶级矛盾上升，中国面临着两种前途、两条道路的选择的历史条件下召开的。因此，大会的中心议题是在总结边区各方面建设经验的基础上，如何把边区建设成为新民主主义的模范自治省区。大会的一个特点是，根据形势的变化，在边区政府工作人员的选举中，不再公开提“三三制”了，但党仍然坚持同党外人士实行民主合作的原则，尽可能多地选举党外人士参加政权机关的工作。会议决定在发展经济文化的基础上继续发扬民主政治,并把乡村自治作为一项重要任务。大会的另一任务是加强法律和制度建设。会议通过的《陕甘宁边区宪法原则》等一系列法律法规,规定了新民主主义政治、经济和文化基本纲领,为实现由抗日战争向新民主主义革命的彻底胜利的转变奠定了基础。

陕甘宁边区参议会第三届大会闭幕后不久,代表大地主大资产阶级利益的国民党蒋介石集团撕毁政治协商会议决议,发动了全面内战,国共合作破裂。中国革命进入解放战争的新时期。代表帝国主义、封建主义和官僚资本主义的蒋介石政权与人民大众的矛盾成为解放战争时期的主要矛盾。陕甘宁边区的抗日民主政权的专政对象随之发生了重大变化:除个别开明士绅外,原先作为边区政权统治基础"一部分"的整个地主阶级和官僚资产阶级已变成了专政的对象。因此,参议会这种除汉奸反动派外有各阶级各阶层代表广泛参加的政权组织形式失去了存在的基础,已经不能适合新形势的要求,逐渐被新的新民主主义人民代表会议制度所代替。解放战争时期,陕甘宁边区参议会的组织机构"名存实亡",到 1950 年 1 月 19 日正式宣告结束。

(三)参议会的历史意义

陕甘宁边区参议会是边区民主政治的标志,在新民主主义政治史上占有突出的地位,它的建立和成功具有深远的历史和现实意义。

陕甘宁边区参议会的建立和成功,证明了只有实行民主政治,才能坚持长期抗战,并取得抗战的最后胜利。边区实行民主政治,建立"三三制"政权,由人民选举代表管理国家事务,切实保障人民的民主权利,充分调动了各阶层群众的积极性,促使人民群众投身到抗日斗争中来,创造了惊天动地的伟大业绩。国民党及其政府,反其道而行之,坚持独裁统治,反对民主,压制抗日民主运动。这是两条根本不同的路线,产生了两种完全不同的结果。林伯渠在边区第二届参议会第二次大会的报告中说,一条是指导正面战场的独裁路线……因此,抗战机构日益腐化,抗战意志日益消沉。虽从盟国方面获得不断援助,仍然日蹙国百里,对敌失去招架之力,对盟国毫无配合能力,造成了空前危急的局势。另一条是指导敌后战场的民主路线,推行着新民主主义即革命三民主义的政治,实行有名的十大政策。因此,军民团结一体,战胜了敌人的残酷扫荡与"三光"政策,从相持转到反攻,抗战军队扩至 65 万,民兵 200 余万,解放的人口扩至 9000 万,强有力地援助了正面战场,配合了盟国军队的作战。前一条是国民党当局负责领导的路线,已经无可掩饰地破产了。后一条是中国共产党及先进人士负责领导的路线,已经无可争辩地取得了光辉的胜利。①

陕甘宁边区参议会的建立和成功,为敌后抗日根据地作出了表率,起了模范作用。陕甘宁边区是首席解放区,边区参议会是解放区的第一个参议会。在陕甘宁边区的带动下,1941 年 7 月 7 日,晋冀鲁豫边区临时参议会成立;1942 年 10 月 24 日,晋西北临时参议会召开了第一届临时参议会;1943 年 1 月 15 日,晋察冀边区首届参议会开幕;其他解放区也是仿照陕甘宁迠区(边区)参议会逐步建立起来的。陈毅在边区第二届参议会第二次大会开幕式

① 林伯渠:《边区民主政治的新阶段》,载《解放日报》1944 年 12 月 5 日。

上说："激荡全中国的民主运动的浪潮，其发源地就是陕甘宁边区。在它的倡导之下，我们华东解放区也实行了民主。"①

陕甘宁边区参议会的建立和成功，为新中国成立以后的人民民主制度，即人民代表大会制度，奠定了基础。经过参议会的组织和活动，解放区的人民取得了实行民主的经验，广大干部受到了民主运动的锻炼和考验，为党与非党之间，尤其是党与民主人士、开明士绅之间的团结打下了基础。这样，党和人民就能够比较顺利地从参议会制度过渡到人民代表大会制度。

二、参议会的性质和任务

（一）参议会的性质

陕甘宁边区各级参议会是边区人民战斗的旗帜，是民主政治的集中体现。它的性质表现在下列两个方面：

1. 参议会是边区人民实行民主政治的主要组织形式。边区的政权是人民的，人民有权议事和管事。边区人民在抗日条件下，议事、管事的主要组织形式是各级参议会。人民选举参议员组成各级参议会，并通过它来实施民主，行使管理国家的权力。

2. 参议会是边区人民的权力机关。边区的参议会不仅是民意机关，而且是权力机关。1937 年 5 月的《陕甘宁边区议会及行政组织纲要》，最早把边区的参议会作为民意机关和权力机关确定下来。1939 年 2 月边区第一届参议会通过的《陕甘宁边区各级参议会组织条例》规定"边区各级参议会为代表边区之各级民意机关"，其职权与权力机关完全相同。1940 年 3 月 1 日，林伯渠在陕甘宁边区党政联席会议上谈到宪法，在涉及国会时，又重申了上述规定。他说，边区参议会应由人民选举代表组成。其权力不只限于制定国策，还要有决定一切国家大计的权力。因此，1941 年 11 月边区召开的第二届参议会修正通过的《陕甘宁边区各级参议会组织条例》第 2 条进一步明确规定："边区各级参议会为边区各级之人民代表机关。"1942 年发生的边区参议会常驻议员委员会存废的争论，也没有使参议会性质产生动摇和改变。相反，经过激烈的争辩，主要领导成员的民主意识获得提高，在法律上对边区参议会的性质做了最完全最科学的表述。1943 年 4 月，边区政府公布的《陕甘宁边区政纪总则草案》第 1 条规定："各级参议会为各级政权的最高权力机关，各级政府服从各该级参议会之决议。"直到边区建制撤销，参议会始终作为人民的权力机关而存在。

边区的参议会，与国民党的国民参政会或参议会，虽在名称上相似或相同，但在本质上则有天壤之别。边区的参议会是在国内和平实现以后，党中央领导人民，为适应民族抗战的需要，按照民主共和国的设想建立的用以代替苏维埃民主制度的一种新的民主制度。其目的在于以自己的光辉榜样，推动全国民主和政治改革，促进抗日战争，奠定新民主主义政权的基础。国民党的参政会或参议会，是抗战爆发后，蒋介石在全国要求民主、政治改革的压力下被迫建立的，其目的在于抵制共产党提出的"通过民主宪法，选举抗日的国防政府"的

① 《边区参议会第二届第二次大会昨日隆重揭幕》，载《解放日报》1944 年 12 月 5 日。

主张，用新的伎俩掩饰和维护国民党一党专政和蒋介石的个人独裁统治。

边区的参议会是边区人民根据普遍、直接、平等和无记名投票的方式，按照自由原则和“三三制”原则选举产生的。它具有广泛的代表性，既有占人口绝对多数的基本工农群众的代表，又有要求抗日和改革的地主、资本家的代表人物，是民族团结的集中体现和象征。以第二届参议会为例，既有共产党员、国民党员，也有救国会派、青红帮和无党无派人士；既有工人、农民，也有地主、资本家和商人，还有学生、士兵和海外华侨；既有汉族人，也有回族人、蒙古族人，还有印度、朝鲜等国际友好人士；既有共产主义者、三民主义者，也有天主教徒、回教徒和佛教徒；既有男人，也有女人；既有老年人，也有青年人。他们是边区人民挑选的自己最信任的杰出代表和优秀人物。无论在党派、阶级、职业、民族、信仰、性别和年龄等方面多么庞杂和不同，他们为民主为团结为抗战的革命精神，同心同德为人民议事管事的高尚品格，是始终一致的。国民党参政会或参议会不是由人民选举的，而是由国民党及其政府圈定、遴选或指派的，多为地主资产阶级，几乎没有工人和农民的代表，其中国民党员占压倒性优势。这样的参政会或参议会，只能是国民党控制下的反映和代表地主资产阶级利益和要求的机关。当时人们称之为“只有党治，绝无民选”，是公允和正确的。

边区的参议会既是代表人民、反映人民意见和要求的民意机关，又是同级政权的最高权力机关，负有制定政策法令、选举政府、决定施政方针的重大责任。政府和司法机关，必须无条件地执行参议会的各项决议；参议会对政府和司法机关工作进行检查、监督和指导。而国民党的参政会或参议会名为民意机关，实际是咨询或建议机关，既不代表民意，其决议对政府又无约束力。它的咨询、建议和决议，不经国民政府和国防最高委员会批准，始终是一纸无法生效的空文。在国民党参政会存在的七八年里，通过的决议达 1400 种之多，真正兑现的却没有几件。由此可见，参政会或参议会是国民党点缀民主的装饰品，是掩饰独裁的遮羞布。

（二）参议会的任务

根据性质的要求，参议会规定了自己的任务，主要有：

1. 提倡民主政治，加强民族团结。在日寇压迫之下，国共两党理应精诚团结，共赴国难。但是国民党顽固派从一阶级一党派之私利出发，推行破坏团结和抗日的反共国策，把整个民族利益放在阶级利益之下，势将陷中华民族于万劫不复的奴隶地位。对此，边区参议会站在民族立场上加以批评和帮助，推动和促进国民党政治制度的民主化，以利民族团结和共同抗日。中国是由汉族与各个少数民族构成的一个多民族国家，尤其边区是汉回蒙三大民族地域交错地，在日寇进攻下更是存亡与共。汉族久居腹地，经济文化条件较优，又因人口众多，常常不自觉地忽视其他民族。所有这些缺点都被日寇用来进行一切挑拨离间工作，因此，边区参议会必须站在民族平等的立场上，团结汉蒙回及其他少数民族，为共同驱逐日本帝国主义奋斗。中国人民的抗日战争，是世界反法西斯斗争的重要组成部分，是关系全世界存亡的问题，所以苏联人民及其政府、英美人民和政府都一致援助中国。这样，向来政体不同、利害关系各异的国家，都因被法西斯威胁而在打倒法西斯主义的基础上团结起来了。边区参议会，应该站在国际主义立场上，团结一切反法西斯的友邦和人民。

2. 加强战争动员,改善军民关系。抗日战争是长期的残酷的斗争。前方将士为国英勇牺牲,他们的家属应被优待;政府工作人员是国家必要的构成部分,怎样筹措军队和这部分人员的供给,是一个严重的问题。尤其是紧急的军事动员,常常有损军民关系的改善。因此,边区参议会应负起既使动员工作不致贻误军机,又使军民关系得到改善和加强的责任。

3. 发扬革命精神,监督政府工作。陕甘宁边区时刻都处在危急存亡关头,但耳听不到炮声,眼看不到日寇的扫荡,因此,失去警惕的现象最易发生和蔓延。边区党和政府深感这个问题的严重性,曾不断地揭露这些弱点。但揭露之后怎样纠正,还是一项艰苦的工作。真正的民主参议会应该帮助政府改正错误,只有封建残余才只顾体面而不顾实际。我们的参议员经受了革命的洗礼,了解我们的中心任务是为国家为人民对于一切党派无所偏私,尽自己的职责,进行严厉的批评。古今议会制度,有一个不能令人满意的地方,就是它通过的很好的决议案,常被搁置不执行或执行不彻底,执行过程中的错误得不到改正。边区参议会应该创一个记录,不仅只批评政府了事,还要检查和监督执行结果。

4. 倡导敢言敢做,树立民权基础。历史上的议会,只是一个言论机关,实权操在内阁之手,对于议而不行的现象,它无可奈何。议会虽由民众选举,但民众不敢撤换议会,政府反而有权解散议会,导致议会无法监督政府和检查政府工作。我们的参议会由人民选举,也由人民撤换,是真正的人民代表机关,政府必须坚决执行它的各项决议,从而打破了历史上形式主义的民主议会,建立了真正有革命意义的敢言敢做的参议会,树立了民权的基础。

(三)边区参议会及其常驻会的组织与职权

1. 边区参议会的组织与职权。边区参议会设议长 1 人、副议长 1 人或 2 人,主持参议会的工作。开会时,由参议员选举若干人组成大会主席团,协助议长、副议长工作。在参议会议长领导下,设立秘书处、资格审查委员会、提案审查委员会等专门机构,处理大会日常事务。对于边区参议会的职权,1937 年 5 月的《陕甘宁边区议会及行政组织纲要》第 6 条规定,边区参议会有下列职权:"1. 选举行政长官;2. 批准预算;3. 创制或批准各项建设计划;4. 决定征收各项地方性的捐税及发行地方公债;5. 议决边区内的单行法律;6. 召回所选出之行政长官;7. 下级议会议决案,不得与上级议会议决案冲突。"1939 年 1 月第一届参议会通过的《陕甘宁边区各级参议会组织条例》,在近两年实践的基础上,对纲要规定的职权有所补充:第一,对有的条文规定加以具体化。如把过去"选举行政长官"改为"选举边区政府主席、边区政府委员及其边区高等法院院长"。第二,增加了新的职权,规定边区参议会有权"决定边区应兴应革之重要事项",有权"议决边区政府主席或政府委员会及各厅厅长提交审议事项"和"议决边区人民及民众团体提交审议事项"。第三,明确并肯定了边区参议会在实际上早已存在的职权。如规定边区参议会有监察及弹劾边区政府之政务人员之责,有监督及检查边区政府执行参议会决议案之权。1942 年 4 月,第二届参议会修正公布的《陕甘宁边区各级参议会组织条例》,在实事求是思想指导下,吸收了过去的积极成果,接受了经验和教训,对边区参议会的职权作了比较科学的规定。该条例第 13 条规定的边区参议会职权是:

(1) 选举或罢免边区政府主席、副主席、政府委员及边区高等法院院长,实践中,边区政府主席任命厅、处、会负责人，也须得参议会之同意；罢免边区政府正副主席、政府委员及边区高等法院院长；监察及弹劾边区各级政府、司法机关之公务人员。

（2）创制及复决边区之单行法规。

（3）推进关于民政、财政、粮食、建设、教育及地方军事等各项计划；通过边区政府提出之预算，并审查其决算；决定征收、废除或增加地方捐税；捐税由参议会决定，政府不得自由征收。鉴于过去的教训，《陕甘宁边区第二届参议会第一次大会决议案》《关于税收问题的决议》重申："非得本会或本会常驻会之批准，不得增加人民负担或作临时的财力物力的动员"；"决定发行地方公债"；"决定边区应兴应革之重要事项"。

（4）议决边区政府主席、政府委员会及各厅厅长、高等法院院长提交审议事项，议决边区人民及民众团体提请审议事项。

（5）追认闭会期间常驻会及边区政府主席或政府委员会关于紧急措置之重要事项。

（6）督促及检查边区政府执行参议会决议之事项。新民主主义参议会和旧民主主义的议会有很大不同：在旧民主主义下，议会与政府常有争执，需要议会动用权力去督促；而我们的参议会和政府都是人民选出的，政府希望参议会更多地反映人民意见，给自己以重大帮助。条例上规定的"督促"和"检查"，政府不是怕"督促"过多，而是怕检查太少。我们的参议会是由全体人民自由选举的，包括各党各派、各阶层、各民族的优秀人物，它是深入底层的，是包括各方面的，应该不断地反映新的意见到政府，而不应该只限于开会的那几天。

这个条例对参议会的职权也有重大调整。第一，削减了参议会的立法权。谢觉哉副议长经过对比研究，认为"第二届参议会修正（指修正通过的《陕甘宁边区各级参议会组织条例》——编者注）的特点之二是允许政府有订立行政法规"之权，这是有的领导同志长期轻视和不尊重人民权力机关的必然结果，对 1942 年提出的加强民主集中制、贯彻政权一元化领导问题的错误理解，则起了推波助澜的作用。当时就有领导同志以"破坏法律的固定性"为由，对这一规定加以反对。边区政府被迫让步，作出补充规定：凡是重要法律，边区政府起草后都要送交常驻会审查通过，由边区政府作为草案公布实行，待参议会开会时正式通过。第二，增加了参议会的紧急措施追认权。既然边区参议会赋予了边区政府主席和政府委员会在重大情况下紧急处置某些重要事项的权力，那么，条例就应规定参议会对紧急处置的追认权。这种相辅相成的措施，一方面维护了边区参议会作为人民代表机关的至高无上和神圣尊严，另一方面便于发挥边区政府主席和政府委员会在特殊条件下的行政特长和效能。在当时变化多端的战争和极端分散的农村环境里，赋予政府主席和政府委员会这方面的权力，以便其迅速而果断地处理难以预料的突发事件，是完全必要，也是非常正确的，在实践中也起了很好的作用。比如边区第二届参议会第二次大会，就对参议会常驻会第十一次政府委员会第五次联席会议有关文化建设和经济建设的各项提案，加以追认。其中涉及文化建设的提案，教育方面的 12 件，卫生方面的 9 件，革除恶习方面的 1 件；涉及经济建设的 9 件。由于参议会常驻会和边区政府的紧急处置，到追认之时，这些提案已经给边区人民带来了许多的实际的经济文化利益。

2. 边区常驻议员委员会的组织和职权。边区参议会是边区政权的最高权力机关，它代表人民议事管事,反映民意,监督政府和司法机关。民意的涌现是络绎不绝的,议事管事的权力是不能中断的,监督的职责是持之以恒的。而边区参议会却不能经常开,从这次大会到下次大会中间,必须有个机关代表参议会履行职责,这就是边区参议会常驻议员委员会,简称常驻会。没有常驻会,也许大会议过的事项将被忘记,无从执行;没有常驻会,民主政治便无法体现。所以,人们忽视常驻会及常驻议员轻视自己工作的思想,都是极端错误的。

边区参议会闭会期间设立常驻会,常驻会由参议会选举并对它负责。边区改制时,确定常驻议员为11-15人。一、二、三届参议会选举的常驻议员都为9人,议长、副议长为当然常驻议员,在法定名额之内。根据参议员的提议,第三届参议会通过提案,规定议长和常驻议员都驻会办公,并设立常驻会办事机构,任命秘书、职员,酌聘专门人才,负责处理常驻会的具体工作。

常驻会的职权虽然不全是大会的职权,但大会决议案的实施,即大会任务的全部完成,全靠常驻会的不懈工作和努力。因此,恰如其分地规定常驻会的职权,具有十分重要的意义。在这方面边区是有教训的。对于边区常驻会职权的规定,是在经历两个极端之后才步入正确轨道的。1937年5月,西北办事处在讨论边区议会组织时,赋予了边区常驻议员委员会和边区议会同样的职权。“边区议会闭会时,设边区常驻议员代行职权。”①对十几个兼职的常驻议员,委以这么重大的权力,显然是不够妥当的,也是其难以承担和完成的。到1939年2月,边区召开第一届参议会,通过《陕甘宁边区各级参议会组织条例》时,又走到了另一个极端,大大地削减了常驻会的权力,边区常驻会“于参议会休会期间处理会内一切日常事务”,再没有什么权力了。加之有些常驻议员威信不高,能力不强,议长又忙于党务和军队工作,无暇顾及,常驻会很少开会,或开会而不足法定人数,致使机构形同虚设,职权化为乌有。1941年,谢觉哉参与筹备第二届参议会,并主持常驻会的工作,常驻会的组织机构、职责权能、工作制度和活动方式,才进入了健康发展阶段,显示了生动活泼的新局面。由他主持制定的《陕甘宁边区各级参议会组织条例》,对常驻会的职权作了科学的规定。该条例第8条规定:“边区及各县(或等于县的市)参议会常驻委员,在休会期间,除处理常驻会日常事务外,并有下列各职权:(一)监督同级政府对参议会议决案之执行;(二)听取同级政府之按期工作报告;(三)向同级政府提出建议与询问;(四)派代表出席同级政府委员会会议;(五)必要时决定召开参议会临时会议。”

与此同时,谢觉哉还对常驻会的“日常事务”和各项职权作了具体解释。所谓日常事务,包括三项内容:第一,处理大会未竟的工作和大会授权完成的事件。第二,开展经常的联络工作。常驻会要经常把政治情况及会内工作告诉各参议员。各参议员要把自己的活动及看到、听到的有关政治的事情报告给常驻会,以便通过常驻会建议政府。边区常驻会对县参议会(或常驻会)、乡市参议会,以及下级参议会或常驻会对上级参议会或常驻会,都要经常联系。这样,一方面,常驻会经常有新的人民意见反映;另一方面,各级参议会或常驻会能够互相了解工作情况,互相帮助和改进工作。第三,筹备下届参议会。上届大会的事业,要常

① 《陕甘宁边区议会及行政组织纲要》,1937年5月。

驻会完成。下届大会的成功,也要靠常驻会的得力准备。常驻会要把自己所考虑到的,写成书面报告或提要提交给大会。大会召开的事务性工作也需要常驻会准备得有条有理。

常驻会职权之一,是监督边区政府对参议会决议之执行。边区参议会大会上会议决许多提案并交给政府。对于这些提案,政府执行了没有?执行到什么程度?在执行中有什么困难?怎样克服的困难?这些都是人民最关心也是大会最关心的问题。人民不允许议好了不做,或者做时碰到困难就半途而废。参议会闭会时,人民就委托常驻会监督政府这方面的工作。谢觉哉说:"常驻会职务第一条为监督政府执行大会决议,我们感到满意的是政府不仅执行了,而且发展了上次大会的决议。例如,精兵简政案,发展到简政的目的为精简、统一、效能、节约与反官僚主义;经济文化建设案,发展到颁布减租减息交租交息的条例。大家动手,丰衣足食,各种形式的公私合作,公私兼顾的合作运动,耕三余一,布铁自给。文化教育为广大人民服务,克服财旺人不旺现象等……军事议案,发展到拥政爱民,拥军优抗运动,军助民、民助军,军队自给、军队整训、自卫军整训等伟大成绩,凡此,都是上次大会未及详细讨论,而政府在执行中所达到的。"①

常驻会职权之二,是听取边区政府工作报告。常驻会要监督政府,就要了解边区政府工作的一切情况。政府须定期向常驻会报告,一般每 3 个月一次。常驻会除平时关心政府工作外,有权敦促政府作口头或书面报告。

常驻会职权之三,是向边区政府提出建议和询问。在监督边区政府执行参议会决议过程中,常驻会综合各地边区参议员反映的意见,随时可向政府提出建议。如 1942 年 6 月,常驻会第六次会议对政府工作提出了 6 条建议:"一、肃清太平观念,一切工作须围绕着战争;二、更加照顾群众利益;三、建立适合边区情况的一些制度;四、提高干部的作用和能力;五、适当处理财政与负担问题;六、加强边区的司法工作。"②政府认为这些建议切中要害,完全正确,全部接受。如政府的措施有令人不明白处或者不切实处,常驻会须向政府提出询问,促其注意或答复。

常驻会职权之四,是派代表出席边区政府委员会会议。政府的设施及工作检查都是经过政府委员会讨论的,常驻会为了了解政府的工作并提供意见,必须派代表参加政府委员会的会议。

常驻会职权之五,是决定召开参议会临时会议。对于召开临时参议会,常驻会是决定者之一。在发生某重大事件,常驻会认为必须召开大会时,有权决定召开参议会临时大会。

陕甘宁边区参议会常驻会制度起的作用究竟是什么?毛泽东其实给出过答案:"将群众的意见(分散的无系统的意见)集中起来(经过研究,化为集中的系统的意见),又到群众中去作宣传解释,化为群众的意见,使群众坚持下去,见之于行动,并在群众行动中考验这些

① 谢觉哉:《在参议会第二届二次大会上的报告》,载《解放日报》1944 年 12 月 14 日。

② 中国科学院历史研究所第三所编辑:《陕甘宁边区参议会文献汇辑》,科学出版社 1958 年版,第 228 页。

意见是否正确。然后再从群众中集中起来，再到群众中坚持下去。”[①]对于边区常驻会的意义，谢觉哉明确予以肯定：“常驻会工作做得好，对民主的发扬，县政的改进，是有帮助的。”[②]由此可见，一个密切联系群众的常驻会对增强人民代议机关工作效能、促进基层民主建设，都会起到很好的枢纽及促进作用。

3. 县参议会及其常驻会的组织与职权。

（1）县参议会的组织与职权。县参议会是县的民意机关，也是县的人民代表机关和权力机关。其由选举条例规定的若干参议员组成，设议长1人，副议长1人，主持参议会工作。开会时，选举若干人组成大会主席团，协助议长、副议长主持会议。在议长指导下，设立秘书处、议员资格审查委员会和提案审查委员会，分别处理各项事务。

县参议会最初只有选举行政长官、批准预算、创制或批准各项建设计划，召回所选之行政长官之权。第一届参议会通过的《陕甘宁边区各级参议会组织条例》，对它的职权进行了很大补充和发展，使它有“决定本县应兴应革之重要事项”之权，有“议决本县之单行公约”之权，有“监察和弹劾县政府及其以下之政务人员”之权，还有“议决县长或县政府委员会、本县人民及民众团体提交审议事项”之权，以及有“监督及检查县政府执行县参议会决议之事项”之权。第二届参议会修正通过的《陕甘宁边区各级参议会组织条例》又赋予县参议会“创制与复决本县（市）单行法规”和“追认参议会闭会期间常驻会及县（市）长、县（市）政府委员会关于紧急措置事项”的两大权力，使县参议会的职权基本稳定下来。

（2）县参议会常驻会的组织与职权。县参议会闭会期间，设立常驻会。常驻议员由县参议会选举。常驻议员人数为5人或9人。议长、副议长为当然常驻议员，在法定名额之内，并主持常驻会的工作。

对于县常驻会职权的规定，与边区常驻会有着共同的经历。早在制定《陕甘宁边区议会及行政组织纲要》时，给予常驻会的权力很大，它能代行县参议会的职权。这种由少数几个常驻议员承担县参议会全部权力的规定，显然是不恰当的。第一届参议会制定的《陕甘宁边区各级参议会组织条例》则反其道而行之，致使常驻会除了处理会内一切日常事务外，就没有任何权力了。第二届参议会总结了正反两方面的教训，修正了《陕甘宁边区各级参议会组织条例》，把县常驻会的职权比较科学地固定下来。这个条例规定县常驻会除处理其会内一切日常事务以外，还有监督县政府对县参议会决议案之执行，听取县政府之按期工作报告，向县政府提出建议与询问，派代表出席县政府委员会会议以及必要时决定召开县参议会临时会议之权。

在各级常驻会中，县常驻会处于中枢地位，本应发挥承上启下的重大作用。但由于县委、县政府某些领导人，缺乏民主思想和习惯，不喜欢“麻烦”的民主制度，轻视和不尊重民意和权力机关，重视民主实际而漠视民主形式，以及受“明主”观念的影响，使它失去了生气和活力，成为最薄弱的一环。针对这种情况，边区常驻会和谢觉哉副议长，作了艰苦细致的

① 《毛泽东选集》（第3卷），人民出版社1991年版，第899页。

② 《谢觉哉文集》，人民出版社1989年版，第522页。

思想、组织和指导工作，使县常驻会走上了健康发展的道路。第一，加强边区常驻会对县常驻会的指导。边区常驻议员分工包片，联系各县，并经常下到各县协助他们开好常驻会会议，指导他们的日常工作，帮助他们制定监督政府的具体措施。边区常驻会认为必要时，还吸收县常驻议员或县参议员，组成考察团，下到各县调查民意和下情，分析情况，研究动向，确立任务和方法，指导县常驻会的工作。谢觉哉针对县常驻会不按期开会或不会开会的实际，先后写了《县参议会怎样开会》《县常驻会的工作》等文件，生动而具体地回答了问题，对普及县参议会知识起了很好的启蒙作用。第二，加强县常驻会的组织建设。谢觉哉依据第三届参议会关于健全县常驻会组织提案的要求，制定具体办法，派人到一些县去落实，凡属不兼他职的常驻议员一律驻会办公。将没有建立或虽建立但不健全的职能机构建立和充实起来，恢复和健全会议和工作制度，积极开展常驻会工作，改变了“只闻其名，不闻其声”的状况。在他的建议下，各县常驻会还把县参议员组织起来，以区为单位，选举组长，成立县参议员小组，定期会商，提出建议和要求，经过常驻会传达给县政府执行。

4. 区、乡市参议会组织的特点与职权。

（1）区参议会的设立与撤销。根据1937年5月颁布的《陕甘宁边区议会及行政组织纲要》规定，区设参议会，行使立法和监督之权。同时考虑到区参议会与选民比较接近，不设常驻会。1939年2月第一届参议会通过的《陕甘宁边区各级参议会组织条例》撤销了区参议会的建制。当时认为：“区设参议会在理论上是可以的，在事实上乡、市政府并不都很强，县政府领导隔得较远，加强区对乡市的领导也有必要。不过边区地广人稀，加设区参议会，人力财力都感到限制。为了弥补这一缺陷，区公所应定期召集乡、市长联席会，乡、市参议会有意见交乡、市长带去，使区、乡、市长联席会的决定和乡、市参议会的意见不致差离。关于区长人选，乡、市参议会可提出意见。县政府委派区长时，应征求该区各乡、市的意见，以求得人地相宜。这点在边区是易于做到的。”①

（2）乡市参议会组织的特点与职权。与区、县不同，乡市和人民接近，人民有条件直接来议来管。村长、行政村主任可由村民大会直接选举。村不需要参议会，有事召集村民大会来议来管。乡市较大一点，乡市民大会不能常开，故有乡市参议会的组织。乡市参议会虽然有代表的意义，但是与乡市人民直接来议来管差不多。人民亲自来议来管，则立法与行政的并立关系也就没有意义。人民选举的人，本来就认为他能说能做，定把说和做分开，与情理不合。乡市人力财力有限，不可能设立参议会与乡市政府两种机关。基于这些原因，修正通过的《陕甘宁边区各级参议会组织条例》第9条规定：“乡市参议会采立法行政合一制，不设议长、副议长，开会时推举主席团三人，主持会务。乡市长为当然主席团之一，休会期间，不设常驻委员。”《陕甘宁边区乡市政府组织条例》第4条也规定：“乡市参议会为乡市政权最高机关，乡市参议会休会时，乡市政府委员会为乡市政权最高机关。”可见，乡市参议会组织的特点就是议行合一制，既是议决的机关，又是执行的机关。

万丈高楼平地起。只要乡市人民真正做到了大家的事大家来议，大家来管，民主基础就

① 谢觉哉：《几个问题的商讨》，载《解放日报》1942年1月4日。

会牢固，上层政治自然良好，即使上面要坏，也坏不下来。从这种认识出发，边区赋予乡市参议会很大职权。修正通过的《陕甘宁边区各级参议会组织条例》第 15 条规定："乡市（或等于区的市）参议会之职权如左：一、决议并执行本乡市应兴应革事项；二、议决并执行上级政府交办事项；三、议决并宣布本乡市人民公约；四、议决乡市经费之收支事项；五、议决执行本乡市人民及民众团体提请事项；六、选举并罢免乡市长及乡市政府委员；七、监督与弹劾乡市及村坊行政人员。"此外，"在乡村中负担分配之权，即规定各户负担等第与数额之权，属乡参议会、村民大会，任何其他机关不得越俎代庖"①。

在乡市参议会职权中，最主要的是下列三项：

第一，议决并执行本乡市应兴应革事项。应兴，是要做而没做或没做好的，如修水利、春耕、修路、办学校、治病、改进优抗等。应革，是想去掉而没去掉或去而未尽的，如禁鸦片、禁赌、禁缠足、破除迷信、感化二流子等。这些事或由人民及民众团体提请，或由上级政府交办，或由参议会本身提出，而审议的结果，有的要订立公约，有的要筹措经费，有的要请求上级帮助。总之，乡市人民日夜向往的事，乡市人民愿尽其力来做的事，即乡市参议会的头等任务。

第二，议决并执行上级政府交办事项。主要是指上级交办的抗战动员事项，如征粮、征草、扩兵、训练自卫军、推销公债、修工事以及运送军需、伤兵等。对这些问题，不是讨论执行不执行的问题，而是讨论怎样才能发扬人民热忱把事情办好的问题。

第三，监督与弹劾乡市及村坊行政人员。这是纠正执行人员不良倾向的职权。如有的干部徇私情，阻碍下情上传；有的干部严重官僚主义；有的干部做违反法令的事。毕竟上级离得远，检查是有限的，只有人民就近监督，才能彻底革除这些不良作风。

在乡市参议会的主要职权中，涉及上级政府与乡市参议会的关系问题，对此，边区法律也有明确规定：乡市参议会与县参议会、边区参议会，同属民意代表机关，不存在领导与被领导的关系，它们各自按照其职权行事。但是由于乡市参议会带有议行合一的特点，它又属于行政机关，所以上级政府应该领导它。不过这种领导，不是命令，不是干涉它的独立性，而是使民意更能发扬，使它更多地了解政策和法令。上级政府不可以为有了乡市参议会就可凡事都向它一推，或者以为多了一个命令的对象。正是有了乡市参议会，上级政府领导更要深入和周到。除战时以外，上级政府命令，仍旧下达乡市长而不下到乡市参议会。乡市参议会无否决或停止执行上级参议会或政府决议与命令之权。如有不同意见，得陈述理由请求变更，在变更以前仍照原案执行。乡市参议会决定之案如有不当，上级政府或上级参议会有权停止其执行。

（3）乡市参议会会议的法定内容和程序。1942 年 1 月 4 日，谢觉哉在《乡市参议会怎样工作》一文中说："议得好，才能行得好。议好了去行，叫做计划。行过了又议，叫做检查。计划与检查都要开会。"总结多年经验，结合乡市参议会开会的实际，边区参议会对乡市参议会开会的内容与程序，作出了如下规定：

第一，充分准备，按时开会。充分的准备工作，是开好乡市参议会的首要条件。所谓充

① 《陕甘宁边区第二届参议会第一次大会决议案》之《关于税收问题的决议》，1941 年 11 月 17 日。

分的准备,包括两方面内容:一是思想与舆论的准备。乡市参议员除乡市长外,都不脱离生产。平时有的做工,有的务农,有的经商,有的赶脚,有的教书,都不经常在家。因此,会前要早发通知。否则,不能全到或只有多半数,就是会开起来,也开得不起劲。通知,一要告知开会时间和地点,二要告知开会内容和程序。这样做,参议员有了思想准备,并能在其居民小组内发动群众,广泛征求意见。人民说话了,参议员胸中也就有数了,就不能不郑重地去参加会议,就不会在会上说“没啥意见”了。二是工作报告和提案准备。会前要召开乡市政府委员会,总结政府工作经验和教训,起草、讨论并通过政府向乡市参议会做工作报告。针对乡市参议会讨论的议题,要指定专人收集群众意见和要求,准备提案。乡市长是准备提案的主要人,有些提案还应由负责该事的人准备,如优抗提案应由乡优抗主任准备等。

乡市参议会的会议有两种:一种是经常的,按规定两个月一次,这是为了议决政府工作计划,检查政府对参议会决议执行的情况。另一种是临时的,是为了解决临时出现的重大事情。两种会议,不管是经常的还是临时的,对于乡市参议会来说,都至关重要。

乡市参议会的会议,经常要按时开,临时会也非常必要。但不要事事开会,会多将贻误生产,减轻参议会的意义,且使参议员产生反感。平常琐事应由乡市政府直接处理,在下次例会时报告一下即可。有的乡市参议会一个月就开几次会,效果极差,是值得吸取的教训。

第二,抓住中心,大家来议。每次会议最好讨论一个中心问题,议决一个重大提案。对这个问题的讨论和提案通过与否,要有明确的结论,并由主席团或乡市长向大会宣布。如果讨论的问题繁而多,议决的提案庞而杂,势必议而不深,决无结果,行无遵循。有一个乡召开参议会,一次讨论了11个“中心工作”,结果,样样议,样样决,样样行不好。这里的关键是会议的主持人要善于抓重点,突中心,采取诱导的措施,使参议员的发言围绕中心议题和重大提案来议来决,决不在次要问题上争论不休,进行纠缠。

乡市参议会会期不长,一般多为半天或1天。中心议题发言人和准备提案的人,说20分钟即可,主要让大家讨论、补充和完善,千万不可由一两个人说教一大堆,占去很多时间。

乡市参议会参议员讨论和议决问题主要通过聊天方式解决。你一句,他一言,互相补充,彼此完善。这种方式虽然简单粗糙,却适合大多数参议员没有文化的实际状况,能够抽象出许多完善的道理与方案来。

乡市参议会开会,有时无人发言。经验证明,并不是大家没意见,而是基于种种原因没有说出来或各人正在考虑自己的意见。这时,主持会议的人要耐心,通过各种恰当方式启发大家说话,等到头炮一开,大家的意见就越讲越多。有些参议员,不熟悉民主生活,怕人怕羞不敢讲话,可分小组,把相熟的凑在一起讨论。有的参议员碍于情面,常常不敢说得明显,主持会的人要善于体会,或者引导其谈出,或者代他阐发清楚。对于参议员错误的意见,要真诚欢迎,不许指责,慢慢加以解释和说明,否则,他有恐惧之感,不敢再讲话。参议会是大家的会,好的坏的都由大家来议,从比较中得出符合客观实际的意见和方案。

第三,集体议决,分工去做。乡市参议会的参议员人数众多,意见不一,凡属重大问题和提案,必须按照少数服从多数的原则通过。议案通过后,执行的责任主要落在乡市长身上。乡市长要发动各个委员会分工去做,调动大家的积极性。

第四，检查工作，报告上级。每次参议会必须检查上次决议事件的执行情况。大的事，如征粮征草、春耕秋收等，要专门开会检查，甚至不止一次。许多问题在执行中才能发现，随时补充或纠正，是做好工作的主要办法。不检查或检查不深入，都是要不得的。

乡市参议会的事，有些是上级政府命令办的，其中有要各地一致做的，也有单独适用于本乡市的，都应该报告上级，看执行与政策法令有无不备之处。同时，上级要收集各地工作经验，制定更好的办法。那些不作报告或报告不详，甚至"瞒上不瞒下"的做法，是不对的。

第五，注意仪式，做好记录。乡市参议会，无专门会场。开会在树下、坡前或窑洞内皆可，当无限制。可是这种严肃的会议，在仪式上也须多少注意和讲究一些，如推举主席团、拟定会议程序等。通过这些简单易行的仪式，培养和训练参议员的民主意识，发展和完善民主形式，促进民主内容与形式的有机结合，逐步做到民主制度的正规化。乡市参议会开会要求必须有正式记录。无记录，过久不易检查，对工作十分不利。乡市参议会开会一般会邀请本乡小学教员参加，并当记录人。

第二节 政府的组织与职权

一、边区政府的组织与职权

（一）边区政府组织法的制定

为确立边区政府及其机构的组织和职能，发扬民主政治，提高行政效率，加强边区政府对基层政府的领导，边区参议会在 1937 年 5 月《陕甘宁边区议会及行政组织纲要》规定的机构、职能的基础上，在 1939 年 2 月制定了《陕甘宁边区政府组织条例》，并于 1942 年 1 月加以修订。条例公布之时，因开始了行政立法上的伟大创举——精兵简政工作，条例遂被搁置下来。而精兵简政确立的原则和取得的积极效果，代替条例发挥了极为重要的作用。1946 年，边区参议会在吸收精兵简政基本经验的基础上，结合新的历史特点，开始起草新的《陕甘宁边区政府组织条例》。起草人鹿鸣在 8 月 16 日向谢觉哉副议长请示。谢觉哉说："我意应根据实际，各厅处职权重新审查，哪些是权，可以这样做，哪些是职，必须这样做。职可以包括作风、工作制度等进去。先提出讨论，定后再写。"[①]不久，国党反动派发动了内战，破坏了这次边区政府组织法的制定工作。随着人民解放战争的迅猛发展，边区管辖地区日益扩大，晋绥边区被并入陕甘宁边区。为了统一边区政府的领导，加强行政管理，扩大边区政府的组织机构及增补委员，陕甘宁边区参议会常驻会与陕甘宁边区政府在 1949 年 2 月共同制定并颁布了《陕甘宁边区政府组织暂行规程》，为新的政府提供了法律根据。

（二）边区政府委员会的组织与职权

陕甘宁边区政府各个组织条例，除政府委员名额规定不等外（有的规定为 15 人，有的

---

① 《谢觉哉日记》（下卷），人民出版社 1984 年版，第 964 页。

规定为 31 人），关于政府委员的选举方式、政府委员会的职权、政府主席的职权以及政府委员会的性质和与边区参议会的关系的规定，基本是一样的。

边区政府委员一律由边区参议会选举。主席、副主席由边区参议会在边区政府委员中选举。在抗日战争时期，考虑到国共合作，委员和主席、副主席还得呈请国民政府加委。故规定陕甘宁边区政府受国民政府之管辖，受陕甘宁边区参议会之监督，为总理全边区的政务机关。

陕甘宁边区政府委员会把议决和执行下列重要事项作为自己的职权：(1)关于施政方针之决定、实施，对于行政得颁发命令、法令并得制定边区单行条例及规程，但关于增加人民负担、限制人民自由、确定行政区域及重要行政设施须得陕甘宁边区参议会之核准或追认。(2)关于执行国民政府委托事项。(3)关于边区各级选举事项。(4)关于执行边区参议会议决事项。(5)关于全区生产建设、财政设施、金融贸易、文化教育、公安之方针计划等事项。(6)关于全区之预算决算事项。(7)关于所属行政人员任免事项，主要指秘书长、各厅、局、处、院、会正副职领导人的任免。(8)决定全区人力、物力、财力的负担政策及支前动员工作。(9)关于行政区划及各级政府组织建设及行政设施或变更事项。(10)关于全区人民武装之组织、咨调地方部队、督促所属军警、绥靖地方等事项。(11)关于处分公产或筹划边区公营事业等事项。上述事项，如要公布，以主席、副主席名义行之。另外，边区政府对于所属各机关之命令或处分认为有违背法令、逾越权限或其他不当情形时，有停止或撤销之权。

这些条例，对于边区政府主席的职权也作了明确的规定：边区政府主席召集政府委员会会议，开会时为当然主席；领导、监督并检查各级政府执行边区政府之决议；处理边区政府日常政务及紧急事项，但属于边区政府委员会决议之事项者，须提请追认；任免边区政府科长以上，已设行署区专员以上及未设行署区县按以上之干部，对外代表边区政府。

陕甘宁边区政府副主席，协助主席执行上述职务。主席因公外出或因故不能执行职务时，由副主席代行其职务。

值得提出的是，在精兵简政中，边区政府总结了过去事无大小皆由边府决定，削弱和冲淡边区政府主要职权，不利于提高行政效率的教训，重新审查职权，把职权区分为政务与事务两部分，事务交给职能部门去行使，把政务留给自己，并把主要精力和工作重点放在政务上。为了确保边区政府执行政务，明确规定边区政府的主要任务：一是调查研究，了解各阶级政治经济情况和动向，慎重地制定政策；二是注意培养和选拔干部，善于使用干部，就是说在制定政策后还要领导各级公务人员执行政策。

（三）职能机构的演变和职权

陕甘宁边区政府的组织机构、人员编制以及职责权能，为适应革命战争（抗日战争、人民解放战争）和经济形势发展变化的需要，经历了由小到大、由大到精简、由精简到再发展的过程。循着它的轨迹，可明显地区分为三个阶段：第一阶段，从 1937 年 9 月到 1941 年 11 月，为适应抗日战争大发展的形势，机构由小到大，编制逐步扩充，职权日益增加。从 1941 年 11 月到 1948 年 5 月为第二阶段，为适应克服抗战物质困难和转战陕北的需要，实行精兵简政，机构和编制缩减。第三阶段是从 1948 年 5 月到 1950 年 6 月，为支援全国人民解放战争，解放大西北，边区政府的组织机构、人员编制及其职权，在贯彻精简的原则下，有了很大发展。

尽管边区政府的组织机构变化较大，临时机构时有设立和撤销，但秘书处、民政厅、财政厅、建设厅、教育厅和保安处始终存在，这是变化中的不变和稳定，反映了政府组织机构发展变化的普遍规律。

二、行政督察专员公署的组织与职权

边区政府将边区所属县(市)划为五个行政分区，即三边、陇东、绥德、关中、延安分区。在分区设立行政督察专员公署(以下简称专员公署)。专员公署和区公署一样，虽然不是一级政府机关，但是，由于边区所辖地区各有其政治、经济、军事和文化上的特点，加之地域辽阔，交通困难，边区政府直接领导殊为不便，实有设立专员公署的必要。为了给专员公署发挥其特殊的行政效能提供法律根据，边区政府和参议会先后颁布了下列纲要、条例和命令：1937 年 5 月的《陕甘宁边区议会及行政组织纲要》、1937 年 8 月的《行政专员以下各级政府组织的重新规定》、1940 年 12 月 25 日的《陕甘宁边区政府令》、1942 年 1 月的《陕甘宁边区行政督察专员公署组织暂行条例》、1943 年 2 月的《修正陕甘宁边区行政督察专员公署组织条例》以及 1943 年 4 月的《陕甘宁边区政纪总则草案》。这些规定涉及专员公署，其主要内容有：

(一) 专员公署性质的确定

专员公署的性质，是在经历了一个发展过程之后才被法律确定下来的，其变化可分为三个阶段：

从 1937 年 5 月到 1940 年 12 月为第一阶段。在这个时期，专员公署是作为传达和督察性质的机关存在的，即把边区政府的政策、法令和指示，传达给所属各县，代表边区政府对所属各县行政事宜进行督察。专员公署的这种性质，在《陕甘宁边区议会及行政组织纲要》中规定得十分清楚："边区政府与县之间设行政专员，为传达并督察的机关。"当时，西北办事处确立专员公署的这种性质，是从加强对偏远县工作的指导来考虑的。

从 1940 年 12 月到 1943 年 2 月为第二阶段。在这个阶段，法律不仅保留了专员公署的督察性质，而且规定了专员公署指导所属各县行政事项的性质。对此，1940 年 12 月 25 日发布的《陕甘宁边区政府令》和《陕甘宁边区行政督察专员公署组织暂行条例》作了文字完全相同的规定："边区政府得划定所属偏远之二以上县份为一行政分区，设置行政督察专员公署，督察及指导该分区各县行政事宜。"这种督察加指导的性质，适应了这一时期边区政府加强各县自治，提高人民群众参政能力，发扬民主政治的要求。

从 1943 年 2 月到 1950 年 5 月为第三阶段。在这段时间里，法律把专员公署的督察和指导的性质升格，最终确定了专员公署作为边区政府代表机关的性质。《修正陕甘宁边区行政督察专员公署组织暂行条例》第 1 条规定："边区政府将边区所属县(市)划为五个行政区，分设行政督察专员公署，为边区政府代表机关。"《陕甘宁边区政纪总则草案》重申了这一性质，该草案第 7 条指出："专员公署为边区政府的代表机关。依据边区政府的命令与指示，领导督察所辖各县（市）政务及边区政府驻在分区的附属机关。”这个时期，边区政府之所以确定专员公署的这种性质，是因为在总结工作经验的基础上，深刻地认识到，县政府是推行政务的枢纽，而发挥枢纽作用的关键是加强边区政府对各县的领导。在边区政府无法直接领导各县（市）的条件下，把专员公署变为边区政府的代表机关，领导各县政务，便是必然的了。

（二）专员公署职权的明确

同专员公署性质相适应，它的职权也有一个逐步发展和明确的过程。在第一阶段，专员公署处在草创时期，职权未确定，给工作带来许多不便。进入第二阶段，边区政府发布了《陕甘宁边区政府令》，制定了《陕甘宁边区行政督察专员公署组织暂行条例》，规定了专员公署的职权，大大促进了专员公署的工作。命令和条例规定的职权有：随时考察及督导所属各县地方行政；规划和创办分区内各县应兴应革事项；巩固分区地方治安，部署分区抗战工作；督察所属各县经费收支情形；召集分区行政会议，对所属各县公务人员进行考核和奖惩；处理所属各县争议及有关事件；推行边区现行法令。

另外，命令和条例共同规定，为绥靖地方，配合正规军抗战，专员有权调遣本区内保安队及地方自卫军。必要时，得咨调正规军协助。专员对所属各县长的命令或处分，如认为违法或不当，得撤销或纠正之，但须呈报边区政府备查。命令第12条还规定，专员公署在不与边区政府法令抵触的前提下，得因地制宜，颁布单行法规。单行法规施行前，应先行呈请边区政府核准。条例考虑到专员公署不属一级行政机关，不应有此权而加以取消。

发展到第三阶段，由于专员公署性质被最终确定，加之前一阶段对其职权规定得分散和不够突出的缺陷阻碍着专员公署效能的发挥，因此，有必要对专员公署的职权进行新的审定。《修正陕甘宁边区行政督察专员公署组织暂行条例》正确地解决了这个问题。按照条例的规定，专员公署的职权是：(1) 掌握并贯彻边区政府的政策法令和指示。专员公署对边区政府负责，应当熟悉各县具体情况，把边区政府的政策法令和指示运用到当地环境中去，统一领导和督察该分区所辖各县一切行政事项，组织与领导人民武装，协同军队维持地方治安，监督所属各县财政经费之收支情形，处理所属各县之间的争议及有关事项，监督和指导在该分区的边区政府各种附属机关。(2) 计划和处理带地方性的应兴应革事项。依据经济条件和群众认识水平，在政治经济、思想文化、风俗习惯诸方面，实行革故鼎新，促进和发展经济，改善人民生活，提高群众文化水平，保证抗战供给，支援前线。

此外，条例还赋予专员便宜行事之权，第11条规定：“为适应抗战环境，在军事隔绝期间，专员得独立行使职权。但经过事项，须于事后呈报边区政府备查。”

（三）专员公署职能机构的精简

与专员公署性质相适应，它的职能机构也有一个由小到大、由大到精的发展过程。在专员公署成立初期，它只是个传达督察性质的机关，只有少数工作人员，并没有设立职能机构。当时，行政专员由行政区中心县县长兼任，专员公署设在专员所在县政府内，只有秘书2人，掌理核拟文稿、典守印信，辅助专员处理行政区日常事务；文书1人，负责缮写稿件等工作；处员3人，奉专员之命，巡视督察各县工作，并襄助处理行政事务。

专员公署变为督察和指导性质的机关之后，职能机构开始设立，并逐步扩大。这个阶段的前期，专员公署设专员1人，副专员1人；秘书2人，以1人为主任秘书；设署员3人，承专员之命，办理专员公署一切事务。由于专员公署专员多由中心县县长兼任，专员公署的机构与中心县的机构合二为一，即实行合署办公。合署办公之县政府的民政、财政、教育、建设四科，除办理本县事务外，并奉正副专员及专员公署主任秘书之命，办理专员公署各该管事宜。但专员公署于必要时，得将财政、建设两科改为财政处、建设处。专员公署与所属中心县政府，虽可合署办公，但职权和文件应明确划分，不得混淆。后期，专员公署一般不再与中心县合署办公，大多设立独立机构。这些机构有秘书室、民政处、财政处、教育处、建设处、粮食处、保安科，秉承正、副专员之命，分别执掌各项工作。

确定专员公署为边区政府代表机关性质之时，为适应领导工作任务繁重的现实，专员公署取消了与中心县合署办公的形式，一律单独设立职能机构。按照简政的原则，设政务秘书1人，襄助专员处理日常工作；事务秘书1人，收发、文书；庶务若干人，处理各项事务工作；将过去的民政、财政、教育、建设、粮食各处，合为两科；保安科升格为处，分管民、财、建、教、粮及保安工作。

（四）专员公署领导方式的特点

专员公署作为边区政府的代表机关，领导各县政务工作，必然有自己的特点：

第一，重大决策由专员公署政务会议决定。政务会议由政务秘书、各处长组成，专员为当然主席。必要时，须召集驻在该分区之驻军首长及边区政府各附属机关负责人参加。重大问题由政务会议讨论决定。发生分歧时，专员有决定权。

第二，布置与检查工作，实行上下结合形式。所谓上，是指专员公署召集县、区长联席会议。这种会议议决事项，须随时呈报边区政府备案。所谓下，即实行巡视制度。专员应亲自定期巡视各县，调查民情，检查工作，并将巡视结果呈报边府备案。前项巡视，专员如因故不能实行，得由副专员或政务秘书、处长代行。专员出巡期间，其职务由副专员代理，无副专员者，由专员指定政务秘书或处长代理。

三、县政府的组织与职权

（一）县政府委员会

县政府受边区政府的领导、县参议会之监督，是全县政务的领导机关，总理全县行政事宜，为边区政务推行之枢纽。因此，边区政府和参议会对县政府的工作寄予厚望，对它的承上启下的地位与作用极端重视，先后颁布了《陕甘宁边区议会及行政组织纲要》（1937年5月）、《行政专署以下各级政府组织的重新规定》（1937年8月）、《陕甘宁边区县政府组织暂行条例》（1942年1月）、《关于增加县政府权限的决定》（1942年6月）、《修正陕甘宁边区县政府组织暂行条例草案》（1943年4月），对县政府的组织机构和职责权能作了具体规定。

1. 县政府委员会的组成与职权。根据1942年的《陕甘宁边区县政府组织暂行条例》的规定，县政府委员会由县参议会选举县长1人（必要时，加选副县长1人）、委员6－10人或8－10人组成。凡一县之重要事项，必须经县政府委员会议决议。这些重大事项有：边区政府及专员公署令行重要事项；县参议会之重要决议事项；政府各部门的工作计划；县财政收支及县政经费预算决算等事项；政府科长、区长及重要干部任免之建议事项；县单行条例颁布事项；全县应兴应革之重要事项；其他政府委员会认为应讨论之事项。

1942年6月，边区举行政府委员会会议，一致认为《陕甘宁边区县政府组织条例》对县政府职权的规定限制过严，其一方面减轻了县政府的责任，限制了县政府的创造性和积极性；另一方面，事事向边区政府请求指示，但因交通不便，上级领导又不够集中，致使答复问题滞钝，问题得不到及时解决，形成了“上面包办包不了，下面能办没有权”的现象。有时因错过时机，贻误县政大事。为了纠正这种现象，边区政府作出了扩大县政府权限的规定：第一，县政府委员会不仅有权议决县财政收支及县政经费预算决算等事项，而且有建立县财政之权，即边区政府对县财政采取提充与津贴办法，使县政府负起财政的责任，并有自由调度余地。第二，县政府委员会对一县之中应兴应革事项，既有议决之权，又有决定权和执行权。第三，县政府委员会，对全县之干部除了任免之建议权外，还有培养、配备和调处之权。

2. 县政府委员会的主要任务和领导方式。1943年以前，县政府委员会在通过履行职权实现革命任务方面，取得了举世瞩目的成绩，创造了很多可传之后世的宝贵经验，但也有过主次任务不分的平均主义的严重失误。县政府委员会作为推行政务的枢纽和县政务的领导机关，按照边区政府政策法令，搞好全县民政、财政、建设、教育和保安等工作，实行战争动员，是应该的，也是正确的。它的失误在于主要忙于战争动员，而对于人民经济生活的组织注意不够，尤其是对乡村政权的建设，做得更少。这与对形势和环境的片面认识有很大的关系。健全乡政权同样应当作为县政府的基本任务。据此，修正通过的《陕甘宁边区县政府组织暂行条例草案》把“组织人民经济生活，发展公私生产，改善人民生活，保证抗战供给”和“发扬民主政治，加强乡（市）政权工作”作为县政府的两项主要任务规定下来。

为了确保县政府委员会实现两项基本任务，边区政府对县政府的领导方式也作出了明确规定：第一，县政府委员会对上级政策、法令和指示，应首先研究清楚，同时帮助乡政府的干部大体上弄明白。第二，县政府委员会应派遣得力干部下到农村，同乡村干部一起，进行调查研究，弄清各乡的阶级势态和具体情况，指导和帮助乡政府依据本乡具体情况执行上级政策法令和指示以及办理乡村经济事宜，但不得代替他们执行，代替他们办理。第三，县政府委员会要采取各种方式，帮助乡政府干部检查工作，把每件工作执行到底，但不得代替他们检查。在检查工作中，注意帮助他们总结经验，用这些生动的经验或深刻的教训，配合上级政策法规教育乡村干部。四，县政府委员会要经常不断地接触乡村干部，熟悉他们的生活、情绪和困难，给予指导和帮助，要和他们建立亲密的同志关系。

3. 职能部门的组织与责任。边区政府成立之时，在县政府委员会下设秘书1人，掌理核拟文稿、典守印信，辅助县长处理不属各科局之事项。设文书1人，负责缮写、印发文件等工作。县政府委员会设3科1局，第一科负责全县行政区划、地方自治、户籍调查、婚姻登记、卫生消防、救灾治荒、优待官兵家属、群众团体和本政府财政收支及不属其他科之行政事宜；第二科掌理全县农林土产之调查改良、道路桥梁之修造、合作社之整理与扩大、水利之疏通、矿产之开采、家庭副业之提倡以及一切建设事宜；第三科负责全县教育行政、教育经费之支配及计划学校社会各种教育事宜；保卫局，后改为保安科，掌理全县警戒、盘查及肃清盗匪工作。另外，还设保安大队，在县长和保安司令部指挥下，掌理绥靖地方及自卫军、少先队之编制领导事项。

在健全制度的思想指导下，边区第二届参议会制定的《陕甘宁边区县政府组织暂行条例》对县政府的职能机构有明显的扩大和调整，对其职责规定得更加详细和具体。其表现是：(1) 将秘书与文书工作合二为一，建立秘书室，负责拟缮文件、印信、档案、会计、庶务、收发及不属于各科之事项。(2) 将第一科扩大为两科，其中第一科负责民政工作，掌理选举、抗战动员、干部管理、土地行政、劳资租佃、卫生行政、儿童保育、户籍、区划、优抗、救济、破除迷信、改革陋习；第二科负责财政工作，管理财政收支、地方税收、公产及其他事项。(3) 增设了粮食科和审计员。粮食科负责粮食之收支、仓库管理、调济民食等事项。审计员专司审核县、区征粮及仓库收支、公产收入及县经费预算决算等工作。县政府职能机构扩大和调整后，人员也有相当的增加。

1943 年修正通过的《修正陕甘宁边区县政府组织暂行条例草案》，吸收了精兵简政的积极成果，除了明确规定县政府的主要职权和基本任务外，还对职能部门的机构进行了精简：第一，撤销秘书室，设政务秘书 1 人，襄助县长处理政务；设事务秘书 1 人，负责管理文书、收发、印信等工作。第二，将民政和教育二科合为一科，管理民政和教育工作。第三，把财政与建设二科合并，管理财政和经济建设工作。

（二）延安市政府委员会

延安市政府是边区政府直属的唯一县级政府，是边区政府的首府。它是党中央的所在地、八路军的总后方，是中国革命的指导中心，有“革命圣地”之称。延安市政府是根据边区政府 1937 年 10 月下达的命令成立的。该命令指出：“延安市为边区政府所在地，关于市政、公安、防空、消防、卫生、建设等工作至关重要。特根据市民要求，组织延安市政府，受本政府直接领导，并任命马南风同志为延安市长、刘护贫同志为延安市公安局局长。”延安市政府虽然在组织建制、职权任务方面与各县政府相同，但是，由于它的特殊性和所处地位，历史还赋予了它保卫党中央和发展工商业的重大任务。

（三）县务委员会

为发扬民主政治，适应抗战需要，凡边区所辖之县未经参议会（或临时县参议会）正式选举县政府委员会者，均设立县务委员会，总理县境内一切行政事宜。为了确立县务委员会的法律地位，使其发挥县政府委员会的作用，1942 年 6 月 30 日边区政府第二十六次政务会议通过了《陕甘宁边区县务委员会暂行组织条例》。边区在庆阳分区的一些县和绥德分区的米脂县，都曾建立过县务委员会。

县务委员会由委员 6 - 10 人组成，设主任委员 1 人，并呈请边区政府加委。它受边区政府之领导，分区专员公署之督察，冠以该县县名，在辖境适中地点设立。议决并执行县务委员会各部门工作计划、上级政府令行事项、地方财政收支事项以及其他应兴应革事项，是县务委员会的职权。

设立县务委员会的地方，多为一些未经过土地革命斗争的新区，是在边区政府建立三四年之后逐步开辟的。这里的民众长期受国民党顽固分子的统治和欺骗，民众组织还未建立起来。在社会领域,不像老边区,工农阶级占绝对优势,这里的上层阶级及非党群众对共产党还有点畏惧。群众从没有过问过民主,更谈不上民主习惯。由于上述特点,县务委员会一开始就应该有民主的味道和气氛,由法律保证一切公民的民主权利,使他们相信边区的政治不是看枪杆子或怒或喜的颜色,而是人民有权自己管理自己。县务委员会必须无条件地执行临时参议会的决议,切切实实地尊重人民代表机关的权力,树立清廉纯洁的作风,根据各阶级的共同利益制定政策和法令。要特别注意政府与党的不同,政府是全体人民的,是各革命阶级的,共产党员和非党人士在政府工作中有同等的权利和义务。

县务委员会下设职能机构,办理各项具体行政事宜。秘书室掌理拟缮、印信、档案、收发、庶务及不属各股之事项;民政股负责选举、抗战动员、干部行政、土地行政、劳资、租佃、户籍、区划、人民团体登记、婚姻、优抗、救济、卫生、通信、民事调解以及改革陋习事项;财政股掌理财政收支、地方税收、公产、粮食收支、仓库管理及其他财政建设事项;必要时,得设粮食股,直接归县务委员会领导;教育股负责学校教育、干部教育、社会教育、民教馆、公园及其他文化建设事宜;建设股掌理农牧、森林、水利、工矿、商业、贸易、交通运输、合作事业、生产运动、社会经济调查及其他经济建设事项;保安股负责锄奸、保卫、缉匪、检查站、放哨、维持公共秩序之警务工作;裁判股掌理各项刑民案件,在主任委员领导之下进行审判;保安大队掌理绥靖地方以及自卫军、少先队之编制教育等事项,受主任委员之领导,保安司令部之指挥。

四、区公署的组织与职权

(一) 区政府的性质和变化

从陕甘宁边区改制的1937年到第一届参议会召开的1939年,区政府是作为一级政权存在的,是县下的一级独立政府机关。《陕甘宁边区议会及行政组织纲要》规定,区建立政府委员会,设区长、委员若干人,均由区议会选举产生。区政府委员会对区议会负责。区议会有召回所选出之区长及区政府委员之权。1937年8月15日,西北办事处又作出了《行政专署以下各级政府组织的重新规定》,对区政府的办事人员和职责作了补充规定:“区政府,设区长1人,负全区行政之责。秘书,负责缮拟稿件、典守印信、辅助区长处理区务。助理员1人,襄助区政府之日常事务。如因工作繁忙时,可增加1人。”边区第一届参议会颁布的《陕甘宁边区各级参议会组织条例》第6条规定“边区设立边区参议会、县参议会及乡参议会”,取消了区参议会。这样,区政府作为一级政权机关的地位、职能和作用,便丧失殆尽。从此开始到边区结束,根据各级政府组织条例的规定,以精兵简政为标志,区政府的性质明显地划分为前后两种不同的性质。精兵简政前,区政府是作为县政府的“转达”机关从事政务活动的。这在第二届参议会制定的《陕甘宁边区各县区公署组织暂行条例》中体现得十分清楚。该条例规定,区公署“是增强县政机构”,它承县长、县政府各科、司法处以及保安大队长之命,办理转达上级指示、命令、法令及反映政情等事项,计划督导所属各乡民政、财政、经济、文教及应兴应革事项,组织训练自卫军,进行锄奸治安等事项。精兵简政后,区公署作为县政府的“助理”机关被规定下来。1943年2月颁布的《修正陕甘宁边区各县区公署组织条例》规定:“为加强县政府对乡(市)政权的领导,建立区公署助理机构。”同年 4 月制定的《陕甘宁边区政纪总则草案》又作了明确规定:“区公署为县(市)政府执行政务的协助机关,依据县(市)政府的命令与指示,直接指导乡(市)政权工作。”林伯渠主席也解释说:“区公署,只是县政府助理机关,协助县政府检查和帮助乡村工作。”①

(二) 区公署的组织与职权

《修正陕甘宁边区各县区公署组织暂行条例》不仅把区公署作为县政府的助理机关的性质肯定下来,而且对区公署的组织与职权也作了具体规定。区公署设区长 1 人,其下设助理员 2 人或 3 人,秘书在助理员中选择一人兼任,自卫军营长由区长兼任。区设政务会议,由区长、助理员组成,区长为当然主席。必要时,得请各群众团体负责人参加。

区公署的职权是,帮助督导乡(市)政府调查研究各该乡(市)情况,指导帮助乡(市)政府执行上级政策法令和指示,帮助督导乡(市)政府组织人民经济,增加生产,改善生活,帮助督导乡(市)政府进行干部教育、社会教育和国民教育;帮助督导乡(市)之民政、财政、保安等工作及其他应兴应革事宜;帮助督导乡(市)政府组织人民武装,维护地方治安;帮助督导乡(市)政府检查和总结工作经验。为了保证上述职权的落实,条例还规定了两种主要措施:一是区长、助理员须经常深入群众,调查研究,帮助各乡(市)政府工作;二是在必要时,召集区属乡(市)长联席会议,布置和检讨全区各项工作。

精兵简政以后,广大区干部转变作风,深入基层,发动群众,以发展农业生产为中心,同时展开全面工作,出现了群众性的热火朝天的团结抗战、发展经济的新局面。这与区政府性质的重新确定、职权的转变、措施的得当不无关系。如吴堡县岔镇区,在 1943 年 3 月开过 16 次乡长联席会议,其中 14 次是专门讨论和研究生产工作的,受到边区政府的表扬,成为全边区学习的模范。

五、乡(市)政府的组织与职权

(一) 乡(市)政府的组织与职权

边区乡(市)政府是边区政府的基础组织,是群众首先接近的政权机关。党和政府制定的政策和法令,能否变成人民大众的武器并得到实际的贯彻执行,以及乡村人民政治经济文化生活的组织及发展,归根到底要由乡(市)政府的能力和效能来决定。因此,通过立法,健全乡(市)政府组织,明确其权限,提高其效能,是奠定整个政府工作基础的大问题。

对于乡(市)政府的组织与职能,早在边区改制时,就有一般原则的规定。乡(市)设乡(市)政府,乡(市)长由乡(市)代表会选举,乡(市)政府对乡(市)代表会负责,“乡政府为吸收广大群众参加工作,应按工作需要,组织各种委员会。较大的村(或离乡政府较远的几个村联合)设立代表主任。”②根据上述原则,继承和发扬苏区乡苏维埃创造的一些制度和优良传统,在 1939 年上半年,边区政府起草了《保卫边区的报告大纲》,其中就乡(市)政府的

① 林伯渠:《边区建设的新阶段》,1946 年 4 月 4 日。

② 《陕甘宁边区议会及行政组织纲要》,1937 年 5 月。

组织机构设置、工作任务等问题,作了较为具体的规定。通过贯彻执行,使边区乡(市)政府的建设和巩固迈出了可喜的第一步。由于《保卫边区的报告大纲》是应急之作,故对乡(市)政府的组织机构等主要问题,如乡(市)政府下设各种委员会,虽有规定但不明确,致使下层出现混乱,设置不一,名称各异,职责不清,多为形式。针对这种情况,在1939年下半年,边区政府又制定了《乡政府组织草案》,进一步健全乡政府的组织,着重整顿乡政府下设的各种委员会。1939年9月15日,《曲子县八月份工作报告》向边区政府请示称:"这次,我们根据边府制定的乡政府组织草案,结合各乡长的民主讨论,乡政府须要组织以下三种委员会(指生产委员会、教育委员会、锄奸委员会)进行工作,呈边区政府批准后,再正式决定。"边区政府在1939年10月3日的抗字第242号指令批示:"乡政府及行政村组织之改进,亦无不合处。"

第二届参议会总结乡政府几年来的建设经验,从"奠定民主政治基础"的精神出发,制定了《陕甘宁边区各乡市政府组织条例》,下发各乡(市)执行。经过近两年的实践,又依据"简政和健全乡(市)政权的精神"加以修订,在1943年10月公布执行。这样,边区乡(市)政府的组织及其建设,就进入了一个稳定发展的新阶段。条例的主要内容有:

1. 关于乡(市)政府组织的规定。乡(市)政府委员会,其成员由乡(市)参议会选举产生。在乡(市)政权最高机关——乡(市)参议会休会期间,乡(市)政府委员会为乡(市)政权最高机关。乡(市)长及政府委员得连选连任。乡(市)长当选后,须呈请县政府加委。在末届改选期间,如有违法失职行为,乡(市)参议会随时可将其罢免或由县政府将其撤免,由该乡(市)参议会补选。

乡(市)政务大事,由乡(市)政府委员会讨论决定。日常工作由政务会议讨论处理。乡(市)政务会议,乡长、乡文书(协助乡长办理来往公文及乡政府日常事务,由当地小学教员兼任)、自卫军连长[协助乡(市)政府管理民兵及治安工作,由县政府选任,自卫军组织通过]为当然成员,其他参加人由县政府依具体需要决定之。乡(市)政务会议由乡(市)长主持。

在乡(市)政府之下,根据工作需票得设立临时或固定的各种委员会,吸收广大积极分子参加工作,使基层政权与人民群众融为一体,打成一片。乡(市)政府之下设立行政村,村设主任,由乡(市)长委任,乡(市)参议会通过。以村主任为首,由村自卫军排长、锄奸小组长、村代表组成的村务会议,讨论和决定行政村的重大事项,协助乡长管理所属自然村之政务。行政村之下设自然村,村设村长。村长由村民大会选举,承受乡长及行政村主任之命,办理本村行政事务。

2. 关于乡(市)政府职权的规定。边区乡政府的职权,受其特殊环境影响,具有那个时代的鲜明特点。就全国来说,边区处在紧急的战争状态,负有支援抗日战争的神圣义务,并且与敌人隔河对峙,经常受到日寇的轰炸和骚扰。就边区的局部来看,又处于相对安定与和平的后方环境。这样,就决定了边区乡(市)政府,在战争到来时,负有动员人民参军参战,配合八路军留守部队和边区保安部队,争取战争胜利,保卫家乡的职责;在平时,则应把组织和发展人民生产,特别是组织和发展以农业生产为第一的经济生活作为主要任务。由于受长期战争突击动员工作的影响和对所处特殊环境的误解，乡政府经常是只注意前者，而忽视或轻视后者，给经济建设带来了不小的损失。实行精兵简政以后，在边区政府的指导和帮助下，乡（市）政府注意把战争动员和经济建设结合起来，建立了乡政府的日常工作制度。

边区乡（市）政府的职权，概括起来主要有：

（1）贯彻施政纲领，执行政府法令。边区党、参议会和政府的一切政策法令的具体实行都在乡（市）。乡（市）政府对于政策法令的正确实施，有着决定性的意义。乡（市）政府人员对于上级颁布的每一个政策法令，特别是边区施政纲领，必须深入研究，彻底了解，根据具体环境规定实施办法。过去那种对法令重视不够，研究很差，不讲求实施办法的作风，是错误的。重视法令，忠实地把每一个法令变成现实，是每个乡村干部的职责。

（2）建立革命秩序，切实保障人民权利。良好的社会秩序是组织人民生活，发展生产事业，保障人民权利，巩固边区政权不可缺少的前提和条件。边区已有安定的社会秩序和环境，各阶级民众都过着安居乐业的生活，他们的人权、地权和财权有充分保障。但我们不能就此满足，还要按照毛泽东“建立高度民主秩序，切实保障人民权利”的要求，力求改进。

（3）进行战争动员，爱护人民军队。边区处在抗战环境之中，时刻有遭受日寇袭击的危险。因此，应当有充分的战争准备，一旦战事到来，乡（市）政府就要全力以赴，动员人民直接参战。在平时，则要教育人民爱护军队，尊重抗日军人，保障军队供给，并对官兵家属实行优待。这样，才能鼓舞士气，达到坚持抗战之目的。

（4）发展生产事业，提高人民文化水平。这是乡（市）政府的中心工作。这项工作包括组织人民开荒，安置外来移、难民，动员春耕秋收，采用一切办法提高人民生产热忱，使人民的经济生活日趋改善和繁荣等内容。同时，以更大的努力建立和发展农村文化事业，办好乡村小学、夜校、半日班、识字组、识字牌，组织地方歌曲、戏剧的排练与演出，减轻疾病、死亡的威胁，使人民生活得更加愉快和幸福。

（5）关心人民利益，提倡公共事业。我们的政府既然是人民的，就应在具体行动中使人民感觉到这一点。乡（市）政府要经常照顾到人民生活中的困难，并想方设法解决这些困难。如医药疾病的解决、减租减息的执行、水旱灾荒的救济，桥梁道路的修补等。总之，凡有利于人民的公共事业，都必须十分注意，积极地加以提倡。

（6）贯彻民主作风，办事做到公平。在边区各级政府系统中，乡（市）政府是人民能够直接参政的机关，民主范围越广泛，内容越充实，人民参政的积极性就越高，创造力就越强。因此，乡政府要时刻倾听人民的呼声，尊重人民的意见，并把这些正确东西实行起来。有了民主，还要公平。在日常生活中，人民希望政府办事公平，主要包括公粮负担合理、民事调解公道。政府只有做到这一点，才是名副其实的民主政府，才能得到人民的拥护。

（二）乡（市）政府组织建设的主要经验

多年生产运动的巨大发展和文化教育事业的日趋繁荣，产生了两种社会效果：一是人民物质生活的改善，引起了广大群众政治积极性的不断高涨；二是经济与公益事业中合作互助的推广，把散漫的农村社会逐步组织起来。这些为乡（市）政府组织建设培植了充分的条件。与此相适应，乡政府逐步强化自身建设，并积累了不少宝贵经验，举其要者有下列几点：

1. 设立专职乡(市)文书。乡(市)政府只有乡(市)长一人脱产,常驻办事,确有顾此失彼之困难。加之乡(市)长多为工农干部,文化过低,对上级政策和法令有“解不开”的障碍,对分析情况和总结工作有吃不消的难处,限制了政府工作能力的提高。据此,第二届参议会克服各种困难,作出乡政府均设文书的决议。乡(市)文书须具备文化程度较高、政治上坚定、工作能力较强的条件。这一职务的设立,既可以增强乡(市)政府的工作能力,又能够提高乡(市)干部的文化水平。

2. 健全乡(市)政府的各种委员会。根据多年经验,除了临时的各种委员会外,乡(市)政府设以下几个委员会是十分必要的:

(1) 文化教育委员会。按乡(市)之大小,由 3 人或 7 人组成,其职责是推进乡村学校教育和社会文化教育工作。如小学、夜校、半日校、识字组、俱乐部的工作以及对乡(市)村清洁卫生、破除迷信、禁烟戒毒、妇女放足的讨论、宣传和执行。

(2) 生产建设委员会。按乡(市)大小,由 5 人或 7 人组成为宜,其任务为发动乡村群众参加与学习农、林、牧、工、商、合作事业及乡村中其他建设工作。

(3) 锄奸委员会。乡(市)级由 3 - 5 人组成,村设锄奸小组,内设组长 1 人。它在县保安科和乡(市)政府锄奸主任领导下,讨论发动广大群众进行锄奸工作。

(4) 优抗互济委员会。由 3 人组成,其职责为协助乡(市)政府讨论与推行乡村中的优待抗属工作和互济工作。

这些委员会具有研究和建议性质,其根本任务是吸收乡村中广大积极分子参加政府管理,学习政府工作及社会服务。这些委员会的主任,或者由乡(市)政府委员兼任,或者由政府聘任;其委员由主任提出名单,由乡(市)政府委员会批准。

3. 培养模范乡村。培养模范乡村,推动乡政建设,是边区继承苏区的光荣传统。1944 年 1 月 7 日的《边区政府简政总结》指出:“继续加强政权,创造更多的模范乡村。去年,由于劳动英雄辈出,我们已经创造了像吴满有的吴家枣园、陈德发的马家沟、张振财的城壕村、石明德的白源村、刘玉厚的郝家桥等模范村乡,这是十分珍贵的创造。”以此为榜样,在全边区推广,大大促进了乡村政府组织建设。

4. 选拔劳动模范和英雄。大生产运动创造了大批模范和英雄。这些先进的代表人物,不仅是发展生产的骨干与核心,还为乡村政府组织建设提供了精英和人才。在边区存在的年代里,一批又一批的劳动模范和英雄被输送到基层政权,为乡村政府灌注了新鲜血液,增强了活力。

第三节 政权组织法的基本制度

一、党领导政府、参议会制度的确立

党中央长征到达陕北后,为适应抗日的要求,经过英勇斗争,建立了陕甘宁边区政权。没有中国共产党的领导,就没有新民主主义的革命,就没有边区的人民政权。

边区政权必须接受中国共产党的领导，而边区政权也正是在中国共产党的领导下进行工作的。党对边区政权的领导，是通过和依靠政权内的党团实现的。不论是边区政府还是边区参议会，都设立了共产党党团。共产党党团受同级党委领导，其主要任务包括：一是统一共产党员的行动，贯彻党的政策，保证党的纪律。二是贯彻抗日民族统一战线，团结党外人士，巩固“三三制”政权。边区党委及其党团是怎样领导政权的呢？第一，凡属涉及路线方针和政策性的重大问题，先在党内进行讨论，取得一致意见后，再提交参议会或政府委员会讨论通过。政权工作范围的具体问题，都在参议会或政府委员会上讨论，按照民主集中制原则进行。第二，不论涉及路线、方针、政策的问题，还是政权工作范围的具体问题，一经参议会或政府委员会通过，不论以决议、法令形式还是以布告、号召形式出现，各级党组织和党员，都应当遵守和服从这些决议、法令、布告，响应这些号召，以身作则，坚决执行，成为群众贯彻的模范。

在党和政权的关系上，当时存在着两种错误的认识和倾向：一是认为共产党对政权的领导，就是党直接指挥和命令政府或参议会。这种错误认识来源于不懂得党和政权是两个性质不同的组织系统。党只能直接命令它的党员和党团，在政权中做某些活动，起某种作用，决不能凌驾于政府和参议会之上，直接指挥和命令政府或参议会。这种观点虽然存在于少数人的头脑里，但是有极端的危害性。一方面，它把党降为政权的上级机关，实质上否定了党对政权的领导；另一方面，如果放任这种观点恶性发展，大有重走国民党老路的危险。二是认为党对政权的领导，就是党包办政权的具体工作。在这种错误思想影响下，出现了党政不分，政权工作为党委所替代。个别地方的参议会、政府和党委形成“三位一体”。这样，降低了党委、政府和参议会的工作效能，导致各自的日常工作制度无从建立，并且使党委完全陷入日常事务之中，大大地削弱了党对政权的领导。党中央总结了边区党领导政权的经验，针对各种错误认识和倾向，在 1942 年 9 月 1 日作出了《关于统一抗日根据地党的领导及调整各组织间关系的决定》。这个决定重申了党对政权的领导地位，明确规定在一个根据地里，从政府到参议会必须接受当地最高党委的领导，不得各自为政，闹独立性，独断专行。这个决定科学地阐明了党对政权领导的正确含义。党对政权的领导，不是说党凌驾于政权之上，直接指挥和命令政权，而是通过自己的党员和党团来实现的，“党委及党的机关无权直接命令政府”。党对政权的领导，“应该是原则的、政策的、大政方针的领导，而不是事事干涉，代替包办”。这个决定，纠正了各种错误认识和倾向，确立了党和政权的正确关系，把党对政权的领导纳入了马克思列宁主义的轨道，具有重大的历史意义和现实意义。

陕甘宁边区，在党如何领导政权，政权在党的领导下如何工作的问题上，有着丰富的经验。在 1948 年 7 月 29 日中共中央西北局召开的地委书记联席会议上，林伯渠着重地总结了这方面的经验。他说：“过去有四条正确的经验，现在还需要坚持，这就是：(1) 党对政权系统的领导，应该是原则的、政策的、大政方针的领导，不应事事干涉和包办代替；(2) 党团（党组）是说服而不是强制参议会和政府委员会执行工作，如果说服通不过，必须少数服从多数，不得超过民主集中原则；(3) 在政权系统中工作的党员干部，必须服从党团决定的纪律，不得利用自己的地位自由行动；(4)调动党员时，必须经过本人向政权机关取得辞职的手续。”①

二、会议制度

边区的主要会议制度有两种：一是参议会的会议制度；二是政府的政务会议制度。为了开好各级参议会，保证人民行使当家作主的权利，各级参议会在实践中逐步建立和完善了会议制度。1942年4月边区公布的《陕甘宁边区参议会会议规程》则是这种制度的总结和代表。根据规定，参议会会议制度的主要包括以下内容：

第一，会议的主持和应遵守的基本原则。参议会会议，正、副议长为当然主席。必要时，可推举议员若干人组成主席团主持会议，正、副议长为大会主席团的当然主席。每次会议之主席，由主席团轮流担任。参议会会议，一般情况下要公开举行，必要时得由主席宣布召开秘密会议。参议会开会、休会及闭会均由主席宣告。

参议会会议的进行遵循下列基本原则：第一，参议会开会时，凡属重大提案或重要问题，非有参议员过半数出席，不得开议；非有出席参议员过半数赞成，不得议决。第二，参议员在会议内得自由发表言论，不受任何限制。第三，参议会开会时，同级行政首长及司法首长均可列席，他们有发言权，但无表决权。

第二，提案及讨论表决。参议员、边区民众以及各文化、学术团体均有向参议会提出议案的权利。凡关于边区抗战建国、地方建设直至边区参议会之职权所及者，皆可提出议案。议案均应以书面为之，须有1人提议，参议员5人连署，内容包括议题、理由和办法三项。议案交由主席团，经各审查委员会审查后，提交大会讨论议决。

对于参议员的临时动议，无论采取书面形式还是口头形式，都具法律效力。临时动议，须在当日议事日程所列各案议毕时提出。如已届散会之时，得由主席批准下次会议提出。

关于提案或临时动议之说明、质疑、答复一般不得超过15分钟。参议员发言应在规定的时间内进行，一般不得超过，但经大会多数同意者不受此限。对同一议案，一人发言不得超过两次。讨论之结果，如有数种意见，其表决顺序由主席裁定，表决以无记名投票或举手为之。

第三，报告与询问。在参议会上，同级政府主席或副主席，应代表政府委员会向参议会做书面政府工作报告。政府各职能部门的专题工作报告，由各主管机关负责人为之。政府工作报告和专题工作报告，须列入议事日程进行讨论，听取参议员的批评和建议。在讨论中，参议员均有询问权。询问时，口头或书面形式皆可，大会主席团通知政府领导人和主管机关负责人定期进行答复，如对答复不满意，可再提出询问。

第四，选举与罢免。参议会选举政府正副主席、政府委员、法院院长、参议会常驻议员，以无记名方式投票选举，得票数最多者当选。凡罢免上述人员须有1人提议，出席参议员20人以上连署，经大会出席参议员2/3以上赞成，始为最后决定。

① 杨永华：《陕甘宁边区法制史稿(宪法政权组织法篇)》，陕西人民出版社1992年版，第507页。

第五，秩序和纪律。参议员全体有共同维持秩序的责任。参议员在会议中有违背本会会议规程或妨害会场秩序行为者，主席有权警告并制止其行为，对情节重大者，经主席团讨论决定或会议决议，对其实行惩戒，惩戒方式有谴责、责令道歉、停止一定时间的出席。

为了及时和准确地贯彻执行政策法令和决议，提高行政工作效能，在各级政府委员会闭会期间，从边区政府、专署公署到县政府、区公署，都成立了各级政务会议，作为各级政府委员会执行政务的机关。1942 年 1 月，边区政府颁布的《陕甘宁边区政务会议暂行规程》是各级政务会议进行活动必须遵守或参酌遵守的法律依据。

按照暂行规程的规定，出席政务会议的人员有：一是参议会选举的政府委员。他们是政务会议的当然出席人，在会议中具有全权。二是各厅、处、院、会的负责人。这些负责人，同样负有执行政务的责任，在会议中，有发言权和表决权。在各厅、处、院、会负责人因故不能出席或因工作需要而由其秘书出席政务会议时，他们只有汇报和说明问题的职责，无发言权，更无表决权。政务会议设秘书长 1 人，由政府秘书长兼任，记录 1 人或 2 人，负责整理文件和记录会议发言和结论。政务会议不设旁听席，政务会议的当然主席是同级政府的正副主席。

按照暂行规程的规定，凡属民政、财政、建设、教育之施政方针和具体计划，立法原则及单行法规，司法行政各项事宜，治安问题，各厅、处、院、会长官提议专员、县长、各级法官等任免事项，皆须由政务会议讨论和决定。这些事项，如果涉及专门问题，政务会议得设立各种专门委员会，聘请专门人才，协助办理。

按照暂行规程的规定，各行政部门应按期向政务会议做工作报告。这种报告，均以书面形式为之。政务会议之决议，交秘书长负责整理，经主席签发，分发各厅、处、院、会长官组织执行。

三、报告制度

边区政权继承和发扬了苏维埃政权的优良传统和工作作风，从成立之日起就规定了严格的报告制度。变化多端的战争形势、交通不便的农村环境以及文化水平较低的干部条件，使边区的报告制度具有特别重要的意义。边区政府通过制定各级政府组织条例、发布命令和指示，确立和完善了报告制度。其中，具有代表性的法规有：1946 年 8 月 11 日的《边区政府关于改进工作报告制度的指示》、1948 年 8 月 17 日的《陕甘宁边区政府关于履行工作报告制度的指示》、1948 年 11 月的《陕甘宁边区政府关于九、十两月份报告制度的检查给各专员、县(市)长的指示》和 1949 年 4 月的《陕甘宁边区政府关于健全报告与请示制度的指示》。

边区报告制度的基本内容和要求是：

（一）关于工作报告种类的规定

边区工作报告分为三类：(1)工作总结报告。这种报告就内容来说，涉及政府各项工作，带有全面性。就时间来讲，也有具体规定，或者 1 个月、3 个月，或者半年、1 年；(2)专题工作报告。多是一项重要工作或一个运动结束后，进行总结而向上级提出的报告，其突出特点是报告问题的专门性、系统性和全面性;(3)临时工作报告。多是遇有重大问题、涉及政策性问题或每一阶段中心工作执行情况和经验的报告,具有极强的时间性、迫切性,因此不拘形式,信件,电报皆可为之。

（二）关于工作报告内容的规定

工作报告的内容必须真实,写出每项工作或几项工作(尤其是每一时期的中心工作)的进度、过程和结果,做的方法和得到的经验,以及存在的问题和解决的办法。在一个报告里,最好运用马列主义的基本观点与方法,抓住生动典型的材料进行分析和研究,阐明政策法令执行的程度、偏向和经验。

工作报告须抓住重点,切忌罗列现象,平铺直叙。每一工作报告要写出各种政策执行的具体情况、问题和经验,着重说明两三个主要问题,不可主次不分,样样都写,追求全面。如问题过多,可分几次写,如经费、干部以及业务上发生的困难和问题,应及时备文商请解决,不要罗列在工作报告之内。对于两三个主要问题的阐述,也要有内容,有重点,有分析,有结论,不可罗列现象。要着重阐明工作中执行政策的基本情况,取得的经验,发生的问题和偏向,症结所在,以及领导的认识及解决办法,不可拼凑大量实际材料,缺乏认真的研究与分析;不可只讲政策的执行,不作执行政策的检讨;不可武断地下结论,缺乏事实根据;不可借助个别孤立事例,概括全面情况;不可只有政策性问题的请示,没有具体情况的说明。

工作报告须简明扼要,切忌空发议论,文字冗长。工作报告应写已经做过的事或正在做的事,不可离开事实,根据自己的预想以及个别孤立现象,空发议论。更不能文字冗长,每一报告一般 3 000 字为宜,至多不得超过 5 000 字。

这些规定的目的在于使上级领导机关及时了解下级工作的动态和全貌,指导政策和法令的执行,掌握工作和运动发展的趋势,交流经验,以统一政令,提高政权工作效率。

（三）关于工作报告纪律的规定

按照报告制度的规定,凡属重大问题,必须事先请示边区政府批准,方可执行。这些重大问题是:关于政策及重大工作之计划和决定;边区政府颁发的条例,因不适合当地具体情况需要修改者;各行署依本府条例精神制定之单行法规;扩军事项,公粮负担数目与税率之增减事项;地方款之征收事项,贷粮贷款之增加与减少事项;属于本府任免之干部事项;与其他解放区之经济协定,重大工厂之建设与中等以上学校之开办。

这项纪律规定,可确保政策、法令和重大问题决策的正确性,避免可能的失误,克服和纠正事先不请示、事后不报告的无组织无纪律的恶劣现象。按照报告制度的规定,凡属报告的问题,必须真实,不得有丝毫的虚伪和隐瞒。边区各级政府的工作报告,大多都能本着实事求是的精神,如实地反映情况,请示工作中的问题,对成绩不夸大,对缺点不隐瞒。但是也有相当数量的工作报告报喜不报忧,随便夸大和隐瞒,而在关于灾情和收成方面的报告中,表现得最为突出。边区政府认为这是一种非常严重的错误,必须严加纠正和禁止。对于肇事者,轻者按边区干部奖惩条例处罚,重者按刑律治罪。

（四）关于工作报告时间的规定

除了专题工作总结报告和临时工作报告不受时间限制外,对于综合性的工作总结报告,各级政府组织条例和边府的指示、命令都有有关具体时间的规定。1937 年规定，乡、区向县报告工作的时间为半个月，县、专署向边区政府报告工作的时间为 1 个月。1939 年进行了调整，规定各级政府报告工作的时间均为 1 个月。1943 年以后，各级政府报告工作的时间放宽，一律为 3 个月。1946 年，内战爆发，再次调整工作报告时间，一律改为两个月一次，逢单月进行。由此可见边区政府主要根据政治形势的紧张与否确定工作总结报告时间的长短。

（五）关于工作报告程序的规定

下级向上级进行工作报告分为两种：一是下级政府向上级政府的报告；二是下级政府职能部门向上级政府职能部门的报告。前者以政府首长签发为有效；后者必须经主管部门负责人签字盖章。下级向上级报告工作的运行路线，开始为双轨制：一是逐级进行；二是越级进行。后来发现越级报告工作利少弊多，因此，1939 年 3 月 31 日，边区政府发布了《陕甘宁边区政府指令》（抗字第 32 号）规定："嗣后该分区所辖之各县所有一切呈请、呈报事项，均须呈请专署转呈前来，方为合格，不致紊乱行政系统，致使对一事项或发生本府与专署之指示分歧。"从此，工作报告路线被纳入了逐级进行的单轨制。

通过对保留下来的数以百计的工作总结报告的分析和研究，我们便会看到边区工作报告制度，由于立法原则的正确和延安精神的陶冶，具有非常突出的特点：

第一，报告的真实性。边区政府认为，真实性是报告工作制度第一位的要求，是报告工作制度赖以存在的基础，是报告工作制度生命力之所在。在这种思想指导下，各级政府领导机关对工作总结报告，都采取严肃、认真、负责的态度。每项工作报告都由领导同志亲自动手，召开有关人员的会议，进行充分的酝酿，提出大纲，再行撰写。集体讨论通过后，由首长签发向上报告。对报告的情况、问题、内容和结论坚持实事求是的原则。从当地当时工作实际出发，有啥写啥，有多少写多少，不许夸大成绩，隐瞒缺点，编造实事，弄虚作假。对于不符合实际或严重失真的工作总结报告，上级政府派人下到乡村进行核实，作出结论，并提出严厉批评，限期作出检查和改正。比如安塞县县政府不经调查研究，根据一些想当然的材料写就了 1939 年 3 月份工作总结报告，当即受到边区政府副主席高自立的严厉批评。经过这次批评，这个县的领导同志认识了错误的严重性，认真地吸取了教训，大大提高了坚持真实性原则的自觉性。1940 年 9 月 30 日，该县在给边区政府的工作报告中说："各区大部分均能按期报告上来，除审阅报告外，派员亲自到各区、乡农村检查工作，看是否和各区工作报告相同，再作最后的结论。"

第二，报告的效能性。边区各级政府不仅注意工作报告制度本身的建设问题，而且特别强调工作报告制度的效能性。边区工作报告制度的效能性主要体现在三个方面：(1) 凡属报告，必有致答。1940 年 11 月 3 日，边区政府在《为征收 9 万石救国公粮致各专员县长指示信》中指出，对乡、区、县的报告，上级政府"应立即研究，给予答复，不要使得好的经验不能推广，坏的现象发展到严重地步"。致答采取两种形式：重大且必须执行的问题用指令：一般或者允许地方变通的问题用函信。这样，可使下级政府请示的问题及时得到指导，保证政府工作始终沿着正确轨道前进。(2) 凡属报告，必须经过群众。除了涉及秘密的工作报告以外,其他工作报告向上级报告的同时,还要向群众报告。由机关首长向所在单位或所辖范围的群众报告,发动他们讨论,调动群众当家作主的积极性,群策群力,做好工作。这样,上级的指示与广大群众结合,使工作和政策贯彻到底。(3)凡属典型报告,批发各地学习。此类事例,为数众多,举不胜举。最为突出的是,1948 年 10 月 30 日,林伯渠在深入调查研究的基础上,撰写了《恢复老区、发展新区》的系统而翔实的工作报告。这个报告以详细的数字和具体的事实报告了收复延安后陕甘宁边区的生产、群众负担、防疫、救灾和教育工作等方面的情况与问题,阐明了边区政府已经或准备采取的具体措施。党中央和毛泽东接到后,立即批发边区各地和其他解放区,充分地发挥了报告制度的效能性。

四、政权工作的检查制度

工作检查制度是边区政权的重要工作制度之一。边区政府颁布的第一个宪法性文献——《陕甘宁边区抗战时期施政纲领》就有相关规定。其第 5 条规定:"建立工作检查制度,发扬自我批评,以增进工作的效能。"在这个原则的指导下,边区政府结合自己工作实践和经验,创立了具有特色的工作检查制度。

边区的工作检查制度,其出发点为"适应群众的需要,增进工作的效率"①,采取的方式有两种:

(一)政府的自我检查

边区各级政府工作的最高原则,是为人民服务,对人民负责。本着对人民负责的态度和精神,这些政府有勇气也有能力通过自身的检查纠正自己的缺点,改正自己的错误。政府的自我检查,首先是各级政府本身的自我检查。比如,边区政府每隔一段时间,或一项重大工作和一个运动结束后,都要动员大家检查一次工作,采取个别谈心或开小型座谈会的方式,开展善意的相互批评,相互听取意见,共同总结经验教训。凡属正确的建议和意见,边区政府一律接受,照其办理;凡属不正确的或属于误会的意见,领导同志就向他们做耐心的说服和解释工作,做到互谅互勉,共同提高;有明显错误的,就诚恳地指出他们不对。这种做法,贯彻了以诚相待、民主检查的精神,从党内到党外都十分满意。有一次,林伯渠向毛泽东汇报了边区政府检查工作的情况后,毛泽东也赞成这种方法,他说:"议论和批评对我们总是有帮助的,不符合事实的可以借鉴。凡是对的意见,我们都要研究解决。"其次是上级政府对下级政府的检查。这种检查,多在各级政府自身检查的基础上进行。按照边区政府的规定,这种检查应是具体的实际的检查,而不是一般的空洞的检查;应是经常的系统的检查,而不是偶然的零碎的检查。从检查中既要发现和表扬成绩,又要发现和纠正错误,并与群众自下而上的检查适当配合起来,克服上下不一致的毛病。

(二)群众对政府的检查

边区各级政府工作人员是人民的公仆,人民是政权的主人。主人有权检查公仆的工作。人民的政府也需要人民的检查,只有在人民的检查和监督之下,政府才能做好工作。1942

① 谢觉哉:《边区参议会常驻会报告》,1942 年 5 月 9 日。

年5月9日，谢觉哉在《边区参议会常驻会报告》中说："要知道，常常检查，坏干部可以学好；不常常检查，好干部也可以学坏。"正是从这点出发，《陕甘宁边区宪法原则》再次重申了人民对政府工作的检查权，并确立了行使这种权利的方式。

人民群众检查政府工作的方式有两种：一是直接的方式。在平时，他们可以通过批评和建议乃至控告的形式监督政府的工作和工作人员。每到选举时刻，他们亲自进行大检查，批评政府工作和工作人员的缺点，提出改进政府工作的意见，指令政府执行他们的决议，选举他们信赖的干部，罢免不称职的干部，以实现自己当家作主的权利。二是间接的方式。各级参议员按照居住的远近，组成各级参议员小组，深入群众，调查研究，随时反映人民的意见、要求和呼声，通过各级参议会常驻会转交同级政府执行。到了参议会开会之时，人民的代表就直接检查政府的工作及工作人员。

第四节　政权组织法的特点

一、立法与行政并立

在苏维埃时期，实行立法与行政合一的体制。各级工农兵代表大会是各级政权的最高权力机关。各级代表大会闭会期间，由其选出的各级执行委员会为最高权力机关。在中央，中央执行委员会设立人民委员会，作为它的政务执行机关。在地方，省、县、区执行委员会不建立下级人民委员会，直接设置行政职能部门，处理日常行政事务。人民委员会虽为国家最高行政机关，负有指挥全国政务的责任，但它的人员由中央执行委员会选任，并且只能在中央执行委员会指定的范围内颁布各种法令和条例，采取适当的行政方针，还须报告中央执行委员会批准。人民委员会的决议，如与中央执行委员会确立的大政方针有重大关系，应提交中央执行委员会批准。人民委员会对中央执行委员会负责，并须按时向它报告工作。由此可见，全国苏维埃代表大会及其执行委员会，既有立法权，又有行政权。不论从行政关系角度还是从立法角度，人民委员会和各级执行委员会的行政职能部门都处于被领导与从属地位。这种体制是由工农民主专政的国体决定的，也是仿照1923年苏联宪法的精神作出的。

按照议会与行政组织纲要的规定，陕甘宁边区改制后，人民直接选举边区议员、县议员、区议员和乡代表会代表，各级议会和乡代表会是人民的权力机关。各级议会选举政府领导人员，政府对议会负责，并报告工作。边区议会、县议会在闭会期间，选出常驻议员委员会。常驻议员委员会不是边区和县议会闭会期间的最高权力机关，无权领导政府，仅可代表议会对政府行使监督之责。这样，势必形成立法与行政的并立与制约关系。这种并立是特定条件下提高工作效率的分工，制约不是冲突，而是更好地体现边区民主政治。

这种立法与行政的并立与制约关系，具体表现在：

1. 边区议会、县议会与边区政府、县政府，在行政上各自独立，不存在从属或领导关系，各有自己的系统，分别行使其职权。各级政府作为行政机关，独立于议会之外，归上级政府领导。其职能是执行议会决定、处理政务。各级议会逐级形成一个权力系统，为各级人民代表机关，独立于政府之外，归上级议会指导。其职能是行使立法权，决定各级政府的大政方针。二者相互制约，议会监督政府，政府牵制议会，形成一个有机的和谐体。

2. 在立法上，边区政府、县政府从属于边区议会、县议会。政府机构的设置和人员的配备，由议会决定。政府领导人员由议会选举、罢免和弹劾。政府办事，事前尊重其决议和创制权，事中受其监督与检查，未经议会议决和创制的，还须事后追认。政府对议会决定有绝对服从之义务，而无解散议会和否决议会决议之权。议会作为超于政府之上的机关，代表人民，反映民意，密切注视政府工作，起着监督和指导作用，体现了人民民主权利的至高无上性。

确立边区议会、县议会与边区政府、县政府并立和制约关系，是同抗日民主政权的阶级关系紧密联系在一起的。在民主共和国制度下，工人、农民、小资产阶级、地主、富农、资本家都有选举权与被选举权。这些阶级在抗日根本问题上有着一致的利益，故有各阶级的联合。但它们毕竟是不同的阶级阶层，有各自的利益。这种状况反映到政权里来，必然会出现各阶级阶层既联合又斗争，既统一又矛盾。政权实行立法与行政并立体制，就多了一种调节斗争矛盾的手段和场所，对缓解各阶级之间的斗争与矛盾，巩固抗日民族统一战线，是非常必要的。同时，立法与行政的制约，既可防止政府脱离群众和独断专行现象的发生，有利于发扬民主政治，又能发挥政府特长和应变能力，以适应瞬息万变的抗日战争的需要。

乡议会与乡政府在行政上各有系统、各自独立、各有职权，一个是权力机关，另一个是行政机关，就这个意义上说，它们是不同的。但是，它们又是议行合一的统一体。乡议会开会时，乡政府停止工作，议、行事务均由乡议会办理，没有行政机关与它并立。这时它既是权力机关，又是行政机关。在乡议会闭会期间，议、行事务均由乡政府处理，没有乡议会及其常驻机关与它并立。这时乡政府既是权力机关，又是行政机关。就这个意义来说，它们又是同一的。可见，乡议会与乡政府既不并立，又不隶属，而是合二为一，开会时是乡议会，休会时是乡政府。考虑到乡政权是广大人民直接接触的基层政权，实行议行合一体制，有利于人民群众直接参加政权管理工作。这种体制体现了边区民主政治的极大优越性，也是新民主主义政权的发展。

在政权工作中，县区乡中相当数量的干部对立法与行政的并立关系存在不少误解。一是认为"参议会领导政府"。这种看法混淆了参议会与政府在行政系统上的各自独立性，在工作中容易发生两种不利倾向：政府领导人员能力弱的，凡事向参议会推卸，不敢负责，将参议会的决议和大政方针变成一纸空文；政府领导人员能力强的，又不免产生对参议会敬而远之的毛病，致使政府脱离参议会的监督和指导。二是认为"政府与参议会平等"。这种看法只看到政府与参议会独立性的一面，而没有看到政府对于参议会从属性的一面。因而，在实际工作中可能发生政府是政府、参议会是参议会的倾向。三是认为"参议会就是政府"。这种看法说对了乡政府与乡议会关系的一个方面，但是忘记了另一方面，即乡议会不能天天开会，实际执行政务的是乡政府。结论应该是，乡议会既是政府，又不是政府。

上面几个误解导致有些县、乡级政府与县、乡级参议会的关系不够正常。某些县参议会的常驻会，没有开展经常工作，定期会议不能按时召集，甚至连会址也没有；有的县政府不给参议会常驻会定期作工作报告，甚至将参议会交办的决议案也忙丢了；乡参议会下的居民小组，大多数没有建立起来，即使已经建立的居民小组也起不了多少作用。这些现象的发生，不能不归咎到做政府工作的同志轻视参议会，对政府与参议会关系了解不够。正确地了解了它们之间的关系以后，我们要重视与执行参议会交办的决议事项，把政府对参议会的工作报告制度严格地建立起来，参议会及其常驻会和乡议员小组更需重视督促和检查政府工作，经常收集人民群众的意见和要求，定期召开会议。这些都是建立政府与参议会正常关系的基本条件。

二、行政领导司法与审判独立

边区的司法体制，是根据《陕甘宁边区议会及行政组织纲要》确立的。该纲要规定，边区法院审判独立，但隶属于主席团之下，以免行政与司法分立。同时，保持审判独立，以免行政包办司法。这说明，边区司法只有"半权"，是一种半独立。当时确立这种体制，一是借鉴参考了苏维埃时代的司法制度和经验。二是考虑到"时局变动，审判常须受政治指导，与其设特别法庭或特种审判来调剂，不若使法院在主席团领导下，保持其审判独立，这样于保障人权较为有利"①。我们的行政机关领导司法，不会叫司法机关做违法的事，相反，只会帮助司法机关把审判搞得更好。这与资产阶级不同，他们有意把司法和行政对立起来，目的在于蒙混和欺骗人民。如果说他们主张司法独立也有意义的话，那只是对他们行政长官惯于小营私的一点妨碍，至于大营私则是他们阶级的目的，从不加以限制。1939 年，边区第一届参议会制定并颁布的《陕甘宁边区高等法院组织条例》更具体地确认了这种体制。该条例第 1 条规定："边区高等法院受中央最高法院之管辖，边区参议会之监督，边区政府之领导。"第 3 条规定："边区高等法院独立行使其司法职权。"这种体制，符合当时极端分散的农村环境和残酷多变的战争环境的需要，并在革命斗争中发挥了打击敌人、保护人民的重大作用。实践证明这种体制基本上是正确的，也是必要的。

但是对于这种体制，在中共中央西北局、边区参议会、边区政府和边区高等法院的领导同志中间，始终存在严重分歧。一有机会和条件，便会发生尖锐的争论。1941 年，在边区第二届参议会召开前夕，边区政府提出了克服游击习气，实现各种制度正规化的要求。边区高等法院的负责人和边区司法界的某些著名人士，鉴于行政领导司法出现的许多弊端，提出了司法独立的建议。这种建议尽管是中国革命法制史改革行政领导司法产生诸多弊端的最初探索与尝试，带有很大的合理性和不可忽视的积极意义，但没有摆脱旧型教条主义的影响，脱离了农村与战争环境。这种建议很快被边区政府某些领导人所否定，认为这是舍不得取掉旧司法的眼镜，以致脱离边区与边区人民的需要，不顾"革命三民主义的人民与政权"的实际，"硬搬旧型司法制度"的结果。这种"司法独立"倾向在实际司法实践中产生了极坏的后果，以致人民的正当权益遭到损害而破坏分子的不法行为反获宽容，②因此，边区政府对

① 《陕甘宁边区议会及行政组织纲要》，1937 年 5 月 12 日。

② 林伯渠：《边区政府委员会一年工作总结报告》，1944 年 1 月 6 日。

司法工作进行了初步检查,并采取了重大措施:第一,对“闹独立”的同志进行批判和斗争,责令其检讨,停止其工作或调离法院。有的被戴上特务分子、暗害分子的帽子。第二,在组织上进行司法改革,实行县长兼司法处长、专员兼分庭庭长的制度,以强化行政对司法的领导。据林伯渠同志报告,到1943年春,这种“司法独立”倾向已被大体纠正。

在当时的历史条件下,专员兼高等分庭庭长、县长兼司法处长是合适的。这不是解决领导统一的问题,而是解决人才不够的暂行办法。但是,统一领导和兼职完全是两回事。边区地广人稀,干部奇缺。严格地说,司法是专门事业,需要专门人才,行政长官不一定长于司法,且行政兼司法,有碍于审判独立。边区政府领导法院,是领导其走向审判专业化,并不意味着一旦独立,政府就不可领导之。政府会议讨论司法案件,高等法院判处死刑案件必须经过政府审核,人民对高等法院终审判决不服可向边区政府控告。这并不构成干涉法院的独立审判,相反,在当时法律不健全、司法人员水平较低的条件下,只有采取这些办法,才可以保障判决正确,树立司法威信。

1945年12月28日,党中央西北局讨论司法工作,认真研究和重新评价了两种对立的观点,再次肯定了现行司法体制,认为这种体制是适合边区战时和农村环境的。同时又承认这种体制确实遇到了不少困难和矛盾,是过渡时期的权宜之计,对审判独立问题的认识,有了重大进步。1946年2月13日,边区政府领导人林伯渠、李鼎铭及西北局书记习仲勋集会讨论召开第三届参议会的准备工作。在这次会议上,秘书长李维汉提出了加强司法工作的问题。一致认为:今后应该适当强调并逐步实行法制。立制施令必须慎重,以期制定令行。必须培养守法观念,辅以赏罚。许多人缺乏守法观念,缺乏守法习惯,必须有所转变。同年4月,边区召开第三届参议会,林伯渠在政府工作报告中就把“健全法律与制度”作为今后第二个重要任务提出来。他说:“健全司法机关和检察机关,司法机关对法律负责,进行独立审判,不受任何地方行政的干涉。”[①]揭开了中国革命法制史上司法革新、审判独立的第一页。

陕甘宁边区司法体制经过了这样的一个过程:政府确立的半独立制度,经过要求全盘西化的司法独立的冲击后,又受到不要独立的反弹,最后走向审判独立。这说明只有经过不同意见和主张的争论斗争,才能找到适合人民政权的法律制度;更证明旧民主主义的某些法律制度不都是错误的,有些是人类法律文化的精华,必须认真地、批判地加以继承和吸收。

① 林伯渠:《边区建设的新阶段》,1946年4月4日。

第五章 刑 法

我国新民主主义刑法是在新民主主义革命的特殊历史环境下形成和发展起来的。其肇始于第一次国内革命战争时期工人运动中制定的惩治工贼、制裁贪污渎职犯罪以及农民运动中制定的惩治土豪劣绅等系列刑事法规。[①] 抗日战争时期是我国新民主主义刑法进入健全发展的阶段。[②]

抗战时期,陕甘宁边区刑事法律是边区法制建设的重要组成部分。尽管它们在形式上较为简单,不可避免地带有地方性[③],但在艰苦卓绝的战争环境下仍然取得了一系列难能可贵的建设成就,是抗战时期各根据地刑法建设的典范,是人民民主法制的萌芽,更是新中国刑法体系构建的根基和源头。研究和总结这一时期的刑法立法和司法实践,不仅可以了解我国刑事法律的历史渊源,对于传承人民司法优良传统以及未来刑事法治的改革和发展,都具有重大的理论和现实意义。

第一节 陕甘宁边区的刑事政策

抗战时期,日本帝国主义和汪精卫集团,除直接进行军事进攻以外,还在边区周围广设特务间谍机关,收买地主、土匪及其他社会渣滓充当走狗,潜入边区进行投毒、暗杀、刺探军情、破坏边区政府等活动,国民党反动派不断挑起事端,掀起反共高潮,这些破坏活动给边区人民的生命财产安全和各项建设带来了严重危害。革命需要决定了边区政权刑法的任务是运用刑罚手段,同汉奸反动派作斗争,保卫边区人民政权,保护人民群众的合法权益,保障抗日战争取得的胜利成果。毛泽东指出:“民族统一战线中已经存在着起破坏作用的奸细分子,这就是那些汉奸、托派、亲日派分子。……共产党员必须明白,揭发和清除奸细,是和扩大和巩固民族统一战线不能分离的。只顾一方面,忘记另一方面,是完全错误的。”[④]毛泽东

---

① 刘国强:《论新民主主义时期人民刑法建设的成就》,载《湖北社会科学》2012 年第 6 期。

② 高铭暄:《中国共产党与中国刑法立法的发展——纪念中国共产党成立 90 周年》,载《法学家》2011 年第 5 期。

③ 董必武:《进一步加强人民民主法制 保障社会主义建设事业》(1956 年 9 月 19 日),载中共中央文献研究室编:《建国以来重要文献选编》(第 9 册),中央文献出版社 2011 年版,第 221 页。

④ 《毛泽东选集》(第 2 卷),人民出版社 1991 年版,第 523 页。

在《论政策》中强调“统一战线中的策略原则和根据这些原则规定的许多具体政策，全党必须坚决地实行”[①]。在毛泽东论著指引下，陕甘宁边区确定了刑事政策的出发点，是按照抗日民族统一战线的方针，将镇压反革命与保障人权统一起来。

一、镇压与宽大相结合

镇压与宽大相结合的政策是我党打击犯罪、同汉奸特务作斗争的基本政策，体现了具体问题具体分析的辩证思想。其主要精神是：争取政治上的瓦解，必要时实行军事打击，区别对待犯罪性质，减少打击面，教育挽救大多数。

（一）《陕甘宁边区施政纲领》明确镇压与宽大相结合的政策

《陕甘宁边区施政纲领》规定：“对于汉奸分子，除绝对坚决不愿改悔者外，不问其过去行为如何，一律施行宽大政策，争取感化转变，给以政治上与生活上之出路，不得加以杀害、侮辱、强迫自首或强迫其写悔过书，对于一切阴谋破坏边区的分子，例如叛徒分子、反共分子等，其处置办法仿此。”[②]1942年林伯渠在《陕甘宁边区关于执行剿匪任务的密令》（战字第627号）中也体现了这一精神：“对于已获土匪：（1）罪大恶极，符合剿匪训令应该枪杀的，召开群众大会处决，并解释宽大政策的意义；（2）应安抚者好好安抚；（3）应处徒刑者处以徒刑。”[③]“严厉地镇压汉奸。这个问题现在已到了极严重的程度。汉奸们横行无忌；在战区则援助敌人，在后方则肆行捣乱，并有装出抗日面貌反称爱国人民为汉奸而加以逮捕者。”[④]毛泽东说：“锄奸运动应注意区别首要与胁从、自觉的与被骗的、坚决分子与动摇分子，分别处理，前者从重，后者从轻，并注意争取后者使之回心向善，决不可一例看待。”[⑤]对坚决为日寇服务的汉奸、特务，坚决打击镇压，对一般的违法犯罪者争取挽救，对他们应采取宽大政策，用惩罚和教育相结合的方法改造他们。高子文案就体现了对不肯悔改汉奸的镇压政策。“高子文是韩复榘的上尉副官，受日本特务机关指使充当汉奸。曾用红旗向日军敌机打信号，妄图行刺中央首长。被捕入狱后，政府希望他能悔悟，予以自新机会，但高子文始终不愿悔改，顽固坚持与人民为敌，最后经法院公审后，依法判处死刑。”[⑥]

宽大是为了争取失足者，教育群众，孤立、暴露、镇压敌人，缩小敌人的社会基础。对被敌人威胁利诱强迫当侦探的，如无重大破坏行为，确能揭露敌人秘密，有立功表现的，给予宽大处理。对反动派中的动摇分子和胁从分子，不允许随便戴汉奸帽子，要用正确的策略推迟他们转变为汉奸的过程，或使他们变成汉奸时陷于孤立。对“被胁迫参加、多少带有革命性

---

① 《毛泽东选集》（第2卷），人民出版社1991年版，第769页。

② 《陕甘宁边区政权建设》编辑组编：《陕甘宁边区参议会（资料选辑）》，中共中央党校科研办公室1985年版，第191页。

③ 陕西省档案馆、陕西省社会科学院合编：《陕甘宁边区政府文件选编》（第6辑），档案出版社1988年版，第413页。

④ 《毛泽东选集》（第2卷），人民出版社1991年版，第376页。

⑤ 中共中央文献研究室、中央档案馆编：《建党以来重要文献选编（一九二一——一九四九）》（第15册），中央文献出版社2011年版，第622页。

⑥ 中国革命博物馆编：《解放区展览会资料》，文物出版社1988年版，第173页。

的分子,应大批地争取为我军服务,其他则一律释放。如其再来,则再捉再放;不加侮辱,不搜财物,不要自首,一律以诚恳和气的态度对待之。不管他们如何反动,均取这种政策。”① 对于土匪不论科以主刑中的死刑或有期徒刑,还是处以从刑中的没收财产等,都主张贯彻镇压与宽大相结合的原则,区别对待。区别匪首与一般土匪、主犯与次要分子,实行剿抚兼施,争取协从分子。1942 年中共中央解释宽大政策时,认为“同时提出镇压与宽大是完全正确的,对于一切破坏民族利益的分子,必须采取坚决镇压的政策;对于此类分子,采取放任态度,并谬施于宽大政策,是完全不正确的”。② “只有那些真正表示改悔者,才应采取宽大政策,而对于一切曾有破坏行为,但是真正表示改悔确有证据者,我们则必须采取宽大政策。”③

(二) 镇压与宽大的关系

镇压与宽大是互相联系、辩证统一的。盲目镇压,打击面太大,会伤害无辜人员;过度宽大,会放纵犯罪分子,给社会带来潜在的危害。正确的方针政策是毛泽东提出的镇压与宽大相结合,二者必须同时兼顾,不可偏废,镇压是对坚决反共的敌对分子而言的,宽大是“以表示悔改与否为决定政策标准的”④,对坚决破坏民族利益的汉奸采取放任的态度,以放任代替宽大,对敌探奸细、土匪、便衣采取姑息容忍的态度,无异于帮助敌人,是对人民的犯罪。如对不肯悔改汉奸刘文义和对樊维德悔过自新宽大处理案充分体现了党的从严、从宽政策。

汉奸刘文义在米脂、绥德刺探军情报告汉奸,并企图在井水中投毒,携带证章、过期路条、盐票掩饰其犯罪行为,被捕后“惟其本意尚非坚决不愿改悔者,特依法判决有期徒刑两年”,对其处刑较轻,以便转化消极因素为积极因素,团结一切力量参加抗战。⑤

樊维德原在国民党顽固派何绍南的壮丁队受训练,派手下战士李国英等潜入边区县府,故意在友军 86 师开进瓦窑堡时向对方射击,企图引起边区政府和友军的摩擦冲突,破坏抗日团结。樊维德被捕后,政府对其反复教育,樊维德认识到自身行为对抗战的危害性,有悔改表现,根据政府宽大政策,判处有期徒刑 5 年,后在安塞农场从事生产劳动。⑥

1943 年 10 月 10 日 -16 日,绥西(现陕西子洲县)办事处党、政、司法机关联合召开政策兑现大会,对虽有一定罪行,但能主动坦白认罪的人如张通智等当场释放。由于宽严政策的感召,有 541 人主动投案,主动坦白了破坏边区的罪行,得到了解脱,走向光明。⑦

---

① 《毛泽东选集》(第 2 卷),人民出版社 1991 年版,第 767 页。
② 转引自中国检察学会编:《毛泽东法制思想论集》,中国检察出版社 1993 年版,第 95 页。
③ 转引自中国检察学会编:《毛泽东法制思想论集》,中国检察出版社 1993 年版,第 95 页。
④ 转引自中国检察学会编:《毛泽东法制思想论集》,中国检察出版社 1993 年版,第 95 页。
⑤ 中国革命博物馆编:《解放区展览会资料》,文物出版社 1988 年版,第 173 页。
⑥ 中国革命博物馆编:《解放区展览会资料》,文物出版社 1988 年版,第 173 页。
⑦ 中国革命博物馆编:《解放区展览会资料》,文物出版社 1988 年版,第 174 页。

二、严惩首要，挽救胁从

（一）毛泽东对区别政策的观点

毛泽东在《论政策》一文中，对反共顽固派、汉奸亲日派、反对抗日的亲日派采取区别对待的政策，有极为深刻地论述："对于反共顽固派是革命的两面政策，对其尚能抗日的方面是加以联合的政策，对其坚决反共的方面是加以孤立的政策。在抗日方面，顽固派又有两面性，我们对其尚能抗日的方面是加以联合的政策，对其动摇的方面（例如暗中勾结日寇和不积极反汪反汉奸等）是进行斗争和加以孤立的政策。顽固派在反共方面也有两面性，因此我们的政策也有两面性，即他们尚不愿在根本上破裂国共合作方面，是加以联合的政策，在他们对我党和对人民的高压政策和军事进攻的方面，是进行斗争和加以孤立的政策。将这两种两面派分子，和汉奸亲日派加以区别"。[①] "在汉奸亲日派中间也有两面分子，我们也应以革命的两面政策对待之，即对其亲日的方面，是加以打击和孤立的政策，对其动摇的方面，是加以拉拢和争取的政策，将这两种两面分子和坚决的汉奸……加以区别。"[②]"对于反对抗日的亲日派大地主大资产阶级和主张抗日的英美派大地主大资产阶级，加以区别；又须对于主张抗日但又动摇、主张团结但又反共的两面派大地主大资产阶级和两面性较少的民族资产阶级和中小地主、开明绅士，加以区别。"[③]这种根据对抗日采取的不同态度区别对待的政策，是执行刑事工作的基本政策依据。

（二）区别政策的运用

区别是制定政策的基本策略，应"在这些区别上建立我们的政策"[④]。毛泽东在《论政策》中指出："抗日民族统一战线政策，既不是一切联合否认斗争，又不是一切斗争否认联合，而是综合联合和斗争两方面的政策。"[⑤]毛泽东关于区分敌友、区分主要敌人和非主要敌人、区分主要同盟者和非主要同盟者的思想，关于以发展进步势力为中心，与争取中间势力、孤立顽固势力相结合的思想，卓有成效地争取了多数，孤立了少数，打击了敌人，认为只看到斗争而否认联合，是片面的，只看到团结而否认斗争，也是片面的。毛泽东制定的革命的两面政策，对巩固和扩大统一战线，打退国民党对边区的军事进攻和封锁，战胜日本帝国主义，起了重要作用。

总之，要分清敌我，认准性质，区别对待，镇压少数坚决的违法犯罪分子，争取教育感化大多数，反对刑事工作扩大化、简单化、神秘化。

三、不放过一个坏人和不错办一个好人

为了正确科学地指导锄奸反特斗争，需要对边区的主客观情况有一个清醒全面的认识，

---

① 《论政策》，载《毛泽东选集》（第2卷），人民出版社1991年版，第763－764页。

② 《论政策》，载《毛泽东选集》（第2卷），人民出版社1991年版，第764页。

③ 《论政策》，载《毛泽东选集》（第2卷），人民出版社1991年版，第764页。

④ 解放军报编辑部编：《毛泽东同志四十三篇著作简介》，长征出版社1982年版，第68页。

⑤ 《毛泽东著作选读》（上册），人民出版社1986年版，第412页。

对此,共产党和陕甘宁边区政府制定了“联合多数,打击少数”①的策略,要求“不放过一个敌探,不错办一个好人;不放过一个敌人,不制造一个敌人;不放过一个内奸,不冤枉一个同志”。② 1940年10月21日《解放日报》社论《决定锄奸政策的出发点》指出:第一,要认清抗日根据地处在敌后长期抗日的环境。从这一客观环境看,我抗日根据地是敌特破坏的中心目标。因此,对于敌寇一切可能的阴谋破坏,必须严加警惕。没有这种认识,便会使我们轻视敌人,麻木不仁,遭受敌探奸细的袭击。第二,应正确估量我们的根据地是经过长期战争和无数胜利建立起来的。从这一主观条件看,在抗日根据地里,有坚强的共产党领导,有具有高度觉悟的抗日军队,有忠于革命事业的优秀干部和热爱祖国的广大人民。因此,我们必须相信自己的力量,相信自己的干部和广大群众。敌探奸细只是少数的民族败类,而绝大多数的军队、干部、群众,绝不会成为敌人和奸细。没有这种认识,便会夸大敌人的力量,毫无根据地怀疑自己的干部和群众,从而惊慌失措,中了敌人借刀杀人的诡计,使锄奸扩大化。第三,还应认识目前党的政策是抗日民族统一战线的政策,是联合各抗日党派、各阶层及一切不愿投降的人共同抗日的政策,锄奸政策必须以这一总政策为出发点。过去左倾路线时期的肃反政策必须抛弃,否则就会到处制造敌人,把中间分子、动摇分子赶到敌人阵营中去,使自己陷于孤立。根据上述分析,社论指出:一方面必须坚决镇压少数敌探奸细,不放过一个敌探,不漏掉一个奸细。非此不能保卫根据地,非此不能巩固抗日的革命势力。另一方面,又必须坚决保障全体抗日人民的民主权利,不要错办一个好人,不要冤枉一个好人。非此不能瓦解敌人,非此不能得到民众的拥护。总之,在不放任敌人,不夸大敌人的原则下,把镇压少数敌探汉奸的活动和保障全体民众的民主权利统一起来,这就是决定抗日根据地刑事政策的基本原则。两者不可割裂,任何一方出现偏差,都会给刑事工作带来严重后果。

总之,“不放过一个坏人,不错办一个好人”就是要分清敌我界限,区分罪和非罪的界限,绝不能认敌为友,更不能将人民内部的思想和实际问题,误认为敌我问题,任意给他人扣上汉奸、反革命的帽子,不能草率捕人,错办好人。

四、党的刑事政策与法律的关系

总的来说,在共产党领导下的新民主主义革命时期,党所制定的刑事政策,既是陕甘宁边区的立法依据,又是指导边区政权实施法律的指针,发挥着法制建设的引领作用,直接成了法律依据,在抗战时期具有法律化的身份,发挥着法律的功能,调整规范抗战时期边区的刑事工作,具有广泛的作用范围和最高的法律效力。

党的刑事政策与边区法律具有密切的联系。

第一,刑事政策是边区立法的依据。刑事政策与边区立法发生互动关系,党的刑事政

① 《中共中央社会部关于锄奸政策与锄奸工作的指示》,载总政治部办公厅编:《中国人民解放军政治工作历史资料选编》(第5册:抗日战争时期(二)),解放军出版社2004年版,第373页。

② 《中共中央社会部关于锄奸政策与锄奸工作的指示》,载总政治部办公厅编:《中国人民解放军政治工作历史资料选编》(第5册:抗日战争时期(二)),解放军出版社2004年版,第373-374页。

策,在立法全过程中都发挥着重要作用,对立法具有指导性意义;立法也充分体现党的刑事政策的精神实质,使方针政策具有变为现实法律的可能性。没有刑事政策的正确指导,边区立法活动将变得盲目,而没有刑事司法实践,边区的立法将缺乏调整对象。

第二,党的刑事政策可以转化为边区的立法内容。党的刑事政策虽然不涉及具体的实体法和程序法,但是作为一般性要求,在适用上具有普遍的指导意义,刑事政策往往通过立法或司法解释的方式,实现实体法或程序法的构想。党的刑事政策立法转化有两个路径:一是由边区参议会立法机关通过立法的方式,将党的刑事政策体现在法律中,这种方式使执法机关能够取得刑事法律的依据;二是由司法机关通过司法解释的方式,实现刑事政策的法律转化。司法解释将政策性要求与法律规范合法有机地统一到法典中,既体现了共产党和边区政府对锄奸反特、打击犯罪、巩固政权的高度重视,又体现了边区民主与法制的精神,防止刑事法律活动缺少法律保障。

第三,党的刑事政策是边区法制的政治基础,也是法律实施的政治基石。共产党刑事政策的贯彻执行,离不开法律手段作保障,刑事政策对陕甘宁边区法律的制定有着直接的、方向性的影响,起着引导性作用。共产党刑事政策是边区新民主主义法制的核心和精髓,既是制定新民主主义法律等规范性文件的依据,又是适用新民主主义法制的指导思想。没有正确的政策观念,就没有正确的法律观念。边区新民主主义法制是党的主张与人民群众意志在法律领域的高度统一,是党的政策条文化、法律化的具体体现。

党的刑事政策与法律的区别:第一,制定组织不同。刑事政策是共产党的机关制定的,是党自身的主张,不具有边区意志的属性;边区法律是边区政府制定的,具有边区政府意志的属性。第二,实施方式不同。边区的法律具有强制性,任何人都要遵照执行;党的政策不具有这一属性,政策只对全体党员和共产党的组织起作用,即党的刑事政策需要政法机关和全体党员来实施。第三,表现形式不同。刑事政策多表现为党的文件;法律则表现为边区政府的规范性文件,如 1942 年《陕甘宁边区刑事诉讼条例草案》等。第四,调整范围不同。边区法律的调整对象是抗战时期的社会关系,涉及政治、经济、外交、文化、军事等诸多方面;党的刑事政策调整的是边区安全与执法之间的对应关系。

总之,要正确认识党的刑事政策和法律的关系,既要在刑事工作中以政策为指导,又要善于运用法律手段保证政策的贯彻执行。刑事审判工作政策与法律在本质上、目标上是一致的,但在形式上、作用上、适用范围上又有很大区别,各有其不可替代的作用。

第二节 陕甘宁边区的刑事法源

在法学领域,法律渊源是一个源远流长且极为重要的概念。一般认为,法律渊源就是法律的表现形式。法史学界的学者在使用“法源”或“法律渊源”一词时,通常也是指司法审判活动的法律依据。[①] 在陕甘宁边区政府成立初期,仍沿用苏维埃时期的刑事法律法规。随

① 胡永恒:《陕甘宁边区的民事法源》,社会科学文献出版社 2012 年版,第 9 页。

着时间的推移和环境的改变,原苏维埃时期的刑事法律法规已经逐渐不能适应陕甘宁边区惩治犯罪的实际需要。从1937年开始,边区相继制定了一系列政策、法律法规。主要包括《陕甘宁边区抗战时期施政纲领》《陕甘宁边区宪法原则》等宪法、宪法性文件以及《陕甘宁边区惩治贪污条例(草案)》等单行刑事法律法规。此外,还有边区政府颁布的命令以及边区高等法院的指示信、答复等。

一、边区的刑事法源

(一)宪法和宪法性文件

作为陕甘宁边区刑事法源的宪法和宪法性文件主要包括《陕甘宁边区抗战时期施政纲领》(1939年4月)、《陕甘宁边区施政纲领》(1941年5月)、《陕甘宁边区保障人权财权条例》(1942年2月)、《中共中央关于宽大政策的解释》(1942年11月)、《陕甘宁边区宪法原则》(1946年)等。边区的这些宪法和宪法性文件,从根本法的角度对犯罪与刑罚作了纲领性规定。

综观边区制定的宪法和宪法性文件,呈现出如下几个特点:第一,规定了边区刑法的基本原则,如规定法律面前人人平等、罪刑法定等内容。《陕甘宁边区宪法原则》提出:"边区人民不分民族,一律平等。"①第二,规定了边区的刑事政策,主要涉及教育感化、镇压与宽大相结合等内容。《陕甘宁边区施政纲领》提出:"对于汉奸分子,除绝对坚决不愿改悔者外,不问其过去行为如何,一律施行宽大政策,争取感化转变,给以政治上与生活上之出路。"②为了纠正司法实践中的偏差,1942年11月中共中央发布的《关于宽大政策的解释》则对镇压与宽大相结合的刑事政策作了全面、系统的阐述③,这一解释也直接成为边区司法机关适用刑罚的依据。第三,规定了边区刑法的目的和重点打击对象。《陕甘宁边区抗战时期施政纲领》规定:"厉行锄奸工作,提高边区人民的警觉性,彻底消灭汉奸、敌探、土匪的活动,以巩固抗日后方。""肃清贪污腐化,铲除鸦片赌博。"④《陕甘宁边区施政纲领》进一步重申:"厉行廉洁政治,严惩公务人员之贪污行为。"⑤

考察边区刑事司法实践后进一步发现,边区宪法和宪法性文件中的刑事法律条款不仅具有根本法上的意义,还在边区的刑事审判实践中被作为准据法加以引用。如李克仁叛变逃跑一案,经边区高等法院审理后,认为"此叛变革命,为虎作伥,危害国家人民之徒,论罪

---

① 陕西省档案馆、陕西省社会科学院合编:《陕甘宁边区政府文件选编》(第10缉),档案出版社1991年版,第43页。

② 陕西省档案馆、陕西省社会科学院合编:《陕甘宁边区政府文件选编》(第5辑),档案出版社1988年版,第3页。

③ 参见中央档案馆编:《中共中央文件选集》(第13册),中共中央党校出版社1991年版,第455-456页。

④ 《红色档案——延安时期文献档案汇编》编委会编纂:《陕甘宁边区政府文件选编》(第1卷),陕西省人民出版社2014年版,第203-204页。

⑤ 《红色档案——延安时期文献档案汇编》编委会编纂:《陕甘宁边区政府文件选编》(第5卷),陕西省人民出版社2014年版,第3页。

应处死刑。惟念能有悔悟之意，自动返回，且按共产党宽大政策及‘五一’施政纲领，准免于追究”，故判决“以前判处之徒刑二年，准其讨保假释”。在此判决中，裁判的依据即为共产党宽大政策及1941年5月1日颁布的《陕甘宁边区施政纲领》。

（二）《陕甘宁边区刑法总、分则草案》

抗战时期，作为边区的立法机关——边区参议会，无法从容地制定一部体系完备的刑事法典。在总结刑事单行条例的基础上，根据雷经天、何思敬同志在边区第二届参议会上的提案，着手起草《陕甘宁边区刑法总、分则草案（初稿）》。[①] 1942年，边区起草了《陕甘宁边区刑法总、分则草案》，确立了一系列重要的刑法原则和刑罚制度，推动了边区刑法的完善和进步。然而，令人遗憾的是，直至1945年12月29日，边区高等法院王子宜代院长在边区推事审判员联席会上仍谈道：“这次会议花时间最多的（近50天）就是讨论了已有和尚在草拟中的一些法令……讨论过的约有刑罚总分则[②]、民刑事诉讼法、地权条例、土地租佃条例、婚姻条例、债务处理办法、继承处理办法，现除最后两种（债务处理办法、继承处理办法）已将意见呈送边区政府审查颁布外，其他拟经边区政府提交将要召开的下届边区人民代表大会审查决定。”[③]由此可见，直至1945年年底，这部刑法草案仍然迟迟没能颁布施行。

《陕甘宁边区刑法总、分则草案》共18章200余条，是边区条款最多的立法草案。其中，总则部分共16章，分则部分2章。总则部分分别就刑事政策与刑罚目的、刑法效力、刑法施行范围、刑事责任、共犯、数罪并罚、未遂犯、累犯、刑之种类、刑之易科、科刑轻重之标准、缓刑及假释、治疗教育、时效等进行了规定。[④] 如刑事政策“以教育感化为主，不采取威吓与毁损人格及痛苦身体诸手段”。此外，为体现新刑法重在教育感化的新意义，在刑名之徒刑的规定上，将有期徒刑改为“拘束自由的强制教育”。分则部分则采取了“公益”与“私益”分别规定的立法条例，并将“公益”置于“私益”之前，分为妨害国家利益之罪和妨害私人利益之罪两大类。

总的来说，作为边区刑事立法成果之集大成者——《陕甘宁边区刑法总、分则草案》尽管没有颁布实施，但诚如边区高等法院代院长王子宜所指出的：“凡已公布的，酌量可以引用，借作对人民的教育；未公布的，仅供参考，不得引用。”[⑤]至于在刑事审判中是如何发挥“参考”作用的，尚需结合有关司法档案做进一步研究。但不容否认的是，《陕甘宁边区刑法总、分则草案》所蕴含的刑事法律思想和制度，也对新中国成立后的刑事立法奠定了很好的基础。

（三）边区政府颁布的单行刑事法令

1939年颁布的《陕甘宁边区政府组织条例草案》规定：“边区政府对于边区行政得颁发

---

① 杨永华、方克勤：《陕甘宁边区民主政权的刑法原则》，载中国法律史学会、《法律论丛》编委会编：《法律史论丛》（二），中国社会科学出版社1982年版，第116页。

② 疑为笔误，刑罚总分则应为刑法总分则。

③ 《陕甘宁边区推事审判员联席会议总结》（1945年12月29日），转引自高海深、艾绍润编著：《陕甘宁边区审判史》，陕西人民出版社2007年版，第281页。

④ 参见艾绍润、高海深主编：《陕甘宁边区法律法规汇编》，陕西人民出版社2007年版，第104－110页。

⑤ 《陕甘宁边区推事审判员联席会议总结》（1945年12月29日），转引自高海深、艾绍润编著：《陕甘宁边区审判史》，陕西人民出版社2007年版，第281页。

命令，制定单行法规。但关于增加人民负担或重大事件须经陕甘宁边区参议会核准或追认。”[①]也就是说，除边区参议会享有立法权外，边区政府也有制定单行法规的权力。

鉴于陕甘宁边区战时背景及法制初创的实际，进行大规模、系统化的刑事立法的条件尚不成熟。对此，何思敬在边区第二届参议会上的第二十六提案中指出：“关于边区人民诉讼事件适用之实体法及程序法等一时难以制定，应暂授权政府会同本会常驻议会根据新民主主义精神，参酌边区实际情况编订各项暂行条例先行颁布，以济急需，俟下届参议会审查追认。”[②]从边区的刑事立法实践看，边区的刑事法制建设没有一蹴而就，而是根据革命斗争的实际需要，按照“由简到繁”“先急后缓”的原则，先后制定了《陕甘宁边区惩治贪污条例（草案）》等单行刑事法令，并着重突出打击汉奸、盗匪、敌伪分子以及贪污腐化等侵害“公益”的犯罪活动，以济刑事司法之需，这也构成了边区刑事法律的主要任务和核心内容。

从已公开的档案史料和已有的研究成果看，边区单行刑事法令颁布的时间集中于1939－1943年这一时期，代表性的立法成果有《陕甘宁边区抗战时期惩治盗匪条例（草案）》（1939年）、《陕甘宁边区抗战时期惩治汉奸条例（草案）》（1939年）、《陕甘宁边区惩治贪污条例（草案）》（1939年）、《陕甘宁边区破坏金融法令惩罚条例》（1941年）、《陕甘宁边区禁烟毒条例（草案）》（1942年）等。这些单行刑事法令，主要是打击汉奸、土匪、烟毒、破坏边区政权、破坏军队、贪污渎职等危及边区民主政权的犯罪行为。如《陕甘宁边区禁烟毒条例（草案）》详细规定了吸食或注射烟毒、种植鸦片烟苗、制造吸食或注射烟毒之器具、抗拒禁烟禁毒职务之执行、帮助或庇护他人吸食注射及买卖贩运烟毒、买卖或贩运烟毒、设立传布烟毒之商店等7种毒品犯罪的行为方式及相应的处罚措施。

应当说，边区政府根据革命斗争的实际需要，颁布必要的单行刑事法令，是被证明了的一种绝对需要又行之有效的方法。这是因为，单行刑事法律主要解决一定时期、一定情况下同某类犯罪作斗争的急需，具有制定迅速、及时打击犯罪的优点，既利于在短期解决边区刑事司法“无法可依”的现实，同时还通过先行先试为制定体系完备的刑事法典积累了宝贵的经验。

（四）边区政府颁布的命令、答复

边区政权由参议会、政府和司法机关三部分组成。1939年1月，边区第一届参议会通过《陕甘宁边区抗战时期施政纲领》，在该宪法性文件中确定了边区“两权半”的政权结构。[③] 其中，司法并非与行政并列，而是从属于行政，故称为“司法半权”。

边区政府不仅领导司法工作，其颁布的行政命令不少也涉及刑事法律的内容，如关于边区有期徒刑最高刑期的修改。因为有许多案子，如判死刑实觉太重，有失宽大之意；如判5年又嫌太轻，故1942年3月31日边区政府发布了战字第237号命令，令边区高等法院将最

---

① 《红色档案——延安时期文献档案汇编》编委会编纂：《陕甘宁边区政府文件选编》（第4卷），陕西人民出版社2014年版，第467页。

② 《陕甘宁边区政权建设》编辑组：《陕甘宁边区参议会》（内部资料），1985年版，第313页。

③ “两权”指立法权和行政权，分别由参议会和政府机关行使；“半权”指司法权，由司法机关行使。相关论述参见胡永恒：《一元化领导体制下的司法“半权”——以陕甘宁边区治理为例》，载《文化纵横》2015年第2期。

高徒刑由5年改为10年。[1] 1943年4月9日，陕甘宁边区政府《关于死刑判决及执行程序的指示信》亦规定："一、一般死刑案件，必须报告高等法院审核，转呈本府审委会批准后才许执行。二、除军法处另有规定外，与在作战捕押时因抵抗逃跑，或其他紧急情况中被击毙外，各下级政府，不得擅自处决死刑。三、在剿匪中，或其他情况时，因群众急切要求处决人犯时，亦当急电报告本府批准。"[2]再如，1946年6月20日，陕甘宁边区绥德专署就"料面犯的处理问题"向边区政府呈文，内容如下[3]：

林、李、刘主席[4]：

近来由河东贩来的料面日渐增多，危害人民，实属非浅，过去之烟民，现有大部改吸料面者。近日连逮捕料面犯数人，究应如何处理，至请明确示遵。根据目前情况，情节较重，又系累犯者，除将毒品没收外，尚应处以死刑，以儆效尤；一般轻者，可酌情处罚，以示教育。是否有当，请速示遵。

敬礼！

专　员　杨和亭

副专员　王恩惠

同年7月6日，边区政府就"关于料面犯处理问题"答复如下[5]：

杨、王专员：

来呈收阅。关于料面犯处理问题，毒品应予没收，罪犯应将案情及拟处意见呈报高等法院核办。

此批。

主　席　林伯渠

副主席　李鼎铭　刘景范

由此看来，边区政府颁布的行政命令等也是边区刑事司法的重要法律渊源。

（五）边区高等法院批答、指示信等

边区高等法院是边区的最高司法机关。诚如杨永华教授所指出："研究陕甘宁边区的司法制度以至于革命根据地的法律制度，其核心就是边区高等法院。在陕甘宁边区司法制度的发展中，边区高等法院起着核心作用，这是其他任何司法机构都不能替代的。"[6]边区高

---

① 陕西省档案馆、陕西省社会科学院合编：《陕甘宁边区政府文件选编》（第5辑），档案出版社1988年版，第369页。

② 陕西省档案馆、陕西省社会科学院合编：《陕甘宁边区政府文件选编》（第7辑），档案出版社1988年版，第182页。

③ 陕西省档案馆、陕西省社会科学院合编：《陕甘宁边区政府文件选编》（第1辑），档案出版社1986年版，第181－182页。

④ 指陕甘宁边区林伯渠主席，李鼎铭、刘景范副主席——编者注。

⑤ 陕西省档案馆、陕西省社会科学院合编：《陕甘宁边区政府文件选编》（第10辑），档案出版社1991年版，第181页。

⑥ 汪世荣等：《新中国司法制度的基石——陕甘宁边区高等法院（1937－1949）》，商务印书馆2011年版，第2页。

等法院作为边区最高司法机关，不仅承担着审判、检察、狱政管理和司法教育等诸多职能，同时通过对个案的审判、指导，履行着对审判过程中如何具体适用法律、法令进行司法解释的"准立法"的职能。如针对甘泉县关于"判处苦役在监内时间是否计算"的请示，边区高等法院对此作出批答，指出："判决以前的羁押期间，应该一日抵一日，若有剩余，即执行剩余刑期。若刚好相等，即作为刑期执行完毕，应予释放。若已超过也以期满论。"前期的批答主要是就事论事，后期着重从政策原则上予以分析和明确，因而对地方司法工作有很大帮助："批答制度，除指导工作外，无异于以各县审判的案件作教材，成了培养干部的函授学校。"①

（六）规定在行政法等非刑事法律中的罪刑规范

尽管刑法与行政法、经济法等其他部门法有着明显的区别，但是，从陕甘宁边区的立法实践看，各种不同性质的法律规范往往又混杂、交织在一起。边区1939年公布的《陕甘宁边区政府禁止仇货取缔伪币条例》之第2－7、11－12条，均为禁止敌货、行政奖励及处罚的内容，这些规范属于行政法的范畴。而该条例的第8－10条，则规定了违反该条例所应承担的刑事责任。如第9条规定："凡违反本条例之第四条及第五条者，得按情节之轻重处以有期徒刑或死刑或科以罚金。"②这些条款，显然属于刑法规范的范畴。再如《陕甘宁边区查获鸦片毒品暂行办法》（1942年1月）规定了禁毒工作的执行程序和查获或协助政府查获烟毒的奖励办法。同时，第10、11条又分别规定："凡司法机关受理之贩卖或吸食烟毒案件，应于判决后，将烟毒和烟具全数移交禁烟督察处（或分处）处理。""因实施查缉职务而侵占他人与烟毒无关之财物者，依诈欺论罪。"③这些条款则是刑事法律规范的内容。

此外，边区政府颁布的工商业、税收等部门行政法也体现了与刑事法律规范相互交织、融合的现象。如边区税收法规《陕甘宁边区斗佣征收暂行办法》（1942年）第11条规定："买卖粮食时其拨撒之粮食仍归于卖主，无论何人不得借故'吃落地粮'，违者以贪污论。"④

（七）国民政府的刑事法律

在陕甘宁边区，在刑事裁判中援引国民政府法律的情形在一段时期内较为常见。主要缘由归纳起来有二：一是统一战线营造的宽松的政治氛围。正如有的学者所指出的："共同的民主利益、政治基础和统一战线的要求，沟通了两种本质不同的法律制度，为边区政府援用国民政府的法律奠定了基础。"⑤二是边区法制不健全背景下厉行法治的结果。一方面，边区刑事立法严重不足，成文法数量极为有限，"无法可依"的现实困境和"罪刑法定"的法

---

① 《边区人民司法工作报告》（1949年10月），全宗15－212。转引自汪世荣等：《新中国司法制度的基石——陕甘宁边区高等法院（1937－1949）》，商务印书馆2011年版，第85页。

② 陕西省档案馆、陕西省社会科学院合编：《陕甘宁边区政府文件选编》（第1辑），档案出版社1986年版，第282－283页。

③ 陕西省档案馆、陕西省社会科学院合编：《陕甘宁边区政府文件选编》（第5辑），档案出版社1988年版，第47页。

④ 陕西省档案馆、陕西省社会科学院合编：《陕甘宁边区政府文件选编》（第5辑），档案出版社1988年版，第33页。

⑤ 杨永华、段秋关：《统一战线中的法律问题——边区法制史料的新发现》，载《中国法学》1989年第5期。

治要求，让边区刑事裁判的合法性和权威性受到质疑。另一方面，边区保障人权财权、建设民主法治政府的愿望和要求又非常迫切。基于以上背景，边区政府在独立自主地制定刑事单行法律的同时，还以不同形式适用了国民党刑法中一些可以利用的法律条文，这也使得国民政府的法律成为边区刑事法律的重要渊源。

边区援引国民政府刑事法律规范，“是有选择、有限制、有条件的，并非全部照搬”①。根据1939年边区政府县、区联席会议通过的《目前边区的司法工作》的规定，援引国民政府刑事法律“必须适合以下条件：1. 有利于抗战的；2. 有利于大多数人民利益的；3. 有利于民主政治的；4. 有利于国共合作的；5. 有利于边区环境所需要的。”②通过有条件、有选择地援引国民政府的刑事法律，有效弥补了边区刑事立法的严重不足。关于刑事审判中对国民政府“六法全书”的援引，曾担任边区高等法院院长的马锡五回忆说：“边区高等法院，在一九四二年高干会以前，曾指示过各县于判决时，要批判的（地）引用六法全书条文，六法全书也曾用作司法人员训练班之教材，虽然当时说是批判的（地）引用，批判的（地）讲授，但考试测验中，根据把六法全书背诵默写（得）熟，即可多得分的结果，是鼓励了六法全书的采用。”③

有学者通过对边区司法档案的实证考察和分析，认为边区有条件地援引国民政府“六法全书”主要集中在边区建立初期，而尤以1942年－1943年7月间居多。诸如汉奸、盗匪、烟毒、贪污等特别刑事法律援引国民政府法令的情形非常普遍。此外，在边区出台的单行刑事法令中，对承认国民政府的法律地位及援用国民政府的法令也有规定，如《陕甘宁边区抗战时期惩治汉奸条例（草案）》（1939年）规定的以汉奸罪论处的18种行为，第一种情形即“企图颠覆国民政府所属各级政府，阴谋建立傀儡伪政权者”④。而1942年颁布的《陕甘宁边区禁烟毒条例（草案）》第1条亦规定：“本条例根据国民政府颁布禁烟毒各种法令并参酌边区特殊情形而制定之。”⑤

二、边区刑事法源的特点

（一）多元化

从前文的考察可见，边区的刑事法源呈现出多元化的格局。即在边区的刑事审判实践中，所援引的刑事裁判依据既有边区宪法和宪法性文件、边区单行刑事法令，又有边区政府的行政命令以及国民政府法律等。另外，判例在审判中也起到了一定的参考作用（但未见

① 杨永华、段秋关：《统一战线中的法律问题——边区法制史料的新发现》，载《中国法学》1989年第5期。

② 杨永华、段秋关：《统一战线中的法律问题——边区法制史料的新发现》，载《中国法学》1989年第5期。

③ 《人民法院马锡五在延大关于司法工作中几个问题的报告》（1949年5月），全宗15－151，转引自刘全娥：《陕甘宁边区司法改革与“政法传统”的形成》，人民出版社2016年版，第95页。

④ 陕西省档案馆、陕西省社会科学院合编：《陕甘宁边区政府文件选编》（第1辑），档案出版社1986年版，第494页。

⑤ 甘肃省社会科学院历史研究室编：《陕甘宁革命根据地史料选辑》（第1辑），甘肃人民出版社1981年版，第470页。

作判案的依据)。边区刑事法源的多元化,有效弥补了边区刑事立法严重不足的先天缺陷,有利于及时打击破坏边区的各类刑事犯罪,进而发挥出刑事审判在抗战中的独特作用。如1943年8月,延安市地方法院在审理肖积金贪污一案中,依照《陕甘宁边区惩治贪污条例(草案)》第3条第3款之规定,判处被告肖积金徒刑4年。对于另一被告陈华(系高等法院监狱保外服役之人犯),则依照国民政府《刑法》第439条第1项及同法第51条之规定,判处劳役6个月,连同前犯妨害风化一罪,判徒刑两年并执行之。[①]

边区刑事法源的多元化,在刑事立法严重不足的背景下,其历史意义是毋庸置疑的。但多元化格局的刑事法律渊源,必然存在交叉乃至冲突的地方。如何妥善处理,对事关人身自由乃至健康和生命权利的刑法来说,就显得尤为重要。对于各种刑事法律渊源的效力层级,边区并无明确规定。从司法个案看,存在国民政府的法律优于边区法令适用的情形。如1940年11月9日,边区高等法院审理的王光胜汉奸一案,依照国民政府《修正惩治汉奸条例》[②]第2条第1项第7款、第12款及第10款之规定,以汉奸罪判处王光胜死刑。[③] 然而,关于惩治汉奸的刑事法令,边区早在1939年就颁布了《陕甘宁边区抗战时期惩治汉奸条例(草案)》。边区高等法院在这里显然优先选择适用了国民政府的法律。

(二) 阶段性

陕甘宁边区经历了抗日战争和解放战争两个大的历史时期。反映在刑事法源上,就是在不同的历史阶段呈现出不同的情形。首先,从边区刑事立法的数量看,主要集中在边区政府成立初期,尤以1939－1943年这一时期居多。边区主要的单行刑事法规以及《陕甘宁边区刑法总、分则草案》等,都是在这一时期制定或颁布的。当然,这些立法成果的推出,与李木庵主政边区高等法院时期注重法制建设、推进司法正规化改革不无关系。其次,从援引国民政府的法律看,则以1943年为分水岭。1943年以前,由于政治氛围相对宽松,边区刑事司法援引国民政府法律较为频繁;1943年下半年后至新中国成立前,经整风运动和审干运动,适用国民政府法律成为政治禁忌[④],在边区刑事司法中援引国民政府法律的情形几近绝迹。最后,从边区刑法的打击重点看,在抗日战争时期,主要打击日本汉奸、土匪、破坏边区政权、破坏军队、破坏边区法令、杀人、投毒、贪污渎职等犯罪行为;在解放战争时期,打击的主要对象是国民党特务、间谍、破坏边区的反革命分子、投敌叛变分子、政治土匪等;在土地革命时期,打击的主要对象是反动地主、富农分子及破坏土改运动的反动分子。[⑤]

(三) 零散性

诚如前文提及,由于边区的战争环境使然,边区的刑事法源以边区颁布的单行刑事法令和国民政府的法律为主,辅之以边区政府的命令、高等法院的指示等。尽管边区也曾于1942年起草了《陕甘宁边区刑法总、分则草案》,但并未正式颁布施行。因此说,在陕甘宁边

① 艾绍润、高海深编:《陕甘宁边区判例案例选》,陕西人民出版社2007年版,第135－136页。
② 该条例由国民政府于1938年8月15日公布。
③ 艾绍润、高海深编:《陕甘宁边区判例案例选》,陕西人民出版社2007年版,第131页。
④ 胡永恒:《陕甘宁边区的民事法源》,社会科学文献出版社2012年版,第178页。
⑤ 高海深、艾绍润编著:《陕甘宁边区审判史》,陕西人民出版社2007年版,第82页。

区刑事法律渊源体系中，由于始终没能制定一部统一的刑事法典，使得边区有关定罪和量刑的规范呈现出零散性、碎片化。这种情形，直至1979年7月1日第五届全国人民代表大会会议通过了我国第一部刑法典，才得以宣告打破。

第三节 边区刑法的主要罪名

罪名就是犯罪名称，是对具体犯罪本质或主要特征的高度概括。① 有学者将边区各种刑事法规所规定的罪名分为两大类，即政治类犯罪和普通刑事犯罪。政治类犯罪主要包括汉奸罪、盗匪罪、破坏边区罪等，又称为“政治犯”。②《陕甘宁边区刑法总、分则草案》根据犯罪所侵害法益的不同，将边区的刑事犯罪划分为妨害国家利益之罪与妨害私人利益之罪。本书亦采用这一划分标准。

一、妨害国家利益之罪

政权问题是革命的根本问题，而法律则是政权的重要工具之一。③ 毛泽东同志在1939年指出：“我们的法院他（它）不管别的，专门管对付汉奸、对付破坏法律的人，以国法制裁破坏团结，破坏抗战的分子。”④抗战时期，边区刑法中妨害国家利益之罪主要包括汉奸、土匪、破坏民主政权、贪污等刑事犯罪。

（一）汉奸罪

惩治汉奸罪，是抗日战争时期边区刑事立法和刑事司法的核心任务，是边区政府和人民的一项重大政治任务。关于锄奸政策问题，1939年4月4日《陕甘宁边区抗战时期施政纲领》提出：“厉行锄奸工作，提高边区人民的警觉性，彻底消灭汉奸、敌探、土匪的活动，以巩固抗日后方。”⑤1940年12月25日，毛泽东同志在《论政策》中指出：“应该坚决地镇压那些坚决的汉奸分子和坚决的反共分子，非此不足以保卫抗日的革命势力。”⑥1944年1月6日，林伯渠主席在边区政府委员会第四次会议上报告边区政府一年工作时，针对改善边区司法工作亦强调：“审判人员必须具备充分的群众观点和对敌观点，把制裁汉奸、反革命当作中心，把保护群众当作天职。”⑦

惩治汉奸罪在边区的刑事立法中所占的比重较大，对汉奸罪的惩处也比其他罪严厉。

---

① 张明楷：《刑法学》（下），法律出版社2016年版，第667页。

② 巩富文主编：《陕甘宁边区的人民检察制度》，中国检察出版社2014年版，第110页。

③ 马锡五：《新民主主义革命阶段中陕甘宁边区的人民司法工作》，载《政法研究》1955年第1期。

④ 雷经天：《在陕甘宁边区政府学习研究会上的报告大纲》，转引自杨永华、方克勤：《陕甘宁边区法制史稿·诉讼狱政篇》，法律出版社1987年版，第10页。

⑤ 《红色档案——延安时期文献档案汇编》编委会编纂：《陕甘宁边区政府文件选编》（第1卷），陕西省人民出版社2014年版，第203页。

⑥ 毛泽东：《论政策》，载《毛泽东选集》（第2卷），人民出版社1991年版，第767页。

⑦ 陕西省档案馆、陕西省社会科学院合编：《陕甘宁边区政府文件选编》（第8辑），档案出版社1988年版，第23页。

总的来说，抗战时期刑事立法对汉奸罪的打击表现出罪名的多样性和立法的进程性、阶段性特点。[①] 1939 年 3 月 5 日，《陕甘宁边区民众锄奸委员会组织条例》规定了民众锄奸委员会对所发现的 20 种阴谋活动及违法行动“须立即报告保安处系统”的权限，“有酿成叛乱或伤害人命，或企图避罪潜逃而不能追究者，则实行逮捕”[②]。该 20 种犯罪行为，是边区较早对汉奸犯罪行为的法律界定。同年，边区政府制定了《陕甘宁边区抗战时期惩治汉奸条例（草案）》。该《条例》共 13 条，其中第 3 条列举了汉奸罪的 18 种具体罪行。具体包括：企图颠覆国民政府所属各级政权，阴谋建立傀儡政权者；破坏人民抗日运动或抗战动员者；进行各种侦探间谍及一切秘密特务工作者；组织及领导土匪活动扰乱者；释放信号，显示敌人轰炸或射击目标者；组织领导军队叛变或叛逃者；宣传煽惑人民，组织领导叛乱者；谋害党政军及人民团体之领袖或其负责人者；诱逼人民以供敌人使用，侮辱凌虐或毒害人民生命者；拖枪逃跑哗变投降敌人者；隐匿贩运及买卖军火意图谋叛乱者；以粮食军器资送敌人者；破坏交通，妨碍交通运输者；破坏货币，紊乱金融财政者；捏造或散布谣言者；趁机纵火抢劫者；以文字、图画、书报宣传或以宗教迷信破坏抗战者；有意放纵汉奸分子逃跑者或诬陷别人为汉奸者。[③]

对于汉奸罪的处罚，视其情节轻重，分别判处有期徒刑或死刑，并没收本犯之全部财产，或处以罚金。教唆放纵或协助犯以上之罪者，与本犯同罪。被胁迫及自首者，得减刑。在事先告发能防止或破获者及年龄在 14 岁以下及 80 岁以上者，得减刑或免除其刑。[④]

据统计，1938 年 - 1941 年陕甘宁边区审判日本汉奸案件 101 件。[⑤] 而根据边区高等法院 1938 年 - 1943 年的统计，30 个初审单位共处理了 10 112 件刑、民案件，其中属于汉奸和破坏边区犯罪的，占刑事案件的 26%。[⑥] 典型的案件如吉思恭汉奸罪、王光胜汉奸罪、刘文义汉奸罪等。兹仅摘录刘文义汉奸罪一案案情及审理结果如下：

刘文义，男性，年二十四岁，湖北宜昌县龙泉镇人，无职业。民国二十九年（1940 年）古历十一月间，被告刘文义在山西临县城内纸烟工厂做工，尔时日寇攻陷临县，被告刘文义逃避未及，被日寇俘虏，在日寇特务机关受训一个月，受汉奸陈国秉之指使，在临县一带刺探八路军军情。去年古历正月间，即化作卖盐商人混进边区，在佳县、米脂、绥德各地刺探军情，曾两次报告于汉奸周嘉荣。转报告于汉奸彭怀绪，再转报告于陈国秉，并携带地信（毒药）一包企图投入井水陷害民众，携带薛福全证章一块，李振全过期路条一张，及李政治盐票一

① 欧阳华：《抗战时期陕甘宁边区锄奸反特法制研究》，中国政法大学出版社 2013 年版，第 160 - 161 页。

② 《陕甘宁边区民众锄奸委员会组织条例》（1939 年 3 月 5 日），参见《红色档案——延安时期文献档案汇编》编委会编纂：《陕甘宁边区政府文件选编》（第 1 卷），陕西人民出版社 2014 年版，第 176 - 177 页。

③ 陕西省档案馆、陕西省社会科学院合编：《陕甘宁边区政府文件选编》（第 1 辑），档案出版社 1986 年版，第 494 - 495 页。

④ 陕西省档案馆、陕西省社会科学院合编：《陕甘宁边区政府文件选编》（第 1 辑），档案出版社 1986 年版，第 495 页。

⑤ 欧阳华：《抗战时期陕甘宁边区锄奸反特法制研究》，中国政法大学出版社 2013 年版，第 96 页。

⑥ 马锡五：《新民主主义革命阶段中陕甘宁边区的人民司法工作》，载《政法研究》1955 年第 1 期。

张,借以掩饰其犯罪行为。去年五月五日在绥德四十里铺被捕。[①]

被告刘文义充当汉奸一案,经绥德县政府缉捕送边区高等法院,后经审理,边区高等法院考虑到"唯其本意尚非坚决不愿改悔者",最终以汉奸罪判处刘文义有期徒刑二年。

在陕甘宁边区,凡民事一切纠纷均厉行调解。刑事案件除汉奸、反革命罪外,大部分也可适用调解。边区不仅将汉奸罪明确排除在刑事调解范围之外,对于具有教育意义的汉奸、盗匪案件,往往还要举行公审。"公审场所不在法院的法庭举行,而在能容纳广大群众参加的公众场所。准许群众自由参加,在审问过程中,群众经过报名后可以发言。"[②]如 1938 年 3 月 27 日,边区高等法院在延安召开 7 000 人公审大会,对罪大恶极的汉奸吉思恭进行公开审判,最终判处吉思恭死刑,并执行死刑。[③] 再如,光复延安后,延安市地方法院审判罪大恶极的投敌分子毕光斗、张永泰等罪犯,就是采取群众公审会的形式进行的。[④]

(二)盗匪罪

边区要有效地帮助前方,坚持长期抗战,自然需要有个巩固的后方,首先保证有个安定的社会秩序,因此就加重了剿匪锄奸工作在抗战动员中的意义。[⑤] 本来边区经过土地改革后,原有的土著土匪基本上早已消灭,反对革命的分子,早经驱除。但是自抗战发动,八路军出发前线后,日本帝国主义就有计划地收买、勾结、组织和利用边区以外的土匪叛兵以及汉奸、托派分头进攻边区,于是在某些地方形成了猖獗一时的匪患。[⑥] 对此,从刑事立法方面看,边区政府将那些组织及领导土匪活动的首要分子或组织者,以汉奸罪定罪处罚;而对那些一般的参与者及其他的盗匪,边区政府专门颁布了《陕甘宁边区抗战时期惩治盗匪条例(草案)》予以惩治。

比较来看,1939 年《陕甘宁边区抗战时期惩治汉奸条例(草案)》的显著特征,就在于它主要从客观方面具体确定了什么是汉奸罪。而同年颁布的《陕甘宁边区抗战时期惩治盗匪条例(草案)》则根据犯罪者的主、客观两个方面确定了盗匪罪的界限。依照该条例第 2 条的规定,盗匪罪可概括为:凡以抢劫为目的,实施聚众持械抢劫,暴力掠夺他人财物,掳人勒赎,藏匿贩运及买卖军火,窝藏或俵分赃物,伤毙人命,乘机强奸妇女,纵火焚毁房屋,破坏阻塞交通,袭击或抗拒军队,抢夺军队或自卫武器,勾结军队为匪等行为的,即构成盗匪罪。对于盗匪罪的处理,条例的规定与《陕甘宁边区抗战时期惩治汉奸条例(草案)》第 4 – 10 条的规定完全相同。[⑦]

---

① 高海深、艾绍润编著:《陕甘宁边区审判史》,陕西人民出版社 2007 年版,第 113 页。

② 黄薇:《陕甘宁边区高等法院访问记》,载《新华日报》1938 年 10 月 4 日。

③ 参见克寒:《汉奸公审记》,载《新华日报》1938 年 4 月 11 日。

④ 马锡五:《新民主主义革命阶段中陕甘宁边区的人民司法工作》,载《政法研究》1955 年第 1 期。

⑤ 林伯渠:《陕甘宁边区政府对边区第一届参议会的工作报告》(1939 年 1 月),载《陕甘宁边区政权建设》编写组编:《陕甘宁边区参议会(资料选辑)》,中共中央党校科研办公室 1985 年版,第 110 页。

⑥ 林伯渠:《陕甘宁边区政府对边区第一届参议会的工作报告》(1939 年 1 月),载《陕甘宁边区政权建设》编写组编:《陕甘宁边区参议会(资料选辑)》,中共中央党校科研办公室 1985 年版,第 109 – 110 页。

⑦ 陕西省档案馆、陕西省社会科学院合编:《陕甘宁边区政府文件选编》(第 1 辑),档案出版社 1986 年版,第 492 – 493 页。

据不完全统计，边区各级审判机关在1938年－1942年间共审理土匪案件246件。[①] 典型案例如王俊青土匪案[②]、惠致斌强盗案。兹摘录惠致斌强盗案案情及审理结果如下：

惠致斌系延川县东阳区韩家沟人，曾在山西当过土匪，运送鸦片。于民国廿三年(1934年)参加部队，历任排长、连长等职。1937年5月间脱离革命部队，再投入程老大股匪，随同在清涧及延川等地抢劫，共抢的(得)义勇军枪若干支，大洋四百余元及布匹等物，嗣后经当地政府收抚，曾予以自新机会，未加处罚。讵料该被告于今年三月间又与匪徒惠清成随同韦相贵、郭海量等去山西抢劫，将被抢之百姓烤烧致死，四月间又与匪徒韩世高、韦福胜等再至山西抢劫郝生才家，被驻军击溃，该被告经延川县逮捕，解送延安，复经检察处侦查清楚，证据确凿，提起公诉。

1938年11月9日，边区高等法院审理后认为，被告惠致斌一贯为匪抢劫，虽经收抚，仍不能改过自新，复行抢劫杀害事主，显系蓄意捣乱抗日后方，危害国家民族利益，本院为加紧巩固抗日后方，争取抗战胜利起见，遂以强盗罪判处惠致斌死刑。

（三）烟毒罪

在抗日战争时期，由于日寇在沦陷区大肆纵毒，再加上国民党统治区腐败风气的渗透，曾一度肃清了的赌博、吸毒现象，又重新在边区死灰复燃。[③] 为了根绝烟毒，保障人民群众健康，边区政府先后制定了《陕甘宁边区禁烟毒条例(草案)》、《陕甘宁边区查获鸦片毒品暂行办法》(1942年1月)、《陕甘宁边区禁烟督查处组织规程》(1942年1月)、《陕甘宁边区政府严禁料面入境的命令》等一系列禁毒法规法令[④]，涉及禁种、禁贩、禁售、禁吸等禁毒工作的主要方面，有效遏制了边区境内的各种毒品犯罪。

按照《陕甘宁边区禁烟毒条例(草案)》规定，所谓“烟毒”，是指鸦片、吗啡、高根、海洛因及各种烟毒配合或化合丸药等。凡具有吸食或注射烟毒、种植鸦片烟苗、制造吸食或注射烟毒之器具、抗拒禁烟禁毒职务之执行、帮助或庇护他人吸食注射及买卖贩运烟毒、买卖或贩运烟毒、设立传播烟毒之商店等7种行为者，即以违反《陕甘宁边区禁烟毒条例(草案)》论罪。[⑤]

关于烟毒罪的刑事处罚，《陕甘宁边区禁烟毒条例(草案)》明确规定，对于吸食或注射毒品者，由政府公布登记后要限期戒绝，凡不登记或登记后不在期限内戒绝者，处半年以下之徒刑或苦役(6个月)，并科100元以下之罚金；种植鸦片烟苗，处1年以下之徒刑或苦役，并科200元以下之罚金；抗拒禁烟禁毒职务之执行、帮助或庇护他人吸食注射，视情节轻重处1年以上3年以下之徒刑或科200元以上500元以下之罚金；对于设立传播烟毒之商店

① 高海深、艾绍润编著：《陕甘宁边区审判史》，陕西人民出版社2007年版，第93页。

② 关于该案的案情及处理结果，详见《陕甘宁边区政府指令》(抗字第1193号)，载陕西省档案馆、陕西省社会科学院合编：《陕甘宁边区政府文件选编》(第5辑)，档案出版社1988年版，第51－56页。

③ 胡民新、李忠全、阎树声编著：《陕甘宁边区民政工作史》，西北大学出版社1995年版，第306页。

④ 史志诚主编：《陕甘宁边区禁毒史料》，陕西人民出版社2008年版，第297页。

⑤ 甘肃省社会科学院历史研究室编：《陕甘宁革命根据地史料选辑》(第1辑)，甘肃人民出版社1981年版，第470页。

者，处以 1 年以上有期徒刑至死刑，并没收全部财产。①

依据《陕甘宁边区禁烟毒条例（草案）》，对于买卖或贩运烟毒者，则视其买卖及贩运价值，分别规定其刑罚，详见表 2：

表 2　陕甘宁边区买卖或贩运烟毒刑事处罚

烟毒价值	主 刑	从 刑
10 元以内	1 个月以下苦役	并科 10 元以下之罚金
10－50 元	6 个月以下苦役	并科 100 元以下之罚金
50－100 元	1 年以下有期徒刑	并科 200 元以下之罚金
100－300 元	1 年以上 3 年以下有期徒刑	并科 500 元以下之罚金
300－500 元	3 年以上 5 年以下有期徒刑	并科 1000 元以下之罚金
500 元以上	死刑	没收家产

同时，该条例还对烟毒罪加重处罚等情形作了规定。如第 11 条规定：“凡直接或间接受日寇之主使以烟毒政策危害民族生机者，按惩治汉奸条例论罪。”对于累犯、收受贿赂纵容他人犯本罪以及诬告他人犯本罪的，依照该条例的有关规定加重处罚。同时，犯本条例之罪，经法庭判决 1 年以上有期徒刑的，褫夺其公权。

此外，1942 年 3 月 4 日，边区政府召开第十三次政务会议，讨论根绝烟毒问题。会议制定了禁种、禁贩、禁运、禁吸条例和具体办法，其中特别规定：“对制造、贩卖毒品者给予较重处分，普通公务人员和在职军人犯同类罪者，加重三分之一处罚，禁烟人员加重二分之一处罚。”②

应该说，边区毒品犯罪的刑事立法是科学、完备的，其在打击各类毒品犯罪中所取得的成绩也是明显的。但是，“过去军阀时代百分之九十五的人都吸鸦片，同时边区虽禁种鸦片，但周围产烟地运输必经边区”，加之“边区每个人都有逮捕鸦片犯的权利与义务，大小案件不免被揭发”，因此，边区的鸦片案件还是很多的。③ 1941 年 11 月，边区政府主席林伯渠在边区政府对边区第二届参议会第一次大会的工作报告中表示：“二三年来法院受理的案件（指 1939 年边区第一届参议会以来——编者注），刑事案件以破坏治安及鸦片犯为多。”④有关档案亦显示，鸦片案件在边区的刑事案件中是数量最多的刑事案件，具体数量详见表 3。

① 甘肃省社会科学院历史研究室编：《陕甘宁革命根据地史料选辑》（第 1 辑），甘肃人民出版社 1981 年版，第 471 页。

② 何立波：《陕甘宁边区的禁毒禁烟运动》，载《党史纵横》2012 年第 6 期。

③ 《雷经天在陕甘宁边区司法工作会的报告（节录）》，载闵钐编：《中国检察史资料选编》，中国检察出版社 2008 年版，第 319 页。

④ 《陕甘宁边区政权建设》编写组编：《陕甘宁边区参议会（资料选辑）》，中共中央党校科研办公室 1985 年版，第 251 页。

表 3　1939—1941 年上半年边区审理鸦片罪案件统计表[①]

年份	鸦片案件	全年刑事案件	所占比
1939 年	360	1 252	28.8%
1940 年	644	2 096	30.7%
1941 年	153	1 113	13.7%
合计	1 157	4 461	25.9%

在边区审理的鸦片罪案件中，最典型的两个例子就是 1942 年 1 月边区税务总局科员冯维贤渎职贪污、私藏烟土案和同年边区建设厅宋桂年违犯政府法令私售鸦片、贪污公款案。其中，冯维贤系税务总局科员，犯罪事实涉及贪污、包庇烟土及生活腐化，经边区税务总局查实后，报经边区财政厅及边区政府。1942 年 1 月 15 日，边区政府对税务总局办理的冯维贤渎职贪污发布指令，称"税务总局冯维贤渎职贪污私藏烟土，陷害同志等不一而足，可谓罪大恶极。如政府机关藏此败类，贻害匪浅，税局将该犯送交法院甚为妥当。今后着令该局继续供给材料，以期惩一警百，并应以此教育所有同志，以造成廉洁奉公之美德"[②]。再如，1945 年初，延安市公安局破获绥德义合镇脚夫宋维章贩卖料面案。宋维章与霍国柱、宋居有从山西日寇方面购得料面运到延安牟取暴利。"料面为毒，胜于鸦片多倍，而为日寇陷害中国人民之毒品，该宋维章等竟然为敌作伥，毒害我国人民，应予严厉法办。"[③]这三名为虎作伥、毒害边区人民的毒犯，受到边区法律的严惩。

（四）贪污罪

边区政府之所以成为模范抗日根据地，其重要的原因就在于边区政府是人民的政府、廉洁的政府。时人称边区政府是"只见公仆不见官"的好政府。[④] 1940 年 2 月 1 日，毛泽东同志在延安民众声讨汪精卫大会的讲演中，用"十个没有"描绘陕甘宁边区的面貌，其中第一个没有就是"没有贪官污吏"。[⑤] 肃清贪污腐化首先要建章立制、严明法纪。边区政府成立初期，根据《抗日救国十大纲领》中"建立廉洁政府"的要求，《陕甘宁边区抗战时期施政纲领》提出了"发扬艰苦作风，厉行廉洁政治，肃清贪污腐化，铲除鸦片赌博"的行动纲领。1941 年的《陕甘宁边区施政纲领》进一步规定："厉行廉洁政治，严惩公务人员之贪污行为，禁止任何公务人员假公济私之行为，共产党员有犯法者从重治罪。"

---

① 此表依据《雷经天在陕甘宁边区司法工作会议上的报告（节录）》整理而成，使用的是校订者更正过的数字。参见闵钐编：《中国检察史资料选编》，中国检察出版社 2008 年版，第 316 – 317 页。侯欣一：《从司法为民到人民司法——陕甘宁边区大众化司法制度研究》，中国政法大学出版社 2007 年版，208 – 209 页。

② 陕西省档案馆、陕西省社会科学院合编：《陕甘宁边区政府文件选编》（第 5 辑），档案出版社 1988 年版，第 56 页。

③ 陕西省档案馆、陕西省社会科学院合编：《陕甘宁边区政府文件选编》（第 9 辑），档案出版社 1990 年版，第 106 页。

④ 梁星亮、杨洪、姚文琦主编：《陕甘宁边区史纲》，陕西人民出版社 2012 年版，第 215 页。

⑤ 毛泽东：《相持阶段中的形势与任务——二月一日在延安民众讨汪拥蒋大会上的演说》，载《新中华报》1940 年 2 月 3 日。

在惩治贪污刑事立法方面,1938 年 8 月,边区政府公布了《陕甘宁边区惩治贪污暂行条例》。[1] 经过一段时间试行后,1939 年 4 月,边区政府公布施行了《陕甘宁边区惩治贪污条例(草案)》。作为边区惩治腐败的主要刑事单行立法,《陕甘宁边区惩治贪污条例(草案)》共 11 条,规定了贪污罪的主体、犯罪行为以及处罚方式。

贪污罪是侵害公共财产的犯罪,也是一种渎职罪。边区有时称为贪污罪,有时称为贪污渎职罪。[2] 边区贪污罪的主体是边区机关军队和公营企业的工作人员、群众组织及社会公益事务团体的工作人员。在客观上,贪污罪表现为利用职务上的便利,非法占有财物的行为,其形式是多种多样的。条例第 2 条规定,有下列行为之一者,即以贪污论罪:(1)克扣或截留应行发给或缴纳财物者。(2)买卖公物,从中舞弊者。(3)盗窃侵吞公有财物者。(4)强占、强征或强募财物者。(5)意图营利,贩运违禁或漏税物品者。(6)擅移公款,作为私人营利者。(7)违法收募税捐者。(8)伪造或虚报收支账目者。(9)勒索敲诈收受贿赂者。(10)为私人利益而浪费公有之财物者。[3] 边区贪污罪依贪污数目之多少及发生影响之大小决定刑罚之轻重,详见表 4。

表 4 陕甘宁边区贪污罪的刑罚

贪污数目	主 刑	从 刑
1000 元以上	死刑	追缴贪污所得之财物,无法追缴时,得没收犯罪人财产抵偿
500 元以上	5 年以上之有期徒刑或死刑	
300 - 500 元	3 年以上 5 年以下之有期徒刑	
100 - 300 元	1 年以上 3 年以下之有期徒刑	
100 元以下	1 年以下之有期徒刑或苦役	

从陕甘宁边区高等法院档案来看,在 731 卷刑事诉讼案卷中,贪污渎职案共有卷宗 50 卷,位列杀人、盗窃案后,居第三。[4] 边区 1939 年各级司法机关处理刑事案件为 26 类1 252 件,其中贪污案件 84 件,渎职案件 20 件;1940 年 31 类2 096件刑事案件中,贪污案件 115 件,渎职案件 34 件;1941 年 31 类1 113件刑事案件中,贪污案件 36 件,渎职案件 9 件。[5]

边区比较典型的贪污案例有张家畔税务局局长肖玉璧贪污渎职逃跑案、延安市职工合作社肖积金贪污公款及收受赃物案、边区税务总局科员冯维贤渎职贪污私藏烟土案等。在

① 《边区政府公布边区惩治贪污暂行条例》,载《新中华报》1938 年 8 月 15 日。

② 方克勤:《陕甘宁边区惩治贪污罪的立法与实践》,载《法律科学(西北政法学院学报)》1987 年第 4 期。

③ 陕西省档案馆、陕西省社会科学院合编:《陕甘宁边区政府文件选编》(第 1 辑),档案出版社 1986 年版,第 497 - 498 页。

④ 汪世荣等:《新中国司法制度的基石——陕甘宁边区高等法院(1937 - 1949)》,商务印书馆 2011 年版,第 34 页。

⑤ 《雷经天在陕甘宁边区司法工作会议上的报告(节录)》,载闵钐编:《中国检察史资料选编》,中国检察出版社 2008 年版,第 316 - 317 页。对于边区贪污类刑事案件的数量,高海深、艾绍润在《陕甘宁边区审判史》中也有统计,分别为:1938 年 86 件,1939 年 94 件,1940 年 115 件,1941 年 36 件,1942 年 80 件,1943 年 62 件,1944 年后因缺乏统计资料,没有统计。此两组数据基本吻合。

肖玉璧贪污渎职逃跑案中，边区高等法院经审理后认为，“被告肖玉璧为边区公务人员，不能恪尽职守，廉洁奉公，利用职位实行贪污，克扣公款 3 050 元，并携带款项税票逃跑，实行叛变革命。此种行为对于边区模范政权之建立危害至大，依据《陕甘宁边区惩治贪污暂行条例》第 2 条第 1 项、第 3 项、第 8 项及同法第 3 条第 1 项之规定，特为以贪污渎职逃跑等罪判处死刑。”[①]边区高等法院作出判决后，肖玉璧不服，写信向毛主席求情。林伯渠为慎重起见，征求了毛主席的意见。毛主席说：“你还记得我怎样对待黄克功吧？那么，这次和那次一样，我完全拥护法院判决。”[②]

再如，《解放日报》1942 年 2 月 11 日报道了边区建设厅宋桂年违犯政府法令私售鸦片、贪污公款案。[③] 该案案情及处理情况如下：

边区建设厅交通运输局宋桂年，生活腐化，工作消极，经多次教育，仍不改正。前该局点收各县公盐代金[④]中，遗失公款百余元。侦查结果，当场发现宋桂年于点收代金时，窃取大洋一百元，详细追问后，又发现宋于去年冬曾由吴堡家乡带来鸦片一钱余在延出售。建厅以宋桂年身为公务人员，竟敢违反政府法令，私售鸦片，屡窃公款，实毫无公务人员之品格，除立予以撤职外，并押送司法机关查办。延安市地方法院已判处宋桂年徒刑七个月，并责令归还窃款五百一十二元二角二分。

（五）赌博罪

相较于惩治汉奸、盗匪、烟毒等犯罪，边区没有专门的惩治赌博犯罪的单行刑事法规。《陕甘宁边区刑法总、分则草案》在分则第一章第一节第五目中，专门用 4 个条款（第 121 - 124 条）对赌博罪进行了规定。该草案第 121 条规定：“影响大众持侥幸心理以财务为孤注作输赢之互约者，为赌博罪。犯前款之犯罪者，处六个月以下劳役或一千元以下罚金或训诫。”而“以赌博为常业”或“意图营利供给赌博场所或聚众赌博者”，分别处 2 年以下强制教育并科 1 000 元以下罚金、3 年以下强制教育并科 3 000 元以下罚金。[⑤] 由此看来，边区刑事法律对赌博犯罪的打击不仅包括一般的赌博行为，还包括以赌博为业、聚众赌博以及开设赌场等犯罪行为。

赌博罪在边区较为常见。从延川县刑事案件审理情况看，1938 年 - 1943 年 6 月，该县共审理赌博案件 60 件。[⑥] 1939 年 - 1941 年间，边区各级司法机关共审理赌博犯罪案件 697 件，案件数量排在鸦片罪后，位居第二位。[⑦] 赌博案件，有的出自好玩，有的出自贪图小利，

---

① 韩伟：《政法传统的司法生成——以陕甘宁边区肖玉璧案为中心》，载《河北法学》2014 年第 8 期。

② 周道鸾：《陕甘宁边区肖玉璧贪污案》，载《中国审判》2008 年第 12 期。

③ 《卖鸦片、窃公款 宋桂年处徒刑七个月》，载《解放日报》1942 年 2 月 11 日。

④ 边区政府为了换取外汇，给老百姓摊派了一定数目的公盐任务，没有牲口运不成盐者可以用钱代交公盐任务，称之为公盐代交。

⑤ 高海深、艾绍润编著：《陕甘宁边区审判史》，陕西人民出版社 2007 年版，第 116 页。

⑥ 数据来源于《1938 - 1943 年延川县刑事案件审理情况表》，参见高海深、艾绍润编著：《陕甘宁边区审判史》，陕西人民出版社 2007 年版，第 84 页。

⑦ 参见闵钐编：《中国检察史资料选编》，中国检察出版社 2008 年版，第 316 页。

有的借以进行哥老会、佛教会、汉奸的活动。[①]

二、妨害私人利益之罪

(一) 故意杀人罪

故意杀人罪是指故意非法剥夺他人生命的行为,是常见的侵犯生命、健康的犯罪。依据《陕甘宁边区刑法总、分则草案》,这里的行为对象——“人”,不仅包含出生后的婴儿,还包括未脱离母体的胎儿。如该草案第194、195条规定,母于生产后杀其婴孩者,处6个月以上5年以下强制教育,而“妇女服药或以其他方法堕胎者,处6个月以下劳役。但疾病或防止生命上至必要堕胎者免除其刑。[②] 故意杀人的,处6个月以上10年以下有期徒刑,情节严重者得处死刑。

从边区的档案史料分析,边区故意杀人主要因财、因婚姻感情等几个方面。其中,因婚姻感情处理不当引发的自杀或他杀占了一定的比例。边区高等法院审理的刑事诉讼案件显示:在731卷中,其中杀人案(包括故意、过失杀人,威逼人致死,暗杀等)共117卷;通奸杀人案(包括因奸杀人、被杀伤、羞愤自杀等)45卷。[③] 1943年一年,延安县就有9个妇女因婚姻问题自杀,甚至发生了因离婚不成而谋杀丈夫的事情。[④] 边区1944年1月-1945年9月共发生命案198件,其中与婚姻关系有关的命案共81件,占命案总数的41%。[⑤] 谢觉哉表示:“今天看了两个案子,一是安边某民杀妻处死刑案。妻曾要离婚,应断离的。如果离了,可救两条性命。”[⑥]

因婚姻感情引发的故意杀人案件,如延安任有禄、徐在强等因奸谋杀钟金秀案,延安市王占林、王凤英因奸杀害王春元案,安塞县王桂花因奸杀害本妇高荣山、王生荣妨害婚姻家庭案。[⑦] 其中,发生在陕甘宁边区成立后不久的黄克功案,就是其中一例因求婚不成而枪杀革命青年的典型案件。[⑧] 再如苏子英劫财杀人及逃脱案:1941年8月3日,米脂县龙镇苏家沟人苏子英为劫财将冯正昌杀死后逃跑。该案经边区高等法院审理,并报边区第13、17次政务会议讨论决定,最终边区政府按照边区高等法院意见准予判处苏子英死刑。

---

① 《雷经天在陕甘宁边区司法工作会议上的报告(节录)》,载闵钐编:《中国检察史资料选编》,中国检察出版社2008年版,第319页。

② 艾绍润、高海深主编:《陕甘宁边区法律法规汇编》,陕西人民出版社2007年版,第121页。

③ 刘全娥、李娟:《陕甘宁边区高等法院档案及其学术价值》,载《法律科学(西北政法学院学报)》2006年第1期。

④ 雷甲平:《抗日战争时期陕甘宁边区的主要社会问题及其治理》,载《抗日战争研究》2009年第1期。

⑤ 《边区高等法院自苏维埃时期至1948年司法工作总结报告草稿》,陕西档案馆,全宗号15,案卷号205。

⑥ 《谢觉哉日记》(下卷),人民出版社1984年版,第1040页。

⑦ 案件来源于《陕甘宁边区政府审判委员会死刑复核案件统计及简况表》,载刘全娥:《陕甘宁边区司法改革与“政法传统”的形成》,人民出版社2016年版,第270页。

⑧ 汪世荣、刘全娥:《黄克功杀人案与陕甘宁边区的司法公正》,载《政法论坛(中国政法大学学报)》2007年第3期。

（二）非法拘禁罪

陕甘宁边区政府成立初期，基层干部违法违纪行为时有发生。边区高等法院院长雷经天在司法工作报告中谈到了司法工作中的类似现象：“清涧有任意打人现象，米脂因追捕逃跑犯人击毙一人。强迫调解而逼成人命的也有，不服调解而吊打的也有，靖边也有吊打现象。”[①]对此，1940年12月毛泽东在《论政策》一文中指出：“要消灭任何机关团体都能捉人的混乱现象。”《陕甘宁边区施政纲领》《陕甘宁边区保障人权财权条例》对此进行了重申，强调：“除司法机关及公安机关依法执行其职务外，任何机关、部队团体不得对任何人加以逮捕审问处罚，但现行犯不在此列。”

1942年，在陕甘宁边区延安学生疗养院就发生了一起因非法拘禁致人死亡的著名案件——“学疗人命案”，该案案发后长达半年的时间，中共中央机关报——《解放日报》进行了高密度的持续宣传，相关报道多达8篇，这在边区法制史上实属少见。该案不仅在边区群众和干部中引起了极大的震动，也成为边区贯彻人权条例的开端和典型。[②]

（三）妨害婚姻家庭罪

谢觉哉在其《谢觉哉日记》中直言：“婚姻、土地、钱债问题——最不好办。”[③]由婚姻引发的刑事犯罪，在边区占了一定的比例，除前文提及的因情、因奸杀人外，还有抢婚、重婚等犯罪。陕甘宁边区1939－1941年上半年各县所审理的刑事案件表明：妨害婚姻刑事案件，1939年为35件，1940年为56件，1941年上半年为56件。[④] 抢婚不仅严重破坏婚姻自由，往往还伴随着人身伤害、限制人身自由等违法犯罪活动。在边区颇具影响力的“封捧儿和张柏婚姻案”就说明了这个问题。该案经马锡五、石静山审理后，判决张金才构成聚众抢婚罪，判处有期徒刑2年6个月，张金贵实行抢婚罪，判处有期徒刑1年6个月，张得赐附和抢婚罪判处苦役3个月，张仲附和抢婚罪判处苦役3个月，张老五附和抢婚罪判处苦役3个月，封彦贵出卖女儿包办婚姻判处苦役3个月，封彦贵出卖女儿法币7 000元没收。[⑤] 再比如，“妨害张善莲婚姻自由一案”：

张善莲原为延安县野雀山梁村史风桐之妻，后史风桐因病死亡，遂沦为寡居。同年6月张善莲的公公史殿为获取巨资，打算将张善莲卖掉，遂托何月清、李德明等人寻找适当对象。后与梁玉才商定婚姻并约定了彩礼及婚礼日期。张善莲被骗至梁玉才家后，被迫与梁玉才拜天地，并遭到梁玉才的玷污。延安县法院经审理后认为：张善莲与梁玉才之婚姻，完全系

---

① 《雷经天在陕甘宁边区司法工作会议上的报告》，载韩延龙主编：《法律史论集》（第5卷），法律出版社2004年版，第398页。

② 案件详细论述参见刘全娥：《人权保障的司法进路——陕甘宁边区“学疗命案”的启迪》，载《法律适用（司法案例）》2017年第16期；马成、薛永毅：《历史言说与现实启示：1942年陕甘宁边区“学疗人命案”》，载《人民法院报》2018年7月6日，第7版。

③ 《谢觉哉日记》（下卷），人民出版社1984年版，第814页。

④ 雷经天：《在陕甘宁边区司法工作会议上的报告》（1941年10月），陕西省档案馆档案，全宗号15。转引自侯欣一：《从司法为民到人民司法——陕甘宁边区大众化司法制度研究》，中国政法大学出版社2007年版，208－209页。

⑤ 艾绍润、高海深编：《陕甘宁边区判例案例选》，陕西人民出版社2007年版，第80页。

受史殿包办及梁玉才欺骗强迫而成,没有处(出)于张善莲丝毫意志。张善莲提出否认婚姻之成立,应予支持。至史殿对张善莲后来之婚姻,不让善莲自主,径行偷卖,妨害善莲婚姻自主、自由,与法不合,除应将已得的婚礼没收外,应给予教育;梁玉才不依婚姻自由、自主之精神,(不是)取得善莲同意(后),自愿结成夫妇,反以金钱诱买善莲成婚,最后又绳捆善莲两手,口塞毛巾,刀剪裤袋,实行强奸,除不能承认(其)与善莲之婚姻有效外,应以强奸行为论罪科刑;何月清、李德明做媒助长封建的买卖婚姻制度,积极协助史殿出卖善莲之不法行为,亦不无应追究之处。故判如下:张善莲与梁玉才婚姻撤销;婚礼二亿四千九百九十七万五千元没收归公;梁玉才犯强迫张善莲成婚及强奸罪,判处徒刑一年;史殿犯妨害婚姻自由罪,判处劳役五个月;何月清、李德明犯妨害婚姻自由罪,各判处劳役三个月。[①]

（四）诬告罪

依据《陕甘宁边区刑法总、分则草案》,诬告罪系意图使他人受到刑事或惩戒处分的行为。“有虚伪之告诉,并具有诬告为重罪事件、诬告是出于利欲之目的,处五年以下一年以上之有期徒刑。”另外,在边区一些单行刑事法令中,也有对诬告罪的规定。如《陕甘宁边区抗战时期惩治汉奸条例(草案)》规定:“诬陷别人为汉奸者,以汉奸罪论处。”此规定尽管是诬告反坐制度的体现,但也从一个侧面反映了边区根除破坏抗战之汉奸行为的决心。再如,《陕甘宁边区破坏金融惩罚条例》规定:“如有挟嫌诬告者,以诬告论罪,处二个月以上,一年以下有期徒刑。”如“李森洁盗窃、诬告案”就是一例:

李森洁原系边区庆阳县政府第二科(财政)科长,1941 年 8 月 3 日,李森洁在该县高迎区工作时,趁与区政府秘书李和材同住一屋的便利,将其所带公款边币六千元盗走。事发后,李森洁被庆阳县政府逮捕,但其不仅不承认所犯罪行,反而捏造证据,诬告李和材与反共分子勾结,意图为自己洗清罪责。庆阳县县长陆为公仅仅根据李森洁的一面之词,便将李和材逮捕并加以刑讯,羁押长达三四月之久。后李和材因病重被保释,但回家三个月遂病故。后李森洁以盗窃罪被判处有期徒刑二年。

案件上诉至边区高等法院后,经判决,除盗窃罪照一审原判外,另外(犯)伪证罪(判处)有期徒刑一年,合并执行有期徒刑二年零十个月。上诉人认为二审法院对李森洁的处罚太轻,而且县长陆为公对李和材的死亡亦负有不可推卸的责任,上诉到陕甘宁边区政府审委会,请求撤销二审之判决。1942 年 12 月 1 日,边府审委会以刑字第四号刑事判决书对此案做了终审判决:原判决关于罪行部分撤销。李森洁盗窃一罪判处有期徒刑三年,诬告及伪证罪从一重罪处断,判处诬告罪有期徒刑三年,合并执行五年,并褫夺公权六年。[②]

（五）遗弃罪

遗弃罪是指对于年老、年幼、患病或者其他没有独立生活能力的人,负有扶养义务而拒绝扶养,情节恶劣的行为。[③] 从司法实践看,边区处理的遗弃罪案件数量较少,且基于教育

① 艾绍润、高海深编:《陕甘宁边区判例案例选》,陕西人民出版社 2007 年版,第 137－139 页。

② 高海深、艾绍润编著:《陕甘宁边区审判史》,陕西人民出版社 2007 年版,第 106－107 页。

③ 张明楷:《刑法学》(下),法律出版社 2016 年版,第 864－865 页。

感化与刑法革命人道主义，在处理此类案件时往往采取宽大的政策。如“李锁子遗弃养母案”：该案经延安市地方法院审理后认为，被告李锁子系自幼继予自诉人李高氏为子，李高氏将其抚养成人，理应对母孝顺及负养老之责。其竟敢任性打骂，而至遗弃不事供养。经自卫军及代表解劝，尚行反抗，本应从重严处，唯该被告李锁子能自觉悔悟错误，愿改过孝母，又家中需被告李锁子做工度日，故判决，李锁子构成遗弃罪，依刑法第 294 条与第 295 条，判处苦役半年，因其老母妻幼无人扶（抚）养，准于具保假释，戴罪侍母，如再遗弃加重处罚。①

（六）伪造边币罪

为了建立边区独立自主的金融体系，1942 年 2 月，边区政府相继发布了《关于发布边币的布告》《关于宣传发行边币的训令》，确立了“边币成为唯一的边区通货本位”的政策。这里的边币指的是“陕甘宁银行币”，它是抗战时期以陕甘宁边区银行名义发行的货币。②

依据《陕甘宁边区刑法总、分则草案》，伪造、变造通用货币、纸币、银行券意图使用的，处 5 年以下有期徒刑并科 5 000 元以下罚金；明知系伪造、变造之货币而使用或意图使用的，处 3 年以下有期徒刑并科 3 000 元以下罚金。如李如明等伪造边币案：

李如明系米脂县十里铺人，1941 年 4 月间伙同李庆元（在逃）在李庆元家共同伪造边币，共伪造了五千元。李庆元给李如明二千元，后李如明用伪造的边币购买小米、麦子、布匹，兑换了法币及真边币，余下二百一十八元退回给李庆元。不久案发后被捕。1942 年 4 月 15 日，边区高等法院经审理后认为，李如明伪造货币，破坏边区金融（秩序），侵害人民利益，依据国民政府《刑法》第一百九十五条第一项之规定，以伪造边币及使用罪判处李如明有期徒刑三年，并科罚金二千元。③

除上述罪名外，散见于其他法律条文和司法审判实践中的罪名还有盗窃罪、逃跑罪、渎职罪、破坏边区法令罪、诈欺罪、伤害罪等，此处就不再展开。

三、边区刑法“公益”“私益”二元结构

陕甘宁边区特殊的人文地理环境和历史背景，决定了边区的司法工作必然要承受更多的任务和历史使命，即要在司法工作中实现政治效应、经济效应、社会效应和文化效应等多元价值。④ 而政治上围绕“一切为打赢战争服务”，无论是党的刑事政策，还是刑事立法工作，都需要尽可能广泛地团结一切可以团结的力量加入到抗日民族统一战线的队伍中来。为此，为了兼顾战争年代的特殊需要，边区刑事立法将“敌我矛盾”的政治案件和“人民内部矛盾”的普通刑事案件进行区分处理，规定“在此抗战非常时期，此项汉奸盗匪之类多数紧急情况，应为迅速处置，方足以镇压”，但普通刑事案件必须严格按照已有的程序办理。⑤

---

① 汪世荣：《陕甘宁边区刑事调解判例判词点评》，载《中国审判》2007 年第 4 期。

② 黄正林：《陕甘宁边区社会经济史（1937 - 1945）》，人民出版社 2006 年版，第 518 页。

③ 赵崑坡、俞建平：《中国革命根据地案例选》，山西人民出版社 1984 年版，第 156 - 157 页。

④ 潘怀平：《陕甘宁边区的司法理性》，载《人民法院报》2011 年 5 月 27 日，第 5 版。

⑤ 《陕甘宁边区高等法院请示函》（1943 年 10 月 17 日），陕西省档案馆档案，卷号 15 - 17。转引自侯欣一：《陕甘宁边区高等法院司法制度改革研究》，载《法学研究》2004 年第 5 期。

这种思想认识变革，集中反映在由李木庵起草的《陕甘宁边区刑法总、分则草案》中。如果说，现代刑法将加害人与被害人之间的法律问题抽象为犯罪人与国家的对立，反对私了，强调刑事犯罪的国家绝对干涉主义，那么，《陕甘宁边区刑法总、分则草案》，则根据刑法保护的国家利益和私人利益的不同，在罪种划分上采取"公益"与"私益"两元结构。其中，"妨害国家利益之罪"是针对国家利益、公共利益被严重侵害而设置的犯罪类型，主要包括破坏民主政权罪、违反施政秩序罪、违反国民义务罪、违反公共纪律罪、破坏经济金融罪、损害公家财物罪、妨害公共卫生罪等。而"妨害私人利益之罪"则是针对个人权益被严重侵害而设置的犯罪类型，包括妨害个人生命罪、妨害私人身体罪、妨害私人自由罪、妨害家庭安宁罪等。对于这种划分，诚如《陕甘宁边区刑法总、分则草案》在开篇所言："公私利益，在法律上固然均在保护之列，但公益应较私益为重"，"公私观念，未可混而为一"。①

基于对刑法保护对象所作的"公益"" 私益"二元划分，边区对于刑事案件采取"半干涉主义"。即对于损害国家利益、公共利益以及严重侵害个人利益的犯罪由国家追诉，而对于损害个人利益的轻微刑事案件，则实行刑事和解制度。对此，《陕甘宁边区刑法总、分则草案》第 54 条规定："本法分则第二章关于妨害私人利益之罪，除强抢杀人各条规定之罪外，其他各罪如得被害人之同意的得许调解。"②并通过赔偿经济损失、赔礼道歉、支付抚慰金及其他依习惯得以平气息争的非刑罚方式进行处理。对于边区这种非刑罚处理方式，李木庵在《陕甘宁边区高等法院指示信》中指出："照此调解，于受害人可获实利，比较徒处加害人以苦役、徒刑、拘束其自由，一方（面）减少社会上生产劳动力，（另）一方（面）增加双方仇恨……如此办理，在被害人可回复其损失而获到实益；在加害人自知错误，能以自新，以后不至再犯。"③

第四节 陕甘宁边区的刑罚

刑罚，是国家为了防止犯罪行为对法益的侵犯，由法院根据刑事立法，对犯罪人适用的建立在剥夺性、限制性痛苦基础上的最严厉的强制措施。④ 有犯罪就有刑罚，犯罪存在多久，刑罚就持续多久。相较于土地革命时期刑事法律"重刑异罚"的特质，陕甘宁边区的刑事司法则以教育感化为主，推行"镇压与宽大相结合"的刑事政策。反映在刑罚方面，最明显的就是慎用死刑、废止无期徒刑、降低有期徒刑刑期以及将拘役改为苦役。

一、边区刑罚的种类

抗日战争时期，为了同汉奸及其他破坏抗战的罪犯作斗争，陕甘宁、晋察冀、晋冀鲁豫各

① 艾绍润、高海深主编：《陕甘宁边区法律法规汇编》，陕西人民出版社 2007 年版，第 103 页。
② 艾绍润、高海深主编：《陕甘宁边区法律法规汇编》，陕西人民出版社 2007 年版，第 110 页。
③ 艾绍润、高海深主编：《陕甘宁边区法律法规汇编》，陕西人民出版社 2007 年版，第 339 页。
④ 张明楷：《刑法学》（上），法律出版社 2016 年版，第 503 页。

边区和根据地抗日民主政权，根据党中央的刑事政策，从实际出发，因地制宜地制定了一些地区性的单行刑事法规。在这一时期，刑罚种类也没有统一的规定，而是由各边区的政府在刑事条例中，根据当时当地的具体情况，规定刑罚措施。[①]

陕甘宁边区始终没有一部颁布施行的刑事法典，刑事法源的分散性、多元化致使不同种类的刑罚被分散规定在一些单行的刑事法律中，司法机关在具体适用时也不规范。1941 年10 月，时任边区高等法院秘书的朱婴在《解放日报》撰文《边区刑罚的特点》[②]，就边区刑罚的种类及特点做了详细介绍。从陕甘宁边区的立法文献及司法实践看，边区的刑罚主要有死刑、有期徒刑、苦役、罚金、褫夺公权和没收。其中，前四种属于主刑，后两种属于附加刑。

（一）主刑

立法者根据刑种服务于刑罚目的作用的大小将刑罚体系划分为主刑和附加刑（从刑），一般来说，主刑是在刑罚体系中居于重要的地位且在审判实践中适用较多的刑罚。边区的主刑主要包括死刑、有期徒刑、苦役和罚金四种。

1. 死刑。自从启蒙思想运动家提出废除死刑的主张以来，对于死刑的评价已经争论了200 多年。[③] 陕甘宁边区的刑法保留了死刑。作为最严厉的刑罚，边区的死刑主要适用于极少数罪大恶极、社会危险性大又无法改造的汉奸、盗匪、贪污、反革命敌特分子等。如《陕甘宁边区抗战时期惩治盗匪条例（草案）》第 3 条规定，凡犯盗匪罪，即“视情节轻重处有期徒刑或死刑，并没收本犯之全部财产或处以罚金”[④]。《陕甘宁边区抗战时期惩治汉奸条例（草案）》规定：“犯第三条各款之罪者，视情节之轻重，判其有期徒刑或死刑。”[⑤]再如《陕甘宁边区惩治贪污条例（草案）》（1939 年）第 3 条第 1 款规定：“贪污数目在一千元以上者处死刑。”[⑥]另外，从《陕甘宁边区刑法总、分则草案》看，边区可判处死刑的罪名还包括破坏民主政权罪、妨害公务罪、奸亵罪、强抢公物罪、杀人罪、强抢私人财物罪等。

鉴于死刑的不可逆转性，边区在保留死刑的同时，严格执行少杀、慎杀的刑事政策。“边区对于一个犯人的判处死刑，一定要到万分的无可争取，一定是大多数群众的要求。虽然是这样，而仍需加以十分审慎。”[⑦]1941 年 5 月 10 日，《陕甘宁边区高等法院对各县司法工作的指示》强调：“在边区，非至不得已，绝不应随便轻判死刑。但因政治条件或群众关系，必要判处死刑的时候，我们亦决不许宽容姑息。”从有关司法档案统计情况看：1938 年边区

---

① 吴平：《中国新民主主义革命刑法中的资格刑述评》，载《黑龙江省政法管理干部学院学报》2004 年第 6 期。

② 朱婴的这篇文章分为两部分，先后刊登在 1941 年 10 月 25、26 日的《解放日报》上。

③ 张明楷：《刑法学》（上），法律出版社 2016 年版，第 528 页。

④ 陕西省档案馆、陕西省社会科学院合编：《陕甘宁边区政府文件选编》（第 1 辑），档案出版社 1986 年版，第 493 页。

⑤ 陕西省档案馆、陕西省社会科学院合编：《陕甘宁边区政府文件选编》（第 1 辑），档案出版社 1986 年版，第 495 页。

⑥ 陕西省档案馆、陕西省社会科学院合编：《陕甘宁边区政府文件选编》（第 1 辑），档案出版社 1986 年版，第 498 页。

⑦ 朱婴：《边区刑罚的特点》（下），载《解放日报》1941 年 10 月 26 日。

判处死刑案案件为83件,1939年为46件。[①] “今年从施政纲领(指1941年5月1日的《陕甘宁边区施政纲领》——编者注)颁布以来,几个月中还没有听到关于判处死刑的消息。这说明了什么?这说明了我们虽然不主张废止死刑,而事实上等于废止了死刑。”[②]

1944年,高等法院雷经天院长在接受美国记者冈瑟·斯坦采访时表示:“我们只对少数政治犯及其他经陪审团和审判员认为不可能再改造成为有用公民的罪犯,才判处死刑。”[③]如高子文,原在韩复榘部当上尉,当时已受日本驻河北特务机关主使充当汉奸。混入八路军实施了许多损害行为,后被调到抗大做伙夫。故意将菜饭不洗净,使学员染病不能顺利学习,闲时利用“吹牛”“小广播”探听党政军情形与散布谣言。1938年日机轰炸延安,高子文隐蔽于一山巅,用红旗向敌机打信号。后因乘某次大礼堂散会之际混入首长汽车,妄图行刺,被逮捕送入法院。政府希望他能悔悟,予以自新机会,但汉奸高子文始终不愿改悔,旋经公审后判处死刑。[④]

在坚持少杀慎杀的同时,边区还注重从刑事程序法上对死刑进行严格控制,建立了具有边区特色的死刑复核等制度。边区政府实行死刑复核的实践证明,它确实是贯彻少杀政策的重大措施。以1948年下半年为例,各县呈请审核死刑案件共57件,经边区政府复核执行死刑的只有18件。[⑤]

2. 有期徒刑。关于有期徒刑最高刑期的问题,随着边区政府和边区高等法院领导人认识的改变,经历了一个不断变化并逐渐趋向成熟和理性的过程。“照刑法所规定,有期徒刑为二月以上十五年以下,就是说,有期徒刑最高可达十五年。而我们边区则把最高(刑期)缩短为五年。”[⑥]朱婴此处所指的“刑法”,即为国民政府颁布的《中华民国刑法》,而至于何时将有期徒刑的最高刑期从15年缩短至5年,尚未在档案中见到具体记载。边区参议会谢觉哉在给边区政府秘书长周文的信中曾提及:“以五年为徒刑最高的规定,此规定不记在何文件上。”对于将边区有期徒刑最高刑期缩短为5年,朱婴进一步阐述了自己的观点:“我们既然不主张无期徒刑,但有期徒刑太长是不是主张呢?照样是不主张的。”他认为,判处有期徒刑15年,即使是从刚负刑事责任(18周岁)算起,“等到期满出狱的时候,已经三十三岁了,他的一生去了一半不说,而从十八岁到三十三岁正是他的学问和事业建立重要基础的时候”,而此的危害就是“与国家和个人都没有好处”。[⑦] 缩短有期徒刑的最高刑期,是边区刑罚“轻刑化”的一个主要表现,这有利于改造、教育罪犯,进而服务整个抗战大局。

然而,没有无期徒刑,有期徒刑刑期较短的刑罚制度设计,随着边区抗战形势的发展变

---

① 参见《红色档案——延安时期文献档案汇编》编委会编纂:《陕甘宁边区政府文件选编》(第3卷),陕西省人民出版社2014年版,第227页。

② 朱婴:《边区刑罚的特点》(下),载《解放日报》1941年10月26日。

③ [美]冈瑟·斯坦:《红色中国的挑战》,马飞海等译,上海译文出版社1999年版,第273页。

④ 李忠全:《浅论陕甘宁边区司法制度》,载《中国延安干部学院学报》2010年第3期。

⑤ 杨永华、方克勤:《陕甘宁边区法制史稿(诉讼狱政篇)》,法律出版社1987年版,第164页。

⑥ 朱婴:《边区刑罚的特点》(上),载《解放日报》1941年10月25日。

⑦ 朱婴:《边区刑罚的特点》(上),载《解放日报》1941年10月25日。

化，也暴露出边区刑罚的结构性缺陷，即使刑罚呈现出死刑过重而有期徒刑过轻的两极型结构，致使司法实践中在量刑上难免出现轻重失衡的情况。正是发现了刑罚体系中的这一缺陷，1942年3月31日，边区政府下令，将有期徒刑的刑期从最高5年增加到10年。详细内容为：①

各厅处会长官及各专员县长：

查边区最高徒刑原为五年，为适应五一施政纲领公布后之政治需要，现经边区政府第十三次政务会议决定：

"边区之最高徒刑定为十年。因为有许多案子如果判处死刑殊觉太重，有失宽大之意，但如判刑五年又嫌太轻，影响人权财产权之保障，故改定最高徒刑为十年。"复经边区参议会常驻会第五次常务会通过在案，除命令最高法院遵照外，希即知照为要。

此令

主席　林伯渠

3. 苦役。拘役创始于清末修律，是指将犯人拘禁起来，而令其服劳役。1935年《中华民国刑法》仍将拘役作为主刑之一沿用下来，其期限为："拘役一日以上二月未满，但遇有加重时，得加至四个月。"②相比较而言，边区的拘役则呈现出明显的不同：一方面，从刑罚的名称看，将"拘役"改为"苦役"，苦役是不拘禁犯人而令其服劳役；另一方面，从拘役的刑期看，则为1日以上6个月以下。如《陕甘宁边区禁烟毒条例》第9条规定，买卖及贩运烟毒者，视其价值，刑罚如下：(1)烟毒价值在10元以内者，罚1个月以下苦役，并科10元以下罚金；(2)烟毒价值在10元以上者，罚6个月以下苦役，并科100元以下之罚金……③

边区的苦役不拘禁犯人，但同时又增加了劳役的期限，原因在于："这种轻微犯罪在拘役中，一来怕染上其他犯人的恶习，二来怕丧失了犯人的体面，很足以减低以后向上奋进的情绪，纵然在狱中可以实施教育，但为时既暂，是不会收到何种效果的。所以凡是这种轻微的犯罪，只有不拘禁而令其服一定的劳役，比较有效些。"④而至于劳役期限的增加，是因为"拘役只是要使犯人在丧失自由中受到痛苦就够了，而苦役是要使犯人在丧失自由中受到一个相当的教育，所以苦役的期限比拘役规定的要长些。"⑤

4. 罚金。罚金是一种古老的刑罚方法，属于财产刑。罚金之作为刑罚，具有较早的历史，其产生远先于自由刑。⑥ 陕甘宁边区的罚金制度包括"并科""选科"和"专科"。"并科"是指对罪犯判处其他刑罚的同时，并科以一定数量的罚金。当时，边区的大多数刑事单行条

① 陕西省档案馆、陕西省社会科学院合编：《陕甘宁边区政府文件选编》(第5辑)，档案出版社1988年版，第369页。

② 岑飒、王文利：《我国拘役刑制度演变》，载《社会科学家》2004年第3期。

③ 甘肃省社会科学院历史研究室编：《陕甘宁革命根据地史料选辑》(第1辑)，甘肃人民出版社1981年版，第471页。

④ 朱婴：《边区刑罚的特点》(上)，载《解放日报》1941年10月25日。

⑤ 朱婴：《边区刑罚的特点》(上)，载《解放日报》1941年10月25日。

⑥ 邱兴隆、许章润：《刑罚学》，群众出版社1988年版，第225页。

例都规定，除判处徒刑、拘役外，得"并科罚金"。如"意图破坏金融进行货币投机事业以牟利者，其货币全部没收，处以 1 年以上 2 年以下之有期徒刑，并科以 5 000 元以上 10 万元以下罚金"[①]。"选科"是指对于某些罪行进行处罚时，法官可以在其他刑种中任选其一。如《陕甘宁边区破坏金融法令惩罚条例》规定，对故意拒绝使用边币者，得处以劳役或科以罚金。再如，《陕甘宁边区政府禁止仇货取缔伪币条例》第 9 条规定："凡违反本条例之第四条及第五条者，得按情节之轻重处以有期徒刑或死刑或科以罚金。"[②]"专科"是指法律规定对于某些罪行只能处以罚金进行惩治。

边区对刑法主张采用教育主义，而教育只有在徒刑的执行中方可达到目的。另外，边区资源匮乏、经济落后，"就罚金刑的本身来说，只有在有钱的人面前才能发生作用，而对于工人及贫苦群众是无法实施的。也就是说，罚金是专为有钱人设的"[③]。因此，总体而言，边区对于罚金刑的适用有很多限制：罚金不许滥用，司法机关不以罚金作为一种收入；只有鸦片、赌博、侵占、损害公共利益的犯罪行为才依据犯罪者的经济情况酌量科以罚金。[④]

（二）从刑

从刑也被称为附加刑，是指可以与主刑同时适用的刑罚方法。边区的从刑分为褫夺公权和没收。

1. 褫夺公权。褫夺公权是一种资格刑。根据《陕甘宁边区刑法总、分则草案》之规定，褫夺公权是剥夺如下权利：(1)选举权、被选举权；(2)为公务员之权；(3)公职候选人之权。褫夺公权的期限为 1 年以上 5 年以下，并于刑期执行完毕后行之。[⑤]《陕甘宁边区禁烟毒条例(草案)》第 16 条规定："违反本条例之罪，经法庭判决 1 年以上有期徒刑者，剥夺其公权。"[⑥]从边区政府颁布的刑事单行立法看，规定褫夺公权的情形并不多见。

由于边区刑事立法的粗疏，褫夺公权在司法适用中也暴露出一些问题。如在 1941 年选举中，对于犯人是否有选举权的问题，边区参议会副议长谢觉哉要求边区高等法院院长雷经天和高等法院检察长李木庵进行研究，拿出具体方案。谢觉哉在借鉴参考边区高等法院意见的基础上，提出了进一步的修改要求：作为涉及公民选举权的相关规定，应当十分清晰，需要予以明确。谢觉哉认为：[⑦]"处罚徒刑应以经过县裁判员的才为合法，其他行政机关随便处罚的应不算在内，请再为详细颁定，以便指示各级，在选举时照办。"

---

① 《红色档案——延安时期文献档案汇编》编委会编纂：《陕甘宁边区政府文件选编》(第 1 卷)，陕西人民出版社 2014 年版，第 379 页。

② 《红色档案——延安时期文献档案汇编》编委会编纂：《陕甘宁边区政府文件选编》(第 1 卷)，陕西人民出版社 2014 年版，第 277 页。

③ 朱婴：《边区刑罚的特点》(下)，载《解放日报》1941 年 10 月 26 日。

④ 高海深、艾绍润编著：《陕甘宁边区审判史》，陕西人民出版社 2007 年版，第 268－269 页。

⑤ 参见《陕甘宁边区刑法总、分则草案》第 18、21、22 条。艾绍润、高海深主编：《陕甘宁边区法律法规汇编》，陕西人民出版社 2007 年版，第 107 页。

⑥ 甘肃省社会科学院历史研究室编：《陕甘宁革命根据地史料选辑》(第 1 辑)，甘肃人民出版社 1981 年版，第 472 页。

⑦ 巩富文主编：《陕甘宁边区的人民检察制度》，中国检察出版社 2014 年版，第 185－186 页。

2. 没收。在抗战时期，这一刑罚主要适用于汉奸罪、盗匪罪、贪污罪，有时也适用于其他犯罪。没收的对象主要是财产，但刑事案件中的违禁品、犯罪所用之物或犯罪所得之物，皆在没收之列。在边区的单行刑事法令中，规定没收的条款比较多见。《陕甘宁边区抗战时期惩治汉奸条例（草案）》第 4 条规定："犯第三条各款之罪者，视其情节之轻重，判其有期徒刑或死刑，并没收本犯之全部财产，或处以罚金。"[①]《陕甘宁边区抗战时期惩治盗匪条例（草案）》规定犯盗窃罪者，"视其情节之轻重，判处有期徒刑或死刑，并没收本犯之全部财产或处以罚金"[②]。《陕甘宁边区惩治贪污条例（草案）》第 6 条规定，犯贪污罪除予以刑法规定之刑罚外，应追缴其贪污所得之财物，"无法追缴时，得没收其犯罪人财产抵偿"[③]。《陕甘宁边区破坏金融法令惩罚条例》规定："凡在边区境内买卖不以边币交换作价者，以破坏金融论罪，其钱货没收。"[④]

除以上几种刑罚外，在陕甘宁边区的刑事司法实践中，还有教育释放、驱逐出境等其他刑罚和处置办法。其中，教育释放是边区政府针对当时的情况，在司法实践中普遍使用的一种处罚措施，主要适用于轻微的刑事案件，对犯罪分子经过一段时间的关押教育之后，如果其能够认识到自己的错误，确实有悔改行为的，不再判处徒刑或者劳役，而是予以释放。据统计，1938－1939 年，边区各级司法机关对罪犯训诫后即释放的达到 787 件，占 33.2%。[⑤]而驱逐出境是指将罪犯驱逐出边区政府管辖范围的一种处罚措施，抗日战争时期只对少数特殊的案件采用过这种刑罚，一般适用于政治犯。

二、边区刑罚的裁量

刑罚的裁量即量刑。就国家刑事活动而言，制刑、量刑与行刑是运用刑罚的三个必要环节。只有通过量刑，制刑的结果才能由静态转入动态，使刑罚由"法律中的"变为"现实中的"。[⑥] 边区刑法的裁量，包括减免刑罚、加重处罚等制度。

（一）减免刑罚

1. 老幼者犯罪减免刑罚。"矜老恤幼"是我国古代刑法所确立的一项对老幼犯罪，减免其刑事责任的定罪量刑指导准则，新民主主义刑法对此予以继承。《陕甘宁边区抗战时期惩治盗匪条例（草案）》第 9 条规定："犯第二条各款之犯罪，年龄在 14 岁以下 80 岁以上者

---

① 陕西省档案馆、陕西省社会科学院合编：《陕甘宁边区政府文件选编》（第 1 辑），档案出版社 1986 年版，第 495 页。

② 陕西省档案馆、陕西省社会科学院合编：《陕甘宁边区政府文件选编》（第 1 辑），档案出版社 1986 年版，第 493 页。

③ 陕西省档案馆、陕西省社会科学院合编：《陕甘宁边区政府文件选编》（第 1 辑），档案出版社 1986 年版，第 498 页。

④ 《红色档案——延安时期文献档案汇编》编委会编纂：《陕甘宁边区政府文件选编》（第 4 卷），陕西人民出版社 2014 年版，第 379 页。

⑤ 《红色档案——延安时期文献档案汇编》编委会编纂：《陕甘宁边区政府文件选编》（第 3 卷），陕西人民出版社 2014 年版，第 227 页。

⑥ 邱兴隆、许章润：《刑罚学》，群众出版社 1988 年版，第 252－253 页。

得减刑。"[①]《陕甘宁边区抗战时期惩治汉奸条例(草案)》第10条规定:"犯第三条各款之犯罪,年龄在14岁以下80岁以上者,得减刑或免除其刑。"[②]如任子光(12岁)过失杀人一案,经延安市地方法院审判后,认为任子光玩弄枪械击毙郑银明,核系过失行为。因郑银明给任子光交枪时并未告知枪膛内有子弹,而任子光于枪之勾命之处随手扳弄,亦系出于无意,且查该犯年仅12岁,未达责任年龄,可令其在适当处所予以教育而资感化。故法院判决:任子光过失杀人罪,交劳动生产所予以感化教育。

2. 自首、自新及主动放弃犯罪者减免刑罚。在边区,对自首、自新及主动放弃犯罪者减免刑罚,是边区刑事司法教育感化政策的重要体现。"假若认为某犯人对于社会将会有贡献,或确实可以造就的,则不判死刑而加以教育和感化,使他改造,而锻炼成良好的公民。总而言之,我们不愿意轻易牺牲任何一个人,只要是可以转变的,除了罪大恶极,出卖国家和民族的汉奸外,都给(予)教育和感化,使他转变过来。"[③]《陕甘宁边区刑法总、分则草案》第8条规定,"将自己尚未发觉之罪犯行为而自首者",得按其情节减轻或免除其刑。《陕甘宁边区抗战时期惩治汉奸条例(草案)》第8条规定:"犯第三条各款之罪,未经发觉而自首者得减刑。自首条例另定之。"[④]《陕甘宁边区惩治贪污条例(草案)》第5条规定:"犯本条例之罪,于发觉前自首者,除依第六条之规定令其缴纳出所得财物外,得减轻或免除其刑。"[⑤]《陕甘宁边区抗战时期惩治盗匪条例(草案)》第7、8条规定:"犯第二条各款之犯罪,未经发觉而自首者得减刑。""犯第二条各款之犯罪,在事先告发能防止破或者,得减刑或免除。"[⑥]

(二)加重处罚

从边区刑事立法和司法实践看,加重处罚的情形主要有:

1. 从犯罪主体看,公职人员犯罪加重处罚。《陕甘宁边区施政纲领》规定:"禁止任何公务人员假公济私之行为,共产党员有犯法者从重治罪。"如党凤梧侵吞公款、贩卖鸦片、舞弊营私、剥削工人、破坏公营企业一案,边区高等法院经审理后认为,党凤梧身为公务人员,放弃职务,侵吞公款,并以公款贩卖鸦片作个人营业,剥削工人以饱私囊,致令该矿遭受损失,工人备受剥削。本院为严惩贪污、保障工人利益、巩固战时生产起见,应予以最严厉之制裁,最终判处党凤梧死刑。

2. 从案件性质看,汉奸、盗匪以及贪污等犯罪从严处罚。如鲍汇元、周步瀛贪污案中,

---

① 陕西省档案馆、陕西省社会科学院合编:《陕甘宁边区政府文件选编》(第1辑),档案出版社1986年版,第493页。

② 陕西省档案馆、陕西省社会科学院合编:《陕甘宁边区政府文件选编》(第1辑),档案出版社1986年版,第495页。

③ 黄薇:《陕甘宁边区高等法院访问记》,载《新华日报》1938年10月4日。

④ 陕西省档案馆、陕西省社会科学院合编:《陕甘宁边区政府文件选编》(第1辑),档案出版社1986年版,第495页。

⑤ 陕西省档案馆、陕西省社会科学院合编:《陕甘宁边区政府文件选编》(第1辑),档案出版社1986年版,第498页。

⑥ 陕西省档案馆、陕西省社会科学院合编:《陕甘宁边区政府文件选编》(第1辑),档案出版社1986年版,第493页。

二人因贪污合作社洋共270元8角4分，被分别判处3年6个月、3年的刑罚，并各自赔偿135元4角2分，并被分别科以罚金50元。依据《陕甘宁边区惩治贪污条例（草案）》（1938年3月18日）规定，贪污100－300元者，处1－3年徒刑，对鲍汇元的处罚已超过了法定最高刑。[①]

此外，边区刑法对主犯、累犯等的规定，也体现了加重处罚。

三、边区刑罚的特点

刑罚的意义和作用在于通过惩罚犯罪来预防再犯，以维护和巩固表现统治者意志和利益的政治体制、经济和社会制度、安宁秩序以及保护私人合法利益。[②] 刑罚的目的贯穿于刑事活动的始终，对于正确运用刑罚具有决定性的作用。《陕甘宁边区刑法总、分则草案》第一章第2条明确规定了刑罚的目的，即：巩固民主政权及维持法律秩序；教育人犯转变恶习，不致再犯罪，驯化为社会共同生活关系的善良分子；教育大众，使社会上意识薄弱之人有所观感与警觉，从而减少社会上犯罪事件。[③] 由此可见，巩固民主政权与预防犯罪，是边区刑罚的最终目的。

如果说，对于无穷无尽、暗淡模糊的人类行为组合可以应用几何学的话，那么也很需要有一个相应的、由最强到最弱的刑罚阶梯。[④] 边区结合抗战的实际，制定了不同于国民政府的刑罚体系，在刑罚体系的设置上无不考虑刑罚预防犯罪的目的。[⑤] 如边区在死刑的适用上极为慎重。凡能感化教育的，一般不轻易结束一个罪犯的生命。1941年判决的案件中，受批评释放的占18%，判决半年以下苦役的占44%，执行死刑的仅占0.6%。[⑥] 但是，对于穷凶极恶的汉奸、盗匪则予以严厉镇压，以巩固新生的民主政权。“因为不如此，转而使整个民族都要蒙受其灾害。”[⑦]而边区之所以废除无期徒刑，则是因为一方面，无期徒刑让“犯人既感到终身无恢复自由之机会，很容易养成自暴自弃的心理，这与刑事政策的本旨也不相合”；另一方面，无期徒刑的罪犯“需要国家负担终身供养，于国库亦是一个很大损失”。所以，“无期徒刑无论在国家或个人都是没有好处的”。[⑧]

在慎用死刑、废除无期徒刑的同时，边区根据革命斗争和人权保护的需要，对边区刑罚

---

① 刘全娥：《镇压与宽大相结合政策在陕甘宁边区的解释与适用——基于〈陕甘宁边区判例汇编〉的分析》，载《甘肃政法学院学报》2008年第4期。

② 蔡枢衡：《中国刑法史》，中国法制出版社2005年版，第3页。

③ 艾绍润、高海深主编：《陕甘宁边区法律法规汇编》，陕西人民出版社2007年版，第104页。

④ ［意］贝卡利亚：《论犯罪与刑罚》，黄风译，中国法制出版社2002年版，76－77页。

⑤ 张娜：《陕甘宁边区预防犯罪之启示——以刑罚目的的实现为视角》，载《宁夏社会科学》2012年第5期。

⑥ 林伯渠：《陕甘宁边区政府对边区第二届参议会第一次大会的工作报告》（1941年11月8、9日），载《陕甘宁边区政权建设》编写组编：《陕甘宁边区参议会（资料选辑）》，中共中央党校科研办公室1985年版，第251页。

⑦ 朱婴：《边区刑罚的特点》（下），载《解放日报》1941年10月26日。

⑧ 朱婴：《边区刑罚的特点》（下），载《解放日报》1941年10月26日。

中居于重要地位的自由刑——有期徒刑的最高刑期前后多次进行调整。如边区政府成立初期,先是依据国民政府的刑法最高可达 15 年,转而又改为 5 年。1942 年 3 月,边区政府下令将有期徒刑刑期从 5 年调整到 10 年,这是“因为有许多案子如判死刑殊觉太重,有失宽大之意,但如判刑五年又嫌太轻,影响人权财权之保障,故改定最高判刑为十年”。[①] 到了 1949 年 7 月,考虑到边区相较于之前“城乡环境复杂”,“犯罪类型很多”,而“十年刑期不易量刑科处恰当平允”,故为巩固政权、镇压反革命、维护生产,提请增高有期徒刑至 20 年。[②]

刑罚的轻缓化,是边区刑罚制度的另一个显著特征,是边区实行刑法人道主义、注重对犯人的教育感化以及镇压与宽大相结合刑事政策的必然要求。在《陕甘宁边区刑法总、分则草案》中及边区颁布的刑事单行法规中,均不同程度地体现了边区刑罚的轻缓。如《陕甘宁边区刑法总、分则草案》规定了许多轻缓的刑罚制度,包括不予处罚、减轻或免除其刑、刑之易科、缓刑、治疗教育等。另外,从边区的司法实践看,在 1939－1941 年审理的4 553件刑事案件中,无罪释放 149 件,教育批评 1 034 件,半年以下苦役 1 948 件,轻刑案件占到总数的 3/4。[③]

① 陕西省档案馆、陕西省社会科学院合编:《陕甘宁边区政府文件选编》(第 5 辑),档案出版社 1988 年版,第 369 页。

② 《为巩固政权、镇压反革命、维护生产,提请增高徒刑至二十年由》,参见艾绍润、高海深主编:《陕甘宁边区法律法规汇编》,陕西人民出版社 2007 年版,第 134－135 页。

③ 参见闵钐编:《中国检察史资料选编》,中国检察出版社 2008 年版,第 317－318 页。

第六章 民事立法

第一节 陕甘宁边区民事立法概述

陕甘宁边区横跨陕西、甘肃、宁夏三省，地理环境特殊，土地资源不均衡，自然灾害频发，物质资源匮乏，经济很不发达。加之革命战争年代，人民生活很是困苦。在此背景下，陕甘宁边区政府根据实际情况制定了有关物权、债权、婚姻、继承等一系列的民事法律，建立了相对完整的民事法律制度。虽然其民事法律制度比较粗疏，相关法律法规也缺乏体系性，随时代变动较大，但陕甘宁边区作为抗战以来的模范区，在民事立法方面相对来说仍取得了一定的成就，留下了一定的立法经验，其民事立法对于发展边区经济、稳定边区秩序、促进社会和谐起到了关键作用。本书所称的民事立法泛指当时与人身、财产有关的法律制度，与现代民法不能一一对应。下面主要介绍陕甘宁边区民事立法的发展、立法原则及其渊源。

一、陕甘宁边区民事立法的发展

陕甘宁边区政权的建立为边区创制民事法律提供了政治基础。自 1938 年开始，边区政府为了贯彻中国共产党的抗日民族统一战线政策，保护边区人民的民事财产权与人身权，制定了一系列的民事法律。

陕甘宁边区的民事立法经历了初创、细化和相对成熟三个阶段。

（一）陕甘宁边区民事立法的初创阶段

该阶段从 1937 年开始，1940 年结束。这一时期，陕甘宁边区政府在民事立法中，初步确认了民事财产权和人身权，对边区各抗日阶层的民事利益予以保护。

1. 物权方面。当时，陕甘宁边区土地立法的核心是对抗日民主政权建立以前已经没收了的土地维持现状，在保护已分得土地的农民利益的同时，确立了停止没收地主土地的规定，采取对地主利益进行保护的民事立法政策。1937 年 2 月 10 日，中共中央发表《中共中央给中国国民党三中全会电》，提出“停止没收地主土地之政策，坚决执行抗日民族统一战线之共同纲领”[①]。1937 年 7 月 15 日，中共中央发布《中共中央为公布国共合作宣言》，重

① 中央档案馆编：《中共中央文件选编》（第 11 册），中共中央党校出版社 1991 年版，第 158 页。

申“停止以暴力没收地主土地的政策”[①]。另外,陕甘宁边区在民事立法中确认了个人财产所有权。《陕甘宁边区抗战时期施政纲领》第 18 条规定:“确定私人财产所有权。”[②]1938 年 6 月 9 日《关于边区土地、房屋、森林、农具、牲畜和债务纠纷问题处理的决定》第 1 条规定:“凡是在国内和平实现以前,属于边区所辖之区域,其地主之土地、森林、房屋、农具和牲畜等,无论其已否分配,均在没收之列,任何人不得推翻既成之事实。”第 2 条规定:“凡是国内和平实现以前,曾被没收之土地、房屋、森林、农具和牲畜等,其所有权,已经分配给人民者,属于人民个人,分配给团体者,属该分得之团体,没收而未分配者,属于当地全体人民。任何人不得推翻此种事实。”第 6 条规定:“凡是在国内和平实现以前,不属于边区之地域,而在和平实现以后归边区管辖,其土地尚未没收和分配者,不得举行没收和分配。”[③]1938 年 4 月 1 日,陕甘宁边区政府发布了《关于处理地主土地问题的布告》,该布告规定:“在已分配了土地的区域,地主回来,乡村人民应表示欢迎他们来一致抗日。可在原乡村公地内分配他和农民一样多的土地和房屋,但已没收了的土地不应还原,分配了的房屋不得翻案。”[④]1938 年 4 月,陕甘宁边区政府颁布的《土地所有权证条例》对土地所有权证的性质、颁发及登载事项进行了详细规定,成为边区最早的民事立法。1939 年,陕甘宁边区政府颁布了《土地条例》,确定了土地私有制,对土地登记、土地使用进行了规范。

2. 债权方面。陕甘宁边区债法在这一阶段没有形成专门的体系,散见于其他法律规定中。主要有陕甘宁边区政府主席团于 1938 年 6 月 9 日颁布的《关于边区土地、房屋、森林、农具、牲畜和债务纠纷问题处理的决定》、1939 年初由边区参议会制定的《陕甘宁边区抗战时期施政纲领》、1938 年 4 月 1 日陕甘宁边区政府发布的《关于处理地主土地问题的布告》等,这些都涉及了债权债务关系。例如,《关于边区土地、房屋、森林、农具、牲畜和债务纠纷问题处理的决定》第 7 条规定:“凡是曾经被废除之债务,放债主不得向欠债人取偿,其已取偿者,应归还当地政府,由政府根据多数人的意见处理之,其未追偿者,应一律停止追偿。”[⑤]《陕甘宁边区抗战时期施政纲领》第 26 条规定:“废止高利贷,政府举办低利借贷,奖励合作社之发展。”[⑥]这些规定反映出陕甘宁边区对高利贷予以禁止,并对债务人的权利予以保护。

3. 婚姻方面。初创阶段的婚姻方面的立法有:(1)陕甘宁边区第一届参议会通过的《提高妇女政治经济文化地位案》的立法议案第 4 项建议:“命令禁止妇女缠足、贩卖妇女、抢婚行为,保证一夫一妻制,废除一切歧视妇女制度。”[⑦](2)1939 年 4 月陕甘宁边区

① 《周恩来选集》(上册),人民出版社 1980 年版,第 76 – 78 页。

② 《抗日根据地政策条例汇集·陕甘宁之部(上)》,陕甘宁边区政府 1942 年版,第 29 页。

③ 参见陕西省档案馆,全宗号 15,案卷号 25。

④ 参见陕西省档案馆,全宗号 15,案卷号 25。

⑤ 参见陕西省档案馆,全宗号 15,案卷号 25。

⑥ 《抗日根据地政策条例汇集·陕甘宁之部(上)》,陕甘宁边区政府 1942 年版,第 29 页。

⑦ 《陕甘宁边区政权建设》编写组编:《陕甘宁边区参议会(资料选辑)》,中共中央党校科研办公室 1985 年版,第 149 页。

政府通过了《陕甘宁边区婚姻条例》，该条例规定边区实行一夫一妻制，禁止纳妾，禁止包办强迫及买卖婚姻，禁止童养媳及招赘（俗称站年汉），边区男女婚姻以本人之自由意志为原则。[①]

可见，初创阶段陕甘宁边区民事立法涵盖面较窄、较为粗糙，主要是对党的政策的确认。

（二）陕甘宁边区民事立法的发展阶段

1941－1942 年是陕甘宁边区民事立法的发展阶段。这一时期的民事立法的发展主要表现在以下几个方面：

1. 物权方面，进一步扩大了财产权、人身权保护的范围。1941 年 10 月－11 月 21 日，陕甘宁边区第二届参议会第一次大会通过了《陕甘宁边区施政纲领》和《陕甘宁边区保障人权财权条例》，明确宣布保护一切抗日人民的民事财产权和人身权。《陕甘宁边区施政纲领》第 6 条规定："保证一切抗日人民（地主、资本家、农民、工人等）的人权、政权、财权及言论、出版、集会、结社、信仰、居住、迁徙之自由权……"[②]《陕甘宁边区保障人权财权条例》进一步明确规定：保障边区一切抗日人民的私有财产权及依法之使用及收益自由权，包括土地房屋债权及一切资财（第 3 条）。在土地已经分配区域，保证一切取得土地的农民之私有土地权；在土地未经分配区域，保证地主的土地所有权及债主的债权（第 4 条）。[③]

2. 债法方面，制定了专门的债法法律文件，并对减租减息进行了统一规定。陕甘宁边区政府 1941 年 11 月公布了《陕甘宁边区债务条例（草案）》。此草案是陕甘宁边区专门的债法法律文件，保护了债权人及债务人的合法权利。草案第 9 条规定："债务人因天灾人祸无力履行债务时，得向债权人请求止利还本。"[④]第 12 条规定："债务人不得借故赖账，如有借故赖债之行为者，债权人得向司法机关控诉。"[⑤]1942 年 1 月 28 日，中共中央发布了《中共中央关于抗日根据地土地政策的决定》，明确提出实行减租减息，保障农民、地主、富农的人权、政权、地权及财权。随后，陕甘宁边区政府根据边区的实际情况公布了《陕甘宁边区土地租佃条例草案》（1942 年 12 月 9 日），对当时农村的地租形式及其减租的具体情况作了详细的规定。

3. 婚姻方面。陕甘宁边区高等法院运用命令、批答（函）与指示（信）的形式，发布婚姻继承等民事法律文件。1942 年 7 月 10 日，陕甘宁边区高等法院针对赤水县司法处请示的《关于早婚及买卖婚姻问题的呈》，作出了《批示处理买卖婚姻及早婚办法由》（批答第 62 号）[⑥]的答复。

（三）陕甘宁边区民事立法的相对成熟阶段

1943 年后，陕甘宁边区民事立法取得了长足的发展，形成了边区民事法律的基本框架。

---

① 《抗日根据地政策条例汇集·陕甘宁之部（上）》，陕甘宁边区政府 1942 年版，第 137 页。
② 《陕甘宁边区第二届参议会重要文献》，陕甘宁边区政府办公厅 1944 年版，第 2 页。
③ 《陕甘宁边区第二届参议会重要文献》，陕甘宁边区政府办公厅 1944 年版，第 76－77 页。
④ 参见陕西省档案馆，全宗号 2，案卷号 56。
⑤ 参见陕西省档案馆，全宗号 2，案卷号 56。
⑥ 参见陕西省档案馆，全宗号 15，案卷号 33。

1. 关于土地立法和债法。陕甘宁边区政府于1943年9月颁布了《陕甘宁边区土地登记试行办法(草案)》,于1944年1月颁布了《陕甘宁边区地权条例草案》,于1944年12月颁布了《陕甘宁边区土地租佃条例》,于1945年11月颁布了《陕甘宁边区债之处理办法草案》等。这些立法对土地典当、土地租佃、土地登记、债权债务等领域的民事法律进行了进一步的修改与完善。

2. 关于婚姻继承。陕甘宁边区在这一阶段,对婚姻法律进行了两次大的修改,即1944年3月的《修改陕甘宁边区婚姻暂行条例》和1946年的《陕甘宁边区婚姻条例》,使得婚姻家庭领域中人身权的法律制度建设基本完成。

同时,陕甘宁边区加大了继承法的立法工作。1943年6月26日,《陕甘宁边区高等法院批答——批示寡妇招夫事件处理方法》(字第238号)。该批答规定边区法院在审理立嗣与寡妇继承案件时,应援引国民政府民法继承编之规定。1945年,边区政府颁布了《陕甘宁边区继承处理暂行办法》。此时,陕甘宁边区在继承领域中终于形成了较为完善的体系化的法律制度。

民事法律框架至此已基本形成,陕甘宁边区民事立法由此进入了完善与逐渐体系化的阶段。

二、陕甘宁边区民事立法的基本原则

民法的基本原则,是效力贯穿于整个民事法律制度和规范的民法根本规则,是指导民事立法、民事司法和进行民事活动的带有普遍指导意义的基本行为准则。陕甘宁边区的民事法制,是边区政府及其法律机关在长期民事法律实践中逐步建立起来的。陕甘宁边区民法的基本原则主要有:

(一)平等原则

平等原则包括两方面内容:阶级平等和男女平等。

1. 阶级平等。林伯渠在1941年的《边区政府工作报告》中谈到边区法律的基本精神时说:"保护各个革命阶级的利益,纠正资本主义国家各阶级在法律面前虚伪的平等,而代之以真正的实质的平等。"陕甘宁边区政府1938年4月1日发布的《关于处理地主土地问题的布告》中规定:"在已经分配了土地的区域,地主回来,乡村人民应表示欢迎他到来一致抗日。可在该区乡村公地内分配他以和农民一样多的土地和房屋,但已经没收的土地不应还原,分配了的房屋不得翻案,已取消了的租债不许索取。如乡村公地当地已分配完者,得在他人公地内分以每人应得的土地。"[①]该布告维护了土地关系的稳定,保护了地主与农民双方的利益。《陕甘宁边区保障人权财权条例》明确规定:"本条例以保障边区人民之人权财权,不受非法之侵害为目的";"保障边区一切抗日人民的私有财产权及依法之使用及收益自由权(包括土地、房屋、债权及一切资财)"。可见,所谓阶级平等,是指在某些方面,法律给各阶级以平等的保护。

① 陕西省档案馆,全宗号15,案卷号25。

2. 男女平等。陕甘宁边区1941年的《施政纲领》规定:“依据男女平等原则,从政治经济文化上提高妇女在社会上的地位,发挥妇女在经济上的积极性。”1946年的《陕甘宁边区自治宪法草案》再次规定:“妇女在政治、经济、文化及社会生活各方面,均与男子平等。”①另外,《陕甘宁边区婚姻条例》(1939年4月4日公布)、《修正陕甘宁边区婚姻暂行条例》(1944年3月20日公布)、《陕甘宁边区婚姻条例》(1946年)、《陕甘宁边区抗属离婚处理办法》(1943年)等一系列新法令,均规定妇女与男子一样享有提出结婚和离婚的平等权利。同时《陕甘宁边区继承处理暂行办法》及《陕甘宁边区继承处理办法》也规定了男女具有平等的婚姻继承权利。

(二)保护私有财产原则

陕甘宁边区民事法律保护私有财产的原则,是在中共政策、边区宪法性法律影响下形成的。《陕甘宁边区抗战时期施政纲领》第18条规定:“确定私人财产所有权。”②《关于边区土地、房屋、森林、农具、牲畜和债务纠纷问题处理的决定》(1938年6月9日)第1条规定:“凡是国内和平实现以前,属于边区所辖之区域,其地主之土地、森林、房屋、农具和牲畜等,无论其已否分配,均在已被没收之列,任何人不得推翻既成之事实。”第2条规定:“凡是国内和平实现以前,曾被没收之土地、房屋、森林、农具和牲畜等,其所有权已经分配给人民者,属于人民个人,分配给团体者,属该分得之团体,没收而未分配者,属于当地全体人民。任何人不得推翻此种事实。”第6条规定:“凡是在国内和平实现以前,不属于边区之地域,而在和平实现以后归边区管辖,其土地尚未没收和分配者,不得举行没收和分配。”③同时,陕甘宁边区政府发布的《关于处理地主土地问题的布告》(1938年4月1日)还规定:“在已分配了土地的区域,地主回来,乡村人民应表示欢迎他们来一致抗日。可在原乡村公地内分配他以和农民一样多的土地和房屋,但已没收了的土地不应还原,分配了的房屋不得翻案。”④1944年《陕甘宁边区地权条例草案》第3条明确规定:“依保护人民土地私有制的原则,凡合法土地所有人在法令限制范围内,对于其所有土地有自由使用、收益和处分之权。”综上,陕甘宁边区民事法律对各阶层的私有财产权做了保护,大大激发了劳动人民的生产积极性和创造力,有效地推动了大生产运动的顺利开展。

(三)照顾弱者原则

所谓弱者,是指经济条件相对差的一方,即贫困者。边区高等法院在总结民事政策时特别提出:“首先要保护劳动群众的利益,已经分配过的土地、财产及废除了的旧债,不能收回与再讨,违者依法论处。”⑤“国民党现行法律,各阶级利益冲突时,是无法解决的。而我们根

---

① 陕西省档案局编:《陕甘宁边区法律法规汇编》,三秦出版社2010年版,第20页。

② 《抗日根据地政策条例汇集·陕甘宁之部(上)》,陕甘宁边区政府1942年版,第29页。

③ 参见陕西省档案馆,全宗号15,案卷号25。

④ 参见陕西省档案馆,全宗号15,案卷号25。

⑤ 《陕甘宁边区高等法院工作报告》(1948年12月10日),载中国社会科学院法学研究所民法研究室民诉组、北京政法学院诉讼法教研室合编:《民事诉讼法参考资料》(第1辑),法律出版社1981年版,第66页。

据民事案件处理之诸原则，则可得到解决，如土地之优先租佃权，专于贫苦急需者；可令债务人少还、全还或免还。”[①]《陕甘宁边区土地租佃条例草案》规定：“在抗战期间，出租人依法收回租地时，应顾及承租人生活，如承租人实系贫乏而无力生活者，由政府召集双方予以调剂，得延长佃期或只退佃一部。”[②]显然这些规定都是以照顾弱者为原则的。在婚姻继承方面也有相关规定，1939 年《陕甘宁边区婚姻条例》第 19 条规定：“离婚后女方未再结婚，因无职业财产或缺乏劳动力，不能维持生活者，男方须给以帮助至再婚时为止，但最多以三年为限。”《陕甘宁边区继承处理办法》第 5 条规定：“已出嫁之女子，其生活穷苦而未继承遗产者，有回复继承请求权，但不得超过原继遗产之应继分。”可见，在物权、债权、婚姻及继承方面，陕甘宁边区都规定了这一原则。

（四）兼顾各阶层利益原则

林伯渠同志指出：“施政要照顾到各抗日阶层人民的利益，注意工农生活的改善，同时保护资本家地主的利益”[③]；“实行减租减息，缴租缴息，保障一切人民现有之土地私有权，要改善工人的生活，也要提高劳动纪律与劳动积极性；要照顾到雇主地主的利益，也要照顾到工人和农民的利益，以调解各阶层抗日人民的利害关系”[④]。1942 年 1 月 28 日，中共中央发布了《中共中央关于抗日根据地土地政策的决定》。该决定明确规定：(1)承认农民(雇农包括在内)是抗日与生产的基本力量。故党的政策是扶助农民，减轻地主的封建剥削，实行减租减息，保证农民的人权、政权、地权、财权。(2)承认地主的大多数是有抗日要求的，一部分开明士绅是赞成民主改革的，故党的政策仅是扶助农民减轻封建剥削，而不是消灭封建剥削，更不是打击赞成民主改革的开明士绅。故于实行减租减息，于保障农民的人权、政权、地权、财权之后，又须保障地主的人权、政权、地权、财权，借以联合地主阶级一致抗日。只是对于绝对坚决不愿改悔的汉奸分子，才采取消灭其封建剥削的政策。(3)党的政策，不是削弱资本主义与资产阶级，不是削弱富农阶级与富农生产，而是在适当地改善工人生活前提下，奖励资本主义生产与联合资产阶级，奖励富农生产与联合富农。但富农有一部分封建性质的剥削为中农贫农所不满，故在农村中实行减租减息时，对富农的租息也须照减；在对富农减租减息后，同时须实行交租交息，并保障富农的人权、政权、地权、财权。[⑤]

可见，在陕甘宁边区，经济上停止了没收地主土地的政策，政治上恢复了地主、富农、资本家的市民权，既注重对农民、手工业者、小资产者的保护，又注意维护地主与资本家的利益，对有抗日意愿的社会各种阶级、阶层的人权、政权、地权、财权，给予了充分的保护。足以

① 《陕甘宁边区民事案件处理办法摘引》，载艾绍润、高海深主编：《陕甘宁边区法律法规汇编》，陕西人民出版社 2007 年版，第 78 页。

② 参见陕西省档案馆，全宗号 2，案卷号 65。

③ 林伯渠：《陕甘宁边区政府对边区第二届参议会第一次大会的工作报告》，载《陕甘宁边区政权建设》编写组编：《陕甘宁边区参议会(资料选辑)》，中共中央党校科研办公室 1985 年版，第 245 页。

④ 林伯渠：《陕甘宁边区政府对边区第二届参议会第一次大会的工作报告》，载《陕甘宁边区政权建设》编写组编：《陕甘宁边区参议会(资料选辑)》，中共中央党校科研办公室 1985 年版，第 261 页。

⑤ 中央档案馆编：《中共中央文件选编》(第 13 册)，中共中央党校出版社 1991 年版，第 281 页。

表明陕甘宁边区民事立法贯彻了兼顾各阶层利益的原则。

（五）自愿原则

《陕甘宁边区保障人权财权条例》第5条明确规定："租佃及债权债务双方须遵照政府法令实行减租减息交租交息，一切租佃债约的缔结，须依双方自愿。"①1939年和1946年的《陕甘宁边区婚姻条例》均确立了"婚姻自愿"的原则，规定边区实行一夫一妻制，禁止纳妾、禁止包办强迫及买卖婚姻、禁止童养媳及招赘（俗称站年汉），边区男女婚姻以本人之自由意志为原则②。体现了陕甘宁边区契约自由、婚姻自由。

三、陕甘宁边区民事立法的渊源

陕甘宁边区的民事立法，在抗战和国共合作的特殊背景下，形成了自己特有的法律形式。

1939年，在陕甘宁边区政府召开的县区长联席会议上，边区高等法院雷经天在《目前边区的司法工作》报告中提出边区法律的根据包括：(1)边区参议会所通过的各种条例；(2)边区政府所颁布的各种文告和决定。(3)国民政府所颁布的各种法令，但必须符合以下条件：有利于抗战的；有利于广大多数人的利益的；有利于民主政治的；有利于国共合作的；有利于边区环境所需要的。(4)各地的习惯法，但必须经过边区高等法院的批准，而且是合理的、进步的、多数人赞成拥护的。在《关于改造边区司法工作的意见》（1943年）的报告中，雷经天又指出："边区的司法工作首先要依据共产党的政策和边区政府的法令。倘若没有法令，在不违背政策的指导思想下，倾听群众的意见，依边区的习惯处理。"③有人通过分析陕西省档案馆的相关资料，认为"边区的民事法律还通过命令、指示、批答（函）等形式表现出来"④。综上，陕甘宁边区的民事法律渊源主要有：

（一）国民政府民事法律

在国家制度层面，陕甘宁边区应该属于国民政府法律体系之内，但在政治现实中，边区的法律又具有相对独立性。⑤所以，国民政府的法令尤其是民法便成为边区民事法律的重要渊源。1944年的《陕甘宁边区地权条例（草案）》第1条规定："本条例根据国民政府颁布之土地法基本指导思想与边区土地条例、边区施政纲领第六条、第十条规定制定之。"⑥1939年陕甘宁边区县区长联席会议上通过了《目前边区司法工作报告大纲》。报告大纲提出司法适用的法律根据之一即国民政府所颁布的各种法令。大纲的第二部分指出："婚姻案件的法律依据之一是：根据边区参议会通过的婚姻条例，参考国民政府颁布民法之亲属篇；土

① 参见陕西省档案馆，全宗号15，案卷号59。

② 《抗日根据地政策条例汇集·陕甘宁之部（上）》，陕甘宁边区政府1942年版，第137页。

③ 参见陕西省档案馆，全宗号15，案卷号88。

④ 肖周录、马京平：《陕甘宁边区民事法律的几个问题》，载《法学研究》2009年第3期。

⑤ 汪世荣等：《新中国司法制度的基石——陕甘宁边区高等法院（1937－1949）》，商务印书馆2011年版，第2页。

⑥ 参见陕西省档案馆，全宗号2，案卷号59。

地案件的法律依据之一是:根据边区参议会通过的土地条例,边区政府廿七年的决定,参考国民政府的土地法;债务案件的法律依据之一是:根据廿六年边府的报告,参考国府民法债篇;继承案件的法律依据之一是:沿用地方习惯法,参考国府民法亲属篇。"[①]1943年《陕甘宁边区高等法院批答——处理寡妇招夫事件处理方针》规定:"寡妇对其身后的财产继承人可由寡妇自主指定,即法律上所谓指定承继人。如寡妇未预先指定承继人,死后财产无人继承,再由亲族会议处分其遗产,参考国民政府民法继承编。"[②]可见,边区的各类民事案件,均可参考国民政府的民法。

1943年,雷经天在《关于改造边区司法工作的意见》中提出,在国民政府正式承认边区政府之前,明白宣布国民政府的法律不适用于边区。[③] 从此,边区引用国民政府民事法律就基本停止了。所以边区政府援引国民政府民事法律的做法,并不存在于边区政府的整个存续期间。

(二) 党的政策

在陕甘宁边区,政策和法令的区别并不十分清晰。司法实践中,政策和法令一同被视为法律渊源,都可以作为判案依据,而且二者的效力等级、优先顺序也无明确规定[④],这使得党的政策也成为边区民事法律的重要渊源。党领导立法,首先是通过政策、指示来实现的。如抗战之初,中共在《致国民党五届三中全会》中提出"停止没收地主土地"政策,1942年发布关于土地政策的决定,改变了苏区时期激进的土地政策,重新确定了适合抗战形势的土地制度,直接引导了陕甘宁边区的土地立法。1946年,随着形势的变迁,中共中央又提出了关于土地问题的新指示,确立"耕者有其田"的方针。"耕者有其田"成为1946年以来陕甘宁边区几部土地立法的指导原则。不只是土地立法,抗战时期,党的减租减息、婚姻自由等政策主张,同样成为边区租佃、债法、婚姻法制的重要依据。

(三) 陕甘宁边区民事立法机关法令、条例等

陕甘宁边区以边区参议会和边区政府的法令(布告、条例、办法、决定、指导思想、纲领等)、边区政府和边区高等法院的命令、指示(信)、批答(函)等形式制定了大量的民事法律文件。

1. 边区参议会。边区参议会是"最高权力机关",享有立法权。《陕甘宁边区施政纲领》《陕甘宁边区保障人权财权条例》《陕甘宁边区地权条例草案》《陕甘宁边区土地租佃条例》及《陕甘宁边区婚姻条例》均由边区参议会制定。

2. 边区政府。边区政府的民事立法主要包含两种形式:一是具有普遍规范性的条例、办法,如1943年的《陕甘宁边区土地登记试行办法》、1944年的《陕甘宁边区地权条例草案》、1948年的《陕甘宁边区颁发土地房窑证办法》与《陕甘宁边区政府关于调剂土地确定

① 转引自肖周录、马京平:《陕甘宁边区民事法律的几个问题》,载《法学研究》2009年第3期。

② 参见陕西省档案馆,全宗号2,案卷号43。

③ 参见陕西省档案馆,全宗号15,案卷号88。

④ 胡永恒:《陕甘宁边区的民事法源》,社会科学文献出版社2012年版,第80页。

地权的布告》等。二是边区政府针对具体民事法律问题发布的各种批答、命令等,有1942年的《陕甘宁边区政府为切实禁止妇女缠足的命令》以及《陕甘宁边区政府关于严禁买卖婚姻的具体办法的命令》。[①]

3. 边区高等法院。边区高等法院发挥“政策性法院”功能,通过案例汇编、批答等方式形成对边区民事法律的补充。在审判实践中,边区高等法院将部分典型、疑难案件汇编成判例集,作为审判工作的指导,如《陕甘宁边区判例汇编》。[②] 边区高等法院还以多种方式调查了边区社会的民事习惯,在进行初步的甄别后,编制了《边区各县有关风俗习惯的调查材料》,在民事案件的审理中予以适用。[③] 边区高等法院在司法审判中遇到土地、债权、婚姻等案件中的疑难法律问题,通过命令、批答或指示等形式发布相应的民事法律文件,如1942年7月针对赤水县司法处的请示——《关于早婚及买卖婚姻问题的呈》所作出的《批示处理买卖婚姻及早婚办法由》。[④]

(四)陕甘宁边区民俗习惯

陕甘宁边区地处偏僻,传统社会的民俗习惯占据一定的地位,在一般民众中也有很大的影响。边区民事法律自然不能忽视且完全排斥民俗习惯,因此与党的政策不违背的民俗习惯,便成了边区民事法律的重要渊源。从边区民事立法及司法实践看,“在边区民事法律的各个领域,均承认了善良风俗习惯是边区民事法律的重要渊源”[⑤]。这也使得边区民事成文法与习惯法呈现出互补的特征。

1. 依据风俗习惯对民事法律作出调整。1939年《陕甘宁边区婚姻条例》对婚姻法定年龄作出了规定:“结婚年龄,男子以满二十岁,女子以满十八岁为原则。”[⑥]然而,这一规定在施行过程中却遇到了不少问题。陕甘宁边区社会一直流行早婚习俗,“髫龄订婚者有之,甚至指腹为婚者亦有之”,导致婚姻法令在群众中很难执行。于是,边区参议会一些参议员就提议:“政府可改男子结婚为十八岁,女子为十六岁,既便于执行,且适合战时增加革命后代要求。”[⑦]可见,陕甘宁边区的婚姻立法会根据当地民俗习惯适时作出调整。减租减息中,陕甘宁边区在立法上既贯彻党的政策,又尽量尊重地方租佃习惯,实现二者的平衡。陕甘宁边区于1942年12月颁布了《陕甘宁边区土地租佃条例草案》并附说明,其中规定:“活租按原租额减百分之二十五至四十,减租之后,出租人所得最多不得超过收获量百分之三十。”并

---

① 雷志华、李忠全主编:《陕甘宁边区民政工作资料选编》,陕西人民出版社1992年版,第435-436页。

② 边区民事判例汇编并非随意的,而是形成了一系列体例,贯彻了边区民事法律的特有原则,对边区民事司法有重要的指导意义。参见肖周录:《陕甘宁边区判例汇编考略》,载《法学研究》2014年第1期。

③ 汪世荣:《陕甘宁边区高等法院对民事习惯的调查、甄别与适用》,载《法学研究》2007年第3期。

④ 肖周录、马京平:《陕甘宁边区民事立法及其特征》,载《政法论坛》2010年第1期。

⑤ 肖周录、马京平:《陕甘宁边区民事法律创制的主要方式探析》,载《法律科学(西北政法大学学报)》2010年第5期。

⑥ 韩延龙、常兆儒编:《革命根据地法制文献选编》(下卷),中国社会科学出版社2013年版,第1543页。

⑦ 胡民新、李忠全、阎树声编著:《陕甘宁边区民政工作史》,西北大学出版社1995年版,第248页。

且特意附加说明:“活租的地租,应当和当地定租的地租维持大致相同的额数,它减租多少,随当地定租额及土地好坏而定。在减租之后,若出租人所得不到三成,就照该数给租;若超过三成时,减为三成。”这些规定,兼顾了减租政策与地方租佃习惯,避免了法律执行中过大的阻力。[①]

2. 明确规定应适用善良风俗习惯来补充制定法的不足。《陕甘宁边区继承处理暂行办法》第19条规定:本办法未规定者从当地习惯。[②] 1945年11月1日,边区公布了《陕甘宁边区债之处理办法草案》,该草案第11条规定:“本办法未规定者,除法律另有规定外,得依当地之优良习惯处理之。”[③]

第二节 陕甘宁边区的物权法

民法上的物权是指直接支配物的权利,“是对特定物进行全面的或某一方面的直接支配,从而享有利益的排他性的权利”[④]。物权包括所有权、用益物权、担保物权等,陕甘宁边区的民事立法较为粗疏,未能对物权法制进行体系化的规定。本章论及的陕甘宁边区物权,主要介绍土地政策和土地立法、所有权和典权。

一、陕甘宁边区土地政策和土地立法

列宁指出:“法律是一种政治措施,是一种政策”,“我们党的决议是不完全的法律”。[⑤]政策作为国家和政党为实现一定历史时期的路线而制定的保障措施,不可替代法律,二者不可混为一谈。[⑥] 政策和法律密切相关:政策是法律的指导,法律是政策的保障。陕甘宁边区政府所颁行的一系列土地法规与当时我党的相关政策密切相连,它有效地保障了我党政策的顺利实施。

(一) 抗日战争时期陕甘宁边区的土地政策及土地立法

抗日战争时期,中日民族矛盾成为中国社会的主要矛盾,为了团结一切抗日力量,建立最为广泛的抗日民族统一战线,中国共产党及时调整了土地政策,即废除了苏维埃时期的土地政策及法令,实行减租减息的土地政策。

1. 土地政策。1937年5月3日,毛泽东同志在中国共产党全国代表会议上的报告中指出:“为了停止国内的武装冲突,共产党愿意停止使用暴力没收地主土地的政策,而准备在新的民主共和国建设过程中,用立法和别的适当方法去解决土地问题。中国土地属于日本人,还是属于中国人,这是首先待解决的问题。既是在保卫中国的大前提之下来解决农民的

① 《陕甘宁边区政策条例汇集续编》,陕甘宁边区政府办公厅1944年版,第121－122页。
② 参见陕西省档案馆,全宗号15,案卷号7。
③ 参见陕西省档案馆,全宗号2,案卷号1454。
④ 谢怀栻:《外国民商法精要》,法律出版社2006年版,第167页。
⑤ 《列宁全集》(第28卷),人民出版社1990年版,第140页。
⑥ 高文盛、熊金蝶:《毛泽东法制思想的时代特征及其局限》,载《河北法学》2002年第3期。

土地问题,那末,由暴力没收方法转变到新的适当方法,就是完全必要的。”[①]1937 年 8 月 25 日,洛川会议制定的《抗日救国十大纲领》提出了“减租减息”政策。1937 年 10 月,毛泽东同志在中共中央六届六中全会上所作的《论新阶段》报告中,将“在战区及敌后开始适当的减祖减息”和“承认工人农民对雇主地主的团体契约权”作为改良民众生活、激发民众的抗战热忱与生产热忱的重要政策。[②] 1939 年 1 月,陕甘宁边区第一届参议会制定的《陕甘宁边区抗战时期施政纲领》和《陕甘宁边区土地条例》,对减租减息政策作了具体规定。1942 年 1 月,中共中央正式作出了《关于抗日根据地土地政策的决定》,明确指出减租减息政策是抗日民族统一战线的土地政策,是一方面减租减息,另一方面交租交息的土地政策。这一决定标志着中国共产党从停止没收地主土地到减租减息政策的转变。同时决定确立了抗战时期土地政策的三项基本原则:一是承认农民(包括雇农在内)是抗日与生产的基本力量,因此,应扶助农民,减轻地主的封建剥削,实行减租减息,保证农民的人权、政权、地权、财权,借以改善农民生活,提高农民抗日与生产的积极性。二是承认地主的大多数是有抗日要求的,一部分绅士是赞成民主改革的,因此,实行减租减息后,又必须实行交租交息,保障地主的人权、政权、地权、财权,借以联合地主阶级一致抗日。只对坚决不愿改悔的汉奸分子才采取消灭封建剥削的政策。三是承认资本主义生产方式是中国现时比较进步的生产方式,富农的生产方式带有资本主义性质,富农是抗日与生产的一个不可缺少的力量,因此,对富农减租减息后,必须实行交租交息,保障富农的人权、政权、地权、财权。这三条基本原则,是中国共产党“抗日民族统一战线及其土地政策的出发点”[③]。

2. 土地立法。陕甘宁边区在减租减息土地政策的基础上制定了一系列土地法规。主要有:

(1)《陕甘宁边区土地条例》。1937 年 9 月 24 日,《陕甘宁边区土地所有权证条例》公布。1937 年 4 月,陕甘宁边区政府在关于土地政策的布告中规定:“在新的区域不再没收和分配土地了,直接实施减租减息的土地政策;在陕甘宁苏区因没收土地而离开的地主豪绅,愿意回来的可以回来,并可得到与其他农民一样的土地和房屋。”这一政策提出后,外逃的地主、富农纷纷返回,其中有人不顾边区法令,采取各种威胁利诱的手段强迫农民交还土地、地租、房屋、和债务。为了保护农民利益,巩固革命成果,陕甘宁边区政府制定了《陕甘宁边区土地所有权证条例》。条例确定了土地私有制,人民经过分配所得的土地,即为其私人所有。土地改革前的旧有土地关系一律作废,农民分得的土地要领取土地证。未分配土地的地区,地主的土地不再没收,土地所有权仍属于地主。《陕甘宁边区土地所有权条例》的制定,使农民土地所有权在法律上得到了确认并予以保护。

(2)《陕甘宁边区土地条例》。1939 年 4 月 4 日,《陕甘宁边区土地条例》公布。该《条

① 《中国共产党在抗日战争时期的任务》,载《毛泽东选集》(第 1 卷),人民出版社 1991 年版,第 260 页。

② 毛泽东:《论新阶段》,东北书店 1947 年版。

③ 张树军主编:《图文中国共产党抗战纪事》(下:1941 - 1945),河北人民出版社 2012 年版,第 748 页。

例》"确定土地私有制,人民经分配所得之土地,即为其私人所有。土地改革以前之旧有土地关系,一律作废"(第 3 条)。"土地出租时,业、佃双方须订立合同,除保证业户利益外,须保证佃户使用土地之一定年限及租额之不至过高"(第 17 条)。

(3)《陕甘宁边区保障人权财权条例》。1942 年 2 月,《陕甘宁边区保障人权财权条例》公布。该《条例》对减租减息作了规定:"租佃及债权债务双方,须遵照政府法令实行减租减息交租交息,一切租佃债约的缔结,须依双方自愿"(第 5 条)。并对农民和地主的土地所有权予以保护:"在土地已分配区域,要确保取得土地的农民土地所有权,土地未分配的区域,要确保地主的土地所有权"(第 4 条)。

(4)《陕甘宁边区土地租佃条例》。1944 年 12 月 29 日,陕甘宁边区第二届参议会第二次大会正式通过了《陕甘宁边区土地租佃条例》。《条例》共 6 章,包括总则、减租、交租、租佃契约及佃权、其他及附则。从法律上对减租租额作了具体规定。在未经分配土地的区域,定租一般减租率不得低于 25%;活租按原租额减 25% -40%,减租之后出租人所得不得超过收获量的 30%,土地副产物皆归承租人;伙种按原租额减 10% -20%,减租之后,出租人所得不得超过收获量的 40%;按庄稼按原租额减 10% -20%,减租之后,出租人所得不得超过收获量的 45%。并规定民国二十八年(1939 年)底以前欠租一律免交。交租部分保障了出租人即地主、富农的应得利益,规定"承租人应依本条例所规定减租之后之租额交租,不得短少,其有能力交租而故意不交者,出租人有请求政府依法追缴之权"(第 14 条)。[①]

除此之外,陕甘宁边区的土地立法还有《陕甘宁边区土地房屋登记暂行办法》(1942 年 4 月 10 日)、《陕甘宁边区土地登记暂行办法》(1943 年 9 月)、《陕甘宁边区地权条例草案》(1944 年 1 月)等。

(二)解放战争时期陕甘宁边区的土地政策及土地立法

1. 土地政策。

(1)减租减息政策。抗日战争胜利后,国内主要矛盾发生了相应的变化,国共两党出现对立局面,形势紧张。中国共产党一方面争取和平谈判;另一方面要积极备战,以应对可能爆发的内战。这种情况下,中国共产党为了巩固解放区,决定继续实行减租减息的土地政策。1945 年中共中央在《减租减息和生产是保卫解放区的两件大事》中明确指出:"我党目前的土地政策,仍然是减租减息而不是没收土地。"1945 年 12 月 15 日,毛泽东在《一九四六年解放区工作的方针》中强调指出:"各地务必在一九四六年,在一切新解放区,发动大规模的、群众性的,但是有领导的减租减息运动。""在老解放区,则应复查减租减息的工作,进一步巩固老解放区。"[②]可见,抗日战争胜利后,囿于精力有限以及基于社会稳定的需要,中国共产党选择继续实行减租减息的土地政策。

(2)没收地主土地分配给农民政策。1946 年 5 月 4 日,中共中央发出《关于土地问题的指示》(即《五四指示》)。《五四指示》以实现耕者有其田为目的,支持农民通过开展反

① 艾绍润、高海深主编:《陕甘宁边区法律法规汇编》,陕西人民出版社 2007 年版,第 191 -192 页。

② 《毛泽东选集》(第 4 卷),人民出版社 1990 年版,第 1175 页。

奸、清算、减租减息等运动从地主手里直接获得土地，主要是把汉奸、大地主、土豪、恶霸作为落实的对象，没收他们的土地分配给农民的政策。要求一般不变动富农土地，对于中小地主的生活应给予照顾。可见，《五四指示》保护了包括中农、富农、小地主等在内的广大农民的土地财产。该指示公布时，国内形势已发生了很大的变化。全面内战的危险严重增长，大地主大资产阶级同人民大众的矛盾逐渐上升为社会的主要矛盾。随着主要矛盾的变化，农民要求解决土地问题的愿望也越来越强烈，所以对土地政策也适时作出了调整。

(3) 征购地主土地政策。1946 年 12 月 13 日，陕甘宁边区颁布了《陕甘宁边区征购地主土地条例草案》。该《条例》指出："在未经土地改革区域发行土地公债，征购地主超过应留数量之土地，分配给无地或少地的农民，以达耕者有其田之目的。"政府通过和平的征购方式取得地主(自力耕种的除外)土地，然后由无地或少地的农民以政府征购时的半价承购。征购地主土地是陕甘宁边区废除封建土地所有制转变时期的一种过渡性土地政策。

(4) 没收地主土地，征收富农土地的政策。1947 年 9 月，全国土地工作会议在西柏坡召开。会议通过了《中国土地法大纲》。土地法大纲规定了两方面内容：一是要消灭封建及半封建性的土地剥削制度，即没收地主的土地、牲畜、农具、房屋、粮食及其他财产，征收富农多余的土地、农具、房屋、粮食及其他财产；二是实行耕者有其田的土地制度，即把没收的土地分给农民，使广大农民不仅有土地的使用权，而且有土地的所有权，并可以对土地自由地经营、买卖、出租。《中国土地法大纲》从根本上废除了封建土地剥削制度，基本实现了耕者有其田，并用法律的形式保护农民获得的土地所有权，受到了广大农民的拥护和支持。

2. 土地立法。

(1)《陕甘宁边区征购地主土地条例草案》。该条例共 7 章，主要解决农民土地不足的问题，专门针对无地或少地的农民。主要内容有：

第一，规定了征购土地的范围。"一般地主给其家中每人平均地数，应多于当地中农每人平均地数的 50%(假如中农每人 6 亩，地主每人应是 9 亩)；在抗日自卫战争中，著有功绩之地主，留给其家中每人平均地数，应多于当地中农每人平均地数的 1 倍(假如中农每人 6 亩，地主每人应是 12 亩)；地主自力耕种之土地不得征购；富农土地不得征购。"

第二，规定了征购土地的地价。地价由当地乡政府协同乡农会及地主具体评定，评定标准按各地地价与土地质量不同而定，但最高不得超过该地平均两年收获量的总和，最低不得低于该地平均一年的收获量。

第三，规定了土地的承购。条例规定："政府征购之土地，按征购原价之半数，分配给无地或地少之农民承购，地价分为十年付清。"并规定原耕地之贫苦佃农及雇农、家境贫苦之革命死难者之遗族、现役军人之直系家属及退伍军人享有承购土地的优先权，而移民、难民应和当地居民有同等承购土地之权利。

第四，规定了土地公债之清偿。"边区政府委托边区银行为土地公债清偿之经理机关。”“土地公债分十年还清，年息千分之五，清偿期为每年秋末。”

该条例还规定了对宗教团体、庙院、族田及土地上附着物的处理办法。

《陕甘宁边区征购地主土地条例草案》操作性强，在当时的历史条件下，用公债办法征购地主土地取得了成功的经验，深得民心，是彻底解决农民土地问题的最好办法之一，成为全国解放区过渡时期解决土地问题的典范。

（2）《陕甘宁边区颁发土地房窑证办法》。《陕甘宁边区颁发土地房窑证办法》自1949年2月26日公布，共15条。此办法是土地改革后，为确定各阶层人民的土地、房窑所有权，保障其所有权不受侵犯而制定的。《陕甘宁边区颁发土地房窑证办法》规定：“凡土地问题已解决的地区，不论原有或分得的土地、房窑均应依照本办法进行登记，发给土地、房窑证。”第4条规定：“各县（市）进行登记土地时，应以乡为单位，由乡政府指派代表2人，乡农会选派代表3人，及乡政府与乡农会商聘当地公正群众2人，经区政府审查批准后，组织土地登记委员会，在乡政府指导下，进行登记土地、房窑工作。”该办法还对土地、房窑登记手续费征收的数量及土地房窑的转移、买卖、变迁后的重新登记等作了规定。[①]《陕甘宁边区颁发土地房窑证办法》从法律上确认了广大农民取得土地、房窑等财产的所有权，真正实现了耕者有其田，住者有其屋，使农民生活有了切实保障。

二、陕甘宁边区所有权

（一）所有权的取得

所有权的取得是指通过什么方式可以获得所有权。本节仅指土地、坟地、房窑及其土地上附着物所有权的取得。重点介绍土地所有权的取得，对于坟地、房屋及其土地上附着物等的所有权仅作简单介绍。

陕甘宁边区建立时存在着两类不同的土地制度：一是经过土地革命的地区，实行的是农民土地所有制；二是边区形成前后新归属边区行政管辖的地区，仍然实行地主土地所有制。这两类地区抗日战争时期在边区的面积和人口大约各占一半。随后，陕甘宁边区政府制定实施了一系列的土地立法，确认了土地私有制度，实现了“耕者有其田”的土地农民所有权制度。

1. 土地所有权的取得。土地所有权的取得主要介绍农民、难民及移民等无地或少地的人取得土地的方式。

第一，农民土地所有权的取得。陕甘宁边区政府根据当时的土地政策，规定农民取得土地所有权的方式主要有：

（1）分配。分配是指陕甘宁边区政府没收地主、大汉奸、恶霸等的土地，直接分配给无地或少地的农民所有。1938年6月9日，陕甘宁边区政府《关于边区土地、房屋、森林、农具、牲畜和债务纠纷问题处理的决定》第2条规定：“凡是国内和平实现以前，曾被没收之土地、房屋、森林、农具和牲畜等，其所有权，已经分配给人民者，属于人民个人，分配给团体者，

① 艾绍润、高海深主编：《陕甘宁边区法律法规汇编》，陕西人民出版社2007年版，第212－214页。

属该分得之团体，没收而未分配者，属于当地全体人民。任何人不得推翻此种事实。”足见，土地分配给谁，谁就拥有了所有权。《五四指示》要求没收分配大汉奸土地给农民所有。《中国土地法大纲》第6条规定：“……一切地主的土地及公地，由乡村农会接收，连同乡村中其他一切土地，按乡村全部人口，不分男女老幼，统一平均分配，在土地数量上抽多补少，质量上抽肥补瘦……”

（2）购买。允许农民以一定的价格向地主或者政府购买土地，以此获得土地所有权。《五四指示》规定：“减租之后，地主自愿出卖土地，而佃农则以优先权买得此种土地。”《陕甘宁边区征购地主土地条例草案》第10条规定：“政府征购之土地，按征购原价之半数，分配给无地或地少之农民承购。地价为十年付清。家境贫苦无力交付者，经县政府呈报边区政府批准后可予免付。”条例还对哪些人可以优先购买及购买数量也作了具体的规定。如第12条规定：“下列人员有承购土地之优先权：原耕地之贫苦佃农及雇农；家境贫苦之革命死难者之遗族；现役军人之直系家属及复员退伍军人。以上人员每人承购之土地数，连他自己原有土地一共不得超过当地中农每人平均地数。”

（3）清算。《五四指示》规定清算地主对农民的负欠：“在清算租息、清算霸占、清算负担及其他无理剥削中，地主出卖土地给农民来清偿负欠。”可见，地主可以用土地抵债的方式使农民获得土地所有权。

（4）地主捐献。《五四指示》规定，农民可以在地主自愿捐献的基础上获得土地。如“由于在减租后保障了农民的佃权，地主乃自愿给农民七成或八成土地，求得抽回三成或二成土地自耕”。

（5）开荒。《陕甘宁边区地权条例草案》第10条规定：“在公荒很多并经政府指定的区域，人民所开荒地，得依法取得其所有权。”

第二，移民难民的土地所有权的取得。连年的战争、封建地主的压榨、贪官污吏的横行及自然灾害的不断侵袭使陕甘宁边区产生了大量的移民难民。正确解决移民难民的土地所有权问题，对陕甘宁边区的稳定及其经济发展有着重要意义。

（1）开垦公荒。《陕甘宁边区优待移民难民垦荒条例》第4条第1款规定：“经移民难民自力开垦或雇人开垦之公荒，其土地所有权概归移民或难民，并由县政府发给登记证，此项开垦之公荒三年免收公粮。”

（2）政府分配。《一九四六年移民计划及实施办法》明确规定，“土地由政府供给”移民。移民有家眷者，“对于所分得使用之土地，当时即有所有权，五年后并可自行处理，进行典卖。在五年以内，如愿离开移垦区，或自己不使用时，则只能仍旧交公”。“对于无家眷者单个劳动力的移民”，“所分得使用的土地，最初只有使用权，无所有权，但如愿继续住宿五年以上，则亦可取得所有权和典卖权”。

（3）购买。《陕甘宁边区征购地主土地条例草案》第13条规定了移民难民应和当地居民有同等承购土地之权利。

第三，工人、小手工业者、小商人及二流子土地所有权的取得。《陕甘宁边区征购地主土地条例草案》第13条规定：“工人、小手工业者、小商人等，须按当地土地情形和家庭生活需要由乡政府和农会斟酌规定其承购土地之数量;二流子承购土地后,须由当地政府管教其勤劳生产,不得任其荒芜。"[1]

2. 窑洞及其定着物所有权的取得。《陕甘宁边区地权问题》[2]关于窑洞及其定着物的所有权问题作了如下规定:

(1)"谁住归谁"的原则。凡中贫农革命时住了地主富农之窑洞,即按"谁住归谁"的原则处理,不再变动。若系中贫农住中贫农的窑洞,发生问题时原则上执行谁住归谁,但可按具体情况,适当予以调剂,使得双方都有窑住为宜。

(2)"典窑为死"的原则。凡革命前的典窑问题,皆以"典窑为死"的原则处理,若出典者系中贫农,可按双方家庭具体情况,进行适当的调剂。

(3)"物随土地"的原则。凡分配过土地之地区,定着物随土地转移归新业主。平时定着物随土地买卖而转移。如系正当买卖关系,订有契约,载明定着物之处理办法者,应按契约处理。[3]

3. 坟地所有权的取得。土地分配以后,分地户为扩张耕地,遂有开坟地耕种的,坟主由于迷信等不允许开种,极易起纠纷。此外,由于坟地内的树木等的所有权问题,原业主与分地户也常有争执。为了彻底解决这样的纠纷,《陕甘宁边区地权问题》规定了以下解决办法:

(1)有主灵地归灵主所有。凡有主的灵地,应依原划定之界段归灵主所有,并允许其灵主继续埋人,他人不得随便开垦,但本人同意者例外。

(2)定着物悉归灵主。灵地内之水、石、树木等定着物,凡有灵主者,应悉归灵主所有,他人不得侵犯。

(3)无主古坟可自行开垦。凡已无主的古坟,如系小块土地,可由分地户自行开垦,如系大块的坟地,应一律归公,其所有的水、石、树木等定着物的处理亦然。

(二)对所有权的保护

为了确定不动产所有权,平息土地、房窑纠纷,使农民安心于土地的经营管理,陕甘宁边区政府规定了不动产登记制度,所有权人依照法律进行登记,政府统一发放土地、房窑所有权证。陕甘宁边区制定的《陕甘宁边区保障人权财权条例》《陕甘宁边区土地所有权证条例》《陕甘宁边区土地条例》《陕甘宁边区土地登记试行办法草案》《陕甘宁边区地权条例草案》及《陕甘宁边区颁发土地房窑证办法》都有涉及对土地或房窑的登记制度。《陕甘宁边区土地所有权证条例》第 1 条规定:"本条例所称土地,包括农地、林地、牧地、房地、荒地、水地,及其他水陆天然资源。"第 3 条规定:"凡属第一条所定土地及其定着物之所有人,必须依本条例向当地县政府领取土地所有权证。"第 5 条规定:"土地所有权证,为土地所有权之

① 艾绍润、高海深主编:《陕甘宁边区法律法规汇编》,陕西人民出版社 2007 年版,第 209 页。

② 据《解放日报》1946 年 11 月 2 日报道,此文为民政厅唐洪澄副厅长在第三届政府委员会第二次会议上的报告。

③ 艾绍润、高海深主编:《陕甘宁边区法律法规汇编》,陕西人民出版社 2007 年版,第 204 页。

唯一凭证,在土地所有权证颁发后原有关于土地所有权之各种契约,一概作为无效。"《陕甘宁边区土地条例》第 4 条规定:"凡在土地改革后分得土地之人民,须持有土地改革时期之分地证,或民国二十六年后边区政府之土地登记证,其未经没收或分配之土地,则须持有惯例管业证,经政府验明登记者,始为取得土地所有权。"可见土地登记证的重要性,有了土地登记证才能取得土地所有权。《陕甘宁边区土地登记试行办法草案》第 2 条规定:"凡在边区境内置有土地房屋者,均须依照本办法向土地所在地之县、市政府进行登记,领取土地房屋所有权证。"《陕甘宁边区颁发土地房窑证办法》第 2 条规定:"凡土地问题已解决的地区,不论原有或分得的土地、房窑均应依照本办法进行登记,发给土地、房窑证。"[①]综上,陕甘宁边区政府在不同时期都有关于土地、房屋的登记制度,说明了陕甘宁边区政府对农民土地、房屋所有权的保护非常重视。土地登记具体程序如下:

第一,不动产所有人向当地政府提出申请。由土地、房屋的所有人而不是使用人向当地政府提出登记申请。如属典当地、租佃地,必须由出租者、出典者提出申请。《陕甘宁边区土地条例》第 12 条规定:"土地有下列情形之一者,须向县政府申请登记:(1) 一切未经登记之土地;(2) 土地所有权全部或一部转移于他人者;(3) 土地有分合增减坍没或其他变更者;(4) 土地分割为独立地段者;(5) 土地全部或一部并于其他土地者。"《陕甘宁边区土地登记试行办法草案》第 4 条规定了申请时需陈报的事项,包括:(1) 业主姓名、年龄、原籍、现住;(2) 坐落、名称、等级、种类、面积及四至;(3) 当年应得收益(以细粮为标准);(4) 土地附着物(如沟条洼坡树木水石等);(5) 土地来历及凭证件数。

需要呈验的凭证有:(1) 凡已实行土地登记之区域,须缴验边区政府二十六年(1937 年)以后颁发之土地所有权证及登记后合法转移之契约;(2) 凡经分配土地而未经土地登记者,须缴验二十六年(1937 年)以前土地改革时期之分地证及分地后合法转移之契约;(3) 凡未经分配土地之区域,须缴验合法取得土地之契约;(4) 各种契约及凭证如有遗失或毁坏时,须缴验土地四邻及村长证明文件,经考查确实者;(5) 红军公地、政府公地及已宣布没收而尚未分配之公地,须有区乡政府之证明文件。

第二,组织登记委员会。所有人向当地政府提出申请后,当地政府会指派各方代表组成登记委员会,由委员会进行审查。《陕甘宁边区颁发土地房窑证办法》详细规定了登记委员会的组成及其职责。其中第 4 条规定:"各县(市)进行登记土地时,应以乡为单位,由乡政府指派代表二人,乡农会选派代表三人,及乡政府与乡农会商聘当地公正群众二人,经区政府审查批准后,组织土地登记委员会,在乡政府指导下,进行登记土地、房窑工作。"

土地登记委员的职责主要有:(1) 接受本乡人民土地、房窑登记之申报,并主持进行土地数量、产量及房窑等级之审查评议登记事项;(2) 负责向人民公布,向上级政府呈报登记土地、房窑情形,接受人民意见或上级政府指示,复查或复议土地数量与产量等事项;(3) 承上级政府之委托,颁发本乡人民之土地、房窑证,代收领证手续费等事项;(4) 调解本乡登记

① 艾绍润、高海深主编:《陕甘宁边区法律法规汇编》,陕西人民出版社 2007 年版,第 212 页。

土地、房窑中所发生的纠纷事件。[1]

《陕甘宁边区土地登记试行办法草案》对土地登记的计算单位和质量划分等级作了明确规定。该办法第10条规定："土地登记的计算单位：(1) 农地、荒地、牧地、森林地、园地等，以当地习惯垧或亩计算；(2) 房屋以间数，窑洞以孔数计算；(3) 院落地基以方丈计算，或以原来四至为界。第13条规定："农地登记时，须依照其种类和质量划分为三等九级：(1) 水地为一等地，划分为上中下(一、二、三级)；(2) 川塬地为二等地，划分为上中下(四、五、六级)；(3) 山地为三等地，划分为上中下(七、八、九级)。

第三，缴纳所有权证手续费。在登记委员会审查完后，所有权人需缴纳一定的费用。不同时期所缴纳费用标准不同，下面列出三个不同时期的土地立法对所有权手续费的规定。

1937年的《陕甘宁边区土地所有权证条例》第9条规定，土地所有权证每张应缴纳费额依下列标准执行：

首先，农地应缴费用标准为：(1) 面积2垧以下者5分；(2) 面积5垧以下者1角；(3) 面积10垧以下者2角；(4) 面积15垧以下者3角；(5) 面积20垧以下者5角；(6) 面积21垧以上者1元。

林地、牧地、荒地应缴费用标准为：(1) 面积5垧以下者5分；(2) 面积10垧以下者1角；(3) 面积20垧以下者2角；(4) 面积30垧以下者3角；(5) 面积40垧以下者5角；(6) 面积41垧以上者1元。

面积单位，得以各地习惯名称为标准，但计算费额时，仍以每一习惯单位等于一垧。

其次，城市房地应缴费用标准为：(1) 面积5方丈以下者1角；(2) 面积10方丈以下者3角；(3) 面积20方丈以下者5角；(4) 面积21方丈以上者1元。

最后，乡村房地应缴费用标准为：(1) 10方丈以下者1角；(2) 20方丈以下者2角；(3) 30方丈以下者3角；(4) 31方丈以上者5角。

1943年《陕甘宁边区土地登记试行办法草案》第14条规定，申请登记土地房屋者，须依照下列规定缴纳登记费：

首先，土地应缴费用：(1) 水地之登记手续费每张细粮7合；(2) 川塬地之登记手续费每张细粮6合；(3) 山地之登记手续费每张细粮5合。

其次，房基地之登记费，每张细粮1升。

1948年《陕甘宁边区颁发土地房窑证办法》第5条规定，土地登记一律以亩计算。并按下列规定缴纳领取土地证手续费：

首先，土地应缴费用：(1) 耕地一律按评定之常年产量每斗(细粮)缴纳2合(细粮)；(2) 可耕荒地每亩缴纳细粮3勺；(3) 荒地及牧地免费登记。以上手续费一般应按当地粮价折成农币缴纳。确实无法缴纳农币者，得缴纳细粮。

其次，房窑应缴费用。《陕甘宁边区颁发土地房窑证办法》第6条规定，房窑之登记，应按户以其院落、房窑之多寡好坏评定等级，各级房窑划分及手续费规定如下：

① 《陕甘宁边区颁发土地房窑证办法》第4条。

（1）每口人平均有窑 1 孔，或房子 2 间以上，且其质量较好者为一级，每户应缴纳领取房窑证手续费 15 000 元；

（2）每两口人平均有质量较好之窑 1 孔或房子两间以上者为二级，每户应缴纳领房窑取证手续费 10 000 元；

（3）每两口人平均不足普遍窑 1 孔或房子两间以下，或虽有窑 1 孔或房子两间，但质量不好者，为三级，每户应缴纳领取房窑取证手续费 5 000 元。

可见，随着时间的推移，所有权证登记手续费标准越来越高。缴不起费用的所有人该怎么办？《陕甘宁边区颁发土地房窑证办法》第 8 条规定："贫苦之军、工、烈属、鳏、寡、孤、独确实无力缴纳者，经县政府审查批准后，可酌情减缴土地、房窑领证手续费。"

第四，颁发土地、房窑证。不动产所有人按实自报土地、房窑数量，提出登记申请后，经登记委员会审查，提出初步意见，进行公布后，由各村民会进行讨论，再由登记委员会根据群众意见，整理材料，呈报上级政府批准。三榜公布无异议，方才按户颁发土地、房窑证。其中，土地、房窑证，由边区政府统一制印，由各县政府盖印后，方才有效。

陕甘宁边区政府规定了细致周密的不动产登记制度，使农民土地、房窑的所有权得到了法律上的保护，农民不再为土地或房屋被地主强收而担惊受怕，这无疑给农民吃下了一颗定心丸。不动产所有权证使农民真正获得了土地和房屋，彻底解决了群众的生存问题。

三、陕甘宁边区典权

典权是指一方支付典价，占有他方的不动产而享有的使用、收益的权利。支付典价的一方为典权人；以自己的不动产供典权人占有、使用、收益者为出典人；作为典权标的物的不动产为典物。典权属于用益物权的范围，因为设定典权的目的在于典权人对出典人不动产进行使用和收益。典权在历史上存在着以人身为标的的情形，如典妻雇子、典雇男女等。典权是中国传统特有的法律制度，其他国家没有这种制度。陕甘宁边区的典权制度以土地、房屋等不动产为标的。

（一）陕甘宁边区典权立法

陕甘宁边区典权制度的立法主要有：

1.《中共中央关于抗日根据地土地政策的决定》。该决定于 1942 年 1 月公布。根据该决定，凡典地尚未转成买卖关系者，出典人随时可用原典价依约赎回土地，不得采用抽地换约的办法。如已转成买卖关系者，不得赎回。因纸币跌价而在赎回典地时所生之争议，由政府调处之。

2. 陕甘宁边区高等法院的规定。1942 年，陕甘宁边区高等法院规定土地典权之期限除依照双方契载及当地正当习惯外，一般应参酌国府民法物编之规定（30 年）。但在特殊情形下，又须依据中央土地政策决定之精神，同时应照顾出典及承典双方之生活。

3.《陕甘宁边区土地典当纠纷处理原则》。1943 年，为了解决民间典当回赎纠纷缺乏共同原则的问题，陕甘宁边区政府依据边区实际情况，并兼顾出典人与承典人的双方利益，制定了《陕甘宁边区土地典当纠纷处理原则》。该处理原则对典权的处理依据、典当时效及出典人和承典人的权益维护都作了具体的规定。

4.《陕甘宁边区绥德分区专署关于旧债赎地暂行办法》。此办法于 1943 年制定,但并未正式颁布。其对典地回赎的相关问题作了详细的规定。

5.《绥德分区减租减息暂行条例的补充办法草案》。该草案于 1943 年制定,对假典假卖以法律的形式予以禁止并予以处罚,对典地的抽赎也作了相关规定。

（二）陕甘宁边区典权的内容

1. 关于典权的处理原则。《陕甘宁边区土地典当纠纷处理原则》中规定的处理原则以下:

（1）在土地未经分配区域,其土地上存在的典当关系皆为有效,出典人得依约回赎;

（2）在土地已经分配区域,其分配以前土地上的典当关系,随土地分配而消灭,原出典人不得回赎;

（3）凡土地分配不彻底的区域,因而发生典当纠纷时,应在便利农民取得土地的原则下,酌情处理之。[①]

2. 关于土地的回赎。

（1）关于回赎期限的规定。《陕甘宁边区土地典当纠纷处理原则》第 2 条规定:"典当时效的处理,有约定者从其约定,无约定者,从民间习惯。"1943 年《陕甘宁边区绥德分区专署关于旧债赎地暂行办法》对土地回赎期限是这样规定的:"规定回赎期限参照国民政府民法典权三十年及人民习惯(典地千年活)。现对于典权年限规定为六十年,即在六十年以内者凭典约钱到归赎。"但此条不适用于去春归地区域。可见,典地的回赎期限没有固定的时间限制,它是变动的。

（2）关于典价的规定。《陕甘宁边区绥德分区专署关于旧债赎地暂行办法》规定,因回赎典地须偿还旧租者,民国二十三年(1934 年)以前所欠之旧租一律作废,民国二十三年(1934 年)以后至二十八年(1939 年)间,按下列规则处理:

第一,每年交足约定租额之一半者,即根据过去政府的规定认为已交清,不得再收;

第二,依约定租额未交足一半者,在半数内之欠额为欠租额;

第三,在进行过土地革命的地区,民国二十三年(1934 年)到民国二十五年(1936 年)之租粟,不论拖欠若干一律废;

第四,上列各项的欠租偿还时,每斗均以 1 元折价。

回赎时因典价的货币折算发生纠纷应按双方的经济情况酌情处理(《陕甘宁边区土地典当纠纷处理原则》第 4 条)。

3. 关于出典人、承典人的权利义务。

（1）出典人依法回赎典地时,如承典人一方确系自己耕营而又生活贫苦者,得由区乡政府召集双方予以调剂,或延期回赎,或回赎一部分,或回赎后仍租给原承典人耕营。若双方

① 韩延龙、常兆儒编:《革命根据地法制文献选编》(下卷),中国社会科学出版社 2013 年版,第 1169 页。

同样贫苦者，则依契约处理。

（2）出典人出卖其出典土地时，承典人有承买优先权；如承典承租非一人时，其承买优先权，应视典佃双方经济情况具体处理之，出卖人须声明出卖土地之最后价格于优先权人，如优先权人声明不愿依最后价格承买，才得由他人承买。出卖人不得高抬价格，承买人亦不得故意抑低价格；如出卖人虚价欺骗优先权人，出卖人应受到违法的处罚，承典人的优先权依旧存在。[①]

（三）对典权的两点说明

1. 对假典假卖的说明。《绥德分区减租减息暂行条例的补充办法草案》规定，地主以假典假卖收回典地的，依情节之轻重，参照多收之粮，处以 1－5 倍的罚金，或科以 3 个月以下之生产。

中共为了减轻贫农负担，实行了“减租减息”政策。对此，有些地主表面赞同“减租”，实际上采取假典假卖方式，拒绝减租。具体的方式有：假立典约，但地主不要典价，也不减轻租额，由佃户代交公粮；或者地主立典约，但佃户立借约，以纳利的形式代替交租，形式上地主已经典出土地，形成典卖关系，实际地主仍占有土地，且租额并未减少。在陕甘宁边区，立春后地主提出把租地典出或出卖，意在威胁农民，如要种地须多交租子。典地抽回来要出租，原典主要求租地优先权，地主便以提高租额或不减租作威胁。这些现象，都属于假典假卖行为。这些行为，违反了减租减息政策的意图，也损害了农民的利益。为此，1946 年《陕甘宁边区征购地主土地条例草案》不得不专门规定：“地主对土地隐瞒不报或实行假典假卖等舞弊行为，应没收其隐瞒与舞弊部分。”[②]

2. 对抽地换约的说明。《中共中央关于抗日根据地土地政策的决定》规定，凡典地尚未转成买卖关系者，出典人随时可用原典价依约赎回土地，不得用抽地换约的办法。

为了保障无奈出典土地的贫农的权利，边区实行《减租减息条例》后曾规定，典当地在一定年限之内，出典人可以依原价赎回典地，如出典人一时无力赎回，得立契约，按年行息（一分或分半）抽回典地。贫农可以用付年息的方式赎回自己的典地，类似于用借贷契约抽回了典地，所以称之为抽地换约。这样规定的出发点是为了方便贫农更快地赎回土地。但事实上，这个规定给不是贫民的人也创造了有利可图的机会，许多地区的土地都被出典人以一张空约抽回了，典权人的利益毫无保障。为此，陕甘宁边区政府不得不作出调整，规定革命地区抽典地，如果典地人吃亏太大，准抽后不影响其应归地数，可调解准抽一半。1942 年的《中共中央关于抗日根据地土地政策的决定》对于典地尚未转成买卖关系者，更是禁止使用抽地换约的办法赎回。

① 艾绍润、高海深主编：《陕甘宁边区法律法规汇编》，陕西人民出版社 2007 年版，第 183 页。

② 陕西省档案馆、陕西省社会科学院合编：《陕甘宁边区政府文件选编》（第 11 辑），档案出版社 1991 年版，第 42－43 页。

第三节　陕甘宁边区的债法

债法是指调整债权债务关系的法律规范。物权法的重心在于保护所有权不受侵犯，维护财产的静态安全；债法的重心在于保护和促进财产的动态安全。财产的流转使用有赖于债的关系，财产的动态保护则依赖于债法。“债是法律关系，基于这种关系，我们受到约束而必须依照我们国家的法律给付某物。”[①]当然，这里的物不仅仅指实物，也包括行为。陕甘宁边区在自己特有的社会环境和经济条件下，产生了各种债权债务关系，也出现了债权债务纠纷，为此，陕甘宁边区政府制定了一系列债法，主要涉及借贷、买卖、租赁、租佃、承揽等方面的内容。

一、陕甘宁边区的债权立法

陕甘宁边区土地贫瘠，灾害不断，经济很不发达，加之地主豪绅的盘剥，农民的债务压力非常重，有些农民不得不接受地主豪绅的高利贷赖以生存。中国共产党自建立革命政权以来，为了减少贫苦民众在债务上的负担，在陕甘宁边区政府成立前，便开始了债权立法的尝试。1928 年制定《平债法》，要求地主交出田契、借据，通过“烧毁借契、缴出赃款”[②]等方式，消灭了贫苦阶层的债务。1934 年制定了涉及土地、债务的多项政策法令，“打土豪先是废除债务、烧毁契约”。[③] 这些法令主要是为了减轻农民的债务负担。

陕甘宁边区政府成立后，通过了多部关于债权债务的法律法规。这些法律法规，主要依据中共中央抗战以来的政策，特别是扩大统一战线的“三三制”政策。

（一）《陕甘宁边区保障人权财权条例》

该条例于 1942 年 2 月公布。条例明确规定：保障边区一切抗日人民的私有财产权及依法之使用及收益自由权（包括土地、房屋、债权及一切资财）。

（二）《关于边区土地、房屋、森林、农具、牲畜和债务纠纷问题处理的决定》

该决定于 1938 年 6 月制定。决定规定：“凡是曾经被废除之债务，放债主不得向欠债人取偿，其已取偿者，应归还当地政府，由政府根据多数人的意见处理之，其未追偿者应一律停止追偿。”[④]该决定保护了债务人的利益，对稳定当时的经济秩序有一定作用。

（三）《陕甘宁边区债务条例（草案）》

该条例于 1941 年 11 月公布，对债务关系、债息等作出了规范，如禁止高利贷及一切剥

---

① ［罗马］查士丁尼：《法学总论——法学阶梯》，张企泰译，商务印书馆 1989 年版，第 158 页。

② 上饶市委党史研究室编著：《中共上饶市地方史》（第 1 卷：1925 – 1949），江西人民出版社 2005 年版，第 45 页。

③ 杨正发编著：《南梁之光》，甘肃人民出版社 2005 年版，第 194 页。

④ 《关于边区土地、房屋、森林、农具、牲畜和债务纠纷问题处理的决定》（1938 年 6 月 9 日），载陕西省档案馆、陕西省社会科学院合编：《陕甘宁边区政府文件选编》（第 1 辑），档案出版社 1986 年版，第 72 页。

削行为之债务，凡未经土地革命区域之债务，依当事人之约定，债务人须偿还之。对债务利息作出限定，债息以月息 1 分 5 厘至 2 分为准，不得超过。此草案内容十分简短，但特点鲜明。

首先，它肯定了 1930 年《中华民国民法》的效力，规定“凡债务关系除适用民法债篇外，依本条例处理之”。

其次，它充分保护了社会各阶层的权益。债务人因天灾人祸无力履行债务时，得向债权人请求止利还本（第 9 条）。对地主及其他债权人的合法权益，又本着契约自由的原则予以保护，未经土地革命区域之债务，依当事人之约定，债务人须偿还之（第 6 条）。债务人不得借故赖债，如有借故赖债之行为者，债权人得向司法机关控诉（第 12 条）。[①] 这表明，边区债法不是片面地保护某一阶级的利益，而是在限制不当债务关系、保障贫农合法利益的同时，注重通过法律公平地调整债权债务关系。

（四）《陕甘宁边区土地租佃条例草案》

该条例于 1942 年 12 月 9 日公布，共有 37 条，分为总则、减租、交租、租佃契约及佃权等。总则（第 1 章）对土地租佃法律关系中的一般问题予以规定，分则（第 2 - 5 章）规定了土地租佃法律关系中的各种具体问题。《陕甘宁边区土地租佃条例草案》采用划分总则与分则的立法技术，这是边区民事立法的一个显著进步。在此之前，边区民事法律中没有出现过这种情况，所以这部法律是边区民事立法技术开始精细化与科学化的标志。

（五）《陕甘宁边区政府命令——颁布关于土地典当纠纷处理原则及关于旧债纠纷处理原则》

该原则于 1943 年 9 月 14 日公布。该原则就债务问题曾经宣布废除旧债的区域，不准再行索还。居住于其他区域的债权人不得向居住于上述区域的债务人索取已经被宣布废除的旧债。在土地未经分配区域，对抗战以前旧债之偿还作出限制，计息标准不得超过 1 分半。付息已超过原本 1 倍者，停利还本；付息已超过原本 2 倍者，本利一概免付。[②] 这项立法贯彻了“保护贫苦者利益”原则，如规定：“旧债偿还时，如因货币计算发生纠纷，应按债务性质与双方经济状况在照顾贫苦人民利益原则下酌情处理之。”[③]这些规定有效地解决了减租减息中的债务纠纷，保护了贫苦农民的利益。

（六）《陕甘宁边区债之处理办法草案》

该办法于 1945 年 11 月 1 日公布，内容较为完整。不仅有详细的总则，还分列了买卖契约、借贷契约、租赁契约、承揽契约和运送契约。该办法体现出对贫苦债务人权利的保护，规定债务人如因贫穷而不能履行债务时，得减少其履行额或分期偿还之；债权人或债务人负损害赔偿，导致生活受到重大影响时，司法机关可以减轻其赔偿金额，或免除之。在借贷部分，

① 陕西省档案局编：《陕甘宁边区法律法规汇编》，三秦出版社 2010 年版，第 526 页。

② 西南政法学院函授部编：《中国新民主主义革命时期法制建设资料选编》（第 3 册）（内部资料），1982 年版，第 204 - 205 页。

③ 《谢觉哉日记》（上卷），人民出版社 1984 年版，第 539 页。

规定债务人付息超过原本 1 倍者,停利还本,但"债权人确系贫苦而债务人经济较为富裕者",不适用该规定。可见债权人和债务人双方生活的贫苦或富裕,直接决定了其权利的保障程度,体现出优先照顾贫苦者的立法原则。

(七)《处理日本投降后因物价猛跌所引起之债务纠纷的参考办法》

该办法于 1945 年 12 月出台,提出了解决债务纠纷的几项原则:对破产问题,非因事业遭受损失,确无隐藏财产,而全部财产不足以抵偿债务者,不许破产;对一般买卖、合伙、承包、暂借等债务,基本上维持原有契约,如债务人确实无法如数付还,得依照双方具体情况,酌情调处;对保人的债务责任,规定保人对债务应负赔偿之责任,但须先尽债务人力量赔偿,不足部分酌情由保人补赔。[①] 这些规定,对规范债务关系、稳定边区经济秩序,发挥了一定的作用。

(八)《陕甘宁边区处理债权债务纠纷办法》[②]

该办法于 1949 年 7 月 27 日颁布。陕甘宁边区辖地辽阔,交通和工商业均不发达。老解放区因为土改运动,债权债务关系简单,新解放区情况复杂。农村地主富绅仍有相当势力。城市工商业较发达,债权债务纠纷比较多,如有积年典当旧债纠纷;有因敌币贬值、物价猛涨,负债人无力偿还,高利贷者借机盘剥纠纷;有承揽运送损害赔偿纠纷及房赁纠纷;等等。为了解决这些纠纷,陕甘宁边区政府制定了此办法,提出相关的处理原则。《陕甘宁边区处理债权债务纠纷办法》分为老解放区的债权债务处理原则、新解放区及城市债权债务处理原则及城市中的租赁关系处理原则三部分。"凡经过土地革命及土地改革地区曾宣布废除的地富旧债,一律不准追索,居住于其他地区的债权人亦不得向上述地区的债务人索取已经废除的旧债"(第 1 部分第 1 条)。"工农贫民互相间所有土改以前之旧债,得根据借贷双方具体情况协商处理"(第 2 部分第 2 条)。"凡在解放前三年以银元敌币及各种实物所成立之正当债权债务关系或因敌币贬值物价波动,辗转折合致负债人的债务加重,得根据双方具体经济情况以原日实物标准或依当地银行牌价,折以人民币偿还之"(第 2 部分第 2 条)。可见,此办法对纠纷提出了具有针对性的解决办法,执行因地制宜、区别对待原则,稳定了当时的社会秩序,对当时的社会、经济发展非常有利。

二、陕甘宁边区合同之债

罗马法将引起债的关系发生的法律事实称为债的发生根据。优士丁尼《学说汇纂》将债的发生根据分为契约、准契约、私犯和准私犯四类。我国《民法通则》将债分为合同之债、不当得利之债、无因管理之债和侵权行为之债四类。从债法的规定上来看,陕甘宁边区的债以合同之债为最多,所以我们主要介绍合同之债。

根据债务人性质的不同,可以将债划分为公债和私债。公债的债务人是政府,包括中央

① 《处理日本投降后因物价猛跌所引起之债务纠纷的参考办法》(1945 年 12 月 2 日),载陕西省档案馆、陕西省社会科学院合编:《陕甘宁边区政府文件选编》(第 9 辑),档案出版社 1990 年版,第 303 - 304 页。

② 艾绍润、高海深主编:《陕甘宁边区法律法规汇编》,陕西人民出版社 2007 年版,第 14 页。

政府和地方政府，以及政府所属机构。陕甘宁边区政府在《陕甘宁边区征购地主土地条例草案》①中规定，在未经土地改革区域发行土地公债，让无地或地少的农民予以承购。其第五章“土地公债之清偿”有更具体的规定：“土地公债分十年还清，年息千分之五，清偿期为每年秋末”（第18条）；“每年到期土地公债之本息，可以抵交农业税，但只限于本县范围。土地公债，可以转让抵押，但不得在市里流通”（第19条）。私债的债务人是私人部门，包括自然人和法人。陕甘宁边区的合同之债是私债的最主要形式。

合同之债主要包括以下几种：

（一）买卖合同

买卖合同，是指出卖人转移标的物的所有权于买受人，买受人支付价款的合同。在买卖合同中，交付标的物并移转所有权的一方为出卖人，受领标的物并支付价款的一方为买受人。陕甘宁边区规定买卖合同双方的权利为：买卖成立后，发现他方有诈欺行为致他方受损害者，应负赔偿之责（《陕甘宁边区债之处理办法草案》第17条）。双方的义务是：

1. 出卖人的义务。

（1）买受人受领标的物时，应将物之种类、品质、数量当面检查清楚，除契约上有订定，该标的物交付后，出卖人不负担保责任，但在一定条件下，出卖人仍负毁疵之担保责任。

（2）已付价金而财产权尚未移转，出卖人因不可抗力致不能为一部或全部给付时，得减少其给付额或返还买受人之价金，并得照付利息。

2. 买受人的义务。

（1）买卖约定后，于交付价金及转移产权前，当事人之一方因物价波动或其他不可抗力不能履行约定，或履行而受重大损失时，得减少给付或解除契约。

（2）买受人发现标的物有应由出卖人负担保责任之瑕疵时，应即通知出卖人变更或解除契约，否则视为承认其所受领之物。

（二）借贷合同

借贷合同，是指当事人约定一方交付一定的实物或者金钱归他方使用，他方到期返还原物或如数如质返还同类替代物或金钱的合同。其中借用他人之物的当事人一方，称为“借用人”；以物借出的一方，称为“出借人”或者贷与人。借贷分为两类，即消费借贷和使用借贷。陕甘宁边区的借贷主要指消费借贷，民间也长时间存在高利贷现象。《陕甘宁边区债之处理办法草案》规定，1937年7月7日以后之借贷依照以下规定处理：

1. 凡公司借贷，利率均定为月利1分5厘，最高者不得超过月息3分。利息不得滚入原本再生利息，利率不得按日计算。

2. 借用人得随时提出清偿债务，债权人不得拒绝受领，但债务人须于清偿之5日前通知出借人。

3. 木办法公布以前，债务人付息超过原本1倍者，依照本办法规定之利率处理。但借用人确系贫苦而出借人经济较为富裕者，不适用上述之规定。

① 艾绍润、高海深主编：《陕甘宁边区法律法规汇编》，陕西人民出版社2007年版，第209页。

可见，陕甘宁边区借贷合同在效力上执行了从新原则和照顾弱者原则，也对高利贷作出了限制。

（三）租赁合同

租赁合同，是指出租人将租赁物交付承租人使用、收益，承租人支付租金的合同。其中，将租赁物交与他方使用、收益的人是出租人，使用、收益他人财产的人是承租人。陕甘宁边区政府的租赁合同规定，市房（包括房屋、窑洞、院落及其他居住之处所）之租赁，以该房之现时价格计算租金；民房（包括房屋、窑洞、院落及其他居住之处所）之租赁，其租金窑 1 孔或房 1 间，或与此相等之处所每月不得超过小米 4 升（市升）。合同双方的义务为：

1. 出租人的义务。

（1）出租人将租赁物让与他人时，其租赁契约对于受让人仍继续存在。

（2）承租人不交租金过两期以上者，出租人得终止契约。

（3）在他人土地上建筑房屋（窑洞、院落及其他住所者），自房屋修竣之日起，10 年以内不出租金，土地所有人亦不得收回该建筑，至期间届满后，建筑物之所有权归土地所有人。土地所有人如要出卖出典，建筑人有优先承买承典之权。

2. 承租人的义务。

（1）定期之租赁，承租人须于期满后继续租用者，应于租期届满 1 个月前通知出租人；

（2）承租人转租，须经出租人之许可，转租后其与出租人之租赁关系仍继续存在；

（3）承租人因重大过失致租赁物毁损灭失者，应赔偿出租人之损失，如其毁损灭失出于不可抗力者，承租人不负赔偿责任。

（四）承揽合同

承揽合同，是指承揽人按照定作人的要求完成工作，交付工作成果，定作人给付报酬的合同。其中，完成工作并将工作成果交付给对方的一方当事人为承揽人；接受工作成果并向对方给付报酬的一方当事人为定作人。陕甘宁边区有关承揽合同的规定有：

1. 承揽人的义务。

（1）承揽人完成工作，应照约定条件为之。

（2）定作人于工程未完毕时，提出变更约定或另行拆修的，如非故意为难，承揽人不得反对，其契约另订之。

（3）定作物完成后，承揽人须于 1 年内负担保责任。

（4）承揽人因监工不力，或偷工减料，或克扣工资，致定作人或工人受损失者，应负赔偿之责，工人工资仍应照给。但承揽人如实无资力，得商同定做人垫付工人工资，酌科承揽人两年以下之徒刑。

2. 定作人的义务。

（1）承揽人因不可抗力误工或有归责于定作人之事由，工人无利可图者，应商同当地工会，酌量增加工资。

（2）因建筑致人发生死亡或重伤时，定作人得给予抚恤或经济之援助。

（五）运送合同

运送合同，是指当事人约定一方将他方的货物或者旅客送达指定地点，他方支付报酬的合同。其中，运送的一方称为承运人，支付报酬的一方称为托运人。陕甘宁边区的运送合同主要指运送货物的合同。

1. 承运人的义务。

（1）承运人运送他人之货物，应立即检查运送物之种类、品质、数量及其包皮之种类、个数及记号。

（2）承运人对于运送物之灭失毁损或迟到，应负责赔偿托运人之损失。运送人能证明其灭失毁损或迟到，系因不可抗力或因运送物性质，或因托运人、受货人之过失导致的，不在此限。

2. 托运人的义务。

（1）运送物依其性质对于人或财产有致损害之虞者，应事先告知运送人。怠于告知者，于此所致之损害，托运人应负赔偿责任。

（2）运送物于运送途中，因不可抗力而灭失或毁损者，运送人得向托运人请求运费之一部分。如承运人因之损失过大者，得酌情令托运人给予经济之帮助。

（3）运送物到达后，因受货人或托运人之事由不能及时交货，致承运人损失者，托运人或受货人应赔偿承运人因此所受之损失。

（六）租佃合同

租佃是以土地私有制为基础建立的一种民事关系，由地主提供土地及不同数额的经营资金，由佃户提供劳动同时向地主交纳地租的合同。租佃契约是对租佃关系的一种法律上的确认。它不同于雇佣合同，其本质上是一种特殊的租赁合同，其中地主是出租人，佃户为承租人。陕甘宁边区的租佃合同主要内容有：

1. 租佃的种类。

（1）定租（亦称死租）。即按照土地面积计算租额。

（2）活租。即指地分粮，出租人只出土地，所需生产工具概由承租人自备，就地上收获生产物，由双方按成分配。

（3）伙种。即出租人除出土地外，并供给承租人各种生产工具，就地上收获，按成分配。

（4）安庄稼。即出租人除出土地及全部生产工具外，并借给承租人粮食、窑房等，就地上收获，双方按成分配。

2. 出租人的义务。

（1）出租人不得任意收回租地。但有下列情形之一的，可以收回租地：

第一，定有期限之契约已经期满，或不定期限之契约，出租人收回其地确系自耕，或雇人耕种者；

第二，承租人非因不可抗力，无故继续 1 年不为耕种而又不交地租者；

第三，承租人将租地转租从中图利者；

第四，减租后承租人有能力交租而故意不交者；

第五,承租人死亡,无承继人者;

第六,承租人自动放弃承租权者。

(2)出租人依法收回租地时,应顾及承租人的生活,如承租人实系贫乏而无力生活者,由政府召集双方予以调剂,得延长佃期或只退佃一部。但如出租人确系为生计所迫非典卖土地不可者,不在此限。

(3)出租人收回租地时,须于本年作物收获后次年作物耕种前为之,并须于收获后1月内通知承租人。承租人仍须缴纳本季地租。

(4)出租人典卖其租地与他人时,原承租人依同一价格有承典之优先权。

(5)出租人典卖其租地与他人,该承买承典人,若非自耕及非雇人耕种者,原承租人有依原约继续承租权。

(6)出租人典卖其租地时,须于秋收后春耕前为之,并须至迟于立春前1个月通知承租人。

(7)租佃契约期满,出租人仍将土地出租时,原承租人有依原契约继续承租权。

(8)禁止借口自耕收回土地,暗行出租,或任其荒芜,以及假典假卖之行为。

3. 承租人的义务。

(1)承租人应依约定之租额交租,不得短少。其有能力交租而故意不交者,出租人有请求政府依法追缴之权。

(2)地租一律在收获季节终了后缴纳。

(3)地租应交谷物,由双方约定;其细粮杂粮折算办法,依当地习惯。交租使用当地通用之斗,禁止大斗收租与小斗交租。

(4)谷物地租易为货币,货币地租易为谷物,须经双方协商同意。

第四节 陕甘宁边区婚姻家庭法律制度

一、陕甘宁边区的婚姻法律制度

抗日战争时期,中国共产党根据抗日民族统一战线的总政策,同国民党当局实现了第二次国共合作。将中华苏维埃共和国临时中央政府西北办事处改组为陕甘宁边区政府,各边区政府就是中国共产党领导下的地方联合政府。由于当时的历史特点,没有建立全国统一的革命政权,而由各抗日根据地的边区政府分别制定了若干地区性的婚姻条例,积累了丰富的解决婚姻家庭问题的立法经验。

(一)陕甘宁边区的婚姻立法

陕甘宁边区政府根据当时的政治、经济、文化、教育的实际情况,颁布了一系列有关婚姻方面的法令和条例。下面分抗日战争和第三次国内革命战争两个时期分别介绍具体的立法。

1. 抗日战争时期的婚姻立法。抗日战争时期,陕甘宁边区婚姻立法主要体现在历届参议会的决议、通过的婚姻条例及其边区政府有关婚姻家庭问题的行政法规中。

(1) 1939 年 1 月陕甘宁边区第一届参议会对婚姻家庭问题的提案及决议。1939 年 1 月陕甘宁边区第一届参议会于 1 月 17 日 –2 月 4 日召开。大会通过了由参议员提出的重要提案共有 12 件，其中与婚姻家庭有关的有两件：

一是关于妇女与婚姻家庭问题的提案及决议。为了提高妇女的政治、经济、文化地位，决议提到了 7 个办法，其中第 4 个办法是命令禁止妇女缠足、贩卖妇女、抢婚等行为，保证一夫一妻制，废除一切歧视妇女的制度。

二是《陕甘宁边区抗战时期施政纲领》。共 3 部分 28 条，其中第 12 条明确规定："实行男女平等，提高妇女在政治上、经济上、社会上的地位，实行自愿的婚姻制度，禁止买卖婚姻与童养媳。"

(2) 1939 年 4 月《陕甘宁边区婚姻条例》。1939 年 4 月 4 日，边区政府以《陕甘宁边区抗战时期施政纲领》为依据，在借鉴继承《中华苏维埃共和国婚姻法》的基础上，颁布了《陕甘宁边区婚姻条例》，共 5 章 22 条，具体内容如下：

第一章"总则"，包括第 1 –4 条，规定本条例的制定根据和基本原则。即本条例根据民权主义之根本精神与陕甘宁边区的实际情况制定。男女婚姻以本人之自由意志为原则，实行一夫一妻制，禁止包办强迫及买卖婚姻。

第二章"结婚"，包括第 5 –9 条，主要规定结婚的条件和程序。男女结婚须双方自愿；婚龄为男满 20 岁，女满 18 岁；男女双方必须向当地乡、市政府请求结婚登记，领取结婚证。

第三章"离婚"，包括第 10 –12 条，主要规定离婚的条件和程序。男女双方离婚须依照离婚条件向当地乡、市政府离婚登记请求，经乡、市政府考察属实，他方无异议者，准予离婚，发给离婚证；如他方有异议，则由法院判定离婚。

第四章"婚姻与子女及财产之关系"，包括第 13 –20 条，主要规定离婚后的子女及财产处理原则。

第五章"附则"，包括第 21 –22 条，规定本条例的解释权与修改权及实施时间。

(3) 1941 年 11 月陕甘宁边区第二届参议会第一次大会对婚姻家庭问题的提案及决议。1941 年 11 月 6 日 –21 日，陕甘宁边区第二届参议会第一次大会召开。大会将参议员和有关团体的提案分类整理为各案，其中涉及婚姻家庭的是第二十六案①。大会以 153 票多数，通过了这些提案。

(4) 1943 年 1 月《陕甘宁边区抗属离婚处理办法》。1942 年 12 月 9 日陕甘宁边区政府委员会第三次会议通过，并于 1943 年 1 月 17 日公布了《陕甘宁边区抗属离婚处理办法》，共 8 条。

第一，抗日战士之妻 5 年以上不得其夫音讯者，得提出离婚之请求。经当地政府查明属实，或无下落者，由请求人书具亲属凭证允其离婚。

---

① 中国科学院历史研究所第三所编辑：《陕甘宁边区参议会文献汇辑》，科学出版社 1958 年版，第 137 –141 页。

第二，政府应认真实行优抗办法，保证抗属物质生活，并在政治上提高其爱护抗日军人之认识，帮助抗属与战士通信，当发生抗属请求离婚时，必须尽力说服，如坚决不同意时，依照规定年限、手续准予离婚。

第三，抗日战士与女方订立之婚约，如该战士 3 年无音讯，或虽有音讯，而女方已超过结婚年龄 5 年，仍不能结婚者，经查明属实，女方得以解除婚约，但须经由当地政府登记。

第四，军队政治机关，应提高战士对于婚姻问题之正确认识，经政府或司法机关登记判决离婚者，须劝说战士执行之。

第五，实行战士在 1 年半内允请 1 月假期回家制度，由各县将例假战士籍贯登记清楚，按县份编制起来，派人率领回乡，如期率领回队（此办法只适用于家在边区的战士），地方政府应同负保障归队之责。

第六，凡在本办法施行前，已经政府或司法机关登记判决之抗属离婚案，依法有效，不得撤销之。

第七，关于抗属离婚，本办法未规定者，依照《陕甘宁边区婚姻条例》办理之。

（5）1944 年 3 月《修正陕甘宁边区婚姻暂行条例》。

（6）1944 年 12 月陕甘宁边区第二届参议会第二次大会关于婚姻家庭问题的提案及决议。

第八，本办法自公布日施行之。

2. 第三次国内革命战争时期的婚姻立法。包括：

（1）1946 年陕甘宁边区第三届参议会有关婚姻问题的提案及决议。

（2）1946 年《陕甘宁边区婚姻条例》。陕甘宁边区第三届参议会第一次大会通过了《陕甘宁边区婚姻条例》，于 1946 年 5 月 22 日公布，共计 16 条。其具体内容如下：

第一条　男女婚姻以自愿为原则，实行一夫一妻制。

第二条　禁止强迫包办，及买卖婚姻。

第三条　少数民族婚姻，在不违反本条例之规定下，得尊重其习惯。

第四条　男女结婚应向当地政府（乡、市）声请登记，领取结婚证。

第五条　结婚年龄须男至二十岁，女至十八岁。

第六条　有下列情形之一者，禁止结婚：

一、患花柳病，及其他不治之恶疾者；

二、以诈术或强暴使他方无意志之自由者；

三、略诱行为者；

四、直系血亲、直系姻亲或八亲等内之旁系血亲或五亲等内之旁系之姻亲。

第七条　男女预订婚约者，在结婚前，如有一方要求解除婚约，得向政府提出解除之。

第八条　男女双方自愿离婚者，须向当地乡（市）政府领取离婚证。

第九条　男女一方因他方有下列情形之一者，得向县政府请求离婚：

一、感情意志根本不合，无法继续同居者；

二、重婚者；

三、与他人通奸者；

四、图谋陷害他方者；

五、患不治之恶疾者；

六、不能人道者；

七、以恶意遗弃他方在继续状态中者；

八、虐待他方者；

九、男女之一方，不务正业，屡经劝改无效，影响他方生活者；

十、生死不明已过三年者；

十一、有其他重大事由者。

第十条　女方怀孕期间，男方不得提出离婚，具有离婚条件者，须于女方产后一年，始得提出，但经双方同意者，不在此限。

第十一条　男女离婚前所生之子女，哺乳期间，由女方抚养；哺乳期满，随父随母，从其约定，无约定者归男方抚养，子女仍得承认父母关系。

第十二条　男方提出离婚，而女方再未结婚时，确系无法维持生活者，由男方负担必需之生活费。

第十三条　非结婚所生之子女与结婚所生之子女享受同等权利，不得歧视。

第十四条　离婚时，男女双方各自取回其所有之财产，但离婚前双方有共同经营所得之财产者，得依据情况处理之。

第十五条　凡结婚、离婚违反本条例者，得由当事人诉经当地司法机关依法处理，如涉及刑事范围者，应以刑事处理之。

第十六条　本条例由边区参议会通过，边区政府公布施行，其解释之权，属于边区政府。

（二）陕甘宁边区婚姻立法的基本原则

1. 实行婚姻自由原则。婚姻自由是法律赋予公民的一项基本权利，是我国婚姻法的首要原则。婚姻自由是指婚姻当事人有权按照自己的意志，自主自愿地决定自己的婚姻问题，不受其他任何人的强迫和干涉。婚姻自由包括结婚自由和离婚自由。

《陕甘宁边区抗战时期施政纲领》第12条明确规定："……实行自愿的婚姻制度，禁止买卖婚姻和童养媳。"1939年《陕甘宁边区婚姻条例》第2条规定："男女婚姻以本人之自由意志为原则。"第4条规定："禁止包办强迫及买卖婚姻，禁止童养媳及招赘。"1944年《修正陕甘宁边区婚姻暂行条例》第1条规定："男女婚姻以自愿为原则。"1946年《陕甘宁边区婚姻条例》第1条规定："男女婚姻以自愿为原则……"第2条规定："禁止强迫包办，及买卖婚姻。"婚姻自由原则是对封建婚姻制度的否定。

2. 一夫一妻制原则。一夫一妻制，指任何人只能有一个配偶，不能同时有两个以上的配偶。《陕甘宁边区施政纲领》第16条明确规定："坚持自愿的一夫一妻婚姻制。"1939年《陕甘宁边区婚姻条例》第3条规定："实行一夫一妻制，禁止纳妾。"第9条规定："有配偶者，未经离婚，不得重为结婚。"1944年《修正陕甘宁边区婚姻暂行条例》第2条规定："实行一夫一妻制，禁止一夫多妻或一妻多夫。"1946年《陕甘宁边区婚姻条例》第1条规定："男女婚姻以自愿为原则,实行一夫一妻制。”

3. 保护妇女、儿童和老人的合法权益原则。由于受旧封建制度的影响,妇女刚刚从封建压迫下解放出来,经济尚不独立,因此婚姻法在婚姻问题上偏重对妇女利益的保护,在离婚后的财产处理问题上照顾女方的权益。1939 年《陕甘宁边区婚姻条例》第 19 条规定:“离婚后女方未再结婚,因无职业财产或缺乏劳动力,不能维持生活者,男方须给以帮助至再婚时为止,但最多以三年为限。”1946 年《陕甘宁边区婚姻条例》第 12 条规定:“男方提出离婚,而女方再未结婚时,确系无法维持生活者,由男方负担必需之生活费。”婚姻立法还保护儿童的受抚养的权利。1939 年《陕甘宁边区抗战时期施政纲领》第 27 条规定:“保育儿童,禁止对于儿童的虐待。”1939 年《陕甘宁边区婚姻条例》第 4 条规定:“禁止童养媳。”第 16 条规定:“非结婚所生之子女,经生母提出证据,证实其生父者,得强制其生父认领,与结婚所生之子女同。”第 17 条规定:“非结婚所生之子女,得享本条例所规定之一切权利,不得抛弃。”1946 年《陕甘宁边区婚姻条例》第 13 条规定:“非结婚所生之子女与结婚所生之子女享受同等权利,不得歧视。”同时也保护老人的权益。1939 年《陕甘宁边区抗战时期施政纲领》第 28 条规定:“抚恤老弱孤寡,救济难民灾民,不使流离失所。”

4. 男女平等原则。男女平等,主要是指妇女在政治、经济、文化、社会和家庭生活等各方面享有同男子平等的权利,在婚姻法中主要体现为男女两性在婚姻关系和家庭生活各方面都享有平等的权利,承担平等的义务。《陕甘宁边区抗战时期施政纲领》第 12 条明确规定:“实行男女平等,提高妇女在政治上、经济上、社会上的地位,实行自愿的婚姻制度,禁止买卖婚姻与童养媳。”1941 年《陕甘宁边区施政纲领》第 16 条规定:“依据男女平等原则,从政治经济文化上提高妇女在社会上的地位,发挥妇女在经济上的积极性,保护女工、产妇、儿童,坚持自愿的一夫一妻婚姻制。”1939 年和 1946 年的《陕甘宁边区婚姻条例》中没有明确标出“男女平等”。

(三)陕甘宁边区的结婚制度

1. 订婚。订婚即定婚,是婚姻趋向成熟的一个标志。陕甘宁边区婚姻立法不承认订婚是结婚的必经程序。1939 年《陕甘宁边区婚姻条例》中没有关于订婚的规定。1944 年《修正陕甘宁边区婚姻暂行条例》第 7 条规定:“已订婚之男女,在结婚前如有一方不同意者,可向政府提出解除婚约,并双方退还互送之订婚礼物。”1946 年《陕甘宁边区婚姻条例》第 7 条规定:“男女预订婚约者,在结婚前,如有一方要求解除婚约,得向政府提出解除之。”可见,1944 年和 1946 年的婚姻立法只有关于解除婚约的规定。

2. 法定婚龄。法定婚龄是指男女结婚必须达到法律规定的最低年龄。1939 年《陕甘宁边区婚姻条例》第 6 条规定:“结婚年龄男子以满二十岁,女子以满十八岁为原则。”1944 年 3 月《修正陕甘宁边区婚姻暂行条例》第 4 条规定:“结婚年龄男须满 18 岁,女须满 16 岁以上。”1944 年 12 月边区第二届参议会第二次大会上,明确规定“结婚年龄男二十岁,女十八岁”。1946 年通过的《陕甘宁边区婚姻条例》即规定“男至二十岁,女至十八岁”。显然这是一个灵活的策略。在存在严重早婚情况的农村,勉强一律推行较高的婚龄,如男满 20 岁、女满 18 岁,一时难以做到,故改为“男至二十岁,女至十八岁”。即不强调周岁,只要按传统的虚岁,男子到20岁,女子到18岁,即为法定最低年龄。

3. 婚姻成立条件。婚姻成立条件,即男女结婚所必须符合的条件。一般包括必备条件和禁止条件。其中必备条件包括:(1)男女双方本人完全自愿;(2)必须达到法定婚龄;(3)符合一夫一妻原则。此处不再赘述。下面主要介绍禁止条件。

1939年《陕甘宁边区婚姻条例》第8条规定:“有下列情形之一者禁止结婚:(1)直接血统关系者;(2)患花柳病、麻风病、神经病、风瘫病等不治之恶疾经医生证明者。”1944年3月《修正陕甘宁边区婚姻暂行条例》第6条将禁止条件修改为:(1)患花柳病及其他不治之恶疾者;(2)略诱行为者。删掉了直接血统关系者。1944年12月边区第二届参议会第二次大会审议修正条例时,决定增加“禁止直系亲属(血亲)结婚”的规定。1946年《陕甘宁边区婚姻条例》第6条规定禁止结婚的条件有:(1)患花柳病,及其他不治之恶疾者;(2)以诈术或强暴使他方无意志之自由者;(3)略诱行为者;(4)直系血亲、直系姻亲或八亲等内之旁系血亲或五亲等内之旁系之姻亲。

可见,婚姻禁止条件随着实践上的实施在不断地予以调整。

4. 婚姻成立程序。婚姻成立程序是指婚姻成立的法定手续。抗日根据地的结婚程序处在新旧交替的过渡阶段,各地区没有统一的规定,呈现多样化的特点。法定的结婚程序,结合各地婚姻条例的规定,大体有五种:(1)只有公开仪式,没有其他规定。(2)只有证明人,没有其他规定。(3)既有公开仪式,又有证明人,没有登记程序。(4)只要到政府登记领证即可,没有其他规定。(5)既要到政府登记领证,又要有证人。

1939年《陕甘宁边区婚姻条例》第7条规定:“结婚之双方须向当地乡政府或市政府请求结婚登记由乡或市政府发给结婚证即为合法。”1944年《修正陕甘宁边区婚姻暂行条例》第5条、1946年《陕甘宁边区婚姻条例》第4条都规定,男女结婚,得向当地乡(市)政府申请登记,领取结婚证。所以陕甘宁边区的结婚程序属于上面的第四种形式,即只要到当地政府登记领证,婚姻就合法有效,不需要证人的证明,也不需要办理结婚仪式。

(四)陕甘宁边区的离婚制度

离婚是夫妻双方按照法定程序解除婚姻关系的行为。一方面要贯彻离婚自由的原则,另一方面又要把握住离婚的条件。陕甘宁边区的离婚方式有两种:协议离婚和判决离婚。双方自愿离婚的,可共同向当地政府请求离婚登记,领取离婚证。单方提出离婚的,则必须符合一定的条件,并由政府调查核实。如有争执,还需呈诉法庭,经法庭审判认定后方可离婚。

1. 离婚条件。为了避免引起部分群众的不满和恐慌,陕甘宁边区没有实行绝对离婚自由,而是规定了一定的离婚条件,实行有条件的离婚自由。离婚条件在1939年《陕甘宁边区婚姻条例》、1944年《修正陕甘宁边区婚姻暂行条例》及1946年《陕甘宁边区婚姻条例》都有规定,且内容基本相同,即男女一方因他方有下列情形之一者,得向县政府请求离婚:(1)感情意志根本不合,无法继续同居者;(2)重婚者;(3)与他人通奸者;(4)图谋陷害他方者;(5)患不治之恶疾者;(6)不能人道者;(7)以恶意遗弃他方者;(8)虐待他方者;(9)男女之一方,不务正业,屡经劝改无效,影响他方生活者;(10)生死不明已过三年者;

(11) 有其他重大事由者。

2. 离婚程序。离婚实行离婚登记制度,必须履行一定的法律手续。陕甘宁边区政府规定,协议离婚必须双方向当地政府或市政府请求离婚登记,由乡或市政府发给离婚证才算合法有效。1939年《陕甘宁边区婚姻条例》第10条、1944年《修正陕甘宁边区婚姻暂行条例》及1946年《陕甘宁边区婚姻条例》第8条均作了这样的规定。对于判决离婚,当事人也必须向政府提出离婚请求,经审查或判决发给离婚证后,双方的婚姻才算正式解除。1939年《陕甘宁边区婚姻条例》第12条规定,凡男女一方根据离婚条件请求离婚,经乡或市政府考察属实准予离婚者,应通知他方,他方接到通知后无异议表示,方得发给离婚证;他方有异议表示时,则由法院审查其异议并判定准予离婚与否。

3. 离婚的特别规定。

第一,革命军人家属的离婚。战争年代,革命军人在前方作出重大牺牲,为了安定革命军人的情绪,稳定军心,陕甘宁边区规定了对军人婚姻的保护措施,体现在对革命军人家属离婚的特别规定上。

1943年1月陕甘宁边区政府公布的《陕甘宁边区抗属离婚处理办法》和1944年《修正陕甘宁边区婚姻暂行条例》第11条对抗属离婚采取以下处理办法:

(1) 抗日军人之配偶,在抗战期间原则上不准离婚,至少亦须5年以上不得其夫音讯者,始能向当地政府提出离婚之请求。当地政府接到此项请求时,须调查所述情况确实,始得准其离婚。但如抗属之丈夫确已死亡、逃跑、投敌或另行结婚者,不受此限制。

(2) 抗日军人与女方订立之婚约,如男方3年无音讯或虽有音讯而女方已超过结婚年龄5年,仍不能结婚者,经调查属实,女方可申请当地政府解除婚约。

(3) 军队政治机关应提高战士对于婚姻问题之正确认识,政府或司法机关登记判决离婚者,须劝说战士执行之。

(4) 凡在《陕甘宁边区抗属离婚处理办法》施行前,已经政府或司法机关登记判决之抗属离婚案,依法有效,不得撤销。

陕甘宁边区政府为保护军婚,设专门条文规定。对抗日军人已成立的婚姻关系严格保护,不轻易解除,这些规定对支持抗战,维护抗战兵源有积极作用。

第二,孕妇、产妇的离婚。依照保障妇女利益的原则,为了不使孕妇、产妇因丈夫提出离婚受到生理、心理上的刺激,陕甘宁边区对丈夫提出离婚规定了一定的限制。1944年《修正陕甘宁边区婚姻暂行条例》及1946年《陕甘宁边区婚姻条例》均规定,女方怀孕期间,男方不得提出离婚,具有离婚条件者,须于女方产后1年始得提出,但经双方同意者,不在此限。

第三,离婚后的子女抚养教育。各个边区政府依据保护儿童权利的原则,都十分关心离婚后子女的抚养问题,陕甘宁边区也不例外。婚姻条例设有专章规定,内容总结如下:

(1) 根据子女的年龄来确定抚养人。陕甘宁边区不同时期的婚姻立法对子女的年龄要求不同。1939年的《陕甘宁边区婚姻条例》规定子女未满5岁者由女方抚养,已满5岁由子女自己决定抚养者,父母不得强迫。1944年的《修正陕甘宁边区婚姻暂行条例》将子女年龄改为7岁。1946年的《陕甘宁边区婚姻条例》则将年龄规定为哺乳期,也就是0岁。哺乳期间，由女方抚养；哺乳期满，随父随母，从其约定，无约定者归男方抚养。孩子越小越应该由母亲抚养，陕甘宁边区政府的规定符合了这一原则。不管由谁抚养，子女仍得承认父母子女关系。

（2）根据具体情况确定抚养费。女方未再结婚又无生活来源，归其抚养之子女，由男方继续负担至满 16 岁为止。《修正陕甘宁边区婚姻暂行条例》则规定由男方继续抚养，未明确规定抚养到多少岁。

（3）规定了新夫的抚养责任。陕甘宁边区的婚姻立法规定，女方再婚，所带去之子女由新夫负责抚养教育。① 此规定能确保子女的抚养问题落到实处。

（4）确保非婚生子女合法权利，严禁歧视非婚生子女。陕甘宁边区的婚姻立法严格保护非婚生子女的合法权利，规定非婚生子女得享受婚生子女的一切权利，非婚生子女与婚生子女的法律地位一律平等，任何人不得歧视、抛弃。经生母提出证据证明其生父者，得强制其生父认领或负责教养费。②

第四，离婚后的财产分割和赡养费。关于离婚后的财产分割问题，陕甘宁边区政府在抗战时期的婚姻立法，一方面规定婚前男女双方的财产和债务各自处理；另一方面又规定婚后共同经营所得的财产和所负债务，得共同处理。③ 即婚前财产归各自所有，债务各自偿还；婚后财产共有，债务共同偿还。第三次国内革命战争时期，陕甘宁边区政府关于财产分割问题的规定是：离婚后男女双方各自取回其所有的财产。但离婚前双方共同经营所得之财产，得依据情况处理。④ 陕甘宁边区政府关于离婚后财产分割问题的处理体现了男女平等及当时社会妇女经济能力提高的状况。

关于离婚后男方给予女方赡养费的问题，1939 年《陕甘宁边区婚姻条例》第 19 条规定："离婚后女方未再结婚，因无职业财产或缺乏劳动力，不能维持生活者，男方须给以帮助至再婚时为止，但最多以三年为限。"同时，陕甘宁边区政府还规定如果是男方提出离婚，而女方再未结婚时，确系无法维持生活者，由男方负担必需之生活费。⑤ 可见，在赡养费问题上陕甘宁边区政府给予了妇女最大程度的权利保障。

二、陕甘宁边区的家庭、继承法律制度

（一）陕甘宁边区家庭法律制度

婚姻是人类两性基于性本能而组成的社会关系，是构成家庭的基础。家庭则是以婚姻、血缘为基础构成的最基本的社会组织单位，婚姻家庭关系是社会最普遍、最基本的生产关

---

① 1939 年 4 月 4 日公布的《陕甘宁边区婚姻条例》第 15 条；1944 年 3 月 20 日公布的《修正陕甘宁边区婚姻暂行条例》第 13 条。

② 1939 年 4 月 4 日公布的《陕甘宁边区婚姻条例》第 16、17 条；1944 年 3 月 20 日公布的《修正陕甘宁边区婚姻暂行条例》第 14 条；1946 年 5 月 22 日公布《陕甘宁边区婚姻条例》第 13 条。

③ 1939 年 4 月 4 日公布的《陕甘宁边区婚姻条例》第 18 条。

④ 1946 年 5 月 22 日公布的《陕甘宁边区婚姻条例》第 14 条。

⑤ 1946 年 5 月 22 日公布的《陕甘宁边区婚姻条例》第 12 条。

系,它本质上是生产关系,当然也是社会关系,两者是统一的。陕甘宁边区政府建立后,进行了一系列政治、经济、文化改革,其中婚姻立法确立的婚姻自由、一夫一妻、男女平等等立法原则,使得民众的婚姻观发生了巨大变化,而这种变化又对原有的封建家庭格局和模式冲击强烈,最终建立了新型的民主家庭格局。新型家庭模式确立的原因之一是女性地位的变化。主要体现在:

1. 女性婚姻自主。旧社会的婚姻是封建父权制度束缚女性人身自由的绳索,女性的婚姻相当于在两个父权家长制度下的顺利地将女性人身进行交接,几千年来中国女性就是在这种体制下被安排着进行生活,不敢有任何的自身话语表达。"父母之命、媒妁之言",包办婚姻、买卖婚姻被认为是天经地义,女性被当做一件财产被转让。婚前的对象"看也不叫看","给个瞎子就是瞎子,给你个拐子就是一个拐子"[①],"嫁鸡随鸡,嫁狗随狗","在家从父,既嫁从夫,夫死从子"。在娘家是家庭生计的帮助者,在婆家承担繁重的家务与劳作。

1939 年《陕甘宁边区婚姻条例》第 2 条首次规定:"男女婚姻以本人之自由意志为原则。"第 4 条规定:"禁止包办强迫及买卖婚姻,禁止童养媳及招赘。"该条例赋予婚姻自由精神以法律的保护,旗帜鲜明地反对以前父母包办、强迫和买卖婚姻的落后习俗,赋予青年男女的婚姻大事由自己作主的权利,不再遵循"嫁娶由爹娘"的传统。对于饱受封建传统礼教压制的广大女性来讲,这个变化简直是天翻地覆的。她们觉得"好像上了天了,叫人高兴,心里头的那个滋味,那个形容不来的那么高兴","我这下可好了","这下我的苦日子到头了,我就盼到希望了"。[②] "过去买卖婚姻,现在婚姻自由,这是我们妇女出了头的世界"[③],"毛主席来了,男人不敢打女人了,女人自由了"[④]。

婚姻自主权的另一个体现是妇女享有提出离婚的权利,拥有自己提出离婚的自由。自古以来,中国人认为结婚是合二姓之好,基本上是限制离婚的。虽然法律规定有"七出三不去"之条,夫可弃妻,但劳动人民生活艰难,夫妻相依为命,谈不到离婚。上流社会既怕舆论谴责又有纳妾途径,与原妻离婚少之又少。即使有离婚,离婚的权利也是掌握在丈夫手中,妻子几乎没有提出离婚的可能。

1939 年 4 月,《陕甘宁边区婚姻条例》第三章第 1 条规定:"凡男女一方,根据第 11 条之理由请求离婚,经乡或市政府考察属实准予离婚者,如他方无异议,可发行离婚证。"[⑤]这个规定在法律上赋予了妻子婚姻解除权,可以单方面提出离婚。说明妇女不仅结婚自由,离婚也自由,真正彻底地实现了婚姻自主。

---

① 李小江主编:《让女人自己说话:文化寻踪》,生活·读书·新知三联书店 2003 年版,第 246 页。

② 李小江主编:《让女人自己说话:亲历战争》,生活·读书·新知三联书店 2003 年版,第 192 页。

③ 陕西省档案馆、陕西省社会科学院合编:《陕甘宁边区政府文件选编》(第 3 辑),档案出版社 1987 年版,第 193 页。

④ 秦燕、岳珑:《走出封闭——陕北妇女的婚姻与生育(1900 - 1949)》,陕西人民出版社 1997 年版,第 109 页。

⑤ 韩延龙、常兆儒编:《中国新民主主义革命时期根据地法制文献选编》(第 4 卷),中国社会科学出版社 1984 年版,第 806 页。

婚姻条例颁布后，自主、自由、自愿的婚姻广为流行。婚姻的主体对象被充分尊重，给妇女的选择自由度是前所未有的。父母干涉儿女婚事，逐渐被人看成是多管闲事，被众人指责。陕甘宁边区出现早婚的人少了，敢于进行买卖婚姻的人少了，追求自由婚姻的人多了。

2. 夫妻平等。中国古代传统婚姻制度下，男女之间是不平等的，父权家长制家庭里男性、丈夫的地位高于女性、妻子，丈夫打骂妻子、公婆虐待儿媳是很平常的事。当地民谚"打倒的婆姨揉倒的面"就是最好的例证。这种不平等不仅表现在父权对于女性婚姻自主权利的干涉，还表现在婚姻过程中双方的权利义务不平等，丈夫在婚姻的解除上占有绝对优势。"一夫一妻多妾制"的婚姻形式对于丈夫是一妻多妾，对于妻子只能一夫，明显偏袒丈夫，从这个意义上来说对妻子是不公平的。

1941 年 5 月 1 日颁布的《陕甘宁边区施政纲领》第 16 条指出："依据男女平等原则，从政治经济文化上提高妇女在社会上的地位，发挥妇女在经济上的积极性，保护女工、产妇、儿童，坚持自愿的一夫一妻婚姻制。"《修正陕甘宁边区婚姻暂行条例》第 2 条指出："实行一夫一妻制，禁止一夫多妻或一妻多夫。"根据这些规定，任何人只能有一个配偶，不能同时有两个或更多的配偶，一切公开的或变相的一夫多妻制或一妻多夫的两性关系都是不允许的。男人和女人是两个平等的个体，他们之间要相互尊重，为家庭负责。

可见，陕甘宁边区政府通过法律除确认了婚姻自主，即结婚自由、离婚自由外，还从婚姻形式上真正实现了男女平等，任何一方只能拥有一个配偶。

夫妻平等还体现在，夫妻拥有平等的财产处理权。《陕甘宁边区婚姻条例》规定："结婚前双方原有之财产及债务得各自处理，结婚后男女双方共同经营，所得财产及所负债务得共同处理之。"[①]另外，在离婚的时候，"男女双方各自收回所有之财产，但婚前双方有共同经营之财产者，得依情况处理之"[②]。这些规定表明，女性被赋予与男性平等的家庭财产所有权与处置权。

3. 女性可以接受教育。陕甘宁边区由于物质贫困，文化教育也很落后。绝大多数劳动群众都是文盲，一般平民家的女子几乎没有识字的。边区政府成立以来，妇联等组织动员民众通过开展冬学、识字班、夜学、话剧团等活动进行了富有战时特色的扫盲教育，通过设立训练班、职业教育班等提升了妇女的职业教育水平。同时，发行了一些通俗易懂的妇女刊物，从思想上提高妇女的认识。通过多种渠道的教育，取得了很大的成绩。如 1938 年冬，边区"当时约有一万多文盲男女参加了免费文化学习，其中，妇女占 1/7，每逢开课的时候，大批青壮年妇女，就连老婆婆都赶来上课。有的一家中，婆媳、母女、姑娘一起涌进冬学"[③]。边区妇女有了与男子平等的受教育的权利，通过各种形式的学习，思想解放了，觉悟提高了，她

① 《陕甘宁边区婚姻条例》，载艾绍润、高海深主编：《陕甘宁边区法律法规汇编》，陕西人民出版社 2007 年版，第 219 页。

② 《陕甘宁边区婚姻暂行条例第二次修正草案》，载艾绍润、高海深主编：《陕甘宁边区法律法规汇编》，陕西人民出版社 2007 年版，第 223 页。

③ 转引自岳珑、秦方：《论陕甘宁边区婚俗改革与妇女地位的转变》，载《西北大学学报（哲学社会科学版）》2004 年第 1 期。

们更加积极地投身到支援抗战、建设边区中去。

4. 女性可以参政议政。边区政府动员广大女性积极参与到各种政治活动中,赋予妇女广泛的参政议政权,号召妇女同志建立各种妇女团体,如妇女会、妇联会、妇救会等。1937年7月,陕甘宁边区举行了第一次参议会选举,全边区70%的选民参加了投票,边区妇女首次行使了自己的权利,高敏珍等19位妇女当选为女参议员。这是边区妇女政治地位提高的明证。

5. 女性获得了经济独立。“过去妇女在中国社会里的地位,是和男子不平等的,这当然原因很多;但妇女不能直接从事劳动生产,在经济上不能独立,俯首于男子的帮助之下,却是其中的一个重要原因。今天,我们应该同时撕裂男女间的这一种不平等,提高妇女在社会上、家庭里的地位,但要彻底地做到这个,在经济上能够不依赖于男子,是一个最基本、最必要的前提。”[①]马克思主义认为,妇女受压迫的独特性质在于,妇女因被排除在社会公共劳动之外,而在经济上从属于男子。边区当地的许多妇女在旧式婚姻中被卖来卖去,在家庭生活中处于劣等地位,正说明了其政治、经济地位的低下。只要妇女结婚还只是为了基本的吃饭生存,妇女在家庭中还要依靠丈夫的收入,谈妇女的解放、妇女同男子的平等都是不可能的。经济基础决定上层建筑,妇女家庭、社会地位的提高,婚姻自由的实现,只依靠政策法令的提出,而没有独立的经济支撑,是不可能实现的,所以经济独立是妇女实现经济平等的核心问题。“提高妇女的政治地位、文化水平,改善生活以达到解放的道路,亦须从经济丰裕与经济独立入手,多生产,多积蓄,妇女及其家庭的生活都过得好,这不仅对根据地经济建设起重大作用,而且以这些物质条件,也能逐渐摆脱封建压迫了。”[②]而经济独立又必须通过参加社会生产劳动去实现。

(1) 放足。封建社会里的女性,伺候公婆,生儿育女,整天围着灶台转,没有任何参加社会活动的机会,封建礼教也不允许她们抛头露面,谁家要有女人在地里干活,是会遭到歧视和唾骂的。况且妇女从小就缠了足,参加农业劳动也是很困难的。为此,陕甘宁边区政府在1939年边区第一届参议会上通过《提高妇女政治经济文化地位案》,提出“废除一切歧视妇女的制度”,以及鼓励妇女参政、培养妇女专门人才等办法。同年,又颁布了《陕甘宁边区禁止妇女缠足条例》。这些立法的规定,使得边区妇女免除了身体和心里的折磨与痛苦,也为妇女参加各种社会活动创造了条件。

(2) 通过政府文件号召妇女参加生产活动。1940年12月,在陕甘宁边区妇联会上,朱德总司令发表了重要讲话。他说:“青壮年上了前线,妇女们在生产方面的责任尤其重大。妇女只有在经济上能够独立,才能获得真正的自由平等。”会议通过了《关于动员边区妇女参加生产建设的决定》,动员妇女参加生产活动,如开办手工厂、参加合作社及互助社、学习耕种等。号召广大妇女积极投入家庭工业、家庭副业和畜牧业生产,推动边区的经济建设。这样,从城镇到农村,从领导到群众,从干部到家属,从七八十岁的老婆婆到七八岁的女娃

① 晋察冀日报史研究会:《晋察冀日报社论选(1937-1948)》,河北人民出版社1997年版,第334页。

② 《陕甘宁边区妇女运动文献资料选编》,陕西省妇联1982年版,第163页。

娃，整个边区妇女都投入到轰轰烈烈的边区大生产运动的热潮中，取得了很大的成绩。通过参加生产劳动，有了经济收入，首先在家庭中摆脱了附属地位，进一步取得了人身自由和生活自由。边区妇女在实践中认识到这一点，更加积极地参加到生产劳动中去。她们的经济地位、政治地位和社会地位都得到了相应提高，妇女的思想也随之得到了极大的解放，切实体会到了妇女只有在经济上独立，才能获得真正的自由平等。

从以上可以看出，边区妇女经济独立后，在法律确保妇女权益的基础上，社会地位、家庭地位取得了明显的改善和提高。妇女家庭地位的变化使夫妻不睦、家庭不和以及父权家长制的旧式家庭瓦解，取而代之的是贤妻良母、夫妻和睦的民主平等的新型家庭关系。当然这种家庭格局的变化是一个漫长的过程，不会一蹴而就。

（二）陕甘宁边区继承制度

1. 继承立法。

（1）《陕甘宁边区高等法院批答——批示寡妇招夫事件处理方法》（字第 238 号）。这是陕甘宁边区在 1943 年 6 月 26 日最早以正式成文法形式规定的继承制度。该批答规定边区法院在审理立嗣与寡妇继承案件时，应援引国民政府民法继承编之规定。由此表明，当时边区还没有形成完整的继承法律。

（2）《陕甘宁边区继承条例》。1942 年的《陕甘宁边区继承条例》①对继承方式、继承范围顺序、遗嘱形式及保障继承权的措施均予以规定，如配偶双方遗产相互继承，有子女的与子女共同继承，无子女的由一方全部继承。男方死时尚未继承的，寡妇与子女均有代位继承权等。② 这一条例首次倡导了女子享有继承权。

（3）《陕甘宁边区继承处理暂行办法》。1945 年，陕甘宁边区政府颁布了《陕甘宁边区继承处理暂行办法》，经过长期的司法经验积累，陕甘宁边区在继承领域中终于形成了较为完善的制度体系。

（4）《陕甘宁边区继承处理办法》。陕甘宁边区政府在《陕甘宁边区继承处理暂行办法》的基础上，制定了《陕甘宁边区继承处理办法》。该办法体现了边区男女平等、照顾弱者的原则，对继承原则、继承形式、继承人的范围和顺序等内容作了规范细致的规定。

2. 继承制度的基本原则。

（1）男女平等原则。《陕甘宁边区继承处理暂行办法》及《陕甘宁边区继承处理办法》均规定："养子女有继承权，其继承顺序和继承分与婚生子女同。"《陕甘宁边区继承处理暂行办法》第 8 条规定："女子自愿抛弃其应继分，从其自愿。"《陕甘宁边区继承处理办法》第 4 条规定："女子继承权，在女子自由意思表示下，得抛弃之。" 这一原则的确立，有利于妇女社会地位的提高。

① 张希坡主编：《革命根据地法制史》，法律出版社 1994 年版，第 429 页。按：多部法律史著作提及 1942 年《陕甘宁边区继承条例》，但尚未查到该条例原文，这一条例是否制定或者虽制定却未正式颁布，仍值得探究。

② 蒲坚主编：《中国法制史》，中央广播电视大学出版社 2010 年版，第 409 页。

(2) 照顾贫穷者及幼小原则。《陕甘宁边区继承处理暂行办法》第4条规定:被继承人既无亲生子女又无遗嘱者,由亲族会议按照下列规定处理:由被继承人亲兄弟中生子较多之一房推定一人继承;各房生子相等者,由较贫之一房推定一人继承;贫富相等者,由年少之一房推定一人继承。《陕甘宁边区继承处理办法》第5条规定:"已出嫁之女子,其生活穷苦而未继承遗产者,有回复继承请求权,但不得超过原继遗产之应继分。"照顾贫穷者及幼小原则是人道主义精神和当时社会道德观的体现。

3. 遗产继承的形式。陕甘宁边区的继承形式有两种,即法定继承和遗嘱继承。《陕甘宁边区地权条例草案》第22条规定:"地权之继承权,得依被继承人之意志或遗嘱支配之,如被继承人无上项决定或遗嘱时,得依下列决定配合边区内习惯法施行之:(1)夫妻有相互继承权;(2)嫡系卑亲属有同等继承权;(3)养子女之继承权与婚生子女同。如无前项情形者,即依边区内习惯法办理。"《陕甘宁边区继承处理暂行办法》第4条的规定也表明了当时存在两种继承形式,且遗嘱继承的效力高于法定继承。

4. 保护胎儿的继承权。《陕甘宁边区继承处理办法》第16条规定:"数继承人继承遗产,胎儿同为继承人时,分割遗产应保留其应继分。"

5. 寡妇的遗产继承。1942年7月7日,陕甘宁边区高等法院批答绥德分区高等分庭庭长"关于寡妇招夫事件处理方针"时,提出了关于寡妇遗产继承纠纷的处理原则:"将来寡妇对于其身后的财产继承人,可由寡妇自主指定,即法律上所谓指定继承人。如寡妇生前未预先指定继承人,死后财产无人继承者,再由亲属会议处分其遗产。参考国民政府民法继承篇。"①这个规定也体现了遗嘱继承优先。

三、陕甘宁边区婚姻家庭的典型案例

1947年3月13日,延安《解放日报》报道了陕甘宁边区著名的封芝琴婚姻纠纷案,由于此案于3月被编成说书词《刘巧儿团圆》和剧本《刘巧儿告状》,所以人们也称其为"刘巧儿案",是"20世纪中国八大名案"②之一。《刘巧儿》的评剧曾风靡全国,甚至到了妇孺皆知的地步。当时的男女老少都会哼上一句"这一回我可要自己找婆家呀……"。此案在当时影响颇广,轰动一时。它不仅是女性自主选择婚姻的一个典范,更引发了陕甘宁边区司法审判方式的改革,具有很深远的司法示范意义。

(一)案情简介

封芝琴,1925年农历五月十五出生于陕甘宁边区原陇东分区华池县城壕川转嘴子村樊坪庄,小名"捧儿"(1955年改名封芝琴)。封芝琴4岁时,其父封彦贵以10块银元的彩礼,把封芝琴许与远房亲戚张湾村居民张金财的次子张柏为妻,两家定下"娃娃亲",待女儿长成大姑娘时,封芝琴的父亲封彦贵嫌张柏家穷,拿不出财礼,执意要退掉这门亲。1942年6月,封彦贵向华池县政府递呈解除封芝琴与张柏"娃娃亲"的申请。边区政府依据有关规

① 《榆林地区审判志》,陕西人民出版社1999年版,第77页。

② 程刚:《20世纪中国八大名案之刘巧儿戏外有戏》,载《中国青年报》2001年1月1日。

定，解除了封芝琴与张柏的“娃娃亲”婚约。1943 年 2 月，封芝琴去赵家洼子的四奶奶家吃喜酒，碰巧张柏也去了，经人介绍后两人见面了，感觉良好，并互表爱意。但此时，封彦贵自作主张把女儿以 2400 元法币外加 48 块银元，许给城壕川南源的张宪芝之子为妻。封芝琴在家中哭闹数天，坚决表示非张柏不嫁。当张金财、张柏父子知道后，立即告发了这起买卖婚姻，后经华池县政府裁决撤销这一婚约。不久，爱财如命的封彦贵又不顾妻女反对，将封芝琴以 20 块银元、8000 法币和 4 匹哔叽布的“价格”，卖给了刚刚丧妻的庆阳新堡区财主朱寿昌续弦。朱寿昌比封芝琴大 11 岁，封芝琴知晓后拒不应允，并将此事告知了张家。张家恐生他故，便纠集 20 多族人夜闯封家，趁封彦贵赶庙会的机会，登门抢亲，连夜成婚。第二天，封彦贵以“聚众强抢民女”为由，将张金财等告到了华池县抗日民主政府。未经详细调查，县司法处便以“抢劫民女罪”判张金财 6 个月徒刑，判决张柏与封芝琴婚姻无效，关押张柏并服劳役改造，强令封芝琴住在县城一户姓姚的人家听候处理。她坚决不服判决。1943 年 5 月 6 日，封芝琴一个从未出过远门的人，孤身徒步 40 多公里，前往陇东分区专员马锡五家，以“断案不公”为由状告县抗日民主政府，走“民告官”的司法诉讼程序。

马锡五受理后，深入群众调查分析，了解实情。并与封芝琴进行沟通交流，明确了封芝琴“朱家有钱我不爱，我爱的是张柏老实忠厚劳动好，死也要与张柏结婚”的婚姻态度。最终，马锡五代表法庭当场宣判：(1)封彦贵以女儿为财物，屡次进行买卖，违反《陕甘宁边区婚姻条例》，科以劳役半年，以示警诫；(2)张金财等黑夜聚众抢亲，惊扰四邻，有碍社会风气，判处张金财徒刑半年，其他附和者给予严厉批评教育，以明法制；(3)富绅朱寿昌以钱财买妻，品行不端，罚其财礼全部没收充公；(4)封芝琴与张柏基于自由恋爱而自愿结婚，按照边区婚姻法规定，其婚姻有效。并当场为封芝琴、张柏二人颁发了盖有政府红色大印的结婚证书。一对新人非常感激政府的公正判决，对于华池县司法处以前的错误判决，马锡五主动承担了责任。判决得到了当场群众的热烈拥护、全场欢腾。这件事在当时的陇东引起了很大轰动，封芝琴的曲折爱情故事也由此流传全国。

通过此案，封芝琴不仅实现了“婚姻自主”，由于媒体、文艺宣传，封芝琴还成了当地知名人物，1945 年被选为村妇女主任，1949 年后，她又连年当选为华池县人大代表，1963 年当选为甘肃省人大代表，并曾被选为甘肃省人大常委会委员。“刘巧儿”的原型封芝琴在新中国成立后曾受到党和国家领导人的多次接见，这充分说明了这件事情的政治影响有多么深远。

（二）案例评析

这一婚姻纠纷案看似一波三折，其实所涉法律问题并不复杂，就是一个普通的中国妇女通过三次反抗、利用法律武器捍卫自己婚姻自主权的问题。我们主要对包办婚姻、买卖婚姻及抢婚所涉及的法律问题进行评析。

1. 包办婚姻。包办婚姻是封芝琴第一次反抗的对象。订婚在当时的陕甘宁边区婚姻法上并不是结婚的必经程序，可按照当时的民间习俗，结婚必须先订婚。所以边区政府采取较为灵活的处理办法，《陕甘宁边区婚姻条例》规定：“男女婚姻照本人之自由为原则”；“实行一夫一妻制，禁止纳妾”；“禁止包办强迫及买卖婚姻，禁止童养媳及童养婚”。《修正陕甘宁边区婚姻暂行条例》第6条增加了有关订婚的规定:"已订婚之男女,在结婚前如有一方不同意者,可以向政府提出解除婚约,并双方退还互送之订婚礼物。"封芝琴4岁时,其父为其与张柏订下的"娃娃亲"就属于订婚行为,更属于包办婚姻。订婚后,两人不曾见面,更谈不上认识。封芝琴长大后,受到边区政府宣传"婚姻自由"思想的影响,她认为,自己和张柏不认识,岂能结婚。再者,其父因为彩礼便教唆封芝琴以"婚姻自主"为借口向边区政府提出申请并解除了婚约。从封芝琴敢于抵制封建包办婚姻看,边区政府在社会改造运动中的成效是明显的,彻底唤醒了几千年来妇女追求平等、婚约自由、做自己命运主人的意识。

2. 买卖婚姻。反抗封建买卖婚姻是封芝琴的第二次抗婚。婚约解除后,其父封彦贵不顾妻女的反对,以2400元法币外加48块银元,把女儿许给张宪芝之子为妻。未果,又将女儿以20块银元、8000法币和4匹哔叽布的"价格",卖给了比封芝琴大11岁,刚刚丧妻的财主朱寿昌续弦。最终没有成功,这是典型的买卖婚姻。为此,1942年8月颁布的《陕甘宁边区政府关于严禁买卖婚姻具体办法的命令》指出,在边区婚姻法颁布以前,对于婚姻习惯上由男方出备财礼于女方,外表近似买卖婚姻者,应采取以下之办法:非经当事人亲告,法院不得受理;即使经亲告而成为诉讼,法院也只审查婚姻本质上有无瑕疵,有瑕疵至不能成为婚姻者,应认为无效;否则,所纳财礼虽多,仍无碍于婚姻之成立,财礼不能予以没收等。可见,封芝琴为追求婚姻自由和自己的幸福,利用法律武器对"父母之命,媒妁之言"的封建买卖婚姻进行了激烈的抗争。

3. 抢婚。第三次反抗,是封芝琴反抗抢婚后边区政府的断案不公行为。尽管封芝琴反抗父亲的买卖婚姻,但她没有上告,而是捎话给张柏家,表明自己"除了张柏,我不嫁任何人!"的坚定态度。于是张金财和张柏的族人便"理直气壮"地连夜抢走了封芝琴。众所周知,"抢婚"是违法的,华池县司法处便依法作出了处罚张金财和张柏,并宣布封芝琴与张柏婚姻无效的裁决。但华池县民间有抢婚的习俗,对此裁决,附近众乡邻均表不满,封芝琴更不服输、不认命,为了自己的爱情幸福,她奋起抗争政府的判决,最终实现了自己的幸福婚姻,结局很圆满。

第七章　诉讼审判制度

第一节　陕甘宁边区司法机关的组织及其职权

一、高等法院的组织及其职权

陕甘宁边区政府建立之前，这里存在着苏维埃政权，建立了人民的司法机关，即中华苏维埃共和国西北办事处司法部领导的陕北、陕甘、陕甘宁省县区裁判部。这些司法机关是在彻底摧毁国民党法院和司法制度的基础上建立起来的，陕甘宁边区各级法院是由它们改组成立的，边区法院继承了苏维埃司法制度的基本精神，体现了边区法院人民民主的本质要求。

1937年7月12日成立了陕甘宁边区高等法院；1938年3月15日边区政府会员会第24次会议决定成立法令研究委员会，8月26日成立了地方法规起草委员会，10月26日又成立了边区法制委员会；1939年1月8日成立了法令审查委员会，4月4日公布了《陕甘宁边区高等法院组织条例》。至此，陕甘宁边区基本建立了人民司法制度。

陕甘宁边区一级的司法机关包括高等法院、高等法院分庭、边区政府审判委员会。其中，高等法院作为边区的最高司法机关，受边区政府主席团领导，受边区参议会监督，独立行使司法职权，掌管全边区的司法审判事务，负责管理全边区的司法行政事宜，兼行使全边区的最高检察权，这种司法体制是由历史条件决定的，反映了人民司法体制创建过程的特点。高等法院成立时谢觉哉任院长，10月后董必武任院长，不久雷经天任代理院长；1939年边区第一届参议会上雷经天当选为正式院长，任职到1945年3月（在此期间李木庵曾代理过院长）；1945年3月－1946年5月王子宜代理院长；1946年5月－1950年1月，马锡五和乔松山分任正、副院长。

高等法院设民事法庭和刑事法庭，各庭设庭长和推事，独立行使审判职权，庭长的职权有：执行审判事务，指挥并监督本庭推事的工作，分配并督促审判案件之进行，决定公审案件，决定强制执行，撤销判决。推事的职权有：审判案件，调查案件，传讯证人及检查证物，批答案件，判决案件及撰拟判决书。

书记室设书记长及书记员，服从院长之领导。书记室在书记长领导下，执行司法工作人员任免登记、案件收发登记、分配与保管、撰拟缮写文稿、编制报告及统计、掌理记录、典守印信。

看守所设所长及看守员，服从院长之领导。看守所在所长领导下，执行人犯之收押、检查、点验及看管，登记及保管人犯之财物，计划及实施人犯之教育，组织及分配人犯工作或劳动，考察人犯之活动及登记人犯出入。看守所设武装警卫队。

高等法院设秘书1人，承院长命令，处理司法行政之技术事宜。总务科设科长及科员，服从院长之领导，执行关于本院会计、庶务、生产以及其他不属于其他各部门之事项。

1938年7月边区高等法院内设延安市地方法庭(后称延安市地方法院)，其他各县均设承审员。边区法院的院长由边区政府委员中一人担任，由边区政府主席团加以委任；各县承审员由县政府委员中一人担任，并由边区高等法院加以委任。

二、高等法院分庭的建立及其职权

陕甘宁边区高等法院建立之初，由于人民政权在边区各地刚刚建立，地(分区)、县政权还来不及健全审判机关，只在分区内设1名裁判员，领导几名干事负责处理分区级审判工作，这是高等法院分庭的萌芽阶段。陕甘宁边区人口虽然不多，但幅员相对广阔，南北约900里，东西约800里，且地形复杂，塬地四边陡峭，被无数弯乱的沟壑所切割，交通极为不便。边区边远各县人民群众，如不服一审判决，需要到延安上诉，少则几天，多则要十几天，往返还要加倍。为此，人民群众顾不上审级和管辖的规定，凡不服县司法处判决的，就到专员公署"告状"。但专员公署没有审判职权，人民的纠纷又不能置之不理，这使专员十分为难，急需建立高等法院分庭。1937－1942年，各分区相继成立裁判部，讨论和决定重大民刑案件。1940年各分区司法机关称为司法处，设承审员1名。1941年9月，撤销分区司法处，分区设立地方法院。

1943年《陕甘宁边区高等法院分庭组织条例》颁布，全文共15条，主要内容为：

一是规定了高等法院分庭的性质。分庭是高等法院在各分区的代表机关，代表高等法院受理不服各该分区所管辖地方法院、县司法处第一审判决上诉之民刑案件。高等分庭属二审审判机关，但不是一个审级。如当事人不服分庭判决，上告到高等法院，高等法院对分庭的判决只是审核，而非第三审级。高等法院分庭设置于各专员公署内，管辖区域与各该专员公署所管辖的行政区域相同。但条例没有规定专员和公署有无领导关系。随着形势的发展，为了贯彻边区政府一元化领导，确立了专署对分庭的领导关系，决定各分庭庭长由专员兼任，这对于"掌握全部情况，贯彻边区法令，更好地照顾群众利益，以补法律条文之不足"①是十分必要的。特别是在当时的历史条件下，专员是分区的最高领导，理论修养较高，政策把握较准，处理问题更周到。但应当指出，专员兼任庭长，并不意味着所有民刑案件都由专员主持署务会议决定，只有对重大疑难案件，分庭认为有必要商讨时，才召集有关方面负责人研究，不是用专员的行政命令代替法律，专员兼任庭长并不妨碍司法独立。

二是规定了高等法院分庭的组织及职权。为了便利边区人民起诉、上诉，节省人力财力

---

① 陕甘宁边区高等法院：《自苏维埃时期至1946年12月司法工作总结报告》。

消耗，除延安分区不设立高等法院分庭外，其他各分区均成立陕甘宁边区高等法院分庭，高等法院分庭庭长、推事均由高等法院呈请边区政府任命。除绥德分庭庭长乔松山外，其他分庭庭长均由各分区行政督察专员兼任。分庭推事与专属局长同级待遇，列席专署署务会议，书记员由专员选任。由于分庭庭长由专员兼任，《陕甘宁边区高等法院分庭组织条例》规定，推事对审判工作负全部责任，分庭庭长着重负责审判法律政策上的指导。高等法院分庭设法警1－2人，由专属警卫队选用。1949年3月，高等法院分庭改称为陕甘宁边区人民法院××分庭，如陕甘宁边区人民法院绥德分庭等，每个分庭设庭长1人、副庭长1人、审判员3人。

高等法院分庭的职权为：高等法院分庭拟判刑事徒刑3年以上的案件，应呈报高等法院复核。高等法院认为事实不清，尚需调查者，做更行调查的指示；认为适用法律有错误或量刑失当者，做纠正的指示；认为事实无讹，科刑适当，与法律无违者，做如拟宣判的指示；高等法院如发现分庭有重大错误，得为纠正之指示，或令该分庭复审。高等法院分庭每半月（或每周）应将受理判处民刑案件、已结未结件数及案件处理内容，呈报边区高等法院查核，表由高等法院制定颁发。高等法院分庭处理民刑诉讼案件之程序，按照边区民刑诉讼条例的规定执行。高等法院分庭对一切行政文件，由庭长名义行之；裁判书由推事副署，概用分庭印记。高等法院分庭对于行政处理问题、诉讼程序问题及法律适用问题有疑问者，呈送高等法院核示。不服高等法院分庭判决依法上诉者，由分庭将案卷及判决书呈送高等法院加以复核，如原卷有错误，应由高等法院予以纠正；如无错误，应由该院向当事人作出解释，经纠正或解释后，如当事人仍不服，呈送审判委员会核办。

高等法院分庭还有管教犯人的职权。条例规定，人犯羁押于高等法院分区所在地之地方法院或政府看守所。后来边区政府认为，这样对审讯和管教犯人很不方便，1944年5月边区政府命令分庭设立分监及看守所，凡判决徒刑6个月以上3年以下的犯人，由分监羁押管教。后因犯人太少，浪费人力且不便于管教，1946年春分监被撤销。

二、县市司法机关的组织及职权

随着革命形势的发展，陕甘宁边区县级审判机关的组织经历了设置简单、逐渐过渡、发展完善几个阶段。1935－1937年为苏维埃政权时期，多数县的审判机关为裁判部，下设法庭处理民刑案件，有的县民刑案件则由县政府、区政府、乡政府处理。1937年苏维埃中央西北办事处司法内务部分设为司法部和内务部两个部门，司法部在延安设立特别法庭。同年9月，陕甘宁边区高等法院成立，撤销县裁判部，县级审判机关改称为承审员，设承审员1人、书记员1人。同年12月，边区召开各县承审员联席会议，承审员的名称为裁判员，为第一级审判机关，受理初级民刑案件。1940年边区县裁判员基本配齐，边区县级司法机关基本建立起来。1938年有的县设裁判委员会，由县委书记、县长、县保安科长、县保安大队长和县裁判员5人组成，裁判员召集会议，刑民案件由县裁判委员会集体讨论决定，对比较重大或有分歧的案件，呈报边区高等法院裁决。1941年边区政府撤销县裁判员，11月为了适应“三三制”政权，取消了县裁判委员会，部分县陆续成立了地方法院。各个地方法院掌管分区各县第一审民刑诉讼案件，所辖分区各县原有司法人员，均由各个地方法院一并接收。地方法院编制8人，即：院长1人，综理全院司法行政兼理法庭审判事宜；推事1人，审判第一审民刑诉讼案件，兼行检察职务；书记员2人，负责口供笔录、文牍、缮校、统计、档案事项；看守所长1人；法警2人；公差1人。1942年《陕甘宁边区县政府组织暂行条例》规定，各县政府下设司法处，由县长领导，司法处设裁判员1人、书记员1人。1943年陕甘宁边区政府颁布《陕甘宁边区政府县司法处组织条例草案》，规定陕甘宁边区所辖各县，除延安设地方法院外，各县均设司法处，受理辖区内第一审民刑案件。县司法处设处长1人、审判员1人，均由高等法院呈请边区政府任命；另设书记员1人、法警2人。县司法处处长由县长兼任，审判员协助处长办理审判业务，司法文件以处长名义行之，裁判书由审判员制作，概用县印。县司法处受理民刑诉讼案件，一般案件由审判员独立审判处理，重大案件经县政府委员会或县政务会议讨论决定再行判决，体现出慎重的处理态度。1945年陕甘宁边区推事审判员联席会议规定，县司法处对民刑案件之处理，不必经县政务会议讨论决定，若认为有商讨之必要的，由县司法处召集各方研究，但是决定权属于县司法处。1949年后各县司法处改称人民法院。①

为了加强基层司法组织建设，边区政府和高等法院先后颁布了许多条例、决定、训令、通令、指示、命令等，主要有：1938年8月高等法院发布第4号通令，建立县裁判委员会；1940年9月高等法院决定设立人民仲裁员；1941年12月高等法院发布第278号训令，决定建立地方法院；1942年10月高等法院发布命令，决定各县司法工作由县长领导；1943年3月公布《陕甘宁边区司法处组织条例草案》；1949年3月高等法院发布改变名称、机构、审判职权的决定，并发布指示信，决定建立县法院审判委员会。这些规章制度对完善边区基层司法组织建设起到了很大的推动作用。

四、边区政府审判委员会的成立与撤销

在边区第二届参议会上，梁金生等向大会提出“为统一边区司法行政，建立终审机关，促司法制度之改进，谋诉讼人民之利益”的提案。因大会提案委员会对此提案予以保留而未能实行。1942年6月，朱婴又向边区政府主席林伯渠提出建立边区政府审判委员会作为边区的第三审司法机关的建议。边区司法实行三级三审制度，县司法处为第一审，边区高等法院为第二审，国民党方面的最高法院为第三审即终审。但是国民政府未正式承认陕甘宁边区，实际上没有第三审，只有县和边区两审。但实践中确有一些案件不服高等法院判决要求上诉，高等法院也因法律尺度界限掌握不严，受理了一些不该受理的第一审案件，导致判决之后当事人无法上诉，客观上剥夺了公民的上诉权。因此，边区政府依据《陕甘宁边区施政纲领》中保障人权的精神和《陕甘宁边区保障人权财权条例》中保护人民上诉权的规定，接受了这个建议，并决定由边区政府正、副主席林伯渠、李鼎铭，政府委员贺连城、刘景范等组成边区审判委员会。8月10日审判委员会召开第一次会议，讨论通过了《陕甘宁边区政

① 以上内容参见高海深、艾绍润编著：《陕甘宁边区审判史》，陕西人民出版社2007年版。

府审判委员会组织条例》,并经边区政府第三十次政务会议审查通过,于1942年8月22日公布施行。

边区政府审判委员会的成立,进一步完善了边区的司法机关。审判委员会成立后判处了一些案件,对维护边区社会秩序,保护人民群众的合法利益,发挥了一定作用。但三级终审制客观上存在增加人民诉讼的不便、判决不能及时生效等问题,因此,边区政府委员会第四次会议决定:"边区司法审判改为二级制,准此,本府审判委员会着即取消,以后凡民刑诉讼,即以高等法院为终审机关。"①至此边区审判委员会被撤销。

五、土地改革运动中的人民法庭

为了保障土地改革运动的顺利进行,陕甘宁边区高等法院以《中国土地法大纲》第13条之规定为依据,总结土地改革试点的经验,起草了《陕甘宁边区人民法庭组织条例》。条例经中央西北局书记习仲勋同志审查后,作出先试点后公布的批示。人民法庭是保护人民权益及保障土地改革顺利完成的有力工具,也是镇压一切破坏生产、违抗土地改革及侵犯人民民主权利犯罪的利器,对发扬司法民主,教育广大群众具有重要作用。

人民法庭,在土改时由乡农民大会或农民代表会选举3人或5人,在非土改时由乡民大会或代表会选举3人或5人,以及县或市委派的2人组成,当选人员必须具备政治清白、公正不私、忠实可靠等条件,如有徇私舞弊违法失职者,予以罢免并另行改选,情节重大者,交人民法庭审判。当选及委派的人员互推主审1人,陪审员、书记员若干人。人民法庭受选举团体的监督,接受所属县或市政府的领导。

人民法庭的职权是,凡破坏或违抗土地改革、侵犯人民民主权利及其他危害人民生命财产,破坏生产有碍战争者,以及敌伪分子,无论民事或刑事均得依《陕甘宁边区人民法庭组织条例》处理。人民法庭有权判处死刑、劳役、罚金、没收、剥夺公权、赔偿及其他民事责任,但如判处死刑,须事先经边区政府批准;判处3年以上徒刑时,须事先经过高等法院批准。

六、陕甘宁边区人民检察机关及其职权

1937年陕甘宁边区高等法院成立,内设检察处,仅设检察员1人,各县的检察工作由于没有检察员,边区政府召集各县县长联席会议决定由各县保安科长兼代执行检察任务。1940年边区政府根据《陕甘宁边区高等法院组织条例》的规定,正式成立陕甘宁边区高等法院检察处,任命李木庵为检察长、刘临福为检察员,书记员统一在高等法院书记室,这是我国历史上第一个人民检察机关。

根据《陕甘宁边区高等法院组织条例》规定,检察长的职权是:执行检察任务;指挥并监督检察员工作;处理检察员之一切事务;分配并督促检察案件之进行;决定案件之裁定或公诉。检察员的职权是:侦查案件;裁定案件;收集证据;提起公诉、撰拟公诉书;协助担当自

① 陕西省档案馆、陕西省社会科学院合编:《陕甘宁边区政府文件选编》(第8辑),档案出版社1988年版,第67页。

诉;为诉讼当事人或公益代表人;监督判决之执行;在执行职务时,如有必要得咨请当地军警帮助。

陕甘宁边区高等法院检察处的性质是新型的人民检察机关,是为广大人民群众和革命事业服务的,以保护劳苦大众的根本利益为出发点,以打击违法犯罪、维护边区社会秩序为宗旨,它为共和国检察机关的诞生奠定了坚实的基础。

七、陕甘宁边区保安处的组织及其职权

延安是中共中央所在地,是陕甘宁边区政治经济文化的中心,是抗日民主革命的圣地,也是日本帝国主义、国民党反动派、汉奸敌探破坏的主要目标,因此,陕甘宁边区保安处与高等法院、检察处的任务是一致的,主要是同汉奸、敌探、土匪等一切阴谋破坏边区的反革命分子作斗争。

(一)陕甘宁边区保安处的领导体制

陕甘宁边区保安处是从内战时期西北政治保卫局改变过来的,是边区安全保卫的主要机构,全面负责边区锄奸工作,领导西北局的党内、边区政府、留守部队的反奸斗争及锄奸工作,任务是保卫党中央,捍卫抗日民主政权,打击敌探奸细的阴谋破坏活动,严防泄漏边区秘密,维护社会秩序,保障社会安定。

1. 保安处接受党和政府统一领导。为了避免苏维埃时期锄奸工作高度集权产生的弊端,陕甘宁边区赋予保安处兼有党和政府双重身份,具备多种职能。《西北局社会部(边区保安处)及其各级组织之规程(草案)》规定,保安处的性质是"党的组织在西北中央局的社会部,在政权形式上是陕甘宁边区的保安处,是在西北局和边区政府领导之下的锄奸保卫机关"。[①]

2. 组织机构党政合一。(1)在边区党委系统,锄奸保卫机构按照政府系统机构垂直设置,形成地委社会部(分区保安分处)和县委社会部(县保安科)两级。分区保安分处的性质既是上级社会部驻该地域的代表机关,又是所辖区域党政机关的组成部分;县保安科是县党政机关的组成部分,在保安分处及该县党政领导下管理该县的锄奸保卫工作,分区保安分处、县保安科的机构设置充分体现了党政统一领导的体制。(2)在边区政府系统,在政府区公署设保安助理员或治安委员会及治安委员,代表县政府的保安科管理本区的锄奸保卫工作。基层的区、乡政府不设社会部,在不设保安助理员的区,指定其他助理员兼理,保安助理员无逮捕、审讯与关押犯人的权力。治安委员由自卫军连长兼任,在区保安助理员领导下,领导公开的治安小组及秘密保卫网,定期向助理员汇报工作,在必要的地方,乡治安委员会或治安委员由县保安科直接领导。

3. 保安处实行党政合一、统一领导的体制,具有重大的意义:

(1)便于集中统一领导,提高战时锄奸反特能力。建立党政合一、统一领导的体制,便于保安处坚决听从党中央的指挥,保证党和政府的指示得到及时有力的贯彻执行,便于锄奸

① 《中共中央西北局文件汇集(1941-1945年)》,中央档案馆、陕西省档案馆1994年版,第98页。

保卫机构统一行动，及时有效地调动锄奸保卫组织，支援兵力短缺、任务艰巨、形势严峻的地区，使锄奸反特行动主动高效，也便于保安处按照党和政府的现实需要，结合保安处的实际，全面提高建设水平。

（2）管理科学。党政合一、统一领导的体制赋予各级党委、政府在组织锄奸工作时对保安处的领导指挥权，既能保证锄奸工作的统一领导、统一管理，令出一门，便于组织全边区范围内的统一行动，突出其军事化管理，避免人力、物力的重复投入与分散建设，又能得到边区政府在后勤、装备等方面的支持，有利于保安处全面规划工作任务，协调各方面力量统一行动。

（3）便于政府调动使用保安处的力量。党政合一、统一领导的体制，明确授权边区各级党委和政府在执行锄奸任务时，享有对保安处的指挥领导权。无论在完成日常执勤任务，还是在处置汉奸特务的破坏活动中，边区各级党委和政府都有权调动使用保安处的力量，从而保证保安处的干警联合统一行动，有效地打击汉奸特务的阴谋和破坏，保证党政机关及其他重要目标的绝对安全，也便于地方党委和政府支持保安处建设。实践证明，这种领导体制符合抗战时期边区的现实需要，既加强了党对锄奸保卫工作的集中统一领导，又充分发挥了边区政府的积极性，有利于保安处发挥职能作用。

（二）保安处的机构设置

按照陕甘宁边区组织设置及职责的规定，保安处是综合维护社会秩序，保卫边区安全的机构，负责户口登记，人口清查，边境检查，查岗哨等社会治安管理；担负党政机关警卫、城防、武装护送、剿匪及案件侦查、审讯、逮捕、看押犯人等任务，既有边区的治安管理的功能，又有锄奸的艰巨任务。表现在：

1. 机构设置治安与锄奸合一。

（1）从政府组织系统看，保安处在政权组织形式上是政府的一个组成部分，负责维护边区的治安秩序，对边区的安全稳定负有直接的管理责任；又是锄奸反特的职能机构，代表边区领导辖区各县及驻军的锄奸保卫工作，贯彻执行上级社会部的命令、指示与决定，检查总结辖区各县保安科的工作。政府系统内设保安处，各专署、县、区、乡政府分别设立保安分处、保安科和保安助理员、锄奸主任等，在边区最基层的地方都建立了锄奸的组织系统，通过锄奸保卫工作，维护边区安全稳定。

（2）从保安处内部机构设置看，设社会局、治安局。社会局分管锄奸业务，下设情报科、侦查科、预审科；治安局分管社会治安，下设治安科、各派出所、便衣警察。社会局与治安局分工负责，互相协作，互相交换情报信息，互相配合打击汉奸特务的破坏活动，共同维护边区安全稳定，表现出鲜明的治安管理与锄奸业务合一的特点。（陕甘宁边区政府保安处不同时期的内部机构设置见表5。）

（3）从政府与保安处的关系看，保安处必须服从政府的领导，执行政府的法令，随时向政府报告地方治安工作并定期总结，保安处召开会议应邀请政府主要负责人出席指导，争取政府支持配合其工作。政府监督保安处执行政府法令的情况，参与保安处一般性工作与检查总结，负责保卫干部的任免与管理，经保卫机关同意后，由政府以命令执行，凡有关锄奸保卫工作或可供参考的材料，政府随时通知保卫机关参阅。

2. 治安管理与锄奸业务紧密结合。

（1）保安处在锄奸业务方面，负责首长驻地警卫，看守重要目标，看押犯人，防止汉奸、特务的暗杀袭击；调查登记反革命嫌疑分子及锄奸治安材料，追查与处理内奸（最后判决归司法机关）；协助军队打击敌探，肃清土匪，严惩破坏秩序的反动分子；培养情报力量，组织教育管理网员，搜集敌区情报，处理一般刑事案件的侦查、审讯、逮捕；管理与教育哨站人员，领导管理区乡锄奸保卫工作和警卫队，考核教育辖区锄奸保卫干部。

（2）在治安管理方面，派遣便衣盯梢员负责主要交通线安全，防止汉奸、特务混入边区；设邮电检查所进行邮电检查，防止伪币和反革命宣传品进入边区；设立行旅检查站，检查往来边区的人员、车辆、物品，不仅承担一般意义上的治安管理职能，还担负着查缉汉奸、特务的重任。

表5　陕甘宁边区政府保安处不同时期内部机构设置①

<table>
<tr><th>时间</th><th>1937. 10 – 1938. 10</th><th>1938. 11 – 1941. 12</th><th>1942. 1 – 1943. 3</th><th>1943. 4 – 1945. 3</th></tr>
<tr><td rowspan="7">内部机构</td><td>处长秘书</td><td>秘书处</td><td>处长办公室</td><td rowspan="2">秘书室：下设
机要秘书、行政秘书、文书科、材料研究科、干部教育科、总务科</td></tr>
<tr><td>一科（侦查）</td><td>保安部</td><td>第一科
（侦查情报）</td></tr>
<tr><td>二科（执行）</td><td>地方部</td><td>第二科（执行）</td><td rowspan="2">社会局：下设
情报科、侦查科预审科</td></tr>
<tr><td>三科（保卫，对外称延安市共安局）</td><td>检查部</td><td>第三科（供给）</td></tr>
<tr><td>总务科</td><td>政治处</td><td>附属机关：保卫团、警政学校</td><td rowspan="2">治安局：下设治安科、检查科、保卫科、延安市公安局、保卫团</td></tr>
<tr><td>巡视团
（1938. 5 成立）</td><td>保卫营（团）</td><td></td></tr>
<tr><td>部队工作科
（1938. 5 成立）</td><td></td><td></td><td></td></tr>
</table>

（三）保安处的职权

保安处和司法机关统一行使拘捕审判权，其主要内容有：

第一，拘捕权、审判权由保安处和司法机关统一行使。按照法律规定拘捕权属于保安机关和司法机关，“县裁判员或检察员得下命令逮捕一切刑事犯，负责审判”②。保安司法机关逮捕人犯应依据法定手续进行：一是逮捕人犯要有拘捕票，司法机关由院长（司法处长）、审判员（裁判员）签署，保安处要经同级行政首长批准。逮捕公务人员中的反革命分子则有特

① 《陕甘宁边区公安保卫史》，陕西省公安厅2007年版，第102页。

② 《陕甘宁边区高等法院对各县司法工作的指示信》，1939年。

殊规定,必须由“各该上级主管机关负责人批准签字始得逮捕”。

审判权只由法院行使,其他任何机关包括保安处都无权审判。“公安机关对于检举或接受告诉、告发、自首之案,应将证据及被告人、自首人送司法机关办理。”[①]1946年边区政府关于统一行使司法权的命令规定:“公安机关除违警事件得依违警条例自行处理外,其他人犯必须于24小时内移送司法机关审理。”

第二,任何单位个人逮捕现行犯,必须尽快解送保安处、司法机关侦讯审判。《陕甘宁边区保障人权财权条例》第9条规定:“非司法机关或公安职权之机关,军队、团体或个人,拘获现行犯时,须在24小时内,连同证据,送交有检察职权(的机关)或公安机关办理……”该条例赋予了边区各单位和人民群众拘捕现行犯的权利。

第三,军队必须严格依法行使司法职权。为了贯彻执行保安处和司法机关统一行使拘捕审判权的原则,考虑到军队的特殊性,边区法律规定,军队不得逮捕审判人民群众。军队捕获现行犯和军事人员中除违犯军法以外的刑事犯罪,如反革命犯、杀人犯及其他一切刑事犯罪分子,均须于24小时内,连同证据,解送保安处、司法机关侦讯审判。军事审判机关有权审判违反军法的军民。拘捕违犯军法的人民时,务须通知人民政府,以免发生误会。1939年《陕甘宁边区抗战时期戒严条例草案》第5条规定,在接近作战地域内,犯下列各项者,不论军人或人民,一律由军事裁判机关自行审判或交由司法机关审判:(1)盗窃军情,泄露军事秘密者;(2)进行破坏抗日之活动者;(3)煽动部队哗变者;(4)企图颠覆抗日政权者;(5)破坏有关军事运输国防要道者;(6)阴谋破坏者;(7)捣乱地方治安者。

第四,机关、学校、群众团体只有自行处理违纪事件的权力。为了贯彻执行保安处和司法机关统一行使拘捕审判权的原则,边区法律规定,机关、学校、群众团体没有司法权,“机关、学校、群众团体得自行处理违反本机关学校或团体纪律规则之事件,但不得有逾越违警法或刑法以上之处理,机关学校或团体内,如有触犯法律的现行犯,由其负责人向当地司法机关控告,或将被告解送司法机关处理,但须具诉状。机关学校或团体,不准捆绑吊打、禁闭任何人犯,亦不得擅自判刑”。[②]

第五,区乡政府没有审判权。边区参议会和政府的立法规定区乡政府没有审判权,这对于贯彻司法权由保安处、司法机关统一行使的原则有着重要意义。“乡、区政府如发现本乡、区内有汉奸、土匪、敌探、逃跑犯或破坏分子,经调查属实,乡、区长得负责签署命令,指挥自卫军,加以逮捕”[③],“乡、区政府接到群众申诉的刑事案件,如认为确定及关系重大,因恐被告有发生意外或脱逃之虞时,乡、区长得负责签署命令,指挥自卫军加以逮捕”[④]。还规定,乡、区政府奉上级政府或司法机关命令得逮捕一切刑事犯。乡、区政府所逮捕之人犯,必须连同证据及有关材料解送上级政府或司法机关处理,不得在乡、区政府拘留24小时以上。

① 《陕甘宁边区刑事诉讼条例草案》,1942年。
② 《陕甘宁边区政府主席高等法院院长训令》,1940年8月。
③ 《陕甘宁边区政府主席高等法院院长训令》,1940年8月。
④ 《陕甘宁边区政府主席高等法院院长训令》,1940年8月。

"乡、区政府不得使用刑讯,非经呈报裁判员批准,即使轻微之刑事案件亦不得擅自处罚。"①

总之,边区政府和高等法院通过发布命令、训令、通知、指示和各种单行条例,明确阐述了司法权由保安处、司法机关统一行使的原则,又赋予了其他机关和广大军民与反革命分子和一切刑事犯罪分子作斗争的权限,规定"公安机关或县市区乡政府,对于司法机关之传拘、搜索、扣押、勘验、逮捕、调查等有协助之责任"②。这样就把专门机关和人民群众有机结合起来了,既调动了人民群众的积极性,防止专门机关孤立办案,产生神秘主义倾向;又能保证法律的统一行使,有力地打击敌人的破坏活动,保护人民的合法权益,维护边区正常的社会秩序。

第二节　陕甘宁边区的诉讼立法原则及立法概况

一、陕甘宁边区的诉讼立法原则

(一)方便民众原则

1939 年,边区政府成立后制定的第一个施政纲领就规定:"建立便利人民的司法制度。"1940 年 4 月公布的《陕甘宁边区政府关于新区行政工作之决定》又从政府的角度对此作了规定:"处理与接受案件,一切应便利人民,少拘形式。"此后,1941 年 5 月 10 日,边区高等法院在对各县司法工作的指示信中进一步指出:"司法机关从受理案件一直到判决,一切要便利当事人。"

为了方便民众,1939 年 5 月 13 日高等法院第 5 号通令规定:"受理民刑事件,如果当事人自诉者,应当有原告人的诉状,原告人不会写诉状的,可让他自己口述,由书记员代他记录起来,作为诉状",以备存案。③《陕甘宁边区民事诉讼条例草案》第 12 条、《陕甘宁边区刑事诉讼条例草案》第 6 条都规定提起诉讼的形式有两种:一种是书面的,另一种是口头的。两种形式具有同等法律效力。

为了方便民众,《陕甘宁边区保障人权财权条例》第 14 条规定:"人民诉讼,司法机关不得收受任何诉讼费用。"诉讼条例则进一步具体化。《陕甘宁边区民事诉讼条例草案》第 8 条规定:"司法机关对于人民诉讼不收讼费,不收送达费和抄录费。"《陕甘宁边区刑事诉讼条例草案》第 10 条也规定:"司法机关对于诉讼送达各项文书,不收送达费,诉讼人民向司法机关请求抄录许可发阅之文件,不收抄录费。"

为了方便民众,边区司法机关实行就地审判、巡回审判,推广马锡五审判方式,便利民众诉讼,深受民众欢迎。

(二)保障人权原则

边区诉讼立法中,保障人权原则主要体现在以下几个方面:

---

① 《陕甘宁边区政府主席高等法院院长训令》,1940 年 8 月。

② 《陕甘宁边区刑事诉讼法条例草案》,1942 年。

③ 转引自杨永华、方克勤:《陕甘宁边区法制史稿(诉讼狱政篇)》,法律出版社 1987 年版,第 57 页。

第一，保障民众诉讼权利。1939年边区高等法院对各县司法工作的指示信中提出："人民有诉愿和诉讼的权利。"《陕甘宁边区刑事诉讼条例草案》第23条规定："犯罪之被害人及其亲属，均得以告诉。"在诉讼过程中，为了切实保障诉讼当事人的合法权利，允许辩护人、辅佐人、代理人出庭参与诉讼活动。当事人不服法院判决者，有逐级上诉的权利。

第二，依法保护诉讼当事人的人身权利。按照《陕甘宁边区施政纲领》的规定，逮捕人犯必须有充分证据，依据法定手续进行。"如系寻常案件，情节较轻之被告人，可准其交保候讯，无须羁押。非有下列之情形，不得滥行羁押：（一）无一定住所者；（二）有逃亡之虞者；（三）有消灭证据或串供之虞者；（四）案件重大者。"①"司法机关受理民事案件，非抗传或不执行判决，及有特殊情形时，不得扣押。"②1946年2月，边区政府关于统一行使司法权的指令重申"民事不得捕人"，"刑事案件在侦查审判中，得为搜查、扣押、勘验之必要措施"。③据此，《警察服务规程》第6条规定了警察在执行职务时，"无命令或公文不得擅入民房进行搜捕，但追捕现行犯逃犯或紧急救护者不在此限"。为了保障人权，边区高院规定了严格的审限制度。保安司法机关逮捕人犯后，应于24小时内开始侦讯。《陕甘宁边区刑事诉讼条例草案》第15条规定："被告因拘提或逮捕到案者，应即时讯问，至迟不得过24小时，如无应羁押之情形者，于讯问完毕后，即予释放，交保或责付其亲属。"除有特殊情形，不能及时审判者外，"司法机关审理民刑案件从传到之日起，不得逾三十日必为判决之宣告"④。实行审限制度，有助于减少当事人的经济耗费，避免其遭受讼累之苦，保障当事人人身权利。

第三，惩办保安司法人员的非法侵权行为。为了贯彻保障人权的原则，边区政府和法院发布命令，规定保护原被告在诉讼过程中的合法权益和人身权利不受非法侵犯。对于保安司法人员的侵权行为，依据情节轻重，给予行政处分以至法律制裁。对于侵权行为的受害者，酌斟情况予以纠正，必要时给予经济补偿，即"因误会而错押的，除应宣布无罪立即释放外，并按其生活确实困难情况，由政府予以物质上补助"⑤。1944年，边区高等法院在全面清理监所工作中发现某些审判人员对诉讼当事人有压制打骂的现象，鄜县、安塞、延安、固临等县也有乱押的现象，对此高等法院又一次指出："尊重人权，对非法行为之控告自由，向为我党和边区政府一贯主张，已明白宣示于《施政纲领》之中，并有保障人权条例的颁行，上述现象都是违法行为，必须严厉制止这种坏现象"⑥，一旦发现保安司法人员的非法侵权行为，即予以严厉制裁。

（三）权利平等原则

《陕甘宁边区保障人权财权条例》第2条规定："边区一切抗日人民，不分民族、阶级、党派、性别、职业与宗教，都有言论、出版、集会、结社、居住、迁徙及思想信仰之自由，并享有平

① 《陕甘宁边区高等法院关于羁押被告人应注意事项命令》，1942年10月。

② 《陕甘宁边区保障人权财权条例》，1942年。

③ 《陕甘宁边区刑事诉讼条例草案》，1942年。

④ 《陕甘宁边区保障人权财权条例》，1942年。

⑤ 《陕甘宁边区高等法院示字第一号指示信》，1946年3月1日。

⑥ 《陕甘宁边区高等法院清理监所工作总结》，1944年8月28日。

等之民主权利。”这个规定落实到边区的司法制度中，在诉讼活动中表现为：

第一，一切抗日人民在适用法律上一律平等，不因阶级成分及出身的不同而不同对待。边区政府依法保护一切抗日人民的人权不受非法之侵犯，对于违法犯罪者，无论是工人、农民，还是地主、资本家，皆不因阶级成分及出身不同而加重或减轻处罚。即使曾因反对边区逃亡在外的地主、富农，返回边区后，拥护抗日，自觉遵守边区法律的，也一律不咎既往，并受法律保护。在监狱、看守所中，所有犯人不论出身如何，法律地位和生活待遇一律平等。

第二，一切公务人员，不论职位高低、功劳大小，与普通群众在法律面前一律平等。革命根据地从建立起就取消了旧中国遗留下来的所有等级划分和阶级特权，把人民的任何一分子，通称为边区的公民。这就是说，不论是共产党员和非党群众、首长和一般公务人员、公务人员和人民群众、指挥员和战士，在法律面前一律平等。反对任何特权思想和违法乱纪行为。反对因资格老、地位高、功劳大而破坏政府法纪的人，他们犯了法都应和老百姓一样，严格依法审判。

第三，在诉讼活动中，尊重蒙、回民族的信仰习惯，实现民族平等。陕甘宁边区的甘肃、宁夏的东北部，是回汉民族杂处的地区，边区北邻蒙古，境内亦有少数蒙古民族。边区政府根据《陕甘宁边区施政纲领》的规定，实行在平等原则下，团结各民族共同抗日的民族政策。在诉讼立法中，也体现了民族平等的原则。居住在边区的少数民族，在进行诉讼时，有使用本民族语言文字的权利。在监所中，少数民族犯人如回族的吃住与汉族犯人分开，以尊重其信仰习惯。

二、陕甘宁边区的诉讼立法概况

陕甘宁边区的诉讼立法是边区政府在长期司法实践的基础上逐步建立起来的。为了及时准确地打击敌人，惩罚犯罪分子，最大限度地便利人民的诉讼活动，边区制定的诉讼法及其相关法规，表现出“程序轻便，手续简单”的突出特点。

（一）边区民、刑诉讼条例草案

边区的民事和刑事诉讼法没有正式颁行。但是，以 1942 年民事、刑事诉讼法两个草案的拟定为标志，边区诉讼立法可以划分为两个阶段。

第一阶段，从 1937 年到 1942 年，制定诉讼立法（草案）的阶段。陕甘宁边区建立之初，仍继续适用苏维埃时期诉讼立法进行审判活动。自 1937 年 8 月以后，按照中国共产党《抗日救国十大纲领》关于“废除一切束缚人民爱国运动的旧法令，颁布革命的新法令”的规定，才开始了抗日民主政权的诉讼立法活动。1939 年 1 月，边区第一届参议会通过的《陕甘宁边区抗战时期施政纲领》规定：“建立便利人民的司法制度，保障人民有检举与告发任何人员的罪行之自由。”在民族解放战争的条件下，怎样结合边区实际，创建新民主主义的诉讼制度是摆在边区政府和高等法院面前的新课题。1941 年 11 月召开的边区第二届参议会上，陕甘宁边区高等法院院长雷经天同志代表第一届司法会议主席团向大会提出了《制定及颁布适应边区的民刑及诉讼法规案》。陕甘宁边区新法学会负责人何思敬等同志也提出：“因为关于边区人民诉讼事件适用之实体法及程序法一时难于制定，应暂授权政府，会同本会常驻会，依据新民主主义精神，参照边区实际情况，编订各项暂行条例，先行颁用，以济急需，俟下届参议会审查追认案。”两提案均获通过。会后，委托李木庵同志[①]依据《陕甘宁边区施政纲领》和《陕甘宁边区保障人权财权条例》确立的诉讼原则，起草了《陕甘宁边区刑事诉讼条例草案》和《陕甘宁边区民事诉讼条例草案》。

第二阶段，从1942年到1950年，民事、刑事诉讼条例草案的试行阶段。民事、刑事诉讼条例草成后，为慎重起见，边区政府决定，先在内部试行，不得公开引用，发现问题，随时进行修改，待成熟之后，再正式颁行。到1943年12月，两草案已进行了4次修改。1945年10月，在陕甘宁边区第二届司法工作会议的开幕式上，陕甘宁边区政府主席林伯渠指出：“诉讼程序法已经编好草案，正在试行之中，希望大家把各地的情况讲出来，好好研究，使我们进一步搞好。”全体与会推事[②]和审判员[③]对包括民、刑诉讼条例草案在内的这些条例法令进行了近50天的讨论，并决定会后由各推事、审判员在各分区、各县邀集各有关人士举行座谈会，把条例的各种意见写成单行材料，于1946年2月20日以前汇交高等法院，经过修改后，提交第三届参议会审查通过。边区第三届参议会鉴于省宪正在起草，民事、刑事诉讼条例草案还不够完善，决定继续试行。高等法院于1946年10月28日发布示字第5号通令，就执行审级、保护上诉权、管辖等问题做了新规定，将条例草案进行补充和完善。

（二）陕甘宁边区军民诉讼暂行条例

1940年以前，军政、军民纠纷寥寥无几，因此，对于这类案件的管辖没有明文规定。如有涉讼，军队系统和政府系统都曾实行拘捕审讯，滥施侵犯。1941年《陕甘宁边区施政纲领》规定：“除司法机关及公安机关依法执行其职务外，任何机关、部队、团体不得对任何人加以逮捕审问处罚……”1942年2月公布的《陕甘宁边区保障人权财权条例》又具体规定：“除戒严时期外，非现役军人犯罪不受军法审判。如军人与人民发生争讼时，刑事案件在侦查完结后，军人交军法处，非军人送司法机关依法制裁，民事诉讼则由司法机关办理。”上述规定，在解决军民诉讼中曾起了很大作用，但在执行过程中也出现了一些问题：一是规定不够具体，无法适应军民诉讼情况复杂的情况，造成管辖混乱；二是军民诉讼案件中，军方当事人所属基层单位不尊重政府，干扰司法机关行使职权，导致规定难以执行。鉴于这种混乱情况，“为了使今后在执行中实现军民关系的改进”[④]，明确“军民诉讼管辖之区别”[⑤]，从地方政府机关与军队互相尊重彼此权力的原则出发，边区政府特于1943年1月15日颁布《陕甘宁边区军民诉讼暂行条例》，同时公布了《调整军政民关系，维护革命秩序暂行办法》，要求政府军队共同遵守执行。其主要内容是：

第一，一般司法机关管辖的诉讼案件。凡军民诉讼属于民事范围的，如婚姻、土地、财

① 李木庵（1884－1959），湖南桂阳人。毕业于清末京师法政学堂，曾任教师、律师、国民政府地方检察厅检察长等。1941年担任陕甘宁边区高等法院检察长、代理高等法院院长等职务。

② 陕甘宁边区高等法院及其分庭延安市地方法院的审判人员称推事，与国民政府的法官称呼相同。

③ 审判员是各县司法处的审判人员。

④ 《陕甘宁边区军民诉讼暂行条例》，1943年1月15日。

⑤ 《陕甘宁边区军民诉讼暂行条例》，1943年1月15日。

产、债务和继承等案件,无论原被告属于何方,概由司法机关管辖;军人犯普通刑法之罪,亦归司法机关处理;人民触犯军法,如勾引军人逃跑叛变,刺探军情者,由司法机关或锄奸机关处理;地方党政人员有违反法令行为的,军队不得直接逮捕或轻侮打骂,只能向其所属机关,报告上级处理之。

军民诉讼案件之处理,司法机关传讯之原告或被告系属军人时,应通知其主管机关或上级机关;处理军人违犯普通刑法案件时,应通知其直接主管机关或上级机关派员参加审判;司法机关适用通常民事案件之诉讼程序。

第二,军事司法机关管辖的诉讼案件。军人违犯政军纪,如抽烟、赌博、抽鸦片、打骂群众等,地方治安机关扭送军事机关处理,其他地方党政人民不得逮捕或轻侮打骂,只能问清其本人所属单位,报告其上级处理之。战时,人民违反军法,由军法机关处理,如该犯系地方党政人员,须随时通知该党政机关负责人协同处理之。

军法机关处理军民诉讼案件时,其传讯之原告或被告系属人民时,应通知当地政府后,径向人民之住所地为之;军法机关处理人民违犯军法案件时,亦应通知司法机关派员参加审判。其诉讼程序适用军事审判程序。

第三,关于现行犯。无论军人或地方公务人员及人民正在实施诸如叛变、抢劫、殴伤人等犯罪行为的,军政机关均得按情节轻重及当时环境予以扣留或逮捕,但须于 24 小时内将人犯连同所携带之物品,分别送交应受理本案之机关。而对于非现行犯之军人,治安机关亦不得逮捕及解除武装;对非现行犯之人民,军队也无权逮捕。

第四,关于军民共犯。军人与人民同案共犯之案件,案件性质系触犯军法者,一概由军法机关处理;如系触犯普通刑法,则归司法机关处理。

第五,军民诉讼委员会的组织与职权。军民诉讼委员会不是常设机构,而是根据需要组织的临时机构。当军民之间发生大规模或性质严重的重大案件,仅由军法机关或司法机关单方处理不便时,则组织临时军民诉讼委员会处理。此类案件无论是否已经第一审判决,均得提审,军民诉讼委员会判决后,呈最高行政机关及最高军事机关会核,即为终审。该委员会适用军事诉讼程序。军民诉讼委员会由司法机关 2 人、军法机关 1 人组成,以资历深者为主任委员。

第六,维持革命秩序的规定。经过几年抗战,社会呈现纷乱现象,没有很好地将革命秩序建立起来。因此,为了从法律上保护人民的利益,特规定:维持革命秩序、处理地方违警事件的责任,由公安机关担负,不论党政机关、司法公安机关还是军事机关必须尊重人民的权利;绝对禁止非法捕人、罚款、打人骂人的行为;平时,地方驻军不得干涉地方治安警卫部队的日常工作和行政职权,对于一般士兵违犯地方治安及军队风纪的行为,地方治安警卫部队确有约束之权;在作战指挥上,警卫部队则应受驻军统一指挥,俾使地方驻军与地方治安警卫部队彼此配合,互相支持,共同维持好革命秩序。

(三)《陕甘宁边区民刑事件调解条例》

在《陕甘宁边区民刑事调解条例》公布以前,陕甘宁边区借鉴苏维埃时期设立裁判委员会裁判群众纠纷的制度,结合边区实际情况,在各乡"选出人民仲裁员、人民检察员,组成人民法庭。经过人民法庭调解乡村民众的一切纠纷,并检举在乡村中一切违犯法律的行为"①。人民法庭或乡调解委员会有权调解民事纠纷,当事人不服即可向司法机关起诉。刑事案件则采取干涉主义,不允许调解。当时,人民仲裁员的调解往往带有强制性,司法机关只审判不调解。总之,这时调解的原则不明确,调解的范围较狭窄,调解的程序不完备,调解的形式不齐全,边区调解制度处于初级阶段。1942 年 12 月 8 日,边区高等法院为了适应减政的需要,发布命令"取消仲裁员之组织",规定"所有人民纠纷问题,可由当事人所住之乡村地邻亲友出面调解,无须专设之机关"。② 根据 1942 年 10 月 - 1943 年 1 月陕甘宁边区高级干部会议的精神,边区政府和高等法院批评了不顾边区实际,硬搬旧型法律和旧司法制度的错误倾向,要求司法完全符合边区和人民的需要,改善司法工作,制定了新的司法政策,即大规模开展民间调解,彻底解决人民的实际问题,以减少诉讼。这就为公布《陕甘宁边区民刑事件调解条例》,普及调解制度,奠定了思想和组织基础。

1943 年陕甘宁边区政府发布了《关于普及调解的指示》。6 月 8 日高等法院公布了《实行调解办法,改进司法作风,减少人民讼累》的指示信。这些文件阐述了新的司法政策,提出了调解的方针和目的,批评了司法工作中的"推事主义""了事主义",阐述了调解的重要性。1943 年 6 月 11 日《陕甘宁边区民刑事件调解条例》公布施行。《陕甘宁边区民刑事件调解条例》共 12 条,规定了调解的范围和形式、调解的方式和原则以及调解书的内容等。

随着边区调解工作的逐步开展,边区政府于 1944 年 1 月 6 日和 6 月 6 日两次发出号召,提倡并普及以双方自愿为原则的民间调解,并规定了调解应注意的事项,要求各级政府和司法机关,对已经公布的《陕甘宁边区民刑事件调解条例》的推行情况进行检查,总结经验。1944 年 8 月高等法院发布指示信,要求以各种方法宣传教育,发动广大群众切实搞好民间调解,以减少诉讼、增加生产。同时指出:"调解案件时,要遵守双方自愿原则,……倘确有不能调解之案件,仍须提起诉讼,再为研讨案情,予以适当处理。"③在边区政府和高等法院的大力倡导下,边区调解规范得到逐渐完善。

第三节 陕甘宁边区的审判制度

一、审级与管辖

(一) 审级

陕甘宁边区政府成立后,参照苏维埃时期的做法,从边区的实际情况出发,同时照顾到国共合作的统战关系,先后在 1939 - 1941 年、1943 年、1944 年边区政府工作报告,1944 年边区政府委员会第四次会议的决议,1946 年 10 月 28 日高等法院示字第 5 号指示信,以及

① 《陕甘宁边区高等法院对各县司法工作的指示》,1941 年 5 月 10 日。

② 转引自杨永华、方克勤:《陕甘宁边区法制史稿(诉讼狱政篇)》,法律出版社 1987 年版,第 189 页。

③ 《陕甘宁边区高等法院指示信》,1944 年 8 月。

1949 年 3 月 8 日边区政府通字第 5 号、第 9 号通令中确立了边区的审级制度。边区的审级制度是发展变化的，在不同时期有不同规定。

1. 1937 年 7 月 – 1942 年 8 月，形式上规定为三级三审制，实际上实行两级两审制。县裁判员为初审，不服判决者，可上诉到边区高等法院，不服二审判决者，法律规定可上诉到国民政府最高法院。实际上，国民政府不承认陕甘宁边区政府，边区高等法院与国民政府最高法院从未发生过任何联系，因此，边区高等法院的判决实为终审判决，仍不服者，可向边区政府委员会申诉，依再审程序处理。

2. 1942 年 8 月 – 1944 年 2 月，实行三级三审制。县司法处和地方法院为第一审级，边区高等法院及其分庭为第二审级，边区政府审判委员会为第三审级。这时一审、二审严格分开，除特殊重大案件另有法律规定者外，非经县司法处和地方法院判决的案件，不能径向高等法院提起诉讼。这就纠正了审级混乱现象，有利于诉讼活动的顺利开展。

3. 1944 年 2 月 – 1950 年，这个阶段撤销了审判委员会，实行两级两审制。县司法处和地方法院为初审机关，高等法院及其分庭为终审机关。当事人不服分庭判决，可向高等法院申诉，高院对分庭判决可进行审查，但不是独立的审级。

抗日战争胜利后，为了贯彻边区第三届参议会确立的“健全法律与制度”的任务，实现司法工作“迅速、正确、新型正规化”，彻底解决司法实践中尚存的某些审级混乱现象，边区高等法院对执行审级和管辖问题发出指示：“高等法院为终审机关，各县司法处未正式判决之案件，勿径介绍来院，否则予以批回，各县调解不能成立之案件，应经司法处再行独立审判，制备卷宗，正式判决后，才能上诉；初审机关如遇疑难，可用信函来院商量，互提意见参考，也不能将案件转来本院审理判决；如果其属特殊案件，非要本院处理不可者，可先函请本院核准后再送来；如果当事人自己径行跑来本院，并声述在各县可能被冤屈，经本院批回各县（或提出意见办法），并批明处理后，须呈复者，各司法机关一定要将处理结果呈复。”①

由于边区特殊的政治、经济、地理环境等因素的影响，两审终审与三审终审相比较有一定的优越性。它能使法院迅速及时地惩治汉奸、反革命和其他破坏分子；在地广人稀、交通不便的边区，少一个审级既有助于及时终止诉讼，为群众解决问题，防止人力和财力的浪费，少误生产和工作，又可避免少数当事人因缠讼不休，使正确的裁判得到及时执行，保障当事人的合法权益。另外使案件得到正确解决，保障人民的诉讼权利和“希望权”，关键不在于增加一个第三审，而在于加强第一审级的工作，因为初审机关便于对案件事实进行调查，也便于依靠群众进行处理，较之距离发案地较远的第三审级有着优越的条件。正如谢觉哉所说：“不能把审判委员会作为审案的最好机关，审判的重点应加强一二审，因为一二审接近诉讼当事人，易于明了案情内容。”②

（二）管辖

边区政府和高等法院为确定审判管辖发布的文件有 1942 年《陕甘宁边区民事诉讼条例

① 《陕甘宁边区高等法院示字第五号指示信》，1946 年 10 月 28 日。

② 吉世霖：《谢老司法轶事》（八），载《法制周报》1982 年 6 月 15 日。

草案》和《陕甘宁边区刑事诉讼条例草案》、高等法院第247号训令、1946年10月28日示字第5号指示信等。边区对具体案件的管辖，除审级管辖外，有以下几种：

第一，区城管辖。“民事案件，由被告住所地或不动产所在地之司法机关为第一审管辖。”①《陕甘宁边区刑事诉讼条例草案》规定案件由犯罪地或被告所在地之司法机关管辖。”根据上述法律规定，原被告不在同一县的，原告既可直接到被告所在县司法处控告，由被告所在县司法处管辖；也可向原告所在县司法处控告，转函被告所在县司法处代传被告到案。原被告一方不在边区范围的，如系普通案件，原告在边区，被告在国民党统治区的，应令原告到国民党地方法院控告；原告在国民党统治区，被告在边区的，经国民政府地方法院将案情函述后，可代传被告来讯问，也可令其自行到国民党统治区归案。如系特别案件，如与政治军事有关的案件，原告在边区，被告在国民党统治区的，可函国民政府地方法院交涉，代传被告到案；原告在国民党统治区，被告在边区的，着原告自来边区政府控告，边区政府绝对不将被告送到国民党统治区。国民政府人员或军队人员在边区犯法，同样受边区法院的制裁，但为巩固统一战线，可以通知国民政府或军事机关派人到边区会审。经判决后，再交与原属机关或部队执行。以上是高等法院建立初期的规定和做法，但是随着国共两党出现摩擦，这些规定没有实现。

第二，协议管辖与指定管辖。刑事案件被告数人分别在数县，或问题发生在数县者，得互相协商，由一县级司法机关管辖，或以一县为主，其他有关各县协同办理。所谓协同办理，在法律上属于分内之责，不是捎带办理，如传人、调证或代为讯问口供，均为分内必办之任务。因此，凡是分配给某县某推事代办之案件，即为该推事应办之案件，要认真办理，不得推诿。

当审级管辖或区域管辖发生争议，或管辖不明时，可由上级司法机关指定管辖，刑事案件牵连数司法机关，经过协商仍有争议，或对民事案件“同一诉讼数司法机关有管辖权者，得向上级请示，指定管辖，上级亦得以职权指定管辖”②。“上级司法机关，因诉讼进行之便利，或必要时，得以职权指定下级管辖之机关”③。

第三，移转管辖。边区虽有关于管辖的明确规定，但因群众法律知识缺乏，起诉和上诉仍不断发生管辖不合的错误，因此，法律规定：“无管辖权之案件，移转于应管辖之机关。”④不得像国民党法院那样，以“管辖不合不受理”一推了事，要问明案情，帮助当事人移转管辖，以免使人民对诉讼失望。此外，诉讼当事人亦得向上级司法机关申请移转管辖，以批准与驳回由接受申请之上级司法机关批示决定。

二、公审制度

边区的公审是一种特殊的审判方式，是体现审判公开的最彻底的形式，即选择典型案

---

① 《陕甘宁边区民事诉讼条例草案》，1942年。

② 《陕甘宁边区民事诉讼条例草案》，1942年。

③ 《陕甘宁边区刑事诉讼条例草案》，1942年。

④ 《陕甘宁边区民事诉讼条例草案》，1942年。

件，组织一定规模的群众大会，对案犯进行公开审判。在边区司法实践中，公审有三种：一是代表公审会，二是群众公审会，三是宣判大会。人民公审制度是苏维埃时期公审制的继承和发展。公审制度对于打击严重的刑事犯罪分子，教育群众增强法制观念，扩大宣传效果和影响，警戒和预防犯罪，有一定的意义。

公审的案件必须是与群众有密切关系，群众关心，轰动社会，对群众有着重大教育意义的案件。从性质上来分，包括两类：一类是政治性的，主要指盗匪、汉奸、反革命和敌特案件。如1938年高等法院公审大汉奸吉思恭，1939年公审汉奸高××、徐××，1941年曲子县司法处公审匪首缪××；另一类是人命案，多为情杀、奸杀、巫神害死人命案等，如1937年高等法院公审黄克功情杀刘茜案、1938年公审石兰英奸杀案、1944年4月公审巫神杨××害死人命案等。

公审不在法庭内进行，而是选择群众集中的城镇地区，能容纳数百到数千群众的公共场所举行。目的在于让更多的群众参加，以造成声势，扩大影响。

公审需要组成临时法庭，由司法机关指定1人担任主审，对审判的进行负全面责任。然后从与此案有关的机关、部队或群众团体中选出或由群众推选代表2－4人为陪审员，另设书记员1人，共同组成合议庭。主审及陪审员在审判中享有同等的权力，共同研究商讨，取得一致意见，依据事实和法律，决定案件的处理，体现出人民司法尊重人民意见的民主精神。

公审大会事前要经过充分的组织与准备工作。公审的案件首先要由保安处和司法机关将案情调查清楚，经过预审，做好充分准备。然后，为了使陪审员和广大群众对案情有充分的了解，由主审、陪审员和检察员召开预备会，必要时，有关机关、部队及群众团体可选部分代表参加。在预备会上，由主审详细报告案情，但不提出判决意见。陪审员和代表还可将案情传达给群众，以便群众参加公审大会发言。

开庭公审的程序，首先由主审人说明公审的意义，将被告押上会场，问明简历后，由检察员陈诉公诉理由和意见，然后讯问犯罪事实，被告及其辩护人进行公开辩论。被告不承认者，由群众及被害人当场证明，出示证据。群众应经过报名准许，有秩序地发言。每一个与会群众都有补充事实、书面作证和提出处理意见之权。判决由合议庭根据事实和法律决定，当场宣布。判决可以参考群众意见，但不由群众表决。"因为在群众愤怒之下，个别的冲动和鲁莽是很难免的，但在党政的正确领导、多数群众的民主及司法人员在场等条件下，个别冲动不能形成作用。"①

公审大会要做好公审笔录，笔录必须记明公审的时间、地点、法庭组成人员、被告的简历和公诉人的陈述、法庭的讯问、被告的供述、证人证言及群众代表的发言，记录清楚无误，一并整理归卷。最后要起草布告，布告应将犯罪事实写得简明扼要，论述清楚，证据有力，使群众受到生动具体的法制教育。

三、人民陪审制度

边区的人民陪审制度是司法机关吸收群众代表参加案件审判的制度，是吸引人民群众

① 马锡五：《答延安大学学生问》，1949年5月。

参加政权管理的一种重要形式，是人民司法机关联系群众、依靠群众的方式。

人民陪审制度在民主法制建设的初期，就受到党和根据地政权的重视，1932 年 6 月 9 日中华苏维埃共和国中央执行委员会颁布的《裁判部暂行组织及裁判条例》就规定了人民陪审员参加审判的制度。该条例第 13 条规定："法庭须由工人组织而成，裁判部长或裁判员为主审，其余二人为陪审员。"第 14 条规定："陪审员由职工会、雇农工会和其他群众团体选举。"在陕北、陕甘、陕甘宁苏区，结合自己的特点，人民陪审有三种形式：一是由审判机关邀请；二是由群众团体选举；三是由机关、部队、团体选派代表，出席法庭参加陪审。陕甘宁边区成立后，主要采用了第三种形式，即由机关、部队、团体选派代表参加陪审。边区的陪审制度"不是每个案件都要有陪审，而是斟酌案情是否重大，和当时当地情形有无必要来决定"[①]。人民陪审员参加审判活动较多的是在政治、经济、文化比较发达的延安、绥德地区。陪审员参加审判，每个案件人数一般为 2－4 人。一般的做法是，处理工人严重违反劳动纪律的案件，请工会选派代表和工人出席陪审；处理农民间的纠纷案件，则请农会选派代表出席陪审；处理有关干部的案件，请县政府一科派人参加陪审；有关军民诉讼，要请军事机关派员参加陪审；处理婚姻案件，要请妇联选派代表参加陪审，后来为了贯彻婚姻法令，进行宣传教育工作，处理婚姻案件，除妇联外，还可以"请有关团体的人们陪审，当众宣判，以提高妇女觉悟，教育广大群众"[②]。

实行人民陪审制度，处理案件过程中有群众代表参加，而不是司法人员独断，由审判人员和群众代表组成法庭，共同审理，民主判决，不仅使人民司法机关名符其实，而且"能增加法院信用"[③]，得到人民的拥护。

实行人民陪审制度，可以使审判工作置于人民监督之下，取得广大群众的支持和帮助，减少司法工作的困难，避免审判工作发生根本错误。了解下情的陪审员参加案件的审理，既能协助收集证据，有利于查清案情，又能帮助司法人员切合实际地适用政策和法律，这对于提高办案效率和质量，迅速正确处理案件，以及扩大政策法律的宣传，都有重大的作用。

实行人民陪审制度，可以发挥群众监督司法的作用，使审判工作扎根于群众之中。人民陪审员通过参加审判活动，熟悉了边区的政策和法律，增长了法律知识，回到单位和农村，可向群众进行法制宣传，在基层法制建设中起到了骨干作用。

四、辩护制度

抗日战争时期，陕甘宁边区政府建立后，在诉讼活动中实行辩护制度。被告人有权获得辩护，是边区刑事诉讼法的基本制度之一。1942 年《陕甘宁边区刑事诉讼条例草案》规定："原告或被告，均得向法庭请求用亲属为辅佐人到庭辅佐陈述"，"刑事被告于侦查完毕后，得选任有法律知识之辩护人到庭辩护"。对于边区刑事诉讼中的辩护制度，高等法院代院

---

① 王子宜：《在边区第二届司法会议上的总结报告》，1945 年 12 月 29 日。

② 《陕甘宁边区高等法院指示信》，1949 年 4 月 25 日。

③ 李木庵：《论边区审判制度》，1945 年 10 月。

长王子宜曾作过如下说明:“保障被告人有充分辩论之机会,就是说,对原被告应是平等待遇,不能只听原告一面之词,而对被告怀有任何成见,甚至不许人家讲话,这点对保障人权有重要关系,不管原告讲得头头是道,但一定要允许被告有公开的充分的辩论的机会。”①

由于条件限制,文化落后,地处偏僻,人才缺乏,陕甘宁边区没有专职律师。但是本着诉讼手续简单方便的原则,在没有律师的协助下,边区采取各种办法,给当事人提供诉讼的便利。边区辩护权的行使,分为四种情况:

第一,有行为能力的被告人,可自己行使辩护权。被告人在全部诉讼过程中,都能够为自己进行辩护。对被告人的辩护如同原告的控诉一样,实行平等的原则。只要被告人的辩解有事实根据,保安和司法人员就不得加以歧视,应视为案件的证据之一。在边区当时的历史条件下,大部分案件靠被告人自己行使辩护权。

第二,被告或原告人,不论有无行为能力,经过请求批准,均可以亲属为辅佐人到庭辅佐陈述。刑事案件一般由直系亲属担当辅佐人,民事案件,祖父母、兄弟、姐妹等近亲属皆可。但法律规定父亲带上子女离婚的,不能作为辅佐人。辅佐人有权为被辅佐人的利益说话,根据事实为其辩护,但不得做虚伪的陈述,制造矛盾,从中挑拨。

第三,被告人在侦查完毕,进入审判阶段后,可聘请有法律知识的人充当辩护人。持有被告委托书者,边区法院承认其合法地位,可以到庭为被告辩护。《陕甘宁边区保障人权财权条例》颁布后,有的重大而有教育意义的案件,曾经实行过这种辩护。如1942年延安学生疗养院白占山、李延德、杨永和捆绑刘世荣致死人命案中,杨永和不服一审判决,依法聘任孙孝实、庄健为二审辩护人,辩护举证有据,分析问题符合法理,论证刑事责任理由充分,据此,高等法院予以改判,减少了杨永和的刑期。②

第四,群众团体可为所属成员代理诉讼或充当辩护人。边区人民群众根据性别、年龄和不同职业都参加了不同的群众团体。作为群众自己组织的团体,当自己所属成员受到非法侵害时,有责任和义务对他们进行帮助和保护。法律规定,当群众组织成员涉讼,成员不能充分表达自己的意志时,可请求本组织派出代表,或由群众团体主动向法院申请派出代表,经法院批准后,即可出庭为本组织成员充当辩护人或代理诉讼。在法庭审理时,当事人必须亲自到场,承认群众组织代表为其辩护人或代理人。对代表的辩护和陈述,当事人只有当庭肯定其代表了本人意志,群众团体代表的诉讼活动方为合法。

另外,边区新法学会还设有“人民顾问团”,也可派出代表,帮助群众进行辩护。

五、上诉制度

“上诉权是人民权利之一部分。”③上诉制度是诉讼当事人不服初级法院的裁判,依法定

① 王子宜:《在边区第二届司法会议上的总结报告》,1945年12月29日。

② 转引自杨永华、方克勤:《陕甘宁边区法制史稿(诉讼狱政篇)》,法律出版社1987年版,第150-151页。

③ 《陕甘宁边区高等法院示字第一号指示信》,1946年3月1日。

程序和期限提请上级法院重新审理的制度。上诉既是一项重要的审判制度，又是当事人的一项重要诉讼权利。实行上诉制度的目的，在于充分发挥第二审司法机关的监督作用，提高办案质量，以有效防止和减少冤错案件，维护新民主主义法制，保护公民的人身权利及合法利益。

第一，关于提起上诉的案件范围。按照边区法律的规定，对初审法院的任何判决不服者，都有权上诉，包括死刑判决在内。阻挠当事人上诉，特别是不准被告人上诉是违法行为，是不被容许的。“如诉讼当事人不服判决，要求上诉时，应准许向高等法院上诉，不得阻挠。”①相反，原审机关有义务帮助当事人上诉。

第二，关于上诉人的范围和上诉方式。根据《陕甘宁边区刑事诉讼条例草案》规定，不服第一审判决之原告人、被告人或其父母、配偶及其辩护人等有权提出上诉。在实践中刑事案件的被害人和附带民事诉讼的当事人也有权提上诉。根据1941年12月17日为严格遵行上诉程序的《陕甘宁边区高等法院第二四七号训令》及1942年民事、刑事诉讼条例草案都规定，提起上诉，无论采取口头或书面形式，法院均须受理。

但是，司法实践中，有些当事人不经过原审机关的介绍就到高等法院上诉，原审机关不知道，高等法院亦不知原审是如何判决的，高院受理上诉后，还得向原审机关调卷及传讯被上诉人和证人，往返废时，不利于案件及时解决，当事人也感到不方便。因此，1941年12月17日边区对上诉又做了新的规定：“民刑事案件，不服第一审判决者，……当事人上诉时应命其先向原审机关为口头或书面上诉之申请。”②

第三，受理上诉案件的司法机关及上诉材料。鉴于有的当事人由于不服判决，产生对原审机关的对立和不满情绪，不愿或不敢向原审机关提起上诉，边区高等法院从保护诉讼当事人的上诉权利出发，在1942年的民事、刑事诉讼条例草案中都规定，诉讼当事人对第一审判决不服者，可向原审机关声明上诉，亦得径向相应二审机关上诉。

向原审机关声明上诉的，原审机关应取具供词附卷，连同卷宗证据，一并呈送上诉机关。为了便于二审机关对刑事案件进行审查，卷宗中必须反映如下事实：(1)犯人是哪一个机关部队，他是在什么地方什么时候被捕的；(2)被害人的控告证明；(3)有无任何证据；(4)犯罪的事实经过；(5)对怀疑的地方如何解释；(6)判刑计算从哪天起到哪一天止；(7)有无用过刑具审问；(8)是否经过县裁判委员会讨论决定。③

原审法院受理上诉案件，如为民事案件，应命当事人及证人于指定日期一起到高等法院；如为刑事案件，除指定自诉人及证人按期到达高等法院外，还应将犯人及其财物一并送达。指定当事人到达高院的日期，应在估计卷宗、证据到达高院之数日后。向高等法院及其分庭径行上诉者，二审法院应向原审法院调取全部卷宗、证据，原审法院必须立即寄出，不得延误。法律还规定“当事人声明上诉后，对已执行之罚金，或没收或赔偿之财物，均应随卷

① 《陕甘宁边区高等法院对各县司法工作的指示信》，1941年5月10日。

② 《陕甘宁边区高等法院第二四七号训令》，1941年12月17日。

③ 《陕甘宁边区高等法院第四号通令》，1938年8月25日。

交来高等法院，不得任意搁置或使用”[①]。

第四，关于提起上诉的期限。1942年《陕甘宁边区民事诉讼条例草案》规定：“对于第一审判决不服者，应于接受判决书之翌日起，二十日内……上诉。”《陕甘宁边区刑事诉讼条例草案》规定，不服第一审判决者“得于接受判词之翌日起算十日内上诉”。

为了克服“上诉人不先向原审机关声明不服，往往直接来高等法院上诉，而且多逾上诉期限，造成高院行文调卷，辗转时日，拖延诉讼，诸多不便”的情况，高等法院特于1942年发布命令决定：“此后各院（处）判决之案件，应于当庭宣告之日，告知当事人之上诉期间，以及应先向原审机关声明上诉，并须于送达当事人之判词后书明，如不服判决，应于十（二十）日内（民事二十日、刑事十日）来本院（处）声明上诉，以便将案卷解送高等法院审理”字样，俾当事人有所遵循。

第五，关于上诉期间的起算问题。法律规定为接受判决书之翌日开始计算。但有的当事人，特别是败诉者，他们拒绝接受判决书，不服判，不上诉，也不执行，企图拖延年月，时过境迁，再兴讼端。针对这种情况，马锡五、乔松山院长在1946年7月11日指出：“上诉时效起算日应以送达之翌日起，不得以宣判之翌日起，当事人如不接受，判决书应交当地区、乡政府存查，送达证附卷说明。”[②]

第六，至于死刑犯的上诉权问题。边区以1946年3月为限划分为两个时期。前期规定：“依普通刑法判决死刑之案，照通常诉讼审级程序办理。被告人不服原判者，准其上诉。不上诉者，将判决卷宗呈送上级司法机关，出具意见，转呈边区政府核实”。[③] 盗匪汉奸死刑案件，由于“多属紧急情况，应迅速处理，方足以镇压，而应事机，不能照通常程序办理”[④]，无上诉权。

随着剿匪的胜利、抗日战争的结束以及汉奸的绝迹，1946年3月1日高院示字第一号指示信规定：“死刑案件均应准许被告有上诉权，这是于法于理都应如此的。今后各初审机关对于宣判死刑时，同时征询该犯罪者是否服判，不服时，可以上诉。”至于上诉是否有理，由上诉审裁判，原审司法机关不得以上诉无理由为借口加以阻拦。服判者，应在上诉期满后执行死刑，以保障被告的诉讼权利。但在边区司法实践中，死刑人犯上诉者极少。

第七，关于上诉案件的处理结果。按照边区民事、刑事诉讼条例草案的规定，二审司法机关对上诉案件通过讯问上诉人、阅卷等进行初步审查后，根据不同情况进行处置：一是上诉无理由者，予以驳回，对民事上诉人可进行说服解释工作。二是一审判决对于事实未调查清楚，而此项调查，原审法院进行较为方便的，即发回原审机关重新审理。三是适用法律不当者，由二审法院撤销原判，重新判决。上诉审改判时，应将理由通知原审机关，以便提高基层司法干部的业务水平。

---

① 《陕甘宁边区高等法院第二四七号训令》，1941年12月17日。

② 《高等法院函字第35号批答》，1946年7月11日。

③ 《一般死刑案件诉讼程序》，1943年10月17日。

④ 《惩治盗匪汉奸死刑案件特别诉讼程序》，1943年10月17日。

此外，诉讼条例还规定，第二审机关发现案内有未经一审机关判决部分的，应并为处理。刑事上诉案件有多数被告人，仅少数被告人上诉者，上级审应对全部被告人进行审判。一人犯数罪，仅就一罪上诉者，上诉审应就全部罪行进行审判。

六、死刑复核制度

《陕甘宁边区刑事诉讼条例草案》规定："判决死刑案件确定后，如是经高等法院判决确定者，应将该案卷宗证据，呈送边区政府审核；如系高等分庭或直属地方法院、县司法处判决确定者，送由高等法院核具意见，呈转边区政府；如是各分区、县司法处判决确定者，经呈主管高等分庭核转高等法院，拟具意见转呈边区政府。"这表明死刑复核是边区对死刑判决进行审查核准的重要审判制度。与一般刑事案件的终审判决立即发生法律效力不同，法律规定，对死刑判决必须经过特别的批准复核程序方能发生法律效力，交付执行。

陕甘宁边区政府成立之后，为了确立这个制度，先后发布了一系列命令、通令、训令、指示信等，这些法律文件中关于死刑的核准权的内容包括：

（一）关于死刑的核准权的归属

自边区政府成立到 1942 年，死刑的审核批准权属于边区高等法院。这个时期，高等法院对死刑判决的审核批准由雷经天院长亲自负责，后来由第一科或秘书室协助院长进行。《陕甘宁边区施政纲领》颁布后，为了准确地打击敌人，惩办严重的犯罪分子，坚持少杀政策，防止错判，贯彻保障人权的原则，对死刑批准权作了新的规定，即"各级审判机关判决死刑案件，已逾上诉期限而不上诉者，须呈报边区政府审核批准执行"[①]。边区政府审判委员会存在时期（1942 年 8 月 －1944 年 2 月），"各县处决死刑人犯，如非在戒严期间或战争期间，应经第一审司法机关判决，呈由边区高等法院审核，转呈边府审判委员会复核批准执行，始合法定程序"[②]。审判委员会撤销后，仍由边区政府政务会议负责这项工作。

1949 年，随着解放战争的胜利开展，晋南、晋西北两行政区划归陕甘宁边区政府领导，鉴于交通不便和战争环境等情况，陕甘宁边区政府通字第九号通令规定，这两个行政区"关于死刑案件，由陕甘宁边区政府暂授权行政区人民法院转各该行署批准。执行后，必须呈报边区人民法院转呈边区政府备案，如果（一）被告对判决不服而声明上诉者，或（二）各该行署政务会议对该案有争执者，必须呈报边区法院，转呈边区政府审核确定后执行之"。

（二）关于呈核死刑案件材料的规定

边区政府和高等法院对下级司法机关死刑判决的审查批准，不作为一个审级，其任务就是通过对呈报材料的审查核实，研究其死刑判决正确与否，即事实是否清楚，适用政策法律是否正确。可见，完备而真实的呈报材料是十分重要的一环。否则，审核将难以进行，无从下批。法律规定："凡判处死刑的罪犯，应迅速将全部的案卷、口供呈送高等法院审阅，经批

① 《陕甘宁边区保障人权财权条例》，1942 年。

② 《陕甘宁边区高等法院处决人犯手续命令》，1942 年 1 月。

复核准后，立即执行。”[①]“除将口供笔录送法院审核外，并应拟就判决书及布告的底稿送来，由法院负责删改后，始照抄公布发表。”[②]后来还规定，呈核死刑案件要有详细报告一份，命案的死刑判决还要附具尸格。总之，报送死刑的复核案件，必须犯罪事实清楚，证据确实、充分，适用政策法律正确，材料齐全。

（三）关于对死刑案件复核审批的规定

高等法院和边区政府政务会议或审判委员会对于死刑案件的复核，首先，要对事实进行审查。审查事实是否清楚，证据是否充分，如果“事实点尚须调查者，为更行词查之指示”[③]。其次，对适用法律进行审查。审查定性是否正确，适用政策法律是否适当，如果“法律点有错误，或量刑失当者，为纠正之指示”。[④] 最后，“事实无讹，科刑适当，与法无违者，为如拟宣判之指示”[⑤]。

（四）战争环境下对死刑案件的特殊处置

边区对于死刑案件的核准程序，根据不同情况有不同的规定：在相对和平的环境里，适用上述正常程序；在战争环境下，为了及时有效地镇压和消灭敌人，保卫边区，保卫革命政权，法律规定了特殊的处置办法。1938 年 8 月 25 日，高等法院第四号通令规定：“倘在战区或剿匪区及有特殊情形者，县裁判委员会可以判决并执行死刑，然后再将经过的情形详细地报告本院备案。”后来，根据实践中提出的问题又作了补充规定：“除军法另有规定外，如在作战时捕押，因抵抗、逃跑或其他紧急情况中被击毙者，各下级政府不得擅自判处死刑”。“在剿匪中，或其他情况中，因群众急切要求处决人犯时，亦当急电报告本府批准”。[⑥] 不久，边区又规定，即使在战争环境中，处决人犯也要有所区别，如在稳固的中心区，死刑案件要按一般规定的程序，呈报边府核准，不得“先斩后奏”。

此外，1939 年 8 月 30 日高等法院九十三号训令还作了“对情节重大的案件，须事前呈报本院，经批准后始许执行”的规定。为了便于下级司法机关执行，明确指出，情节重大的案件系指命案及拟判 3 年以上徒刑之案件。这些案件皆须呈报高等法院审核批准后，才能执行。这样就弥补了边区成文法律不完备和有些基层司法干部文化水平低的缺陷，也说明边区政府和高等法院对判决重要案件的极端严肃和审慎的态度。

对于重要案件，由边区政府和高等法院严格把关，予以复核，可以使那些因认定事实有讹或适用法律不正确而错判死刑和过重刑期的判决得到及时纠正，使罪不应死和无辜的公民免遭杀害和长期系狱之苦。1949 年 2 月 5 日，边区高等法院在总结工作时做了一个统计：1948 年下半年，各县呈核案件共七十八件，经审核全部变更的有 4 件，部分变更的有 48

① 《陕甘宁边区高等法院第九号通令》，1938 年 9 月 9 日。
② 《陕甘宁边区高等法院第二号通令》，1939 年 4 月 19 日。
③ 《陕甘宁边区高等法院分庭组织条例》，1941 年。
④ 《陕甘宁边区高等法院分庭组织条例》，1941 年。
⑤ 《陕甘宁边区高等法院分庭组织条例》，1941 年。
⑥ 《陕甘宁边区政府机字第六号指示信》，1943 年 4 月 10 日。

件，维持原判的只有26件。[①] 这个数字表明死刑复核制度对于保障人权、防止错杀错判具有重要意义。

七、审判监督制度

审判监督是司法机关对于已经发生法律效力的判决和裁定，认为其在认定事实或者适用法律上存在错误，提出依法重新审理的制度。审判监督程序是一种特定的诉讼程序，其与上诉的最主要的区别在于：前者是对已经发生法律效力的判决和裁定进行审查，后者是对尚未发生法律效力的判决和裁定进行审查。

《陕甘宁边区刑事诉讼条例草案》第四章专章规定了审判监督程序，其主要内容包括：

1. 规定提起再审的理由。对于已经生效的判决或裁定，有权提起再审的司法机关和个人“发现原判实有错误或处刑失当者”，均得提起再审。边区的申请再审程序不以发现新证据为先决条件，也不论对受判决人有利或者不利，都可提起。

2. 规定提起再审的主体。凡受判决人及其亲属均可为被判决人之利益申请再审；原告人则可为受判决人之不利益申请再审；上级审法院发现下级审判决确定之案有再审理由者，得命令原审机关再审，也可由上级法院提案再审；原审机关发现判决确定之案有应再审者，得依职权自为再审。

3. 规定提起再审的时限。原告人提起再审得在判决确定后两年内进行，过期不得为之。受判决人及其亲属则不受时间限制，刑罚已执行完毕或已不受执行时均得为之。司法机关提起再审则无时间限制。

4. 规定再审适用各该再审机关之审级程序。《陕甘宁边区民事诉讼条例草案》在第四章规定了审判监督程序，其主要内容是：第一，凡判决确定之案，在1年内如发现原判确有错误，或案内实际问题尚未解决者，当事人得提起再审之诉；第二，上级审法院发现下级判决确定之案，合于再审情形者，得命令原审机关再审，也可由上级法院提案再审；第三，原审机关发现判决确定之案，有再审理由者，得依职权自为再审。

八、判决与执行制度

边区高等法院自建立起，就十分重视判决书的制作，要求审判人员必须以严肃认真的态度写好判决书。1939年5月13日高等法院第五号通令明确规定：“案件的判决要制成判决书。”“判决要写成判决书，说明案件经过及判决的理由，向诉讼当事人宣判，同时将判决书交诉讼当事人，使诉讼当事人对案件的判决完全明白。”[②]根据司法正规化的要求，1942年的边区民、刑事诉讼条例草案作了比较详细的规定，从此大小案件都须制作判决书。1944年1月6日，林伯渠主席明确指出：“判决书须力求通俗简明，废除司法八股。”

判决书的内容主要有三个部分，即主文、事实和理由。依据法律规定，一般包括司法机

---

① 转引自杨永华、方克勤：《陕甘宁边区法制史稿(诉讼狱政篇)》，法律出版社1987年版，第168页。

② 《陕甘宁边区高等法院对各县司法工作示信》，1941年5月10日。

关名称、原被告简历、审判员署名及年月日，刑事"判决书首先为主文，除应记载主刑，从刑或刑之免除外，如有以徒刑劳役易科罚金，或以罚金易服劳役者，应记载其折算之标准，如宣告缓刑者，应记载其缓刑之时间，如宣告没收者，应记载其没收之物；其次，为事实及理由，关于轻微案件之判决书，其事实理由可并为一栏，只说明其要旨，亦得以命令代判词，判词文字须力求通俗"。[①] 民事"判决书分主文事实理由各项，用通俗文字说明之，但简易案件，其事实理由栏只记明要旨，不必分栏记载，亦得以批示代判词"[②]。

边区司法机关的判决书的理由部分，除写明事理外，判决依据要首先引用法律规定。边区有法律规定的，判决书即引用其条文；没有法律明文规定者，判决书即以政府政策、新民主主义法律意识和善良的风俗习惯为依据，有的判决书为了贯彻统一战线的政策，照顾国共合作的关系，也可以有选择地引用国民政府某些法律条文，但明确规定适用的原则是：(1)适合抗战团结的需要；(2)适合民主政治；(3)适合边区历史环境；(4)适合广大人民的利益。[③]

宣判时，双方当事人均须到场。如一方三传不到，或显然无理由者可进行缺席判决。宣判的方式有两种：(1)法庭宣判；(2)召开群众大会宣判。宣判时告诉当事人上诉期限和其他注意事项，要记载宣判笔录，附卷备查。

1942年民事、刑事诉讼条例草案中都有关于"执行程序"的专章规定。边区刑事判决执行的基本出发点是："一、从犯人经过教育后，考查其是否改造过来；二、为了加强农村劳动，发展生产，支援革命战争；三、在执行过程中，重视群众是否有反对意见；四、一般说来，非汉奸特务盗匪重案，只要适合以上要求的，即选择适当方法处理之，并不十分重视刑期之长短。"[④]

对死刑的判决，边区政府审核各级司法机关呈报之死刑确定之案，认为处刑适当者，予以照准，即可执行。被执行人"如在心神丧失中，应报由边区政府命令停止执行。受死刑宣告之妇女怀孕者，于其生产前，停止执行。……停止执行者，于其疗愈或生产后，应呈报边区政府，在获得复准明文之前，不得执行"[⑤]。但在战争或急迫情况下，经当地最高负责人批准，即可执行。行刑应由检察员负责临场监视，死刑执行一般采用枪决，并及时掩埋，签订标志，不许尸体暴露。

对徒刑和苦役的执行。徒刑在监内执行，配以学习与劳动。劳动分配视其体力之强弱，不得妨害其健康，劳动一般以6小时为度，另两小时为教育时间。受徒刑之人如有心神丧失、怀孕7个月以上、生产未满1月或因疾病执行劳役不能保其生命等情形，司法机关应将其送入医院或其他适当处所。待其疗愈或事故消失后，再恢复执行。在监执行之徒刑犯，执行一定刑期后，经考察其已初步认识罪行，思想转变显著或表现好，家庭生活困难，而群众又不反对者，可采取外役生产、假释、提前释放、取保释放和交乡执行等措施。判处苦役交乡执

① 《陕甘宁边区刑事诉讼条例草案》，1942年。

② 《陕甘宁边区民事诉讼条例草案》，1942年。

③ 《陕甘宁边区高等法院论边区司法答客问》，1944年4月20日。

④ 陕甘宁边区高等法院：《自苏维埃时期到1948年12月边区司法工作总结》。

⑤ 《陕甘宁边区刑事诉讼条例草案》，1942年。

行的人犯，一般由乡政府分配为军烈属从事生产劳动或做其他公益劳动，家庭经济困难者，准许抽一部分时间为自己家庭从事生产。法律规定，执行徒刑的人犯，除汉奸、破坏边区、盗匪外，如其家庭生计确实无法维持者，可由司法机关予以假释。此外，在有关提前释放、具保释放、缓刑的规定中，照顾家庭困难都是一个条件。

对于罚金与没收的执行，根据法律规定，可依受刑人经济情况，采取变通办法。对无力缴纳罚金者，得按当地工资易服劳役，或予以减免。对于“每次没收的烟土物品及赃物，在判决后，应交给财政机关。未判决前，应切实按数严上封条，盖上印章，免致遗失”[①]。法院要责成专人妥为保管，不得任意散置或丢失。扣押物应发还者，如受还人所在不明，或因其他事故不能发还者，司法机关应发出公告，自公告之日起6个月内无人申请发还者，扣押物即归国库。但是，“如受刑人确是生计艰难者，得由法庭决定，减免其交纳额”[②]。

边区民事判决的执行，贯彻了“私益服从公益”“富裕者提携穷困者”的原则。对于债务判决的执行，《陕甘宁边区民事诉讼条例草案》规定，清偿债务需要拍卖债务人之动产或不动产时，由执行机关评定价额，当众拍卖，其卖得金，除偿还债务尚有余额者，返还债务人。拍卖后，无论买得人系案外人或本案债权人，司法机关均应给予权利移转之书据，以为凭证。对于共有物之拍卖，应将价额通知其他共有人优先买受，共有人不买时，再公开拍卖，由他人买受。执行债务案件时，“查封拍卖债务人之动产或不动产，应酌留债务人及其家属生活费用，与其必要之生活器具，由执行机关酌定之。债务人职业上所必需之物，应酌留为债务人职业上之使用”[③]。经调查债务人除必要生活外，实无财产可供执行者，执行机关得发给凭证交债权人收执，批明俟日后发现债务人别有财产或其经济能力恢复时，再予执行。执行继承案判决的，关于继承财产或共有物的分割，由执行机关将其财产总额核算分割并给予证明书。

民事“当事人有不履行确定判决之义务者，执行机关得用强制力执行之”。[④] 1946年边区第三届参议会通过了《维护法纪，便利人民诉讼，依法强制执行案》，其中规定：“凡案件经司法机关判决后，当事人如不甘服，应于接到判决后，按照上诉地点期限尽可上诉，倘不上诉，又不服判，如越过上诉期间，司法机关有强制执行之权。在执行时，被执行之当事人如无理取闹，或自寻短见，执行机关概不负责。”由于调解是边区司法的重要政策，因此，对“判决确定之案，经调解人在外调解成立，呈经原判机关销案者，停止其（判决）执行”[⑤]。

但是，执行婚姻案件的判决在执行过程中出现了很大困难。《陕甘宁边区婚姻条例》颁布后，不少农村妇女以包办买卖婚姻和受虐待为理由提出离婚。司法机关了解到许多劳动农民为娶妻花费了大量财物，甚至弄得倾家荡产。鉴于这种情况，司法机关总是想方设法维系夫妻关系，经过对男方进行男女平等的教育后，作出不准离婚的判决。对此判决，虽经法

① 《陕甘宁边区政府后字第一一二号函》，1941年9月3日。

② 《陕甘宁边区刑事诉讼条例草案》，1942年。

③ 《陕甘宁边区民事诉讼条例草案》，1942年。

④ 《陕甘宁边区民事诉讼条例草案》，1942年。

⑤ 《陕甘宁边区民事诉讼条例草案》，1942年。

院做了大量细致的思想工作，女方仍然拒不执行，若强制执行，女方则寻死觅活，威胁法院。这时，既要保障判决的执行，又要保障女权，确是执行中的棘手问题。

第四节　马锡五审判方式

“马锡五审判方式”是抗日战争时期，以陕甘宁边区政府陇东分区专员、兼任边区高等法院陇东分庭庭长的马锡五为代表的边区司法工作者，在边区基层司法实践经验中提炼的一种审判方式。这种审判方式，从实质上说是把党的群众路线与司法工作相结合；从形式上说是深入农村，调查研究，由群众参加解决问题的就地审判方式。边区政府将这种审判方式命名为“马锡五审判方式”，并在全边区司法系统推行，这是中国共产党历史上至今为止唯一以个人名字命名的审判方式。马锡五审判方式产生后，取得了良好的社会效果，为化解边区在战时的各种社会矛盾，稳定边区的社会秩序起到了重要作用，对今天的司法活动也产生了一定影响。

一、马锡五其人

有关马锡五的生平材料，特别是其早年的生平材料，文献中记载极为简略，透过这些语焉不详的记载，我们大致可以勾勒出其基本轮廓：马锡五（1899－1962），又名马文章，祖籍陕西延川，出生于贫苦的农民家庭，随父逃荒落户至保安。1934 年春，参加刘志丹的革命队伍，先做中国共产党对国民党军队的兵运工作，后参与组织红色工农武装，参加了创建陕甘宁苏区的斗争。历任军需和南梁根据地军事委员会管理科长、陕甘省苏维埃粮食部长、国民经济部长。1935 年加入中国共产党，次年 5 月任陕甘省苏维埃主席。抗日战争爆发后先后担任陕甘宁边区庆环专区、陇东专区副专员、专员，1943 年 3 月兼任陕甘宁边区高等法院陇东分庭庭长。他在陕甘宁边区从事司法工作期间，把群众路线的工作方法运用到司法工作中，解决了一些缠讼经年的疑难案件，纠正了一些错案，减轻了人民的讼累，深受群众欢迎，被边区人民亲切地称为“马青天”。

马锡五在兼任陕甘宁边区陇东分庭庭长之前，既没有任何法律背景，也无相关的专业知识或者说从未表现出这方面的兴趣。只是由于陕甘宁边区实行的专员兼任分庭庭长的特殊体制，才使他有机会从事审判工作，展示出这方面的才华。

仔细考察和分析，可以发现马锡五的成功具备了许多有利条件：出身贫寒，参加革命后又长期工作在艰苦的农村，和贫苦的农民吃在一起，住在一起，形成了牢固的怜贫惜苦的群众观点，处处为人民着想，处处为人民办事，竭力方便群众。马锡五任陇东专署的专员时，因为工作出色，当选为 1942 年度边区先进人物，并在中共西北局高干会议被表彰；1943 年 2 月 3 日，毛泽东特为受奖的 22 位先进模范人物题词，为马锡五的题词就是：“马锡五同志，一刻也不离开群众。”[①]由此可见，群众路线是马锡五一贯的工作作风。

---

① 转引自侯欣一：《从司法为民到人民司法——陕甘宁边区大众化司法制度研究》，中国政法大学出版社 2007 年版，第 214 页。

在长期的革命熔炉熏陶下，他养成了坚决执行党和政府政策令的习惯。可以说，只要是边区政府所布置的，他都认真地、不打折扣地坚决执行，对党忠贞不贰。1943 年 5 月，边区政府主席林伯渠在其所著的《农村十日》一文中，曾记载过这样一件小事：在边区推行大生产运动的时候，他曾在马锡五专员家住了一夜，马锡五的儿子马福泰在家种庄稼，并任自卫军连长。1942 年冬季，马锡五路过回家时，曾召开家庭会议，给每个人分配了任务，通过了生产计划，并声明明年底回家时要检查工作。此事使林伯渠很受感动。①

正是这种对党忠贞不贰的精神，使马锡五对边区政府的便民方针，不仅一丝不苟地贯彻执行，并在实践中创造性地加以发展。

作为土生土长的边区工农干部，马锡五了解当地的民风民俗，而这一点恰恰是许多外来的知识分子和外来的革命干部所不具备的。就文化水平而言，雷经天②显然比马锡五要好，尽管雷经天也没有学过法律，但他毕竟接受过现代大学教育，对新事物的理解和接受能力显然要好于马锡五，然而雷经天不理解陕甘宁边区的民情，正是在这点上，雷经天不断地受到李木庵等人的指责。由于马锡五了解陕北，因而他所提的方案在很大程度上容易被民众所接受。再有人到中年，阅历丰富，参加革命后，又先后从事过多种工作，特别是政府的工作，这使他对党的政策了解得较为透彻。

此外，透过马锡五所审理的案件，我们也不难发现，马锡五所审理的案件，或者说是那些给他带来巨大声誉的案件，大都案情较为简单，所需要的法律方面的知识并不太多，主要是一些政策性的问题和生活的经验。

尽管马锡五缺乏专门的法律认识，文化水平也不太高，但在能力和综合素质方面却具有较大的优势。马锡五肯钻研，他懂得如何避免自己的短处，如何在审理案件时较多地倾听群众的意见，将群众的意见、党的政策和边区的法律巧妙地结合起来，从而得到了各方面的满意和拥护。

由于有民众的大力支持，马锡五开始受到边区领导人的重视，边区政府将他所创造的审判方式正式命名为"马锡五审判方式"，并在全边区司法系统中推行，这是中国共产党历史上至今为止唯一以个人名字命名的审判方式。从此以后，马锡五几乎成了陕甘宁边区司法的代名词，成了一种象征性的符号，马锡五本人也由此步入了他一生的辉煌。1946 年 4 月，在边区第三届参议会上，马锡五当选为边区高等法院院长，开始执掌整个边区的司法事务。新中国成立后，他先后出任最高人民法院西北分院院长、西北军政委员会政治委员会副主任、最高人民法院副院长。1962 年 4 月 10 日病逝于北京。国务院总理周恩来亲自参加公祭大会。国家副主席董必武写挽诗，高度评价马锡五一生：

昨天惊闻噩耗传，法曹顿失一英贤。

---

① 林伯渠：《农村十日》，载《解放日报》1943 年 5 月 30 日。

② 雷经天（1904－1959），广西南宁人。曾考入厦门大学学习理科，先后参加南昌起义、广州起义和百色起义，参与领导和创建了广西右江革命根据地，并被选为右江苏维埃政府主席。1937 年 7 月－1945 年 3 月，历任陕甘宁边区高等法院庭长、代理院长、院长等职务，其中担任高等法院院长职务长达 6 年。

民刑案理三千卷，风雨同舟十二年。

未及病床谈片语，只瞻遗体痛长眠。

边区惠爱人思念，道马青天不置焉。

谢觉哉的悼词则评价他：“不为陈规束缚，不被形式纠缠，能深入，能显出，既细致，又自然。”①

二、马锡五审理的案例

给马锡五带来巨大声誉的是他所审理的那些案件。被称为“青天”的马锡五，在陇东分庭庭长的任上，到底审理了多少起案件，可能没有人能说得清楚。一些在当地流传很广的案件，经过考证之后，则发现其实与马锡五没有什么关系。为了更好地理解马锡五审判方式，本部分精选了几件真正属于马锡五审理的案件，介绍如下②：

案例1：　　　　　　华池县封捧儿、张柏儿婚姻案

1928年，3岁的封捧儿被其父封彦贵包办，与同区三乡农民张金才次子张柏儿订婚，但却一直无缘相见。后因当地聘礼大增，封父企图赖婚，要求解除婚约。这种行为在民风较为淳朴的陇东地区，显然要冒很大的风险。恰逢此时陕甘宁边区政府成立，并颁布了新的婚姻条例，反对封建买卖和包办婚姻，主张婚姻自由，新的婚姻条例为封父退婚提供了合法的理由。1942年5月，封父暗中以法币2400元和银元48块，将捧儿另许与南源村张宪芝之子为妻。张金才得悉后将封父告发，华池县司法处判决，撤销后一次婚约。1943年2月，封捧儿、张柏儿在村民钟家喝喜酒时相见，两人一见倾心，双方表示自愿结合。同年3月封父又以法币8000元、银元20块、哔叽布4匹，将捧儿另许庆阳县朱寿昌为妻。封捧儿违抗父命，暗中串通柏儿。张金才即纠集其户族20余人，于3月18日深夜携棍棒闯入封家，将捧儿抢回成亲。封彦贵控告到县司法处。司法处未做详细调查，偏信封彦贵的控告，未追究封父反复出卖女儿的不法行径，仅对张父抢亲的违法行为处以徒刑6个月，并判决封、张婚姻无效。封、张两家对此判决均不同意，附近群众亦感不满。

时隔不久封捧儿路遇马锡五专员，将马锡五拉到路边的一棵大树下告状。马锡五听了捧儿的诉说后，便约定时间，亲赴温台区四乡封家园子深入了解问题的始末。

1943年6月，马锡五亲赴当地调查案件，首先详细询问了当地乡干部，接着又问了附近群众，最后再征求了封棒儿的意见，捧儿表示死也要嫁给张柏儿。在全面分析案情之后，马锡五协同县司法处的同志，在当地乡政府院里召开群众大会，依据法律进行公开审理。他向案件当事人核实有关事实情节，复又征询了封棒儿的意见，再向在场的群众征询对全案的意见，群众一致认为：封父屡卖女儿，扰乱边区婚姻法，应受处罚；张家黑夜抢亲，既伤风化，又妨碍治安，也应处罚，否则大家仿效起来还成什么世界了。张柏儿、封捧儿两个少年夫妻不应拆散。

① 谢觉哉：《悼马锡五同志》，载《人民日报》1962年4月11日。

② 以下案例来源于《解放日报》《延安地区审判志》《庆阳地区审判志》《榆林地区审判志》等。

案件审明之后，群众意见和边区婚姻条例的规定完全一致。同时，马锡五还批评封彦贵买卖婚姻的行为是违反政府婚姻条例的行为，教育其要为女儿的终身幸福着想，并教育封捧儿和张柏儿不能嫌弃父母，要孝敬父母。马锡五态度诚恳，讲道理深入浅出，分析通俗易懂，说明利害真切感人，使双方当事人心悦诚服。遂判决：张柏儿、封捧儿双方同意结婚，按婚姻自主原则，其婚姻有效；张金才等聚众抢婚，扰乱地方治安及社会秩序，科张金才2年6个月徒刑，其他参与抢婚的人亦分别受到徒刑、苦役处罚及批评教育处理；对封彦贵屡卖女儿，包办婚姻的行为，处苦役3个月。

判决后，群众高兴地认为，入情入理，非常恰当。当事人亦觉自己罪有应得，一对少年夫妻更是皆大欢喜。

案例2：　　　　李能与胡生清婚姻案

陇东分区华池县元城区一乡，有一个姑娘叫李能，与四乡一个男青年胡生清自由恋爱，相许订婚。李能的母亲为吃彩礼，另将李能许给八珠区郭某的儿子，引起胡、郭两家争婚。1942年腊月二十八日，胡、郭两家到元城区政府打官司，区政府根据李能的意愿，按照婚姻自主原则，准许李能与胡生清结婚，区上当天给李能与胡生清办理了结婚手续，让他们在区政府驻地举行了婚礼。不料婚后1个多月，李能突然提出离婚。诉称：她本不愿意与胡生清结婚，是区政府逼着结的，郭家也提出控告，官司打到了陇东分庭。

马锡五携带卷宗，到百里外的元城区办理此案。到元城后，就向当地区乡干部和群众了解情况。后翻山越岭，到距区政府30多里的胡家所在村庄，找李能当面进行调查。胡家所在村庄是一个偏僻山村，只住着几户人家。他们走到那里已是黄昏，晚上就住在胡生清家。马锡五在油灯下，同胡家一家人一边聊天一边询问情况，又同二位区长及知情群众商量解决办法，直到深夜。第二天早上，马锡五坐在庄子门前的草地上，同李能谈话，询问李能订婚、结婚经过和离婚的真实原因，耐心向她解释边区政府婚姻自主的政策，劝导她珍惜自己好不容易争取来的自由婚姻。李能见马锡五说话和气，语词恳切，能为她的自主婚姻作主，就如实承认了和胡生清闹离婚是受其母的挑唆，是迫于母命。马锡五遂把小两口叫到当面作了一番劝导，当天返回元城，做通了李能母亲的工作，又做好郭家的工作，李能与郭家将诉状撤回，纠纷平息。

案例3：　　　　曲子县苏发云"谋财杀人案"

在曲子县的一条山梁上，发现了一具男尸，后经查明被害人系孙某。曲子县司法处调查认定是苏发云兄弟三人图财害命。其根据是：被害人孙某被杀前曾与苏发云结伴同行，在苏发云家的炕上、地面、斧头上都发现了血迹，遂将苏氏三兄弟逮捕归案，多次审讯，刑讯逼供，苏氏兄弟拒不承认杀人，关押长达1年之久，不能结案。

马锡五巡视曲子县时，与苏氏兄弟一起劳动，苏氏三兄弟喊冤，引起他的重视。他带领司法处干部，多次深入当地群众调查，进行现场勘查。经过分析研究，最后查明：苏发云与被害人孙某同行，但后来分手，有人证明。这说明苏发云并未将孙某带到自己家中；苏发云家距陈尸现场10余公里，如果在苏家将孙某杀害，然后移尸到10余公里以外的现场，从时间上计算是不可能的；苏家的几处血迹经调查核实，炕上的是产妇生孩子留下的血，地面上的血是苏家有人害伤寒病时流的鼻血,斧头上的血是杀羊时糊的血。这样,县司法处定案的两条证据全被否定,从而排除苏家兄弟杀人嫌疑。后进一步查证落实,孙某系拐骗犯杜老五所谋害。

真相大白,震动全县,马锡五召开了群众大会,为苏氏兄弟公开平反,群众齐呼"马青天!",并感动地说:"这个案子如果放在旧社会的官僚衙门,高高在上,原先有那么多的'证据'早已枪毙了。只有人民的司法机关负责任,才深入调查,不冤枉好人,判得非常正确。"

案例4:　　　　　　　　慕荣祥与慕荣华土地纠纷案

1944年8月,马锡五在视察镇原县工作时,得知新集二区的慕荣祥与慕荣华因土地权问题引起纠纷。他在处理这起土地纠纷案时,特地邀请了当地比较有威信的66岁老人赵启发参与审理。赵启发掌握案情真相和症结所在,他盘坐炕头,态度严肃地向当事人问话,大家补充。从他掌握的事实出发,有劝说,有驳斥,被问的双方无法狡辩,最后判决,由刘乡长负责划分地界,重新立约,多年的纠纷迅速解决。

三、"马锡五审判方式"的推行

上述案件的处理,为马锡五带来了极大的声誉。特别是封捧儿案处理后,当时在陇东中学任语文教师的袁静(后为作家)以此为素材,编写了秦腔剧本《刘巧儿告状》,陕北民间艺人韩启祥又将此案改编为说书唱本《刘巧儿团圆》。中国百姓自古以来就对婚姻问题抱有极大的兴趣,秦腔和说书又是陕北民间最为流行的艺术种类,于是刘巧儿的故事在边区开始到处传唱。以主动深入民间调查研究、充分听取民众意见为主要特色的马锡五审判方式的推行,无疑给民众留下了良好的亲民印象,同南京国民政府司法人员那种坐堂办案、不告不理的形象形成了巨大的反差。马锡五的名字很快就走红民间,马锡五以及他所代表的审判方式终于获得了民众的拥护。

与此同时,马锡五也开始引起边区领导人的注意。1943年12月10日,边区政府秘书长罗迈在经过调查之后,专门向边区领导人汇报了马锡五的情况,并描述了马锡五专员办案的简便形式。他说:"他问案子,就到区上去,把区长、乡长和老百姓都召集来,在中间放一个桌子,一问就解决了。我们要提倡司法人员到群众中去,露天审判。"同年12月20日,边区参议会副议长谢觉哉专门接见了马锡五,关于这次会面情况,《谢老与司法实践》一文中做了这样的描述:

1943年10月20日下午,谢老正在查阅前些时期在审判委员会上研究过的一些案件材料,忽然从窑洞外走进一位穿着朴素、酷似农民模样的人,谢老一把将人拉到炕边坐下,紧接着一杯湖南茶送到马锡五手中。谢老也坐下来,望着他高兴地说:"你为司法工作创造了经验,我们干什么都离不开群众路线的。"谢老让马锡五同志把自己如何依靠群众办案的经验详细地介绍了一番。

谢老起身为马锡五同志添茶,称赞地说:"你不只是个好专员,还是一个好审判员。"马锡五同志也提出一些民事案件上的问题和谢老商讨……整整一个下午,谢老与马锡五同志围绕着当时特殊环境中的司法状况,从实际出发,坦诚认真地交换着各自的司法实践认识,进一步探讨如何加强和提高这项工作的措施和方法。二人谈兴甚高，谢老留马锡五同志吃了晚饭才让他离去。①

1944年1月6日，林伯渠主席在边区政府委员会第四次会议《边区政府一年工作总结》报告中指出："诉讼手续必须力求简单轻便，提倡马锡五同志的审判，以便教育群众。"1944年3月13日，《解放日报》在头版头条的位置以近半个版的篇幅用三个生动的案例介绍了"马锡五审判方式"，并发表社论论述司法制度上的这个新创造，并向全边区司法系统加以推行。

1944年6月，由李维汉执笔，经毛泽东、周恩来审阅后，发给中外记者的一份介绍材料——《陕甘宁边区建设简述》中讲到"提倡审判与调解、法庭与群众相结合的马锡五审判方式"。

至此，马锡五审判方式受到了党的最高领导人的认可和赞许，并将其作为边区在司法工作上的一大创举正式向外界加以介绍。

1944年6月29日，重庆《国民公报》记者周本源，在参观了边区司法工作展览后写道："实行马锡五审判方式是边区司法的新猷。"

同年国民党一位有影响的法律学者，在访问延安时同马锡五进行了交谈，询问了马锡五审判方式的特点，并参观了边区的司法制度，最后评价说："马先生这样谦虚地向我叙述了他们的办法，毫不自满，但我愈觉得他是一个为老百姓做事的人，是我看到的司法界最踏实的杰出人才，做出了光辉可贵的成绩。"②

马锡五审判方式也获得了相当一部分国统区人士的认可。此后，马锡五的名字和有关他所创立的审判方式的介绍便频繁地出现在边区的各种媒体和政府的各种文件之中。

然而，意想不到的是，马锡五审判方式却在边区司法系统内引起了一些争议，而且这种争议还从未间断，一部分司法人员从专业的角度提出了许多问题：有的同志认为"这种审判方式只能用于落后地区"，是一种无奈的选择，不应过分夸大；有的同志则认为"这种审判方式只能负责人使用"，具有一种政策上的意义；也有的认为"这种审判方式只能很少案件使用，尤其是在法庭内就不适宜"；甚至有的人干脆反对推行这种就地审判方式，认为在缺乏干部的边区只会起到"紊乱了正常的诉讼程序"的作用和后果，因而根本行不通。③

对于这些质疑和反对观点，边区政府领导人的态度则十分坚定，他们从政治的角度加以强调。如习仲勋指出：马锡五审判方式的精神就是"从案件开始到结束，不脱离群众，就是经过群众解决案子……采取这样的方式，我们可以深入群众，组织临时法庭，经过群众把这个问题搞清楚后，再依据法律解决"。④ 并要求司法人员要从讲政治的高度来对待这件事

① 《谢老与司法实践》，载王萍等编：《谢觉哉论民主与法制》，法律出版社1996年版，第318页。

② 转引自侯欣一：《从司法为民到人民司法——陕甘宁边区大众化司法制度研究》，中国政法大学出版社2007年版，第223页。

③ 《陕甘宁边区第会议材料》(1945年)，陕西省档案馆档案，全宗号15。

④ 习仲勋：《在陕甘宁边区第二届司法会议上的报告》(1945年12月30日)，陕西省档案馆档案，全宗号15。

情，如林伯渠、习仲勋等就曾在各种场合公开指出，司法人员一定要懂得：司法“是整个人民政权中的一个组成部分，因之它的任务也就是保卫中国、保卫人民、保卫政权”[①]。也就是说，作为边区的司法工作者，一定要懂得自己不仅是一个法律家，更是一个政治家，要懂得边区的司法不仅是一种解决纠纷的工具和手段，还是一种组织社会、改造社会的工具。边区高等法院也出面将马锡五审判方式的地位进一步强化，指出：“这种新的方式，使摸索数年的新民主主义司法制度有了实际内容。”[②]

马锡五审判方式终于成了边区审判方式中的主流，马锡五开始成为新型司法制度的代名词。

四、“马锡五审判方式”在司法实践中的作用

马锡五审判方式诞生后，解决了一系列司法实践中遇到的难题。

（一）就地调查，便于法庭收集证据

深入当地调查研究，方便取证，易于发现案件实情，尤其在涉及婚姻、土地侵占等复杂案情时，更是如此。由于边区土地改革实施的程度不一，地区差异很大，产权难以确定，土地侵占案件频频发生，解决起来难度大。因而，进行实地考察，鉴别地契的真假，是解决案件纠纷的关键。

另外，对于一些偷盗、婚姻案件，通过对当地民众的实地调查，可以了解当事人的状况、案件的背景、发生过程，有助于作出合理判决。[③]

（二）省时省钱，方便当事人生产生活

边区地处黄土高原，当事人一般离地方法院或司法处比较远，离第二审机关——边区高等法院分庭更远，虽然法庭不收诉讼费，但来回的路费花费不少，如果案情复杂，涉讼时间较长，住店钱更是一笔大的开销，到头来往往误了生产、赔了家产。例如边区延属分区的“张宗保和三寡妇争夺继承权案”，三寡妇到延安的路费加上住店费就要花两百万，张宗保等到延安也要花二三十万，把案子搞清楚也要20天或1个月左右。路费、住店费、误工费加在一起，就是一项很大的支出。所以，穷苦的人即使有冤也不会到延安上诉。[④] 对于交通落后、地势崎岖的其他分区来说，更是如此。

（三）了解民俗，制定合理的政策法令

了解民间的风俗民情，可为判决或调解及进一步制定合理的政策法令提供充分的依据。如典卖土地，陕北的风俗一般是“典地千年活，卖地笔下死”，而边区的法律曾规定赎地最长期限为30年，这个规定与当地风俗冲突太大，不得不调整为“典当时效的处理，有约定者从

① 林伯渠：《关于改善司法工作》，1944年1月6日。

② 陕甘宁边区高等法院：《自苏维埃时期至1948年12月止司法工作总结报告》（1948年12月），陕西省档案馆档案，全宗号15。

③ 《边区推事、审判员联席会议发言记录》（三），陕西省档案馆，全宗号15-78。

④ 《边区推事、审判员联席会议发言记录》（九），陕西省档案馆，全宗号15-84。

其约定,无约定者,从民间习惯"[1]。在婚姻问题上,边区存在招夫养夫的风俗,主要是由于前夫有病,没有劳动力,生活不能维持,妻子又不愿抛弃丈夫,因而招了第二个丈夫。若严格按边区的婚姻条例,这属于重婚,是违法行为。但是在事实上,又难以禁止,最后只要能相安无事,政府也不会主动干涉。[2]

(四)教育群众,推行边区政府的政策法律

在了解当地的习惯之后,根据群众的反映,正确适用法律。如"张宗保和三寡妇争夺继承权案"中,审判员就地调查,发现过去的习惯是男子有继承权,女子一般没有继承权,同时民众当中也有人能接受女子有继承权。根据这种现状,边区对女子继承权作了详细的解释,不仅使双方当事人明白了女子继承权是怎么一回事,而且使其他民众在这个问题上有了更多的认识。[3] 同时通过就地审判,增强了地方干部对政策法律的了解,提高了地方干部解决纠纷的能力。

(五)便利群众,提高政府的威信

深入乡村调查解决案件,给群众带来了许多便利。过去,只有重大人命案件,"大老爷"才会跑去,而现在即使不重要的案件也可到乡村去审理、调解,群众就会认为现在这个政府才是人民的政府,使政府在群众中的威信大有提高。[4]

可见,马锡五审判方式所主张的就地审判不仅解决了当时所面对的现实生存和司法实践的困境,在某种程度上,还提高了政府的威信,使政治上的群众路线在司法实践中找到了突破口。

五、"马锡五审判方式"的局限性

在边区的特定环境和客观条件下,马锡五审判方式也有其局限性。

首先,马锡五审判方式并非适合于所有审判员。马锡五能够很顺利地解决许多别人难以解决的问题,恐怕与其地位与威信有关。在当时,很多的案件经县长或县委书记调解,即使本来不满意,但看在县长或县委书记的面子上也就算了。[5] 另外,1945 年审判员只能对 1 年徒刑、5 石米以下的案件进行判决,其他案件即使当场就地弄清了事实,也要经过请示方能判决。所以当时的审判员认为,马锡五审判方式负责人比较好实施,尤其是行政负责

---

① 《关于土地典当纠纷处理原则及关于旧债纠纷处理原则》,载边区高等法院编制:《司法工作一览表》,陕西省档案馆,全宗号 15-25;《边区各县有关风俗习惯的调查材料》,陕西省档案馆,全宗号 15-57。

② 《边区各县有关风俗习惯的调查材料》,陕西省档案馆全宗号 15-57;《边区推事、审判员联席会议发言记录》(四),陕西省档案馆,全宗号 15-79;《边区推事、审判员联席会议发言记录》(七),陕西省档案馆,全宗号 15-82。

③ 《边区推事、审判员联席会议发言记录》(九),陕西省档案馆,全宗号 15-84。

④ 《边区推事、审判员联席会议发言记录》(三),陕西省档案馆,全宗号 15-78。

⑤ 《边区高等法院检查工作报告》,陕西省档案馆,全宗号 15-159;《边区推事、审判员联席会议发言记录》(八),陕西省档案馆,全宗号 15-83;《边区推事、审判员联席会发言记录》(四),陕西省档案馆,全宗号 15-79。

人。[①] 而且，在实行马锡五审判方式时，至少有1个审判员、1个书记员，在比较严重的刑事案件中还需要1名法警。由于司法人员短缺，如果下乡调查，就地审判，就会出现法庭无人，甚至有的地方的司法处除县长兼任处长之外，就只有一个推事或审判员，书记员还是从其他科室临时借用的。不仅如此，司法人员还要参加各种生产、动员、学习等，事极多人特少，导致没人到农村去深入调查。[②] 而且，审判员与当事人近距离接触，尤其就地食宿会产生很多问题。例如，由于案件的审理不是一时半会儿就能解决的，审判人员与当事人单独接触的机会比较多，更确切地说，当事人会向审判员行贿，某些人被"绊倒"也就在所难免。

其次，马锡五审判方式并不适合所有的案件。对于重大复杂的案件，就地审判并不能解决问题。就地审判的一大好处是就近在群众当中进行调查，找出相关的证据，这对于民间的许多争端如婚姻案、土地案等，会有很大的帮助。但是许多重大的案件，尤其是杀人案件，需要依靠先进的侦查技术和严密的逻辑推理。但在边区，很多人命案件发现之初，就被当地行政官员将尸首先行埋葬。即使现场没有被破坏，在司法人员就地调查时，由于司法经验短缺，侦查技术落后，常常不了了之。就地调查、就地审判并没有多大的效果。[③] 在这个问题上，马锡五自己也承认，对于重大而且复杂的案件，还是不采用这种审判方式为好，必须在法院中进行较严密的处理。[④] 对于所谓的狡猾的犯人，马锡五审判方式也没有用。就地审判对于某些特定的地方实施起来比较困难，如人烟稀少的地方，所谓"遍野荒山，双方争执，都无证据，问四邻，邻不知"[⑤]。有的知情人不愿意做证人，有的则主动作证，同时存在做虚假证据的可能性。[⑥] 另外，就地审判时常常召集地方的乡村干部及有威望的人参加，如士绅，但是当被认为是一种权力的时候，就会出现腐败和权力的滥用，某些干部、士绅在背后出主

---

① 《边区推事、审判员联席会议发言记录》，陕西省档案馆，全宗号15－73。

② "关中分厅有多少法警呢，以前没有法警，到去年7月20日开司法会议的时候才提增法警的问题到年底（才解决）。赤水以前也没有法警，到去年才开始有法警一个，其次，我们关中每县提审一共有几个人，法警二人和看守员一人，审判员一个，书记员二人就行了，分庭应该有三个人（法警看守人除过），两个书记员、一个推事，一个书记员，到下边去调查材料，了解下面的情况。因为人员的缺少，我们分庭对下边调查巡视都不够。比如，我自到关中做司法工作以来，我只到下边去过三次：一次是有工作一定要下去，其余两次是因下边的请求到下面去的，因此，我提议□□□书记员，这样就可以了解下情，县上也应有三个人，才能应付工作。"参见《边区推事、审判员联席会议发言记录》（四），陕西省档案馆，全宗号15－79。司法干部的短缺，由此可见一斑。另外，还可参考：《边区推事、审判员联席会议发言记录》（五），陕西省档案馆，全宗号15－80；《边区推事、审判员联席会议发言记录》（六），陕西省档案馆，全宗号15－81；《边区推事、审判员联席会议发言记录》（三），陕西省档案馆，全宗号15－78。关于司法人员的生产任务，还可以参考《边区高等法院拟制干部劳动暂行条例》，陕西省档案馆，全宗号15－08。

③ 《边区推事，审判员联席会议发言记录》（六），陕西省档案馆，全宗号15－81。

④ 《边区的司法制度与马锡五审判方式的创始人的晤谈》，载《在中共解放区人民身体财产所得到的保障——边区司法保安制度考察记》，陕西省档案馆，全宗号15－66。

⑤ 《边区推事、审判员联席会议发言记录》（六），陕西省档案馆，全宗号15－81。

⑥ 《边区推事、审判员联席会议发言记录》，陕西省档案馆，全宗号15－73；《边区推事、审判员联席会议发言记录》（五），陕西省档案馆，全宗号15－80；《边区推事、审判员联席会议发言记录》（八），陕西省档案馆，全宗号15－83；《边区推事、审判员联席会议发言记录》（九），陕西省档案馆，全宗号15－84。

意会使得调查时不易搞清楚案情。①

正因为马锡五审判方式有上述的局限性,当时的司法界对这种审判方式的使用是有选择的,不拘泥于就地审判的形式,重在实践其群众观点和联系群众的精神,实实在在为群众解决问题。事实上也是这样的,当时做审判员的王怀安曾说,他自己就没有采用过马锡五的方式,只是在窑洞坐庭审案。

马锡五审判方式作为特殊历史背景下的产物,避免将其教条化、政治化,其精神内核对当代社会的司法工作仍然有一定的借鉴意义。

第五节　人民调解制度

人民调解制度是中国共产党领导人民在革命根据地创建的依靠群众解决民间纠纷,实行群众自治的一种制度。它是在我国民间排难解纷的历史传统的基础上加以改造而形成的一种具有中国特色的重要制度。它缘起、发展、定型于抗日战争时期的陕甘宁边区,时至今日仍然是我们化解矛盾、解决纠纷的基本制度和基本手段之一。

一、人民调解制度的缘起

(一)边区政府的推动

陕甘宁边区是近代中国人民生活最为贫穷和经济上最为落后的地区,在建立根据地之前,传统的农业经济已经基本破产,社会内部原有的联系纽带也已经荡然无存,这一点通过现存的边区诉讼案卷看得极为清楚。在案卷中,叔侄之间、兄弟之间、母子之间的诉讼占了相当的比重,远远高于同期的江南等地,整个社会支离破碎,生存的压力要远远大于其他地区,因而纠纷极易产生。中央红军的到来,又带来了大量的外来人口,进一步加剧了这种压力。经过边区政权的努力,尽管经济上尚无多大起色,但在新的阶级斗争的理论下,新的组织系统开始建立,社会重新被整合在一起,正在建立起一种新的秩序。

抗战的爆发,使边区政府原有的努力几乎全部化为灰烬,出于团结一切力量共同抗战的需要,中国共产党对自己的政策进行调整,向地主和资本家作出了必要的让步。这种政治上的让步,给边区政府的管理带来了极大的麻烦,不但使已开始简单和清晰的人际关系又变得复杂,纠纷产生的原因进一步增多,而且使边区的经济利益、政治格局和价值取向开始多元化。也就是说,局面越发复杂和混乱,更加难以驾驭。于是,从抗战开始,陕甘宁边区进入了一个纠纷多发的特殊时期。

显然,如何尽快地解决纠纷、减少诉讼,自然成了边区政府需要认真思考的大事,它不仅可以加快抗战的胜利,还可以尽可能地争取民意,从而使自己在抗战胜利后围绕权力的斗争中占据有利的位置,也就是说,其意义早已远远地超过了法律问题本身。

通过调解来解决纠纷,显然就是这样一种手段,或者至少是在司法领域能使民众满意的

---

① 《边区推事、审判员联席会议发言记录》(五),陕西省档案馆,全宗号15-80。

一种手段。这是因为:(1)调解有群众基础,易于接受。(2)调解可以减少群众对政府的不满。调解的最大特点是当事人双方妥协,双方都接受,特别是边区所推行的人民调解,更是由人民自己出面解决自己的纠纷,政府基本不介入。而审判是通过公权力的介入来保护其中一方的权利,这样败诉方就可能将不满发泄到政府的头上。与之相反,调解一般就不会出现这种情况。对此边区领导人讲得也极为明白:"审判是强人服从;调解是自愿服从。"[①]这是两者的最大不同。(3)调解以调解人的积极介入为主要特点,它既符合走群众路线的中国共产党的执政方针,又可以改变坐堂办案、不告不理,即以中立性为特征之一的现代司法制度留给民众的所谓"官僚主义"作风印象。

为此,1943年,陕甘宁边区政府发布了《关于普及调解的指示》。同年6月8日,边区高等法院发布《实现调解办法,改进司法作风,减少人民讼累》的指示信。1943年6月11日,边区高等法院颁布陕甘宁边区民刑事调解条例》。1943年12月20日,边区高等法院又发布了《注重调解诉讼纠纷》的指示信,规定调解为诉讼的必经程序。1944年1月6日和6月6日,边区政府又接连发出号召,"号召劳动英雄有信仰的老人和公正人士参加调解",把调解推向民间,变司法调解为人民调解。1944年5月23日,《解放日报》专门报道了定边调解民事纠纷的案例和经验。此后,《解放日报》和《群众日报》不断发文报道各地开展调解的情况和先进个人的事迹,为运动推波助澜。1944年6月,高等法院绥德分庭副庭长乔松山向边区参议会提出了《普遍建立调解制度,订入乡村公约,切实做到减少人民诉讼纠纷》的提案,该议案在边区参议会常驻会第十一次会议、边区政府第五次政务会上讨论通过。为了配合该议案,边区高等法院于1944年8月再次发出指示信,要求对议案的内容进行宣传,调解运动终于在边区轰轰烈烈地开展起来了。

由此可见,人民调解制度建立的重要原因在于边区政府的大力推行以及对新型司法制度的探索。

(二)民众的要求

在调解制度的推行过程中,民众亦表现出了极大的热情。究其原因,主要来自对政府司法工作的不满意。

1. 对案件处理的拖延。前面已经讲过,抗日战争时期,陕甘宁边区进入了一个纠纷的多发时期,1943年绥德分区专员向边区高等法院反映说:"据查,本分区各县讼案累累,每月有多至数十件者,尤以绥西、绥德、米脂、段县为最,既违农时,又耗钱财,人力财力两耗,殊多不便。"[②]由于经济的压力,边区政府不但无力提供更多的公共服务,而且从1941年起还在边区开展了精兵简政运动,进一步减少了政府人员。如边区高等法院在精兵简政运动中,全院人员就从原有的153人减少为86人,其中真正从事司法审判工作的不足10人。伴随着司法人员的减少,诉讼的积压情况更加突出,从而引发了民众的强烈不满。

2. 对于繁琐的程序和司法人员态度的不满。尽管边区的司法制度较之国民政府的司

① 《谢觉哉日记》(上卷),人民出版社1984年版,第622页。

② 《绥德分区、高等法院分庭请示信》,陕西省档案馆馆藏档案,全宗号15。

法制度在程序上已经做了大大的简化，边区民众依然很难接受。这种不接受从本质上讲未必是程序本身，而是针对现代西方司法制度所反映出来的强调形式正义的倾向。中国传统法律文化在司法领域的突出特点是强调实质公正，因而，习惯了实质公正的普通民众，对于强调形式公正的现代审判制度，特别是诸如时效、审级、证据规则等，对于坐堂办案、不告不理的中立态度，有一种本能的反对，很容易被认为是在推诿和应付。

3. 边区政府中，某些司法人员身上自觉或不自觉地沾染上了某些官僚主义的东西。随着边区形势的相对稳定，在边区政府的一些官员中，也多少沾染了一些贪图享乐、忽视民众疾苦的不良风气，从而引起民众的不满。

4. 对处理结果的不满。边区法律的本质是新民主主义的，是根据现代西方的文明，如男女平等原则制定的，因而同中国传统文化的精神和价值有着较大的反差。这一点在边区的司法活动中反映得极为清楚。如对于夫妻纠纷，特别是对于感情严重不合、双方阶级立场不同、买卖婚姻等引起的纠纷，边区法律和民众的需要之间就存在着较大的反差：按照民众的说法是“遇婚姻说合，遇官司说散”①。于是，边区民众中出现了“司法的人不近情理”的说法，导致了一部分边区民众对政府的处理结果不满，使司法人员陷入了一种左右为难的境地。

既然利用公权力来解决婚姻问题左右不讨好，那么能否发动群众自己来解决呢？答案也是否定的：

首先，婚姻就没有办法处理，虽然离婚实行民主，经过群众讨论，应当离就离，不应当离就不离。但在农村，群众之间都有亲戚，谁主张离婚呢？有些人试验了一下，行不通。

其次，不仅离婚问题无法处理，订婚之后的退婚也一样使人头痛。《陕甘宁边区婚姻条例》中规定：“订婚了有一方面提出退婚，退出人家的财（彩）礼即可。”尽管条文规定得十分清楚，却根本执行不通：“退婚多半是娘家想卖钱，有的就三年五年拖着不结婚。这比结了婚的还难处理，因为她不结婚，也不退婚，你没有办法，而男方又催。在绥德四十里铺齐登银的儿子和子洲的李秀英订婚，这个女子不去，打官司一两年没有办法，那个男的要的很多，要50石米。结果我们判了5石米。没有办法，他家里是老婆管家，所以这个老婆子回去把他们户里的人请吃一顿饭，叫他们给她帮助，给他抢亲，结果去了100多人，一下抢回来了，那里就报告县上说有土匪，县府去了警察才知是抢亲。关于群众婚姻有这样一些情形，常发生打架等案，在米脂最多。”②

最后，战争所带来的抗属问题使边区政府面临的婚姻问题更加复杂：“关于抗属婚姻，有几种：一种是出征军人多年没有回来，女人在家里闹了起来，娘家和婆家都同意她走，大部分是娘家、婆家同意卖的。另外在几岁上订了婚，现在已经到二十四五岁了，这种在清涧比较多，有二十岁以上的据不完全统计有五十几个……有些女人几十年没有见男人，娘家、婆

---

① 《陕甘宁边区民众语》，载《解放日报》1944年8月17日。

② 转引自侯欣一：《从司法为民到人民司法——陕甘宁边区大众化司法制度研究》，中国政法大学出版社2007年版，第271页。

家都同意改嫁,但没经过政府人家不敢要,怕弄得人财两空。这些在清涧最多。你说离了婚究竟对不对?因离得太多,所以这离婚还没有敢实行开,开始是订婚而离婚的个别地方还有,上了二十几岁的,男人还没有音信,有些地方同意这样处理的,不过大部分地方还没有敢怎么样处理,这实际上是一个问题。这些人,她们来问,说她们已经二十岁怎么办?这次讨论抗属婚姻办法,能用,就可以解决,假如不能用,究竟怎么办?我们还没有想出好办法。"①

由此看来,不管边区政府如何判决,群众都不会满意。有些人说:就这样地搞下去,穷人都没有老婆了,因为差不多离婚的都是穷人,而穷人又没有结婚的。"(1)有些人说:现在不和内战时期一样,那个时候没有买卖婚姻,穷人又好结婚,现在可不是那样了。所以说,离婚以后穷人没有老婆,也就是不满意公家人离婚结婚。现在下边有这样的两种意见:①要离婚的说:现在政府不同过去不让离。②离得太多了,这是一个矛盾。这就是男方不满,嫌离了没有老婆,而女人嫌不让离,不给她们自由。(2)有人说:政府不照顾女权,主张买卖婚姻。"②

有关边区民众对司法工作的不满情绪,在边区政府的文件中反映得极为清楚。如1942年6月25日,边区政府发布的《案件调查务须确实迅速》的命令中就公开指出:"今年以来,人民来本府告状的特别多,大多数是边区干部办事不公……还有一部分是为了婚姻、土地等案不服高等法院的判决,特到政府提起上诉的。"

既然政府不能给民众带来其所希望的结果,还不如由他们自己解决,更何况陕北民间原本就存在着这种传统和习惯。对此,作为陕甘宁边区时期司法工作领导人之一的马锡五讲得十分明白:"在社会习惯上,千百年来早已存在着张三失手打坏李四,王大出来和解的习惯,这是良好的习惯。"③

(三)司法人员的态度

创建新型的司法制度既是政府的要求,也是现行司法人员的希望,在这一点上政府与司法人员之间不存在任何分歧。

陕甘宁边区的司法人员大致由两部分构成,尽管这两类人在所受教育的背景方面存在着较大的差距,但也存在着许多相同之处。作为法律工作者,相同的工作经历使他们对现代法律的理解毕竟不同于一般民众,他们或多或少地懂得一些程序的价值与意义;对于怎样创建新型的司法制度,以及新型的司法制度到底应该如何,大多数司法人员可能并不清楚,但职业的惯性又使他们对随意性较大的调解制度一时难以接受,因而对调解制度始终抱有一种谨慎的旁观态度。但作为革命者,他们又都本能地对旧的司法制度充满厌恶,同时对边区领导人所指明的方向从不怀疑。

总之,推行调解制度的目的和动机不仅仅局限于司法方面的考虑,还包括政治方面的因

---

① 《在陕甘宁边区第二届司法工作会议上的发言》(1945年10月21日),陕西省档案馆档案,全宗号15。

② 《在陕甘宁边区第二届司法工作会议上的发言》(1945年10月21日),陕西省档案馆档案,全宗号15。

③ 马锡五:《答考察边区司法者问》1946年,陕西省档案馆档案,全宗号15。

素,乃至社会现实的压力——最大可能地减少纠纷。即便有司法方面的考虑,也是与政治上的考虑结合在一起的。在边区领导人看来,司法工作是政权建设中不可分割的一部分,因而新的司法制度绝不能与新型政权的发展方向相背离。

二、人民调解制度的推行

第一阶段是1943年-1944年上半年。其特点是主要集中于司法系统内部,且各地发展不平衡。尽管调解在民众中有着良好的群众基础,但要真正推行起来却并非一件容易的事情。早在20世纪30年代中期,也就是陕甘宁政权刚刚建立后,边区政府就曾推行过调解工作,但成效并不大。究其根源,有两点:(1)司法从业人员重视不够;(2)不习惯。这两点即谢觉哉所称的"旧的教条主义"。对于那些多少已经习惯了程序规则、习惯了坐堂办案的司法人员来说,随意性较大的调解制度一时是很难接受的。

1942年前后,边区政府及其领导人对司法工作发表了措辞严厉的批评,表现出了强烈的不满,并于1943年6月发布了推行调解工作的指示。面对着上级的这些公开批评,边区高等法院再也不能无动于衷,迅速作出了反应:首先,按照政府的指示精神,在短期内连续发布或颁布了《实行调解办法,改进司法作风,减少人民讼累》(1943年6月8日)、《陕甘宁边区民刑事调解条例》(1943年6月11日)、《注重调解诉讼纠纷》(1943年12月20日)等一系列命令、法规和指示信,调转工作方向,试图把调解这种原本属于民间的、传统的纠纷解决机制纳入法律的控制范围,也就是说实行法制化。其次,在边区司法系统内积极探索和大力推行司法调解:(1)确定了"调解为主,审判为辅""调解是诉讼的必经程序""调解的数字,作为干部的政绩标准""凡以后上诉的案件与呈报的案件,应调解而不予调解,原卷内未有和解记录与调解方案时,即证明司法人员未劝导当事人和解,违背政策,仍应发回重新处理,进行调解"①等几大原则。(2)不忘说服教育,在指示信中一再告诫司法人员,一定"要耐得烦,耐得气,态度要庄重诚恳,要苦口婆心,不可存焦躁和厌烦的心里(理),自能得到成功和减少诉讼的效果,无形中替诉讼人民增加了福利"②。

之后,调解工作的推行较之以前有了一定的改观,但依然没有达到预期的效果,仍有相当一部分司法人员小心翼翼地与调解工作保持着一种必要的界限。以至于到1944年下半年,高等法院绥德分庭的副庭长乔松山在一份写给边区参议会的提案中不得不承认推行的结果不理想:"近年来,政府虽颁布《民刑诉讼调解条例》,并迭有调查指令、命令,而收效不显著,究其原因是未能将调解制度推广到群众中去,发挥群众力量进行调解,而各机关团体,也未能拿调解纠纷视为职务中的主要工作。"为此他建议在进一步宣传的同时,动员人民自己调解。③

① 转引自杨永华、方克勤:《陕甘宁边区法制史稿(诉讼狱政篇)》,法律出版社1987年版,第204页。

② 转引自杨永华、方克勤:《陕甘宁边区法制史稿(诉讼狱政篇)》,法律出版社1987年版,第190页。

③ 乔松山:《普遍建立调解制度,订入乡村公约,切实做到减少人民诉讼纠纷》(1944年),转引自杨永华、方克勤:《陕甘宁边区法制史稿(诉讼狱政篇)》,法律出版社1987年版,第191页。

第二阶段从1944年下半年至1945年底。其特点是调解工作开始在边区全面展开,由司法调解发展为人民调解,但与此同时许多问题也开始显现。1944年,边区政府接受了乔松山的建议,又开辟第二战场,转而把调解运动推向民间和一切政府部门,乃至社会团体。1944年6月,边区政府还着手编辑了一本小册子,收集了一些社会各界进行调解的成功案例,发放给大众,并利用新闻媒体进行鼓劲,以此进一步推动。看来,在司法系统推行调解制度的难度要远比想象的大得多。

与司法系统所反映出来的不紧不慢的态度相比,对待调解,民间虽然在初始阶段也存在着一些顾虑,但总体推行得较为顺利,并表现出了极大的热情。尽管陕甘宁边区民间原本存在着自发调解的传统,但经过共产党的多年努力,其权力范围早已深入到了农村,并在百姓中形成了一切听从政府的观念。因而,民众对能否自己出面解决纠纷是存有顾虑的。在各级政府的鼓励下,人民群众开始纷纷参与调解,不仅一些久违的传统调解手段和技术被重新发掘了出来,还创造了许多新鲜的经验或办法,如熟知的群众组织调解、政府调解等,甚至还有极少听说的通过群众会这种运动的方式进行调解。"绥市5区开了2天群众会,解决了190件人民纠纷。米脂银城市群众会,只1个星期的时间,解决了317件人民纠纷。"①

或许是受到了民众热情的感染,一些司法人员也开始尝试创造了将审判与调解合二为一的新型审判方式——马锡五审判方式,司法调解变为人民调解。

然而,在运动中,调解的功能与作用被夸大,一些负面东西也不可避免地出现了。对于这些问题,1945年边区高等法院曾做过总结:"这一时期内,法庭怎么处理案件呢?从大家所反映的是:先调解后判决,调解不通,然后再判决;双方服从的都调解,一方不服的再判决;判决不通的再调解。从乡到区,从区到县,再从县到区,三番五次地调解。为了达到调解的成立,有的司法人员强迫调解、硬调解或者向当事人央告乞怜地说:'看我的面上,算了吧,好你哩!'或者像当牙子(陕北方言,指中介人——引者注)一样,向双方当事人讨价还价,拦腰一贯。总之,合理不合理不管,但求调解的成立。"②

通过政府持之以恒的努力,以调解为主、审判为辅的边区司法原则终于得以确立,调解开始贯穿于审判的全部过程。不仅如此,司法审判与调解的界限也变得模糊,如有的司法人员认为调解与审判的区别只是形式的,是解决问题的两个方面;也有的人认为"调解是合乎政策而违背法律的"等。在这些错误的认识下,对于一些原不该由调解解决的案件,如严重的刑事案件也进行调解。如1944年,曲子县发生人命案15件,只有3件是经过法院处理的,其余12件都在下面调解了。

从功能角度讲,这一时期的调解无疑取得了极大的成功。"从1942年到1944年,全边区审判机关所处理的民刑事案件中,因调解而结案的百分比逐年上升,就可以看出调解工作的发展情形:1942年民事案件中,调解结案的占18%,1943年上升到40%,1944年上升到48%;在轻微刑事案件方面,1942年调解结案的是0.4%;1943年上升到5.6%;1944年达到

① 习仲勋:《贯彻司法工作的正确方向》,载《解放日报》1944年11月5日。

② 王子宜:《在陕甘宁边区第二届司法工作会议上的讲话》,陕西省档案馆馆藏档案,全宗号15。

12%。"[①]与此同时,司法机关的收案数量也在同比例地减少,如1942年全边区民刑案件收案总数为1832件,1943年下降为1544件,1944年上半年为622件。[②]

1943年12月20日,陕甘宁高等法院的指示对调解的优越性作了高度评价:"民间纠纷之解决,尤以调解解决为最彻底,既可和解当事人之争执,又可使当事人恢复原来感情,重归于好,无芥蒂横梗其胸,无十年不能忘却之恨。既可以减少法院之诉累,又可节省当事人诉讼时间和花费,并可以教育感化当事人及其他事外人,确实可起到调解一案,教育四邻的作用。"[③]

第三阶段从时间上讲为1946年以后。这一时期最大的特点是政府的退出,调解主要被限制在民间。调解运动的开展大大地减少了纠纷,巩固了边区政权,但由于政府的过度介入,特别是强迫调解和没完没了的调解等,又引起了民众对政府新的不满。于是,1945年10月12月,边区政府召开了第二届司法会议,对调解工作进行专题讨论和总结,并对此前在大规模群众参与下出现的问题和偏差做了必要的纠正。在此基础上,1946年下半年,边区政府又对《陕甘宁边区民刑事调解条例》进行了修改,一些原有的做法被否定,并重新确定了"调解必须自愿,不得强迫""调解不是诉讼的必经程序""审判为主,调解为辅"等新的原则。

此外,另一个值得注意的变化是,不仅法院调解不再过度提倡,就连政府调解也不再提倡,也就是说,把调解限制在民间。随着新条例的出台,调解的热度稍有降温,出现了某些学者形容的"缩手缩脚"的现象。[④] 调解制度终于回归了其本来的意义。

三、人民调解制度的组织形式

按照《陕甘宁边区民刑事调解条例》的规定,边区的调解从组织形式角度讲,包括:

(一)民间调解

即由当事人邀请邻里和亲友出面居中调解,这是中国传统调解的基本方式。由于"讼事之起,多在乡村,其纠纷之远因近因,是非曲直,自以乡村知之最悉,亦以乡村调解为最宜","事件纠纷之真相,最易明了者,为肇事所在地之群众,首由邻居亲友调解,或由乡村信仰的人员调解,自易解决问题"[⑤],因而边区政府对民间调解极为重视。从解决纠纷的数量上看,陕甘宁边区以民间调解为主。

(二)社会团体调解

边区政府在各级群众团体中都成立了调解委员会,对本团体中成员之间的纠纷进行调

① 马锡五:《新民主主义革命阶段中陕甘宁边区的人民司法工作》,载《政法研究》1955年第1期。

② 转引自侯欣一:《从司法为民到人民司法——陕甘宁边区大众化司法制度研究》,中国政法大学出版社2007年版,第278页。

③ 《陕甘宁边区高等法院指示——注重调解诉讼纠纷》(1943年12月20日),陕西省档案馆档案,全宗号15。

④ 杨永华、方克勤:《陕甘宁边区法制史稿(诉讼狱政篇)》,法律出版社1987年版,第192页。

⑤ 《乔松山在边区参议会上的提案》(1944年7月),陕西省档案馆档案,全宗号15。

解。群众团体进行调解工作有两种形式：(1)不建立专门调解组织，遇到群众纠纷，由群众团体负责人出面调解；(2)建立专门组织——调解委员会或调解小组进行调解。如定边抗援会就组织了调解委员会，由抗援会、区市、商会的负责人及地方公正人士组成，该调解委员会为群众调解了不少纷争，受到社会各界人士的赞扬。1944年5月23日，《解放日报》报道了定边抗联调解民事纠纷的案例和经验，边区政府号召"各县群众团体要学习它的办法"，搞好群众团体调解。但就整体而言，群众团体调解较之其他几种方式发展较为缓慢，有的"一感困难，即送司法机关审判"①。

（三）政府调解

即由各级政府工作人员出面调解。为了将此项工作落实到实处，边区政府特在民政厅内设第三科，在县政府内设第一科，在区乡成立调解委员会，具体负责调解工作。对于政府是否有必要成立专门的部门进行调解，在当时边区内部是有争议的。反对的人认为，政府工作繁忙，兼搞调解，影响本职工作。此外政府一科的调解与司法处工作亦重复，一科调解不成，再到司法处还要进行问案、笔录、讲道理、调解等程序，往往使人民的纠纷长期拖延，所不同者，只是一科无权判决而已。但边区政府则力主政府也要进行调解。从数据上看，政府调解在解决民间纠纷中发挥了巨大的作用，如延安县1944年经区乡政府解决的纠纷就有1 900件。

（四）司法调解

即由司法机关所进行的调解。从司法角度讲，真正具有司法意义的则是司法调解。司法调解本身又分为庭内调解和庭外调解两种形式，庭内调解的含义不难理解，它是法律针对某些特定案件所规定的审判前置程序，而庭外调解则是边区司法实践中的一种创举，也最具边区特色，它是以国家司法机关为主导，由司法人员和群众共同进行的一种调解形式。其本身亦包括了多种做法，如法庭指定双方当事人的邻里、亲友等出面调解；指定区、乡政府进行调解；审判人员与政府人员、当事人乡邻等共同调解等。由此可见，所谓的庭外调解，是一种处于审判和调解的中间过渡形态，它动用了国家与社会的所有力量，成功地将"国家"与"民间"合二为一，是边区政府在司法系统里着力推行的纠纷解决方式。

陕甘宁边区政府所推行的调解不仅方式多样，还包括几乎一切案件和诉讼审判的全过程，根据《陕甘宁边区民刑事件调解条例》的规定，"除了一切民事纠纷均应实行调解外，一些重大刑事罪以外的一般刑事罪亦在调解之列"，而且案件"在侦查、审判、上诉执行程序中，均得为之"。②

总之，陕甘宁边区实行的是一种全民参与型的调解。

四、人民调解的案件范围

陕甘宁边区法律规定的调解范围问题，是指哪些案件能够调解，哪些案件不能调解的问

---

① 《乔松山在边区参议会上的提案》(1944年7月)，陕西省档案馆档案，全宗号15。

② 转引自侯欣一：《从司法为民到人民司法——陕甘宁边区大众化司法制度研究》，中国政法大学出版社2007年版，第282页。

题。调解范围的确定是否符合实际，是否恰当，是调解工作的首要问题。范围规定过宽，就有可能放纵敌人和刑事犯罪分子，引起群众不满，造成社会混乱，这就背离了调解工作的根本宗旨；范围规定过窄，就会把一些可以和解的民间纠纷推到司法机关去判决，结果造成当事人之间的对立甚至仇恨，不利于农村和睦团结，影响生产，同时也会给司法机关增加讼案，它就发挥不了司法工作得力助手的作用。

1943年6月公布的《陕甘宁边区民刑事件调解条例》第2条规定了调解范围。指出“凡民事一切纠纷均应厉行调解”，刑事除下列各罪不许调解外，其他各罪均得调解：内乱罪；外患罪；汉奸罪；故意杀人罪；盗匪罪；掳人勒赎罪；违反政府法令罪；破坏社会秩序罪；贪污渎职罪；妨害公务罪；妨害选举罪；逃脱罪；藏匿人犯及湮没证据罪；破坏货币及有价证券罪；伪造公文印信罪；公共危险罪；伪证罪；妨害水利罪；破坏交通罪；伪造度量衡罪；妨害农工政策罪；烟毒罪；其他有习惯性之犯罪。

《条例》颁布前，边区法律规定，民事案件可以调解，调解不成立者，由司法机关依法判决。刑事案件一律不得调解。1941年10月召开边区第一届司法会议，高等法院代院长李木庵同志提出了《为改进刑事政策，刑事案件允许人民调解息讼，维持社会和平，减少诉讼》议案，第一次提出了调解刑事案件的问题。接着，1943年6月8日高等法院的指示信就具体规定了刑事案件的调解范围：“至于刑事案件，我们的政策是采半干涉主义，与资本主义国家的司法制度对刑事案件采取绝对干涉主义者不同。例如刑事案件中，除内乱罪、外患罪、汉奸罪、盗匪罪、掳人勒赎罪、聚众骚扰罪（过失杀人除外）、贪污洪职罪、伪造公文书罪、伪造货币罪、窜逃罪、藏匿犯人罪、湮灭证据罪、伪证罪、公共危险罪、烟毒罪、妨害农工公益罪（妨害农工个人利益者除外）、伪造度量衡罪、妨害选举罪、侵占公物罪、破坏交通罪、破坏政府法令罪以及有习惯性的犯罪等，这些犯罪不得调解，必须依法制裁。其他犯罪，如伤害罪、妨害自由罪、妨害家庭罪、妨害婚姻罪、侮辱罪、略诱及和奸罪、妨害名誉罪、妨害风化罪、妨害私人秘密罪、侵占私人财物罪、诈欺罪、赃物罪、恐吓罪、遗弃罪、诬告罪、毁损罪以及其他受害主体属于私人之犯罪等，这些案件均可试行调解。”指示信关于调解范围的规定，与三天后公布的《陕甘宁边区民刑事件调解条例》内容基本相同。1944年1月6日，林伯渠主席在边区政府委员会第四次会议上做工作报告时把调解的范围简要地概括为“民事一般推行调解，刑事除汉奸、反革命破坏罪外，大部分也可适用调解”。然而，对于许可“试行调解”的刑事案件，具备什么条件才能调解，在实践中意见不一，莫衷一是。边区高等法院及时总结了这方面的经验，给予了明确的回答。这就是，关键在于受害人是否同意，不同意即无须调解，同意即可试行调解：“在双方自愿的原则下，彼此息争止讼，受害的一方既可得到实益，加害的一方亦可免于处罚，不致耽误家里的生活事宜，而无形中便能增进社会的和平。”①

这个时期关于调解范围的规定基本上是正确的，但不可否认，也有略嫌偏宽之倾向。在调解运动兴起之后，基层干部和人民群众又缺乏经验，因此出现某些扩大范围的偏差是不可

① 《陕甘宁边区司法纪要》，1944年下半年。

避免的，导致调解了一些不该调解的刑事案件，助长了封建意识和陈规陋习，纵容了某些犯罪分子，对此，群众很有意见。以调解开展最早、最活跃的陇东分区为例，1944 年曲子县发生人命案 15 件，只有 3 件是经过法院处理的，其他 12 件都在下面调解了。群众对这种调解很有意见，说“都犯法了，还调解”。不仅人命案调解，赌博案也调解。如志丹县有些赌徒说：“浪赌吧，不要紧，犯了法可以调解。”这些都是扩大调解范围造成的严重后果，教训是深刻的。

边区政府和高等法院针对调解范围偏宽的情况进行了调查总结，认为这种倾向的出现，除了干部群众缺乏实践经验，领导不力外，《陕甘宁边区民刑事件调解条例》关于调解范围的规定也有偏宽的不当之处。因而于 1946 年下半年做了修改。即民事案件可以调解；刑事案件，如属因一时气愤或过失引起的轻微伤害，群众不反对者方可调解。这个规定，直到边区政府撤销，始终是确定调解范围的根据。收复延安后，针对新情况、新干部、新地区的特点，为了继续开展调解工作，并保证其健康发展，高等法院在 1949 年 3 月的指示信中，重申调解的各项规定。对于调解的范围明确指出：“凡破坏民主政权，危害社会秩序的案件，如反革命、土匪、杀人、抢劫、盗窃、拐骗、赌博、吸大烟、贩毒，这些案件，一律不许调解，均用审判方式依法判决。……什么性质的案件才可以调解呢？我们说，这是指农民之间的内部纠纷，也可以说属于私益方面的民事案件，如土地、物权、婚姻、债务、继承甚至因一时气愤或过失引起的轻微伤害，都可以调解。但恶霸分子、地富阶级强占农民土地，抗拒减租减息等案件，则属于刑事，应予以审判，这是必须认识清楚的。”

陕甘宁边区政府和高等法院划分调解范围是有原则的。当时认为，凡侵害的客体是国家，损害的是公共利益，社会危害性大的案件均不能调解。侵犯的客体是个人，损害的是私人利益，社会危害性较小的案件可以调解。民事案件、部分轻微刑事案件可以调解，其他刑事案件不能调解，就是根据上述原则确定的。而且有些案件因年代悠久，几经政府变化，证据不全，很难彻底查清、依法处断，即使硬性判决，也难以执行。在边区法律还不完备的条件下，为了解决人民的实际问题，照顾贫苦劳动群众，这样做是适宜的，也是正确的。因为采取和解的形式，比诉诸法院更易于消除隔阂和仇恨，恢复亲邻旧谊，加强农村团结。

五、人民调解的基本原则

调解原则是调解本质的反映，是调解工作成败的关键。为了正确调解纠纷，做好调解工作，边区政府和高等法院十分重视这个问题，经过七八年的探索和不断总结实践经验，形成了比较完善和科学的调解原则。它规定在 1948 年 9 月 1 日边区高等法院安字第三号指示信中：

（一）双方自愿、不许强迫

这是调解的首要原则，内容包括两个方面：一是调解协议的成立、协议的内容、协议的条件和协议的执行，都必须出于双方当事人的自愿和同意，不得有任何勉强；二是达成的协议不是强迫压抑的产物，而是以理说服的结果。在调解过程中。争执的双方从对立到和解是个深入细致而又艰苦的思想教育过程。必须用政策法律教育他们，分清是非，搞通思想，以理服人,真正做到口服心服。不允许对当事人施加压力,采取罚钱、罚物、罚劳动甚至威胁、诱骗等非法手段。

（二）要遵守政府政策法律，照顾民间善良习惯

所谓善良习惯,是指在民间存在的救济贫苦、抚恤幼残者、土地永佃权、开荒三年不问主等。对于落后习惯,不得做为调解的根据。实行调解必须遵守政策法律,这是因为:第一,政策法律是分清是非的标准。调解人面对纠纷,首先面临分清是非这一问题。判断是非的标准,既不是当事人的意见和要求,也不是调解人的主观臆断,而是边区政府的政策和法律。否则,就会出现“公说公有理、婆说婆有理”的各执一端的情况,就分不清谁是谁非,纠纷也就得不到解决。第二,政策法律是达成协议的根据。和解的形式是在双方当事人同意的基础上达成协议书,协议书的内容必须符合政策和法律。因为边区的政策法律是从广大劳动人民的根本利益出发的,既考虑到广大人民群众的长远利益,也考虑到目前利益;既考虑到整体利益,也考虑到局部利益;既考虑到集体利益,也考虑到个人利益,从而把各方面利益有机地结合起来,正确地规定了各方面的关系。据此达成的协议,才能得到双方当事人的同意,他们各自作出的让步也会得到合理的解释,不会因思想不通而反悔。第三,政策法律是协议执行的保证。调解的协议只有符合政策法律,当事人的合法权益才能得到法律的保证。否则,违背政策法律,迁就封建迷信和落后习俗的协议,边区政府不但不予保护,还要通过法律手段予以撤销。

（三）调解不是诉讼的必经程序

这条原则是保护人民诉讼权利的原则。一方面,当事人一方或双方不愿调解或不服调解的,即可向司法机关起诉。调解人或民众团体或区乡政府等不得以不开介绍信和路证相要挟,或以其他借口进行阻止和刁难。另一方面,各级司法机关对呈报起诉和上诉的案件,不能因无证明文件或原卷内没有调解笔录和调解方案而不予受理,或打回去重新调解。这样规定,是为了保障人民的民主权利,及时解决纠纷,免除群众的麻烦和痛苦。

上述调解的三项原则,自愿原则是调解的基础;遵守政府政策法律、照顾民间善良习惯是调解的根据;调解不是诉讼的必经程序,则表明了调解的法律地位。它们不是彼此孤立的,而是互相联系和互相制约的。第一条原则决定着第三条原则,反过来,第三条原则又保证着第一条原则的贯彻执行;而第二条原则也制约着第一条原则。这三条原则反映了调解工作的客观规律,经受了历史的考验。中华人民共和国成立后,实行人民调解制度,完全继承了这三条原则。

六、调解书的制定

和解之后,要制定调解书,以防反悔。“调解成立后要有一定的手续,如调解书证(民俗称执据),当事人是非常在意的,要没有此种手续,他们就不高兴”。[①] 按照《陕甘宁边区民刑事件调解条例》之规定,调解书应具下列各项内容:(1)双方争执之简要事由;(2)调解成立

① 《在陕甘宁边区第二届司法会议上的发言》(1945年),陕西省档案馆档案,全宗号15。

之方式，即本条例第3条所列各款调解方式；（3）实是双方同意和解，并无强迫压抑情事；（4）双方当事人姓名、签字、盖章或指印；（5）到场调解人姓名、签字、盖章或指印，代书人同；（6）调解年月日；（7）调解地点。

附：黄龙分区高等法院分庭民事和解笔录

上诉人：宋成玉，男，年60岁，河南信阳县北岗村人，以磨面为生。

被上诉人：吴俊彦，男，年34岁，黄陵县北谷区桥玖村人，农业。

当事人因抚养一案，不服黄陵县司法处于八月二日所为第一审判决，上诉本庭。复经调证询情，以双方同意，和解于后。

案情经过：

宋成玉供称："民国卅二年（1943年）十一月，我家乡遭灾荒，大儿和大媳妇死了，留一孙子，全家逃难到黄陵县秦家窑，日以乞食为生，在吴俊彦家住了数月，吃了吴姓小米3斗，荞麦2斗，借用敌币1000元。吴姓因说粮食无力归还，企此私立嗣单，说我把孙子卖给他了。"

吴俊彦供称："廿九年（1940年）大哥出征无信，孤规寡居，卖（买）此子使我嫂安居抚养。宋成玉卖子是实，有说合人刘（岐）山、中见（介）人吴贵银、代笔人吴新民，同住家长户族，立有约据，身价言定2石麦子。他大娃驮了5斗小米、5斗荞麦，顶了1石麦子，下余1石麦子折敌币3000元，秦家川纹儿捎的给了他了。"

又本庭收到河南同乡会洛川分会于三十四年（1945年）十二月二十四日曾为此向黄陵伪保长提达公函略宋语称："我吃吴家小米4斗，荞麦5斗，借款1000元。"是年宋成玉上诉伪黄陵县府及伪专署，均未给适当处理，本年六月又呈诉我黄陵县府转诉本庭。

和解理由：

按其宋吴两家事执，均为继承后嗣，宋家无孙吴家无儿，双方后嗣均得接续，为免得两家再起诉讼，因而召请乡里，议定和解意见四点：（1）该子可同继两姓后嗣娶妻后，先生之子姓宋，次生之子姓吴，另将小名进喜改为宋继吴；（2）吴姓供给读书宜至中学毕业；（3）两姓认为亲戚，互相来往照料宋继吴成人，若宋继吴自愿到两家居住；（4）念宋成玉家境贫困，由吴俊彦自愿帮助粮食、糜谷各5斗。

和解取得双方当事人同意，写此和解笔录为证，本庭亦整卷存案，准为结案息事。

中华民国三十七年（1948年）十月四作成

兼庭长黑志德

副庭长周玉洁

推事赵志清

书记员高翔

当庭和解人证明刘岐山

吴贵银

田滋轩

李广海

第八章　狱　政

陕甘宁边区继承和发展了中华苏维埃共和国提出的对犯人进行教育和感化的制度和思想，根据当时所处的战争和建设的实际情况，以新民主主义理论为指导，坚持尊重犯人人格，教育与劳动生产相结合，坚持革命人道主义感化教育的指导思想。陕甘宁边区通过监所组织和犯人自治组织，开展了形式多样的教育改造活动，对犯人进行劳动和思想上的双重改造，提高了犯人的政治觉悟和文化水平，养成了劳动的习惯，真正做到了尊重犯人的人权，实现了人道主义改造。陕甘宁边区通过卓有成效的狱政实践，将当时的犯人团结起来，在当时战争条件下保证了边区的社会稳定，促进了边区的经济发展。陕甘宁边区的狱政制度和实践为新中国的监狱法制建设奠定了良好的基础。

第一节　陕甘宁边区狱政指导思想和监所组织

一、狱政指导思想

陕甘宁边区政府在继承中华苏维埃共和国提出的对犯人实行教育感化主义的基础上，通过长期的监所管理的实践，丰富和发展了新民主主义的狱政思想。其主要内容包括：犯人是人，尊重犯人人格；教育为主，教育与劳动生产相结合；实行革命人道主义，感化教育罪犯。

（一）犯人是人，尊重犯人人格

陕甘宁边区政府从无产阶级的历史地位和人民政权的性质出发，用对人的态度对待犯人，在边区司法、监所管理工作中，坚持“犯人是人，尊重犯人人格”的指导思想。这一指导思想是逐步发展起来的。

1. 从1937年到1939年为逐步明确阶段。边区建立初期，受旧观念的影响，针对个别犯人逃跑现象，边区高等法院曾规定，犯人须着半红半蓝色裤子，剃头时需在左右方留一块头发，从而使犯人逃跑时易于辨别。可见，这一时期对犯人人格缺乏足够尊重。

2. 从1939年到1945年为法律化制度化阶段。1941年11月，《陕甘宁边区施政纲领》公布，其中第7条规定：“改进司法制度，坚决废止肉刑，重证据不重口供。对于汉奸分子，除绝对坚决不愿改悔者外，不问其过去行为如何，一律施行宽大政策，争取感化转变，给以政治上与生活上之出路，不得加以杀害、侮辱、强迫自首或强迫其写悔过书。对于一切阴谋破坏边区的分子，例如叛徒分子、反共分子等，其处置办法仿此。”根据《陕甘宁边区施政纲领》规定的精神，《陕甘宁边区保障人权财产条例》确认了犯人的法律地位，尊重犯人人格，依法保护犯人未被剥夺的部分人权，如逮捕人犯，应有充分证据，依法定手续进行；对犯人不准施以侮辱、殴打及刑讯逼供、强迫自首；犯人财物非经判决不得没收，并不得调换或任意损坏。根据这些原则，陕甘宁边区高等法院制定了《陕甘宁边区高等法院监狱管理规则》《陕甘宁边区高等法院看守所规则》《陕甘宁边区在所人犯财物保管规则》等规定。

3. 从1945年到1950年为坚持和进步推广阶段。随着解放战争的胜利发展和边区管辖范围的迅速扩大，吸收和增加了大量新的司法干部。针对新形势、新情况，边区法院加强提高司法干部的思想认识问题，对监所工作人员和警卫战士进行教育，灌输尊重犯人人格的指导思想，明确对犯人的态度应是：争取感化，使之向善；对犯人的错误，应该进行严肃的批评和斗争；对犯人的人格，应该充分尊重。

在陕甘宁边区十几年的监所管理工作中，坚持了“犯人是人，尊重犯人人格”的指导思想，特别是1939年以后，更加自觉和坚定地贯彻这一指导思想，从而使犯人重新做人的自尊心受到了启发和保护，使犯人看到了新生活的希望，增强了改恶从善的信心和勇气，为教育改造犯人奠定了坚实的基础。

（二）教育为主，教育与劳动生产相结合

历史唯物主义认为，劳动创造了世界，劳动创造了人，人在创造世界的劳动中也改变着自己的主观世界。陕甘宁边区政府根据这一观点，坚持“教育为主，教育与生产劳动相结合”的理论指导监所管理工作。

陕甘宁边区高等法院看守所自成立以来，就把劳动作为改造犯人的重要手段和途径。1939年2月，边区高等法院发布第一号通令：“目前全边区人民军在生产运动中，为着克服抗战困难，法院决定，利用已判决人犯的劳动力，另一方面给犯人表现转变错误的机会，因此，使全边区各县已判决人犯，均一致参加生产工作，希各县接此通令后，凡已判决的人犯，应在严密看管之下，使之参加生产，并随时注意加紧教育。”为此，在高等法院建立了生产劳动所。在组织犯人的生产实践中，总结出把教育和劳动结合起来的经验，提出了“生产与守法联系”的新观点，并要求在生产工作中开展思想斗争，提高互相监视的意识，争当劳动英雄，反对一切坏现象，使犯人深刻认识到参加生产工作就是直接参加了抗战工作，同时也是转变错误的好机会。

从1940年到1944年是贯彻教育与生产相结合方针的发展阶段。其标志是：第一，把生产劳动教育提到三大教育（政治、文化、劳动）之一的地位，深刻认识到建立劳动观念是改造人犯的重要一环；第二，提出了“在生产中进行感化教育”“寓教育于生产之中”的口号，开展生产、学习、守法三位一体的竞赛；第三，在生产中实行奖励和分红制度，为犯人建立家务，创造彻底改造犯人的物质条件，探索防止重犯的途径。

1948年4月从国民党手中收复延安后，重建了边区监所，继续坚持教育与生产劳动相结合的方针，并根据当时犯罪的特点，有了进一步的发展：一是把思想教育与生产结合引向深入，提出了“教育奖惩与生产结合”的口号；二是在分红制度上，扩大犯人分成比例，把它看成减少犯罪的积极措施。

陕甘宁边区贯彻“教育为主，教育与生产劳动相结合”的方针，积累了丰富的经验，主要有以下几点：

第一，明确犯人生产的目的，把劳动看成改造犯人的主要手段，反对单纯的经济观点。1941年5月边区政府主席林伯渠在《政府工作总结》中指出：“边区犯人参加生产，第一，可以练习技能，使释放后能自谋生活；第二，可以锻炼意志；第三，可以改善犯人生活。”1941年，边区高等法院采取措施，纠正了当时边区各县片面地强调生产的做法；在犯人改造中，增加了学习时间，加强了政治思想教育。边区贯彻教育与生产相结合的工作方针，坚持以教育改造为主，使犯人感到劳动不是惩罚，从而激发了犯人的劳动热情，促进了生产，提高了犯人的教育改造效果。

第二，以生产、学习、守法的竞赛为组织形式，把教育改造与生产紧密结合起来。边区高等法院和监所寓教育于生产之中，在生产劳动中进行感化教育，其主要做法包括：一是教育犯人，提高政治觉悟，在劳动生产中考察犯人的表现和转变错误的程度；二是教育犯人认清犯罪的根源，在生产中树立劳动的观点，改造成为新人。把政治教育与生产劳动结合在一起的具体组织形式，是开展守法竞赛。1940年以后，发展为三位一体的竞赛，把生产、学习与守法紧密联系起来，定期评比，选举劳动英雄和模范班组，实行奖惩，推动犯人进行生产劳动与教育改造。

第三，在生产中，实行奖励与分红制度，为犯人建立家务，发展与巩固教育改造的成果。在陕甘宁边区，针对“二流子性质犯罪”（主要是指非政治性的土匪、盗窃、烟毒、赌博、诈骗等犯罪）的社会问题，陕甘宁边区政府采取强制劳动教育，并依劳动好坏实行奖惩制度。在改造过程中，坚持对这些犯人进行劳动光荣教育，摒弃剥削阶级不劳而获观点，培养劳动习惯，培养劳动技能，使其获得谋生的手段。1943年，边区最早在由犯人组成的木板场由物质奖励发展创立了分红制度，并随后在边区逐步推广，生产所得盈利大部分分给犯人，以帮助其得到生产资金，为其创造进行生产的条件。犯人出狱后，地方乡村再解决他们的土地等生产资料，使其成为自食其力的人。

第四，在劳动中，进行革命传统和优良作风的教育，鼓励犯人走自力更生、艰苦奋斗、建家立业的正确道路。陕甘宁边区在建立监狱、组织生产、进行政治文化思想教育及生活管理的过程中，都贯穿了自力更生、艰苦奋斗的精神。边区各个监所的生产，从对外承包打窑、修公路、建仓库等工程开始，用所得的劳动报酬购买设备、原料，添置生产工具等，逐年积累，扩大生产，形成了大小不等的农场和各种手工工场。参加监狱生产和创业的犯人，都受到了自力更生、艰苦奋斗精神的教育，并从中体会到只有依靠自己的双手，通过辛勤的劳动，才能丰衣足食的深刻道理。

（三）实行革命人道主义，感化教育罪犯

陕甘宁边区实行的感化教育，是用无产阶级的思想和感情，满腔热情地去挽救罪犯。从关怀犯人的生活入手，帮助犯人认识自己犯罪的根源，医治其心灵的创伤，改造其思想，提高其觉悟；教犯人学政治、学文化、学劳动技能，使犯人体会到党和边区政府的温暖和期望，感

到自己有前途和出路,激发其去恶从善、改过自新的勇气和力量,使其下定决心脱胎换骨,改造自己,争取成为对社会有用的好公民。

1938 年高等法院院长雷经天指出:“边区对于犯人,完全采取教育感化的方法,争取犯人回转到我们的方面来。”[①]1939 年 1 月,在边区第一届参议会上,林伯渠指出:“对一般犯人,更多注意政治教育和感化,使他们改邪归正,禁止对犯人实行报复手段,和虐待犯人。”[②]

边区政府认为:“人民犯罪是社会不良所致,应由社会负责,对直接犯罪人的处分,是不得已的事。”[③]林伯渠在边区第二届参议会所做的《政府工作报告》中再次指出:“对犯人采取教育感化的方针”,反对惩办和报复主义。这个方针也被写进了《陕甘宁边区施政纲领》中。此后,在监狱工作的实践中,努力贯彻感化教育,特别是 1943 年党鸿魁同志担任典狱长以后,创造性地丰富和发展的感化教育的内容和方法,使边区监狱真正变成了新民主主义的感化院。1946 年 4 月 23 日,陕甘宁边区第三届参议会通过了《陕甘宁边区宪法原则》,其中司法部分第 4 条规定:“对犯法人采取感化主义。”

陕甘宁边区对犯罪的感化教育有以下几个要点:

第一,以新民主主义为指导,用无产阶级思想感情推行感化教育。无产阶级是最伟大的阶级,担负着消灭阶级、解放全人类的历史使命。只有以新民主主义政策法律为指导,用无产阶级思想和感情实行感化教育,才能战胜和改造罪犯头脑中的剥削阶级腐朽没落思想。

第二,反对惩办主义,采取鼓励和说服的方法。《1942 - 1944 年上半年高等法院工作报告》指出:“边区监所对犯人不是单纯的拘束其自由,给以惩罚,而主要是帮助他们认识自己的罪行,改正错误的思想意识和不正确的观念,及早成为社会上一个好公民。”

第三,反对报复主义,尽量减少犯人的痛苦。陕甘宁边区第一届参议会《政府工作报告》草案指出,边区“监禁的目的,是使罪犯受到感化教育而非使其痛苦也”。《1942 - 1944 年上半年高等法院工作报告》指出:“假使我们不多方去注意关心他们(犯人)生活的痛苦,则会引起他们的不满和对抗心理,如此就难以来接受我们对他们的教育,而完成改造他们的任务。”

边区执行感化教育,收到了良好的效果。如从 1942 年到 1946 年的 4 年中,共释放人犯 276 人,其中重新犯罪的只占 2.7%。重犯率之低,足以说明感化教育的卓有成效。

“犯人是人,尊重犯人人格”是边区狱政的指导思想;犯人是触犯刑律而又有思维能力的人,要贯彻“教育为主,教育与生产相结合”的改造方针;犯人还是有感情的人,要“实行革命人道主义,感化教育罪犯”,只有这样,教育改造才能收效。可见,三个指导思想是有机联系又互相制约的。这些理论,被为改造犯人服务的热心的工作人员所掌握和实践,就会变成改造罪犯的强大思想武器,达到监所工作的根本目的。

① 雷经天:《陕甘宁边区司法制度》,载《解放周刊》1938 年第 15 期。

② 林伯渠:《陕甘宁边区政府对边区第一届参议会的工作报告》,载《解放》1939 年第 68 期。

③ 林伯渠:《陕甘宁边区政府工作总结》,1939 年。

二、监所的性质和任务

陕甘宁边区政府是无产阶级领导的新民主主义政权,其根本任务是抗击日本帝国主义侵略,推翻国民党反动统治,实现反帝反封建反官僚资本主义的革命。与之相适应,边区的法律则是体现这一性质、完成这一根本任务的有力武器。边区的法律除了具有惩罚的性质外,还有教育的一面。正如1939年边区高等法院院长雷经天在《在边区第一届参议会上的司法报告》中指出的:“法律是阶级统治的工具,同时也是社会教育的辅助者。”

为了执行司法工作的任务,监所在争取教育改造犯人方面起着决定性的作用。边区的刑事案件都要经过侦查、起诉、审判和执行刑罚这四个相互衔接而又独立存在的环节。前三个环节用于认定与惩罚犯罪分子,目的是制止犯罪;后一个环节是执行刑罚改造罪犯,目的在于消除犯罪。就一定意义上说,前三个环节仅是完成诉讼的过程,后一个环节才是执行刑法的归宿。所以,监所工作在司法工作中占有举足轻重的地位,是司法工作的重要组成部分。

1942年《陕甘宁边区司法纪要》明确指出:“边区的监狱,固然是惩罚犯人的场所,同时,也是犯人的教育机关。”这个结论,高度概括了边区监所的性质和任务。

(一)边区监所是惩罚犯人的场所

这一点表明了监所的阶级本质,显示了它作为阶级专政工具的特点。边区监所的惩罚性质主要体现在:(1)强制犯人执行法院判决;(2)拘禁犯人于监所,限制其自由;(3)强迫犯人接受管理教育,遵守监所规则,在劳动中改造自己。

边区监所的惩罚与国民党旧监狱的惩罚的性质不同,具有自己的特点:

第一,惩罚不具有报复性。边区政府的惩罚,以无产阶级思想为指导,是作为教育和改造犯人的先决条件而使用的,它本身没有报复的性质。

第二,惩罚不是消极的。边区监所反对消极的惩罚,根据犯罪的根源,采取正确的方法,进行科学的管理,施以适当的教育,从而达到改造犯人的目的。

第三,惩罚相对较轻。旧中国的徒刑,刑期长,且终日困坐牢狱,犯人几乎失去了一切活动的自由。边区的惩罚轻,徒刑刑期短,犯人可以参加有组织的学习、劳动和文体娱乐活动,严禁辱骂和殴打犯人,除有逃跑或自杀情节外,一律不带械具;对违反监规者,采取批评教育、大会斗争,或罚做适当的劳动。

边区政府认为,惩罚犯人不仅是应该的,也是完全必要的。所有犯罪者都具有一定的社会危险性,他们生活在社会之中,随时可能实施破坏边区、破坏抗战、颠覆民主政权、破坏社会秩序、侵犯他人合法权益的罪恶活动,把他们监禁起来与社会隔离,可制止犯罪,防止他们继续危害人民。

(二)边区监所是教育犯人的机关

边区高等法院《清理监所的工作总结》(1944年)指出:“我们的监狱是犯人的学校。”边区政府把教育犯人提到监所性质的高度,将其作为监所的根本任务,这就与旧监狱划清了界限。边区政府是这样说的,也是这样做的,而且做得卓有成效。1939年,一位参观者题词:

边区监所是“循循善诱的学校,是医治社会病态的医院”。

与一般学校不同,犯人的“学校”——监所,是把危害社会的罪人,依靠强制性的和严格的管理,通过教育,把他们改造成边区所需要的合格公民。根据这个目标,边区监所对监犯实行三大教育,即政治教育、文化教育和劳动教育。

综上所述,就边区监所的根本性质来说,其是执行刑罚的机关,是惩罚犯人的工具,但其出发点和归宿在于教育改造犯人。

三、监所的组织和职权

边区监所的组织和职权体现了它的性质,是实现其任务的组织形式。

(一) 边区监所的组织

1. 边区的看守所。边区的看守所有两级:一是高等法院看守所,二是各县看守所。

自1937年7月12日边区高等法院成立起,就建立了看守所。看守所羁押已判决和未判决的人犯,对他们进行管理教育。1939年1月,陕甘宁边区第一届参议会通过了《陕甘宁边区高等法院组织条例》,确认了看守所的法律地位。该条例第22条规定:“高等法院看守所所长及看守员服从法院院长之领导,执行其职务。”为了组织生产劳动,看守所将全所犯人按已决和未决分编成两个大队,已决犯所在大队被称作劳作队。

1942年9月高等法院监狱成立后,看守所成为专门羁押未决犯的机构。高等法院看守所设所长1人,看守员1-2人,1个警卫排。所长在高等法院院长直接领导下进行工作。杨佛云、黄炳清、宋代兴先后任高等法院看守所所长。

边区政府成立后,各县司法机关没有看守所的建置,需要拘留的人和已决、未决人犯,都羁押在各县保安科设立的看守所中,由看守员负责管教。1944年5月12日陕甘宁边区政府战字第八一八号命令决定,各县设立看守所1所,直属县司法处领导。但由于人员和设备欠缺,有些县的看守所仍与保安科合在一起。到同年9月,全边区29个县和1个市共有30个看守所,延安市地方法院未单独设立,犯人由高等法院看守所羁押管教。到1946年春,各县司法处都成立了看守所,增设所长1人,另设看守员,所长在审判员领导下负责看守所的全面工作。

2. 边区的监狱。边区的监狱分两级:一是高等法院监狱,二是行政督察专员公署高等法院分庭监狱。

1939年4月4日公布的《陕甘宁边区高等法院组织条例》第11条规定:“高等法院设立劳动感化院,其组织及工作另定之。”1941年1月3日,高等法院将驻在延安三十里铺的由已决犯组成的劳作队,与在安塞李家沟的看守所分开,改成劳动生产所,由其组织犯人从事各种工农业生产。延安为总所,在安塞设分所。1942年9月,边区政府决定将劳动生产总所改为陕甘宁边区高等法院监狱。

劳动生产所设所长1人、科员3人、看守员2人。为了加强对犯人的教育管理,改善医疗条件,1942年增设督察员、医生、护士等。1945年年底,监狱工作人员变为8人:典狱长1人,典狱员3人,看守员4人。1949年7月,陕甘宁边区监狱进驻西安,监所的组织形式发生了重大变化，增加了工作人员，扩大了机构，进一步明确了职责。在高等法院正、副院长领导下，设正、副典狱长各1人，下设文牍科，负责管理犯人的各项登记统计、案卷的整理保管等文书工作；设管教科，负责犯人的政治文化教育，管理犯人的生活，组织犯人的生产及对犯人的考核等；设总务科，管理一切后勤事宜；设医务科，负责犯人的医疗卫生工作；设警卫队，负责监狱的保卫和犯人的警戒工作。

1942年9月监狱建立后，李育英、刘汉鼎、党鸿魁、李福元、刘丰、赵生英等先后担任正、副典狱长。

1943年3月，在边区政府所辖各分区之专员公署所在地，设置了高等法院分庭，当时羁押的犯人都被羁押在高等分庭所在地的地方法院或政府的看守所。1944年5月12日，陕甘宁边区政府战字第八一八号命令决定各分区设立监狱1所，称为分监。分监设典狱员1人，在分庭庭长领导下，负责犯人的具体管理教育事项。1945年12月29日边区第二届司法会议决定，取消分监，分庭犯人仍由其所在地的县司法处看守所关押和教育。

边区各级监所都设有警卫组织，县有警卫班，高等法院监所有警卫排。1949年进入西安后，发展为警卫队，下设3个分队9个班。就其建制来说，县警卫班由县警卫队派充；高等法院警卫排由边区政府保卫团派警卫战士组成。警卫组织在各级监所领导下担任放哨、守卫、押解、缉捕、警戒犯人的工作。各级监所领导对警卫战士负有进行政治和业务教育的责任。

在1939年以前，边区监所组织的工作人员很少，机构比较简单。后来虽有发展，但除了高等法院监狱和看守所组织机构比较完备外，不论分监还是各县看守所都是不太完善的。

（二）边区监所的职权

1. 监所职权的规定。根据《陕甘宁边区高等法院组织条例》《陕甘宁边区高等法院监狱管理规则》和《陕甘宁边区高等法院看守所规则》的规定，监所的职权主要是：(1)管理教育犯人，包括制定政治文化学习和劳动改造等计划，筹措实施和考察犯人的活动及各项作业；(2)组织和分配犯人参加各项劳动生产和工作；(3)登记和保管犯人的财务；(4)登记犯人出入即收押、检查、点验、看管等事项。

边区各级监所对羁押和管教犯人的范围和职权有明确的分工。关于军事犯的管辖问题，边区高等法院1939年2月14日通知："凡关于各军事部队，军事机关、军事学校，所有关于军事之一切案件及人犯，均应解送八路军后方政治部军事裁判所处理。"

2. 羁押权的发展。除了军事犯外，边区人犯了罪，凡判决苦役、徒刑者都在边区各级监所执行。在羁押权限上，经历了两个发展阶段：

(1)从1937年7月到1938年9月为边区和各县自判自押自管自教阶段。1938年8月25日高等法院第四号通令指出："各县拘押的犯人，不论未判决的或已判决的，均由各县自行处理解决。如有特殊情况，需要解送本院，必要先行呈报，得到本院的批准，才能送来本院。或者本院认为案情复杂，需要直接解决的犯人，由本院令知各县提调送来。"违反上述规定的，高等法院不予接受。这是由当时司法机关和看守所处于初建阶段，组织机构不健全，工作经验缺乏，以及战争环境决定的。

（2）从1938年9月到1949年7月为区别刑期长短分级关押阶段。1938年9月至1944年5月、1946年春至1949年7月实行边区监所和县看守所两级管理。1938年9月9日高等法院第五号通令规定："凡所有罪犯，刑期在三年以下者，由各县自行管教，凡所有罪犯，徒刑在三年以上者，一律解送高等法院，以便集中管教。"1年以后，高等法院发布训令重申了这一决定。这个规定是高等法院的原则性规定，如有特殊原因，也允许通融和变动。1940年9月11日高等法院九十七号训令传达边区政府决定，因工作需要，要求"各县已决人犯，刑期在二年以上的，不论在监或已分配出去做工的，凡能劳动生产者（不要老弱及女犯）一律调集本院"。这是边区政府在迫切需要大批劳动力时所采取的应急措施，是较为罕见的情况。1941年5月10日，边区高等法院关于司法工作的指示重申"为着加强对于犯人在生产中的管理教育，各县判决三年以上徒刑的犯人，仍应解送法院"。同时，也提出"有专门技术的犯人，在各县留着没有用处时，也送法院组织更大规模的工业生产"，做到人尽其才，以利于边区工业的发展。

1946年春，分监被撤销，延属分区各县判徒刑1年以上的犯人和其他分区各县判徒刑2年以上的犯人送高等法院监狱执行，其他犯人留各县看守所管教，家庭特别困难者，虽超过规定刑期，也可留县看守所，以便农忙时保外回家生产。

1944年5月至1946年初实行边区监狱、分监和县看守所三级管理。1944年5月分监建立后，高等法院规定，凡判决苦役6月以下之犯人，留县看守所和保外执行；刑期在6月以上3年以下的犯人，由分监管教；3年以上者送高等法院监狱执行，直到分监被撤销。

3. 典狱科与执行处。另外，与监所工作职权有关的还有高等法院内曾经设立的典狱科和执行处两个机构。

1941年劳动生产所建立后，在高等法院设立了典狱科，它是在院长领导下协助监所搞好管教工作的具体职能机构。1945年年底，边区第二届司法会议认为，高院领导监狱须经典狱科，手续麻烦，为简化领导关系，决定将之取消。粉碎国民党军进攻后，为适应重建监狱和加强对大批政治犯进行教育改造的需求，又重设了典狱科。

1942年8月，为统一管理全边区人犯的执行事宜，高院成立了执行处。各县判1年以上的犯人以及高等法院和延安市地方法院所判决的所有犯人，均由它分配监所管教，并安排使用。执行处的设立，对于调节犯人、组织生产起过一些作用。后由于执行处与监所和法庭工作职责不明，互相脱节，加之执行处机械地执行国民党某些法律，未经调查就不适当地适用假释或找保释放，甚至为紧急适用，曾把政治上的破坏分子保释，致使其逃脱，不久便被撤销了。

四、高等法院领导监所的工作制度

各级监所是同级司法机关的组成部分，是它的下属机构。边区高等法院在领导各级监所工作中建立了许多行之有效的制度，最主要的是批答制度和报告制度。

（一）批答制度

在边区，自有高等法院以来，就建立了批答制度。所谓批答，就是高等法院院长对各分庭、各县司法处、监狱、看守所提出的有关法律问题的解释、对疑难问题的询问、案件的请示及工作报告、月报表等,给予明确答复的公文。

从内容来看,批答有两种:一种是从政策方针、指导思想上给予批示,以提高干部的政策业务水平。这种批答多用于对监所的工作报告和月报表。另一种是对下级机关提出的具体问题进行审核批示。这种批答多用于对监所呈文的答复。批答不仅答复具体问题,还着重从政策法律原则上予以指导。

边区高等法院实行批答制度,不仅解决了监所工作中提出的迫切问题,还能随时防止错误倾向的出现,贯彻政策法令,以补充监狱法规的不足,保证监狱工作沿着新民主主义政策和法律的轨道前进。特别对文化水平低、法律知识缺乏的边区监所工作人员来说,这种制度有利于提高他们的政策法律水平和解决实际问题的能力,也体现了高等法院对各级监所工作的有力领导。

(二)报告制度

边区高等法院为及时掌握监所的真实情况,指导政策法律的正确执行,有效地做好犯人的教育改造工作,规定了监所向法院报告工作的制度。由于各级监所认真执行了这一制度,一贯重视报告工作,把它作为经常的义务和任务完成,因而收到了很大的成效。

边区监所报告制度,从内容上主要包括两个方面:一是定期的总结性工作报告;二是有关犯人的各项统计报表。

1. 定期的总结性工作报告。定期的总结性工作报告,一般是每年向高等法院做全面系统的年度工作总结时报告一次。从 1948 年 9 月份开始,监狱逐月向高院书面报告工作。

边区高等法院要求,综合性工作报告必须内容充实,中心突出,要有情况,有分析,有结论,能提出问题并能提供解决问题的意见;报告必须真实全面,既说优点长处,也说缺点错误,反对报喜不报忧、欺瞒上级的无原则现象。

边区监所的工作报告,基本上是按照边区政府的指示总结的。这些报告反映了监所在这个时期的整个情况和工作概貌,总结了管理教育和改造犯人的基本经验,对犯人和监所工作中存在和发生的问题,研究症结所在,提出纠正的措施,为下一阶段工作打下良好的基础。这些报告反映的问题生动具体,既讲成绩,也讲缺点,实事求是。

2. 有关犯人的各项统计表。各级监所有关犯人的各项统计表包括三类:

第一类是反映在监人犯基本情况的统计表。1943 年 7 月 13 日高等法院发布命令,令各分庭及县司法处按月填报《羁押人犯月报表》《入监出监月报表》,此外还有《在监人犯统计月报表》《外役人犯统计月报表》《收押及判决释放人贩统计表》《监狱人犯统计报告表》《在监人犯刑期统计表》等。

第二类是为高等法院提供监犯情况的单项统计表,有《监狱人犯成分统计表》《监狱人犯职业统计表》《人犯年龄统计表》《人犯文化程度统计表》《人犯籍贯统计表》等。这是高等法院的基本调查,是研究分析社会犯罪动态和犯罪根源的数量根据。

第三类是反映犯人守法情况的统计表,有《监内监外应受奖惩统计表》《人犯发生问题统计表》等,这些报表使高等法院掌握犯人守法中的活动规律和发生的各种倾向,是采取适当方法搞好管理教育的依据，也是对教育改造犯人的政策和方法是否正确、效果大小的检验。此外，还有关于生产劳动、文化教育、医疗卫生等方面的报表，有助于高等法院了解这几方面的情况。

这些报表，为高等法院掌握监所工作和犯人的基本情况提供了数量上的统计分析，成为决定教育改造犯人的政策和方法的依据。

第二节　陕甘宁边区监狱的犯人自治组织

一、犯人自治组织的性质和职权

陕甘宁边区政府，以新民主主义政策、法律为指导，结合边区的政治情况和犯人特点，建立了监狱犯人自治制度。

边区犯人自治是在监所的领导下，通过犯人的选举，建立自治组织，依靠这个组织，辅助监所管理教育，运用批评和自我批评的武器，开展积极的思想斗争，促进和帮助犯人转变为边区守法的公民。简言之，就是犯人自己管理自己，自己教育自己，在法定的范围内使犯人过上一定的民主自由的生活。

1942 年，边区监狱成立后公布的《陕甘宁边区高等法院监狱管理规则》第 2 条规定："在规定管理范围内，建立守法人的自治组织，其职责如下：(1)清洁卫生的管理督促；(2)生产学习的任务保证；(3)维持自治公约和所内的纪律规定；(4)调解相互间的意见和争吵；(5)召集生活检讨大会。"第 3 条规定："看守人要领导、帮助守法人的自治组织。"这就明文规定了犯人自治组织的性质、职权以及与监所的关系。

陕甘宁边区高等法院的看守所和监狱建立的犯人自治组织包括两个系统：一是监所领导下的组、队组织；二是全体犯人的群众组织，即救亡室委员会(俱乐部)。

(一) 组、队组织

1937 年 7 月高等法院建立。为便于看守所管教犯人，就在犯人中实行了组、队的编制。基层单位是组，将同住一室(窑洞)的犯人编为一组，设正副组长；两组为一班，设正副班长；三班为一队，设正副队长；全看守所为一大队，设人犯队长。1940 年重新编队，把已决犯编为一队，称劳作队；将未决犯另编一队。这时，各组除正副组长外，增设学习组长 1 人。1942 年在劳作队的基础上，建立高等法院监狱。从这时起，为了加强领导，减少层次，犯人编制实行组、队两级制。在各组又增设卫生组长。1949 年进入西安后，随着监狱设备条件的改善，重新编制。根据工种不同，组成组和队，从事同一工种的犯人住在一个巷内，这样，既便于管理教育，同时上下工时间一致，也避免了相互干扰，做到井井有条。

组、队长是犯人通过民主选举产生的。陕甘宁边区监所犯人的选举，曾经实行过三种形式：第一种是由犯人选出应选人数两倍的候选人，经监所领导选择指定。第二种是监所领导提出应选人数两倍的候选人，由犯人大会选举。第三种是在犯人少或彼此不熟悉的情况下，由监所领导指定临时组、队长，宣布时必须向犯人群众讲明原因。这三种形式中，边区政府认为第二种更为民主些，实践中多采用这种形式，当选者也多为那些曾在革命队伍和机关中担任工作，在守法中表现较好，在犯人中能起积极作用的人。

为了搞好犯人自治，发挥自治组织辅助行政进行管理教育的积极作用，边区监所对于犯人中的领导骨干的选择十分重视。总结边区监所的实践经验，对组、队长候选人的条件，注重下列4条：(1)忠诚老实，诚恳接受监所教育，安心守法，积极开展思想斗争，转变错误；(2)努力学习政治文化，积极参加生产劳动，对监所交给的工作，认真负责，不敷衍塞责；(3)服从领导，带头遵守自治公约和监规，团结帮助别人，按时向领导汇报，及时反映问题；(4)有一定的管理能力。

正、副组长在监所领导下，负责全组的一切工作，包括：管理、教育和组织生产；分配差事；召集和主持全组生活检讨会，开展批评和自我批评，进行思想斗争；及时传达监所指示，督促学习组长、卫生组长的工作；按时向监所汇报工作。学习组长，负责全组学习，帮助认字，召集和主持全组政治讨论会，督促检查学习，组织互帮互学，批评教育不爱学习的人，按时向监所做学习工作汇报。卫生组长在看守所及犯人救亡室(俱乐部)卫生委员领导下，负责全组的卫生工作，安排值日，督促检查组内卫生，以保持内务整洁和室外环境清洁。

正、副分队长，在看守所领导下，计划推行全分队的工作，主持各种讨论会和生活检讨会，通过组长了解情况，收集问题并予以反映，每日向看守所汇报。

犯人队长，在典狱长、看守所长领导下，辅助监所进行各项管理教育工作。

(二) 救亡室委员会(俱乐部)

抗战时期，在边区的机关、工厂、学校、企业、乡村等各部门，都建立了群众性的抗日组织——救亡室委员会。

边区政府为了对犯人进行抗日救亡教育，提高犯人的民族意识和爱国感情，作为宽大政策的一种体现，在监狱里，也建立了救亡室委员会，作为犯人自治组织的一个组成部分。抗战胜利后，救亡室委员会改组为俱乐部，仍为犯人自治组织，协助监所推动犯人的文化、娱乐、卫生等工作。

1939年，高等法院建立了救亡室委员会，1945年日本投降后，救亡室委员会改组为俱乐部。1948年粉碎国民党军的进攻，收回延安后，又恢复了俱乐部的组织。

救亡室(俱乐部)在其存在的十余年里，随着政治形势的变化、经验的积累和任务的调整，其组织机构也有相应的变化。救亡室委员会(俱乐部)由犯人选举产生，一般设主任委员1人，墙报委员、教育委员、生产委员、卫生委员、文娱委员各1人。1939年以来，主任和委员均由犯人大会讨论候选人，并选举产生，再经监所审查批准。1942年一度采用由监所提出主任候选人名单，犯人提出干事候选人名单，经犯人大会选举后，由监所审查批准。1945年以后仍然恢复前一种形式。

救亡室委员会(俱乐部)作为犯人自治的总机关，其具体职责是：(1)辅助监所对犯人进行管理。凡行政的号召、生产学习计划的安排和动员，都要通过救亡室(俱乐部)讨论。(2)配合组队，实行犯人民主自治。召开犯人大会，进行民主评功，选举劳动英雄和模范班组，讨论奖惩，开好犯人检讨会。(3)主持和领导犯人的某些生活事宜，如文化娱乐的开展、卫生的检查和伙食的改善等。

各县司法处和保安科的看守所也建立了犯人的自治组织。一般以住室为单位编组,实行组、队(班)两级制。个别犯人多、条件好的看守所,还建立了救亡室委员会(俱乐部)。

组、队组织和救亡室委员会(俱乐部)都是犯人的自治组织,但二者也有某些差异。组、队组织是监所的近似行政系统的基层组织。救亡室委员会(俱乐部)则是犯人的群众性组织。二者没有隶属关系。救亡室委员会(俱乐部)虽号称犯人自治的总机关,但在犯人民主自治管理中,它仅是配合组、队进行工作的。两个系统的犯人自治组织,都是在监所领导之下,在规定管理范围之内进行自治的。

二、犯人自管自教的形式

犯人自治组织配合监所搞好政治文化教育,提高犯人觉悟。根据监所的教育计划,救亡室委员会教育委员和学习组长,定期讨论和研究学习计划的安排、上课的方式、课堂的纪律、考试的办法和成绩的公布等。在犯人中挑选政治教员、识字教员和读报教员等,帮助文盲犯人识字,学习新知识,并组织文化水平高、有研究兴趣的犯人成立军事、经济、哲学等研究小组,召开讨论会和演讲会,以推动学习研究。

(一)自我教育的形式

边区监狱救亡室委员会(俱乐部)设有图书阅览室,备有图书、报刊等供犯人学习。1940 年,已有书 293 本,分为马列主义书籍和大众通俗读物两种,计 32 类。另有各种杂志 98 种,主要有《解放日报》《新中华报》《新华日报》《群众报》《群众》《西北》《团结》《军政杂志》《中国文化》《中国工人》《中国青年》《中国妇女》《大众文艺》《前线画报》等。随着设备的健全和完善及图书报刊的增多,还制定了《借阅规则》。到 1943 年,阅览室已经发展为一个可观的图书馆。

救亡室委员会(俱乐部)还组织犯人办墙报和出版油印小报,作为犯人自治组织的"喉舌"。高等法院看守所建立后,就开始办起了墙报——《觉悟》。从 1940 年 5 月 20 日开始出版油印的《守法生活日报》,1941 年上半年改为五日刊,下半年为周刊。1949 年西安监狱俱乐部又办了墙报——《自新周刊》。办这些报刊的目的,在于给犯人一定的言论自由,教育犯人转变错误,内容主要是反映犯人守法生活的实际情形。犯人们通过报刊反省自己,分析犯罪的因果关系;并在报刊上表扬鼓励好的,批评教育差的,将报刊作为促进其思想斗争的武器。版面上分为生活与学习栏、铁锤栏、文艺栏、卫生栏等。其中对于有政治意义的稿件,要经监所主管人审阅,其他稿件则由救亡室委员会(俱乐部)主管委员审阅。每期《觉悟报》和《守法生活报》出刊后,即由组长带领全组学习。这些做法,对犯人的教育起到了很好辅助作用。

(二)自我管理的形式

犯人自治组织协助监所管理,开展思想斗争,帮助犯人转变错误,在管理上是监所的重要助手。由犯人自己的组织进行管理教育,比单纯由监所工作人员进行管理教育的效果要好得多。自治组织根据《陕甘宁边区高等法院监狱管理规则》的要求,定期检查《自治公约》

并组织评议，对表现好的犯人，经上级批准，可以予以物质和精神奖励，或予以外役、假释和减刑；对表现不好的，经过犯人自治组织讨论，可以给予批评教育、大会斗争、处分或呈报高等法院加刑。

犯人自治组织重视开展文体活动，调剂生活，消除苦闷情绪，促进安心守法。在体育方面，组织犯人上早操、打篮球、排球、乒乓球、下象棋、做游戏以及院内散步等；在文化方面，组织了丰富多彩的文化娱乐活动，组织犯人学习唱歌、排演戏剧和登台演出，丰富犯人的精神世界；在生活方面，注意搞好生活管理，让犯人吃饱吃好，讲究卫生，减少疾病，使犯人们在紧张的学习劳动之后，能够消除疲劳，保证身体健康。

1945 年 12 月 29 日，边区第二届司法会议上的《边区司法工作报告》指出："发扬犯人自治，犯人在监所内的学习生产及日常生活，在守法范围内多采取犯人自治办法是有好处的：(1)辅助监所内的管教工作；(2)培养犯人自治能力及民主习惯；(3)活跃犯人的生活；(4)启发犯人对监所工作的改进意见；(5)发扬犯人自我改造的积极性。从我们过去对监所管教方针的实施看来，在这方面是收到效果的。"这些做法，得到了边区广大人民的称赞，也赢得了外来参观者的好评。

第三节　陕甘宁边区监所犯人的教育

一、教育的目的和原则

历史上，不同的统治阶级都在进行不同形式的犯人改造，但他们始终不懂得社会产生犯罪的根本根源。无产阶级肩负消灭阶级、消灭犯罪的历史使命。只有无产阶级，才能认识社会产生犯罪的真正根源，找到教育改造罪犯的科学方法，把监所变成熔化顽劣、铸造新人的教育场所。

（一）教育的目的

1941 年 11 月 8 日，林伯渠在边区第二届参议会做政府工作报告时强调"对犯人采取教育感化的方针"，并指出：边区监狱的任务，和国民党旧监狱不同，它"除监禁人犯外，最主要的还是对人犯的教育改造和劳动改造，改造人犯罪的思想习惯，使其认识新社会前途的光明，以便成为好公民"[①]。边区监所十分重视对犯人的教育，一切设施和全部活动都是为了教育犯人。教育是争取犯人的先决条件，是帮助犯人转变错误的主要方法。

1949 年 1 月的《陕甘宁边区高等法院监狱工作报告》总结边区对犯人的教育方针是"服从总的监狱任务，进行有效的思想改造及劳动改造，使其认识罪行，改悔错误，逐步提高其政治觉悟，培养其劳动习惯，生产技能，成为一个好公民。"这个教育方针是从边区实际出发制定的。

为贯彻这一教育方针，边区监所采取了内容丰富和形式多样的教育。犯人教育的形式

① 参见《陕甘宁边区一九四九年下半年监狱工作总结》。

分两种：一是一般教育，即集体教育；二是个别教育，即个别谈话。教育的内容来分三种：一是政治教育，二是文化教育，三是劳动教育。边区高等法院称之为“三大教育”。

（二）教育的原则

陕甘宁边区监所在教育工作中贯彻着如下四项原则：

1. “犯人自己教育自己”的民主原则。对犯人的教育具有强制性，是指在一定时期内，剥夺犯人的政治权利和自由，在监所的管理教育下，将其思想和行为纳入边区政策法律的轨道，将其改造成适合边区社会要求的公民。边区监所在教育工作中，十分重视“犯人自己教育自己”的民主原则。这个原则表现为发挥犯人自治组织的作用，以批评和自我批评为武器，相互监督，相互帮助，开展积极的思想斗争；对于犯人中的错误倾向和罪恶行为，经过犯人的思考和反省之后，运用民主方法，进行讨论，提倡争辩，以求深入理解，取得认识的转变；对于监所教育的内容和方法，犯人有提出批评和建议的权利；在守法中，犯人表现好坏及其功过由犯人大会民主评议，奖惩也由大家提出意见，贯彻“鼓励多于批评”的精神，做到赏罚严明，充分调动犯人自我改造的积极性。

2. “与守法生活相联系”的原则。监所的教育，从内容、形式到方法，都是为了转变犯人的思想，因此，必须贯彻教育与守法生活相联系的原则。在工作中有以下几种方法：

（1）结合各个时期斗争的中心任务进行形势教育，促进犯人的政治觉醒。如边区前期对犯人进行提高民族意识和爱国精神的教育，使之成为他们痛改前非、重新做人的动力；后期对犯人进行反对国民党反动统治的教育，使他们同旧社会划清界限，深挖犯罪根源。

（2）从犯人的思想实际出发，确立教学内容，有的放矢地进行教育。边区监狱在制订教学计划、选定教材和日常思想教育中，都要求工作人员深入犯人，调查研究，针对犯人的思想动态和普遍存在的倾向性问题进行教育。

（3）运用典型事例，进行活的教育，表扬先进，警醒顽劣。监所经常把在思想、学习和劳动方面表现好的犯人树立为典型，向犯人们介绍他们转变的经过和改造的经验，号召犯人们向他们学习，收到了很好的效果。同时，还运用坏的典型教育犯人，让犯人们接受教训，防止不良现象的重演，对犯人中的顽固分子也起到了警醒作用。

（4）发动转变好的犯人现身说法，以亲身体会教育犯人。边区监所常常动员刑满提前释放和留监工作的人员，以及在监所守法且表现突出确有转变的犯人，向其他犯人介绍自己正确认识政府教育改造犯人的宽大政策的过程，介绍自己如何在守法中消除对立情绪，磨练自己，改掉恶习，树立信心，以实际行动立功赎罪，创造提前出狱的条件等。

3. “讲授与讨论相结合”的原则。根据犯人普遍政治文化水平低，接受程度差的情况，边区监所在教育中坚持“不只凭课堂讲授，尤重课下讨论”。通过讨论环节，使犯人把课堂讲授的内容和犯人的思想实际紧密结合起来，加深了理解和领会的过程，收到了学习理论改造思想的效果。边区监所经常发动犯人进行集体讨论，形成讨论会制度。讨论会，一般由犯人学习组长主持，监所工作人员到会指导。讨论中坚持突出重点问题，联系思想实际，由政治文化水平高的犯人和积极分子带头发言，最后做出结论，明确进步方向。

4. “少而精、简而明”的原则。边区监所教育曾经对犯人讲授马列主义原理、《新哲学人生观》、《整分文献》等，内容繁多且深奥，教学效果很差。后来遵照毛主席为干部学习制定的"少而精"的原则，于1942年提出了"少而精、简而明"的讲课原则。为贯彻这个原则，选择适当教材，在讲授中注意突出重点，集中问题，简明扼要，避免旁征博引、漫无边际的空论和晦涩难懂的语言，从与犯人最切身最平常的事情讲起。用浅显易懂的道理，向他们灌输无产阶级的革命真理。

二、政治教育

陕甘宁边区监所对犯人进行政治、文化和劳动三大教育。对于三大教育的关系，在实践中是这样处理的：政治教育处于主导地位，文化和劳动教育次之。在政治教育中，尤以思想教育为重，思想教育贯穿于三大教育过程的始终。文化教育，除了提高犯人的自然和社会科学知识外，主要是辅助政治教育。政治教育成绩的大小、效果的好坏，主要通过劳动表现出来，劳动是考察犯人认识罪行和转变思想的"测量器"。

政治教育有两种：一种是政治理论教育，另一种是思想政治教育。

（一）政治理论教育

边区高等法院监所的政治理论教育，一般是按计划执行的。根据各个时期的政治形势和犯人的思想动态，参考干部理论学习的内容制定。它以"政治上加强无产阶级真理的灌输，提高犯人对犯罪行为的清醒认识，以求得彻底改造"[①]为指导思想。计划的制订，先由监所召集犯人组、队长开会提出，再经犯人大会和组、队会讨论通过。在边区后期，整个教育计划确定后，再发动犯人制订个人学习计划，根据个人犯罪的原因、错误的根源确立自己改造、进步和奋斗的方向。边区监所政治理论教育计划，有时是月计划，有时是季度计划，后期是半年一期计划。从接受教育对象上分，包括普通的教育计划和具体的教育计划。前者是对所有犯人施行的；后者是为教育不同类型的犯人制订。每周按课程表执行。

边区监所犯人的学习，是在监所领导下根据政府制定的"自管自教"的原则，通过犯人自治组织进行的。1937－1941年，由救亡室教育委员会、各组学习组长负责犯人的政治理论教育。1942年整风期间，曾在监所领导下设立学习委员会推动学习。每月召开组长会，检查各组学习，并检讨监所政治理论教育情况。1946年以后，随着犯人自治组织——救亡室委员会改为俱乐部，便由俱乐部教育委员会在监所领导下，通过学习组长组织犯人政治理论学习。

基于犯人自己教育自己的原则和干部缺乏的情况，教员大部分由犯人担任。1943年高等法院单设专任政治理论教员1人，主要还是由犯人担任。直到1949年，监狱迁入西安后，才由干部任教员，负责全部政治理论教育工作。犯人教员是经过严格挑选的，只有政治理论水平较高，热心帮助别人学习，在犯人中认可度高的人才能担任。

政治理论教育的时间是有充分保障的。1943年以前，每天平均两小时，早晨上课，晚上讨论。1943年以后制度化，规定每周上政治理论课两次，每次两小时。

---

① 《陕甘宁边区监狱对于犯人教育方针及实行计划》，1949年11月－1950年5月。

边区监所政治理论教育的内容是丰富的，包括以下几个方面：首先，讲授国际国内政治形势，促进犯人民族意识的觉醒和觉悟的提高，增强他们思想改造的自觉性。其次，讲授新民主主义法律的精神和政策，启发犯人深刻认识犯罪根源，彻底转变错误。最后，讲授新民主主义的理论和政权建设，帮助犯人认识和理解新社会，自愿做一个拥护人民政权、遵纪守法的好公民。

边区监所对犯人的政治理论教育的重视，还表现在经常的检查、定期的总结和考试测验上。监所领导和工作人员不时到课堂和讨论会上进行督促检查，了解情况，听取汇报，每月召集犯人进行学习总结，肯定成绩，找出缺点，改进学习方法，提高教学质量，还通过考试和测验检查学习效果。测验的成绩都要公布，作为对犯人考核、奖惩的重要依据之一。因此，犯人学习都很努力，就连基础差、学习时间少的劳作队犯人，也克服各种困难，赶上进度，达到了教学的基本要求。

（二）思想政治教育

思想政治教育被称为监所的特殊教育，有两种形式：一是集体思想政治教育，包括集体上课，课后讨论和训话；二是个别谈话教育。

集体思想政治教育的内容包括以下几个方面：(1)教育犯人安心守法，克服犯人对立的态度、疑虑的心理和悲观失望的情绪，这是改造犯人的首要条件。(2)教育犯人努力学习。政治上浑浑噩噩、文化上愚昧无知，是一些人变成罪犯的一个原因。针对这个特点，边区监所对犯人施以政治和文化教育。(3)教育犯人开展思想斗争。“思想斗争是帮助犯人转变错误最有效的方法，是犯人自管自教的唯一武器。”①(4)教育犯人深刻认识犯罪根源。边区监所是把它作为政治教育，特别是思想政治教育的核心问题看待的。陕甘宁边区政府把马克思主义的犯罪理论同监所的具体实际结合起来，揭露犯罪的根源。(5)教育犯人做一个好公民。这个教育包括两个方面：在监狱内，教育犯人做一个“忠实的人”；在出狱前，则教导犯人“怎样做一个好公民”，为犯人再次进入社会做好准备。

后期的集体思想政治教育，从1946年到1950年，与政治理论教育合二为一，使政治教育重点更为集中，更加符合犯人的守法实际，效果也更明显。

针对每个犯人的犯罪行为发生在各种不同事体上，有其特殊性，罪行有轻重之别，犯人的出身、经历、政治文化水平等也存在个性差异的情况，边区监所采取个别谈话的方式，有针对性地加以解决。边区监所从实践中认识到个别谈话教育是对犯人进行思想政治工作的基础，因此，十分重视个别谈话在教育改造犯人中的重要作用。

边区监所对犯人进行个别谈话教育，采取多种形式，注重调动犯人的积极性，提升教育效果。对个别犯人的谈话，根据具体情况，可以由自治组织的队长、组长、学习组长进行，也可由表现好的犯人进行，即使重犯错误改正后进步突出的犯人也可以进行，他们把自己的经验教训告诉给其他犯人，从而起到有针对性的教育作用。

边区监所的个别谈话教育，注意把握教育时机，一般在犯人遇到问题、情绪波动较大、思

① 《陕甘宁边区高等法院看守所工作总结报告》，1940年。

想斗争激烈的情况下进行，如新犯人入监，守法中重犯错误，受到批评、斗争和处罚，以及即将外役、假释、释放的时候。个别谈话要针对犯人的思想特点，防止消极因素的增长和发展，引导犯人思想向积极方面转化。

边区监所的个别谈话教育，结合犯人的思想实际，尊重教育规律，采取灵活多样的谈话方式。监所工作人员应以亲密关心其前途的态度摆事实讲道理，尊重犯人人格，避免盛气凌人的口吻和挖苦讽刺的语言。对新入监的犯人要注重解除其恐惧和疑虑；对挨了批评的犯人要注重鼓励其信心；对受了处罚的犯人要注重进行劝解和安慰；对离监犯人要注重提出今后的希望。

（三）政治教育的经验

陕甘宁边区监所对犯人的政治教育，始终贯彻了边区提出的教育感化主义和自管自教的方针，配合以文化和劳动教育，改造好了大批犯人，为保卫边区、巩固人民政权、安定社会秩序、保障抗日战争和解放战争的胜利，作出了重大贡献。边区对犯人的政治教育是成功的，经验是丰富的，是苏维埃时期对犯人政治教育的继承和创造性的发展。它主要表现在：

第一，加强政治理论教育，与犯人守法生活相结合，为改造犯人思想服务。政治理论教育的根本目的，就是用马列主义的观点塑造人们的灵魂。向犯了罪的人灌输最基本的马列主义观点，矫正他们被扭曲了的灵魂，净化他们被污染了的思想意识，是边区监所工作的首要任务。在后期教育实践中，监所把政治理论课和集体思想政治教育合二为一，吸取二者的长处和优点，使政治教育更加切合犯人的思想实际，使政治理论在促进犯人思想转变上发挥更大的作用。

第二，深入掌握和研究分析犯人的思想，开展积极的思想斗争，反对错误倾向。边区监所教育犯人的唯一武器是批评和自我批评，开展积极的思想斗争。为了正确运用这个武器，达到预期的效果，边区监所反复了解犯人的动态，深入研究和分析犯人的心理和思想，这是有的放矢做好思想转化工作的基础。在这方面，边区监所具体做到了以下几点：(1)解剖典型，研究犯人的思想。(2)按照犯人的社会出身和经历，分析犯人的思想。(3)按照犯人认识错误和改正错误的态度，研究犯人的思想。(4)根据不同的犯罪性质，分析研究犯人接受改造、转变思想的发展规律。

边区监所的广大工作人员克服重重障碍和困难，反复了解犯人的动态和倾向，深入分析研究犯人思想。正如1940年陕甘宁边区看守所工作总结报告提出的："对于以上这些犯人思想意识的认识，也决不是简短的时期和从皮毛上就能揣测清楚的，而是要从他们一贯的细小的接触事物上去观察。"[①]边区监所开展思想斗争，教育犯人，善于通过大小生活检讨会、批评斗争会、奖惩会以及《守法生活报》等反省与斗争专栏，拿起批评与自我批评的武器，揭发和批判犯人中的坏思想、坏行为、坏现象、坏典型，表扬和奖励好思想、好典型，达到认识错误、由坏变好、共同进步的目的。

这方面，边区监所坚持了以下几个原则：(1)坚持原则，反对过火斗争。要选择具有典

① 《陕甘宁边区高等法院看守所工作总结报告》，1940年。

型教育意义的思想、人和事,开展批评和斗争。反对在细小问题上纠缠不休,搞无谓的斗争。(2)实事求是,弄清事情真相。边区监所要求工作人员对发生的问题和事件,多方听取意见,深入调查研究,弄清事件发生的原因、详细经过以及有关人员的一贯表现。(3)端正态度,正确对待批评和自我批评。没有正确的态度,批评一经展开,就会发生无原则的斗争,乱批乱斗,后果不堪设想。(4)处理适当,做好善后工作。由于批评者与被批评者处于不同的地位,对事实的了解和问题的认识往往有些出入。监所工作人员必须分清是非,作出恰如其分的正确结论。

犯人思想转变的整个过程,充满了正确思想与错误思想的激烈斗争,以批评和自我批评做动力,可以帮助正确思想战胜错误思想。

第三,根据犯人的不同特点,因势利导,进行不同的教育。一方面,边区监狱利用犯人希望恢复自由的心理特点,鼓励犯人沿着正确的方向和道路,努力改造,树立争取早出狱的信心。把确实改造好了的犯人提前释放,为其他犯人树立榜样。消除一部分犯人“思想好坏,坐满为止”的消极思想。另一方面,采取有力措施,努力做好各方面的工作,缩短改造过程,为犯人早日恢复自由创造有利条件。

除了针对犯人的共同特点进行一般教育外,边区监所还因人施教,依据犯人的不同情况和特点,选择专门教材,进行特殊教育。具体如下:(1)对劳作队的已决犯,着重进行安心守法、努力生产、在劳动中改造自新的教育。(2)对未决犯进行刑罚政策目的教育,如“政府是为了教育犯人而处罚的”“转变错误的人,前途是光明的”“解决问题前,应怎样安心守法”,从而消除其悲观失望情绪,做到安心守法,静候法庭依法处置。(3)对守法时间长的犯人,进行下列教育:“政府是时刻关心犯人的前途的”“犯严重错误必须经过长期教育”“只有相信和接受政府教育,才是唯一出路”“从革命立场出发,反对一切悲观失望现象”。受到了犯人的好评。(4)对守法中犯错误的犯人,教育的主要内容有“守法中犯了错误怎么办”“人犯中各种错误倾向的严重性”“怎样矫正错误”“要想不犯错误,应该注意些什么”等。这些特殊教育收到了好的效果。(5)对新入监的犯人进行下列特殊教育:“犯了错误并不可怕,主要看能否转变错误”“政府是怎样争取和教育人犯的”“怎样安心守法”“要忠实诚恳地揭发自己的错误”“守法中应注意的事项”“要努力学习和工作”“遵守守法规则”。通过这些教育,帮助刚入监犯人少走了许多弯路,顺利地踏上了改造自己的正途。

第四,培养犯人积极分子,协助监所工作,发挥他们在思想斗争中的骨干作用。边区监所在对犯人进行思想政治教育中,贯彻了群众路线,按照条件选拔积极分子加以培养,充分发挥他们在思想斗争中的核心作用。同时,严格要求积极分子密切联系犯人群众,做犯人学习的榜样和表率。监所的积极分子,一般包括:犯人队长、正副组长、学习组长以及救亡室(俱乐部)的主任、委员;担任政治、文化课的犯人教员;曾在机关和部队工作过而又安心守法的人;在学习劳动及转变错误中表现很好的犯人。这些人大多具有下列优点:一是对待自己错误的态度忠诚老实;二是能够联系犯人群众;三是在犯人群众中有影响和较高的威信;四是能够在学习劳动中起模范带头作用。为使犯人积极分子发挥作用,做好工作,监所对他们要进行专门的教育和培养。

犯人积极分子是监所自管自教原则的主要执行者。他们不仅在辅助监所管理犯人方面占有重要地位,在思想政治教育方面也发挥着重要作用。组长们在监所的领导下,主持有关思想斗争的各种会议,并起主导作用。积极分子协助组长保证会议顺利进行。他们严肃认真,带头发言,"不扩大事实","不搞报复","坚持原则问题","不买好","诚恳检讨和不隐蔽自己的错误",热情帮助别人。这些积极分子,在日常生活、学习、劳动中,不仅要以身作则,而且要与犯人交谈,现身说法,做犯人的思想工作。犯人教育犯人,能够调动他们改造的自觉性和互相帮助的精神,使其感到帮助更加亲切,谈话内容更加可信,因而效果十分明显。

第五,关心犯人生活,和犯人打成一片,做好思想政治工作。边区监所要求工作人员关心犯人生活,和犯人打成一片,目的在于消除犯人和监所的对立情绪,使他们体会边区政府的关怀,明确法律制裁的目的,从而端正守法的态度。监所还解决犯人个人和家庭的实际困难,减少其后顾之忧,便于他们排除各种思想干扰,集中精力接受教育和改造。

为了做到关心犯人生活,和他们打成一片,监所要求工作人员首先要树立正确的态度,明确自己的职责是教育犯人,为改造犯人服务。因此,必须从思想深处消除鄙视和单纯憎恨犯人的情绪,从帮助和有利于教育出发,既要从政治上、思想上、法律上严格要求,教育他们认识和改正错误,又要从生活上给予关心和照顾。在同犯人的接触中,切忌盛气凌人,以管教者自居,或由个人好恶出发,随便训斥、打骂甚至惩罚犯人。绝对不允许使用刺激的口吻和谩骂的污秽语言,损伤他们的人格尊严和感情。要做到态度严肃和蔼,使犯人在工作人员面前,既不感到恐惧害怕,也不敢放肆纠缠。其次,要满腔热情地关心犯人生活,实事求是地解决他们的困难。谢觉哉在1942年指出:"解放区的法律和人情是统一的。有人说,司法的人,不近人情,这是误解。"①

三、文化教育

边区监所文化课有识字课、算数课、常识课、法律课和读报课。

1. 识字课,主要是教汉字,以扫除文盲为中心。1939－1941年,为配合边区普及教育,扫除文盲,监所一度教过新文字。看守所建立之初,采取发字条的办法教犯人识字,每月编选100字作为识字课教材,内容多为看守所《守法规则》、救亡室委员会标语以及有关生产问题。监所编写了《识字课本》,内容是守法,改正错误的问题和社会常识。文化程度高的犯人则学习《社会科学读本》和连词造句。监所规定刑期一年半以上的犯人,在出狱时,要达到能看懂报纸和写信的水平。

2. 算数课,看守所建立时就有算数课。按程度不等,分甲、乙、丙、丁四组,集体上课,学习加减乘除、四则运算,进步快的还学小数和分数。算术课的教学,以实际运用为原则,每月进行测验,考查成绩。

3. 常识课,门类很多,内容丰富。主要包括:(1)卫生常识课,由监所医生讲解,内容包括日常卫生、个人卫生、各种常见病的预防和治疗、新法接生等;(2)科学常识课,即对风雷

---

① 吉世霖:《谢老司法散记》,载《法制周刊》1982年5月25日。

雨电等自然现象进行科学讲解，以破除犯人中的迷信思想；(3)法律常识课，讲解边区施政纲领及有关法律知识；(4)地理常识课，使犯人了解有关宇宙和地球的常识和边区和中国的地理概况，便于其了解革命战争的发展形势，以增强其抗战的观念。此外，还有中国历史常识课、防空防毒常识课及经济学、哲学名词等。边区监所的常识课，每周上 1 – 2 次，采取问答晚会的形式进行，生动活泼，带有娱乐性质，既增长了知识，又消除了苦闷。

4. 读报，是文化课的辅助教育。事先做好准备，从《新中华报》《新华日报》《解放日报》《群众报》和犯人自办的《觉悟报》《守法生活报》《自新报》以及墙报上，选择重要信息和有教育意义的文章作为教材，用报告和问答的方式向全体犯人讲解。

为了搞好犯人的文化教育，边区监所尽力拨出经费为犯人买书和学习用品。并建立学习检查制度，每半月或一月进行一次测验，成绩优良者给予物质奖励。还把文化课学习成绩列入竞赛计划，以推动犯人学习。边区监所的文化教育是成功的，效果是良好的，达到了预期目的。

四、劳动教育

1942 年《边区司法纪要》指出："边区监所生产教育(即劳动教育)的目的是改正轻视劳动的观念，锻炼思想意识，消除犯罪邪念，提高生产技能，获得谋生手段。"从这样的指导思想和目的出发，边区监所劳动教育的内容包括三个方面：

(一) 劳动认识教育

边区犯人中二流子性质犯罪居多，这些人中很多认为劳动是受苦和下贱行为，向往不劳而获的舒适生活。因此，必须首先对他们进行有关劳动本身意义的教育，讲解"劳动创造了世界"，劳动人民是历史的主人，劳动是伟大的事业。其次，对犯人要进行劳动政治意义的教育。教育犯人懂得"只有发展生产，保障供给，才能促进抗日战争胜利"的道理，动员他们和广大人民一起参加生产，克服困难。解放战争开始后，边区监所教育犯人把生产劳动与推翻旧制度联系起来，提高产品质量和数量，支援前线，为战勤服务。最后，要对犯人进行劳动改造意义的教育。不劳而食的剥削阶级思想是边区犯罪产生的重要根源，因此，对犯人进行劳动改造，是改造犯人最有效的方法之一。监所强制犯人参加力所能及的劳动，教育他们把生产与守法联系起来，通过劳动汗水的洗涤、激烈的思想斗争、痛苦的肉体磨练体会劳动的艰苦，明白财富来之不易。

(二) 劳动观点教育

首先，进行劳动光荣教育。讲解工人、农民在新社会的主人翁地位，说明工人、农民之所以受到社会尊敬，就是因为他们是劳动者，他们创造了物质财富，光荣属于劳动人民。要讲解新民主主义的劳动政策，说明只有靠劳动才能发家致富。与此同时，在监所开展劳动竞赛，发动犯人争做劳动英雄，并给予精神、物质和减少刑期的奖励，以促进他们热爱劳动，提高对劳动光荣的认识。

其次，进行爱护公物的教育。犯人入监参加生产是不自觉的。由于对判决的不满和错误劳动观点的驱使，除了消极怠工外，还会把不满情绪发泄在损毁甚至破坏工具和践踏生产原料上。在这个阶段,监所一方面要加强劳动光荣的教育;另一方面,要依照《陕甘宁边区高等法院在押人犯服役奖惩暂行办法》的规定,“服役人犯如不爱护工具,致工具有损坏时,得酌量情形命赔偿工具价格之一部或全部”,从奖金内扣除。即使对因大手大脚、疏忽大意、不负责任造成损失的,也要给予批评。而对生产积极、节省原料的犯人,则给予奖励。随着犯人劳动观点的转变和改造自觉性的提高,犯人增强了主人翁感,就会自觉地爱护公物。

(三)劳动技能教育

边区监所很重视对犯人进行劳动技能教育。一方面,监所工作人员在与犯人一起劳动中,亲手教他们生产技能,教纺线,教锄地,教烧炭,教种菜,教打窑等。对于一些需要特殊技术的工种,如石印机、纺织机的使用和生产,则从监外请师傅来教。还组织有技术的犯人带徒弟,帮助其他犯人学技术。另一方面,奖励犯人学技术。对于改进和提高技术或有发明创造者,实行高额奖金和减刑,以鼓励犯人钻研技术的积极性。《陕甘宁边区高等法院在押人犯服役奖惩暂行办法》第 4 条规定:“人犯服役对于劳动技术或程度之提高及其他有关生产率增长之具体方式和方法有所创造,使生产有特殊发展者,给予 3 000 元以下 100 元以上之特别奖金。”

边区监所对犯人施以劳动技能教育,对于彻底改造他们,避免其再陷入法网,有着特别重要的意义。教以劳动技能和生产知识,使其学会劳动本领,改变四体不勤、五谷不分的状况,就可以进一步稳定他们的守法情绪,坚定其自我改造的决心,增强其在新社会继续生活下去的信心与希望。同时,犯人学会了劳动技能,重新进入社会后,自己有了谋生手段,再不会遭人厌恶、讨人嫌。在地方政府的妥善安置下,配合监所为他们建立的生产资金等条件,可以顺利地进入劳动者的行列,成为对社会有用的成员,从而杜绝了再次坠入犯罪的深渊。例如,边区从 1944 年到 1945 年上半年,盗窃罪发生 259 件,其中累犯仅 16 件;赌博罪 136 件,累犯仅 2 件。这从一个侧面说明犯人有了劳动技能是减少重犯的一个重要因素。

边区犯人的生产劳动,由犯人自治组织具体实施,监所生产管理干部督促检查,建立考核和考勤制度,实行检查数量质量的计工方法。每月召开生产会议,有部署有总结。

边区监所在犯人中进行劳动教育,获得了丰硕的成果。不仅为边区输送了大批合格的劳动者,还为边区创造了可观的物质财富,增加了社会生产,减轻了人民的经济负担。据统计,从 1939 年到 1943 年,高等法院监狱犯人从事农业、纺织、木工、伐木、缝衣、做鞋、烧炭、修房、打窑等劳动,以小米折算共收入 2 146.57 石。

第四节　陕甘宁边区监所管理制度

一、监所管理规则和守法规则

(一)边区监所制定的各类规定

监所管理制度是完成教育改造犯人任务的基本组织措施,是关系监所工作成败的重大问题。边区政府和高等法院十分重视边区监所的管理工作,为适应工作的需要,高等法院、各级监所先后制定了有关监所管理的办法和规则。有《陕甘宁边区高等法院监狱人犯保外服役暂行办法》《陕甘宁边区高等法院在押人犯服役奖惩暂行办法》《陕甘宁边区高等法院监狱守法规则》《陕甘宁边区高等法院监狱管理规则》《陕甘宁边区高等法院监所工作细则》《陕甘宁边区高等法院看守所规则》《延安市地方法院看守所在押人犯接见规则》《陕甘宁边区在所人犯财务保管规则》《陕甘宁边区高等法院看守所检查规则》《陕甘宁边区高等法院看守所参观规则》《陕甘宁边区高等法院监狱劳动生产第一所(工业)奖惩办法》等。这些办法和规则体现了边区监所工作的指导思想、工作方针、教育方法和工作态度,确定了监所管理教育的各种制度,它是监所工作的历史记录,是对丰富经验的高度总结,反映了当时司法工作的优良传统和作风。

(二) 犯人收押和入监规定

根据陕甘宁边区监所管理制度规则、守法规则和工作制度的规定,监所收押人犯要依据庭长、司法处长、推事和审判员盖章的"押票"或"收管条"执行。确定收押后,典狱长或看守所长在"押票"或"收管条"的存根上签名或盖章,由法警转交发票人,方可有效。各县送高等法院执行的犯人,则必须有公文、判决书和罪行通知书。

入监人犯要办理手续,具体包括:(1)登记,内容有姓名、性别、年龄、籍贯、住址、成分、职业、文化程度、相貌特征、家庭人口、经济状况、简单历史、羁押及收管原因。对于已判决的犯人,还要增加案情摘要、刑期及本人对判决的意见。(2)检查,分身体检查和物体检查两方面。身体检查,根据《陕甘宁边区高等法院看守所检查规则》规定:"所有头发、口耳、四肢、指间及各隐微处,均须详细检查。被羁押者携带之乳儿得通身检查之。"[①]对女犯人,看守人员、警卫队员都要回避,由监所的女工作人员检查。物品检查,包括对衣类、被褥、食宿必需品、财物、金钱、书籍、文件、信函的检查。除日常必需品外,都由监所代为保管,发现与案情有关的赃证物件的,交由法庭处理;对于隐匿的金钱予以没收;对于检查过的书籍,允许其带入监所阅读;与案情无关的来往信件,发还本人。违反规定者,除监所酌情处理外,还必须报告法庭,依法制裁。(3)编号。一般是对已决犯、未决犯分别编号,做到男女分编,同案异室,初犯、累犯不同组,土匪犯之罪大者不能编为一组,以免发生串供或意外事件。(4)入监教育。新犯人由看守所人员同他们进行个别谈话,详细讲解守法规则,要求他们熟记下来,并向他们说明边区政府和监所的有关政策、假释制度和外役制度,教育他们对自身的问题采取正确的态度,启发他们彻底反省错误。

(三) 边区监所管理规则和守法细则

边区高等法院有关监所管理的规则和细则,从性质上讲分两类:一类规定监所工作人员如何搞好管理工作;另一类规定犯人如何接受管理教育。综合管理规则和守法规则的内容,除了规定在犯人中建立自治组织外,主要包括:

1. 规定了人犯的守法规则。包括:

(1) 人犯必须服从监所领导、看守员、哨兵的警戒指挥,不得违抗命令,不得借故拒绝分

---

① 《陕甘宁边区高等法院看守所检查规则》,1938 年。

配的工作。

（2）人犯来往信件及物品，必须接受监所检查。不准与在押同案关系人公开或私密通信。

（3）人犯之间要团结互助，不得争吵打骂，闹无原则纠纷；监内外犯人，不得无故接近，传递消息；不许串号子；不许试探别的号舍的动静，及秘密传递东西；男犯对女犯不得调戏及有其他不正当行为。违者，视情节轻重给予处罚。还规定，在监中不得组织秘密活动；有意逃脱或自杀者，应加罪论罪；同窑人犯有知情报告的责任，报告者，可酌减处分，否则按同谋罪论处。

（4）人犯入监不得私带武器、危险品，不能隐藏违禁品；未经许可，不得私自调换财物；要爱护公物，不得损坏，出监所时如数交还。

（5）人犯要注意清洁，讲求卫生。号舍轮流值日，维持房内卫生清洁。定期洗衣、洗澡和理发。人犯生病，经医生证明给予治疗，如系传染病和重病即转入病房。如系装病，则给予适当处罚。

（6）人犯要遵守纪律，按时作息，白天不能睡觉，夜晚按时就寝，不得谈话。室内不得大声谈笑和唱歌，但说话要响亮，不得窃窃私语。

经过几年的探索和不断总结经验，1945 年 5 月 2 日《陕甘宁边区高等法院监狱管理规则》规定了下列处罚措施：(1)打扫公共卫生；(2)于工作时间外加工或分配较重的工作；(3)扣除应得奖励或红利之全部或一部；(4)刑事处分。在处罚犯人时，要先进行个别谈话，再交犯人大会讨论，领导必须掌握政策，注意火候，主持公道，处分决定公布后，还要做“安慰和鼓励”的工作，以善其后，防止意外。

边区监所械具分捕绳、手铐、脚镣三种。对犯人使用械具，不属于处罚的手段，而是在迫不得已的条件下采取的紧急措施。在边区监所，一般不准对犯人使用械具。对捕绳的使用，限于逮捕、解送犯人，而且规定绳头紧度以不致逃跑为准，不得损伤犯人身体。镣铐只对极少数重要犯人，以及有越狱逃跑、暴力行为和悲观自杀倾向者使用。

2. 规定了监所工作人员的职责与纪律。陕甘宁边区政府对公务人员的要求是很严格的，它体现了苏维埃时期的光荣传统和延安时代的优良作风。这些规则要求监所工作人员做到：筹划和组织犯人管理教育和生产事项；帮助和领导守法人的自治组织；执行各种管理制度；贯彻边区政府和高等法院关于监所工作的各项方针政策，实现教育改造犯人的目的。

（1）监所工作人员的职责。

第一，抓好思想教育。对犯人进行个别谈话，集体上课和参加犯人各种会议，特别是生活检讨会和政治学习讨论会，以便掌握思想动态，根据不同类型犯人的性格和特点，采取适当的方式，给予启发和教育，做到思想工作有的放矢。

第二，关心犯人生活。安排好他们的学习、生产和文体活动；克服困难，尽力搞好伙食，让犯人吃饱吃好；教育犯人讲究卫生，预防和治疗犯人疾病，保护他们的身体健康；认真听取犯人对监所工作的意见，改进监所工作。

第三，做好警戒工作。监所管理制度规定：在风雨及大雾之天，将人犯适当集中，严加防范；早晚午休，一律禁止人犯出入，必要时，由带班班长监视或派员跟随；如特殊工作需要，人犯离开驻地很远或去偏僻之地，需派可靠人犯，同时还要加强警戒；上山生产，应将人犯集中，以圆周方式警戒；卫兵要互相联络；禁闭人犯，要避免一人一室，必须单独监禁时，选坚固窑洞，上好门锁，并随时检查。

第四，认真考核犯人。对犯人在守法中的表现和转变错误的程度进行考核，作出鉴定，实行奖惩，并提出提前释放、外役和假释的意见，鼓励犯人进步，促进犯人转变。

此外，典狱长有权审核在押已决犯的上诉要求，认为理由充分者，在时效期间内，可商同法庭准其上诉。

（2）监所工作人员的纪律。为了保证监所工作人员尽职尽责地搞好管教工作，边区政府和高等法院规定了监所工作人员应遵守的纪律。主要是：监所工作人员不得侵犯监所给予犯人的一定范围的自由，尊重犯人的法律地位，保护犯人的合法权益。其具体内容是：严格禁止使用肉刑，不得随意捆绑打骂及侮辱犯人；守法人的物质待遇须照规定数量发放，不得克扣；保证给予犯人规定的分红和奖金；不得贪污和挪用犯人的财物；不得收受犯人的贿赂；工作人员的私人生活，不得随意支配犯人去做；对女犯人不得有调戏和任何不正当行为。凡违反上述纪律者，要受到政纪处分。

3. 规定了保管犯人财务的制度。高等法院看守所一建立，就有保护犯人财务的规定，1942 年《陕甘宁边区保障人权财权条例》公布后，各监所依据条例确定的保护犯人财物的法律原则，进一步完善了对在押犯人的财物保管规则。

监所犯人财物保管规则的主要内容有：(1)犯人入监携带的财务、金钱和非日用必需品应交点清楚，由保管员保存。犯人在监期间，亲友所送财物，须由代收人填具代收证，并签名盖章，交送物人收执。保管人员接受保管的财物，应详细登记财务保管簿，并与在监人犯当面对证，使其捺手印。保管员保管之金钱，每月应将旧管、新收、开支、实存各款，开列清册，连同财物保管簿，送监所领导审核，不得贪污挪用。(2)监犯购买物品或因其他用途支用被保管的金钱，应填明金额及用途，由监所领导审核后，交保管员办理。请求发给保管物品时，应酌情发给，承领人于财务登记簿内签章。被保管的财务，于人犯出监时发还。并由财务保管员出具证明。(3)依据本规则没收的藏匿的金钱，自处分之日起，在监所再无违犯守法规则现象时，应酌情发还。(4)监所死亡犯人遗留的财物，经家属请求，可交付领回，经过 1 年无人认领时，收归公有。逃脱及处死刑者遗留的财物，一律没收。(5)保管的财物，除灾变及不可抗力外，如有损失，应由监所保管人员负责赔偿。

二、监所的会议和汇报制度

为了发动和领导犯人自治组织，运用集体生活的民主方式和批评与自我批评的武器，合理地开展积极的思想斗争，促进和帮助犯人认识和改正错误，搞好管理和教育工作，边区各级监所都建立了犯人的会议和汇报制度。

（一）会议制度

1. 生活检讨会。包括小组生活检讨会和全体生活检讨会两种。生活检讨会制度，从看守所建立时就存在。1938 年制定的《陕甘宁边区高等法院看守所规则》规定:"每晚各窑须开检讨会一次",随即召开全体犯人生活检讨会一次。1941 年后,因会多、时常准备不够,效果不好,流于形式,将全组生活检讨会改为每周两次,全体犯人生活检讨会每周 1 次。1945 年 5 月 2 日的《陕甘宁边区高等法院监狱守法规则》把它确定了下来。1948 年 4 月以后全体犯人生活检讨会减为两周 1 次。定制以后,相沿不改。

全组生活检讨会,首先是个人检查,把当日或几天来的思想和行动中发生的问题,讲清事实,找出根源,进行自我批评。然后,开展互相批评,彼此帮助,揭发隐瞒的问题,防止可能发生的倾向,教育犯错误者,警戒大家。

只有对多次犯错误而又屡教不改者,或有严重罪行的人,才召开全体犯人生活检讨会,勒令其检讨,发动犯人开展斗争。但事先必须进行个别谈话,教育他们正确对待,要有思想准备,以免发生恐惧和意外。会后,还要进行劝慰,坚定他们生活的信心,鼓励他们弃旧图新。

不论全组生活检讨会还是全体犯人生活检讨会,监所领导人和工作人员都分别参加,予以指导,协助组长或队长,保证会议健康顺利地进行,并根据事实与守法规则作出结论。

生活检讨会是在监所领导下,犯人自己教育自己的民主形式,它给了犯人以进步的武器和改正错误的机会,促使犯人开展积极的思想斗争,提高其接受改造的自觉性。通过生活检讨会,促进一般的犯人时刻警惕自己,严格要求,努力向上,安心守法;帮助违犯守法规则的犯人明辨是非,检讨错误,制定改正措施,重新走上遵纪守法的轨道;斗争犯有严重罪行的犯人,清算他的罪行,批判他的坏思想,在犯人组织的监督下,促其认罪服法,痛改前非。

2. 自由演讲会。这是监所赋予犯人一定范围的言论自由,为他们自由发表意见提供机会和场所。会议不定期举行,演讲的内容以守法为中心,由监所出具题目,各组分头准备,推选代表登台演讲。演讲时,监所派人记录,并由监所领导做总结发言。以守法为中心的自由演讲会对于活跃监所政治气氛,提高自己,教育别人,促进监所管教工作,都发挥了良好的作用。

(二)汇报制度

汇报制度是监所领导和看守人员通过犯人各级组织,自下而上了解和掌握当日犯人思想动态和守法情形,并及时作出处置的一种制度。

每个犯人每天要向组长汇报,内容是本人本日生产学习及其他情况,说清自己的优缺点,反映他人的好坏表现和其他问题。组长综合全组情形、每个人的好坏表现和存在的重大问题向队长汇报。队长集中全队情况向监所领导或指定的工作人员汇报。监所人员根据汇报计划明天的工作,并给予简明具体的指示,对重大问题则予以迅速处置,并随时向下传达。遇有特殊重大问题,犯人和各级犯人负责人不受层层汇报的限制,可直接向典狱长或看守人员汇报。后来,汇报制度逐步完善,建立了逐日汇报和犯人成绩簿,为考核犯人积累了资料。

边区监所的汇报制度是极其严格的,十余年如一日,从未间断。通过汇报,监所能够及时发现问题,揭露逃跑的企图,粉碎越狱暴动的阴谋活动。同时,监所还可随时了解情况,掌握犯人对所犯错误和问题认识的程度,便于因势利导,进行恰当的教育。还为系统具体地考察犯人、做鉴定、实行奖罚以及决定是否提前释放、假释和外役,提供了依据。

三、监所犯人的生活待遇

边区政府和高等法院十分重视犯人的生活管理和待遇，把它视为感化教育和改造犯人的必不可少的物质条件。边区高等法院在当时物质极端缺乏的条件下，克服了许多经济困难，想了很多办法，搞好和改善犯人的生活。这些对于稳定犯人思想情绪，保证其安心守法，提高热情，努力生产，促进和帮助教育犯人等，发挥了很大的作用。

（一）制定生活待遇的原则

陕甘宁边区政府重视犯人的生活管理，规定良好的生活待遇，是以“尽一切可能，在物质上和精神上减除犯人的痛苦的感觉”为前提的。陕甘宁边区政府制定犯人的生活待遇，根据下述两个原则：

第一，犯人待遇与机关工作人员一致的原则。林伯渠指出：“边区犯人生活与机关工作人员是一致的。除没有个人行动自由及不发津贴外，饮食起居，学习劳动，没有任何差别。”[①]这一规定体现了党和边区政府对犯人生活的关心和改造的殷切期望，它对于犯人自觉地转变自己的错误起了很大的促进作用。

第二，反对生活待遇上的绝对平均主义原则。犯人生活的改善，必须有一定的限度，以不超过老百姓的中等生活水平为标准。边区政府规定，犯人伙食待遇应大致平等，但在衣被、日用品的供给和发放上要反对绝对平均主义，坚持从各地情况出发，允许有些差异。已决犯与未决犯、参加劳动的与不参加劳动的、表现好的与表现差的、家庭困难的与富裕的、男犯与女犯、有病的和无病的应有不同。不然，若待遇一律平等，便难以激发犯人转变的进取心。

（二）生活待遇规定的内容

从边区各级监所的规定和实践来看，犯人的生活待遇包括下列几方面内容：

第一，伙食标准的规定。边区各级干部在经济生活上是平民化的。上至边区政府主席，下至乡长，每天1斤4两小米，7分柴草钱，每月1－3元津贴。干部还通过参加生产劳动和勤俭节约等办法减轻人民负担。十多年来，干部的生活待遇大致如此。犯人与工作人员的生活完全平等，标准一样。1944年边区政府规定犯人每日三餐。每人每天1斤8两小米，菜1斤；每人每月油1斤半，肉1斤，面食1次，有时增加。

监所干部为了促进犯人的改造和转变，都想尽办法搞好犯人伙食，让他们吃饱吃好。例如在1940年，监所在计划生产之外，发动犯人专门开垦荒地，种植瓜、菜、麻、烟，解决犯人吃菜、穿草鞋和吸烟问题。还发动犯人利用星期日上山打柴出卖，除买书报等补助教育经费外，余下都用于改善犯人伙食。

边区政府和高等法院不时发出检查各级监所工作的指示，或直接派员亲赴各县进行检查，其中一项重要内容就是检查对犯人的生活管理，帮助各县看守所扩大生产门路，设法改善犯人生活。

第二，尊重少数民族犯人的生活习惯。边区依据民族平等的原则，实行蒙、回民族与汉

① 林伯渠：《陕甘宁边区政府工作报告》，1939－1941年。

族在政治、经济、文化上的平等，尊重蒙、回民族的宗教信仰与风俗习惯。对少数民族犯人，在生活上有特别的照顾，绝对不为难他们。

第三，被服和日用生活品的发放。边区政府规定，这方面的待遇不是一律供给的原则，而是根据不同情况区别对待。从1937年到1941年，是按照已决犯、未决犯来分的。未决犯一般不发衣服被褥和日用品，实行自给的原则。只对表现好或家庭特别困难者，补充棉被、鞋袜。已决犯每人每年发单衣、衬衣各一套，两年发棉衣一套。不管已决犯或未决犯，只要参加生产劳动，即增发草帽、草鞋、袜子、毛巾和旱烟等日用品。

第四，生活作息制度的安排。边区监狱不仅注意搞好犯人的生活管理，对他们每天的生活作息制度也作了规定。1940年，高等法院看守所规定，每天劳动6小时，学习3小时，娱乐1小时半，睡眠9小时，生活及自由活动时间未做具体安排，星期六晚为文娱晚会时间。1945年，每天劳动时间增至8小时，教育3小时，睡眠9小时，其他为吃饭、文体活动等自由支配时间。1949年又规定，生产6小时，集体上课1小时，讨论和读报3小时，检讨与汇报两小时，休息、吃饭两小时，自由活动1小时，睡眠9小时。

监所还对犯人实行例假制度，每周星期日放假，为犯人洗晒衣服、被褥、打扫卫生、整理内务时间。每逢元旦、“五一”国际劳动节、“七一”党的生日、“七・七”抗战纪念日、“八一”建军节各放假1天。此外，我国人民传统的节日——中秋节放假1天，春节放假5天。

第五，犯人的请假制度。边区的监犯绝大多数是成年犯，他们上有年老的父母，下有妻子儿女，难免发生生老病死、天灾人祸，这些事态无不牵动着他们的心弦，严重地影响着他们守法的情绪。因此，边区高等法院实行革命的人道主义，从推行感化教育出发，规定了在押已决人犯的请假制度。

制度规定，凡已决犯人家庭有婚丧灾情等重大事由，必须本人亲自办理者，经过调查属实后，具备下列条件，经各级司法机关负责人批准，可酌情给予假期：思想表现好，无逃跑之可能者；由区、乡或妥当之亲友作保。

第六，接待来监探亲的犯人家属。犯人家属探监，路远不能当日返回者，监所安排免费招待食宿，待遇与一般工作人员家属相同。监狱还设有犯人家属宿室，配备单独客房，允许犯人夫妇临时同居。这一制度经过1941年10月边区高等法院第一届司法会议总结后，正式规定下来。

第七，解决犯人家属生产困难。对于犯人家属，只有老幼妇孺，严重缺乏劳动力，无法生产，造成生活极端困难者，边区监所实行过以下几种办法加以解决：(1)放回制。农忙时放回，春播、夏种、秋收后回监继续守法，刑期向后顺延。(2)安置制。凡判3年以上徒刑，经县以上政府证明，家庭确实困难者，可将家属迁来监所附近，组织了新民村，家属按移民对待，本人照常守法，抽时间帮助家属生产。

四、假释制度

（一）假释的法律规定

假释旧称假出狱，或有条件释放。陕甘宁边区从建立起，就实行了假释制度。1938年9

月9日边区高等法院发布的《关于各县羁押犯人的处理办法的第五号通令》中,第一、四部分规定了假释的条件和对重大政治罪犯假释从严的原则。根据假释犯人管理教育中存在的问题,高等法院于1939年4月19日发布第三号通知,阐明了已决犯假释到各机关分配工作的意义,指出各机关对假释犯人管理教育中存在的错误倾向,提出了改进的措施。同年,高等法院院长雷经天在县区长联席会议上所作的《目前边区司法工作》报告中,系统阐述了假释犯人的条件、对假释犯人的管理教育等重大问题。1945年边区第二届司法会议总结了有关假释工作的经验,制定了《陕甘宁边区假释条例》。

(二)假释的条件

边区实行假释制度的出发点,一是鼓励犯人进步,促进犯人转变错误;二是顾及犯人家庭困难,有利于发展社会生产;三是扩大政治影响,体现教育改造的宽大政策。

边区的假释是指在监所执行自由刑的犯人,刑期未满时,在遵守司法机关规定的条件下,被释放到机关工作或回家生产的一种制度。

边区监所假释犯人的条件有:表现好,思想进步,已认识和转变错误,有悔改实据,不致再危害社会者;必须执行一定刑期,受到了监所最必要的和最基本的教育,能考察出转变的过程和表现;要顾及犯人家庭缺乏劳动力,生活困难或发生重大意外灾变的情况。

(三)假释的程序及内容

对于假释,监所可以主动提出,一般是根据犯人在监执行相当刑期的过程中,学习、劳动、品行表现突出,由犯人大会民主讨论通过。犯人及其家属也可提出假释的请求,理由多系家庭困难,应由申请人向所在县政府陈述困难,提出请求,经县政府调查情况,提出意见,并由犯人找好妥实保人,一并申报。如系区乡政府和乡邻公正人士呈请保释犯人的,则须说明理由。所有假释名单提到监所后,都必须由典狱长召开干部会议讨论通过,然后呈报高等法院院长批准。

县看守所经县裁判委员会决定,可对判处苦役的犯人实行假释,分配适当工作,或回家生产。对徒刑犯人的假释,仍须呈请高等法院批准。

对被批准假释的犯人,行前,监所要做许多善后工作,以保证假释的效果。一是进行个别谈话,说明该犯在守法中转变错误的情况,经教育改造取得的成绩,指出今后工作中要继续克服的缺点,并代表监所向假释犯人提出希望,鼓励他们不要重犯,做一个好公民。二要发动犯人为他们做鉴定。三要帮助他们制订生产计划。四是由监所招待吃便饭,表示饯行。

针对假释犯人管束教育中存在的问题,边区高等法院于1939年4月19日发出通知指出:"本院已判决的人犯,在刑期未满,所以假释到各机关分配工作的意义,原为要各机关负责管理教育及考查,使人犯在工作中间去彻底了解和转变自己的错误,故凡在假释中的人犯,应由各分配工作的机关帮助他们成为一个新的革命斗士。"为此,重申"此后,凡各机关有本院分配去工作的假释犯人,务由各该机关切实负责管理教育及考查,如在刑期未满期间,凡有表现不好或重犯错误者,即行送回本院,如有逃跑者,亦应通知本院以便通缉究办"。此后,对假释犯人的管理教育,有了很大改善。

边区对假释的撤销是十分慎重和严格的。只有在假释期间,又犯强制教育以上罪行者,经过高等法院批准，才能撤销假释。各级监所无此权力，但过失犯罪者不在此限。撤销假释，其出狱日期不得抵算刑期。

（四）假释制度的成效

边区假释制度的实行，尽管曾发生过这样或那样的问题，但是，实践证明，假释的确是鼓励犯人进步的好制度。假释到机关或回家的，除极个别逃跑和撤销假释外，大多数都表现很好，自觉接受教育，服从管束，努力工作和生产，不忘守法。并且，不忘监所对其的教育，常以亲身经历宣传边区监所管教犯人的成绩，称颂教育改造犯人的政策好。有的犯人还经常给监所来信，汇报工作，说自己出狱后政治的进步、文化的提高、生活的感受等。还有的寄函监所，转达他对在监犯人的问候和期望，希望他们以实际行动，争取早出狱，成为一个合格的边区公民。

五、外役制度

（一）实行外役制度的目的

陕甘宁边区地广人稀，又处于革命战争的大后方，需要大批劳动力发展生产，支援前线。在这种情况下，边区政府为了鼓励犯人上进，加速改造，及早成为合格的劳动公民，规定了外役制度。外役，就是在押犯人到监所以外去服劳役。十几年的实践证明，这种制度的确是促进犯人改造的有效措施之一。在外役的条件下，犯人虽然处于服役地行政负责人的管教之下，但已部分或完全地脱离了警戒，在很大程度上恢复了人身自由，他们和广大人民、机关工作人员一起学习、生活和劳动，具备了行使各种未被剥夺的政治权利的条件。同时，外役是犯人由监狱的羁押生活到社会的自由生活的过渡和桥梁，是重新步入新社会生活前的演习和锻炼。在这个过程中，表现突出的犯人可通过减刑提前释放，完全恢复自由。延安时期，表现好的已决犯人，许多都能保外服役。以高等法院看守所和监狱为例，1940 年，看守所在押人贩共有 201 人，外役者 79 人，占总数 34%。1948 年下半年，高等法院监狱共押犯人 216 人，外役 71 人，占总数 33%。由此可见，外役制度的实行，给犯人指明了前进的目标，带来了自由的曙光。

（二）外役的形式和条件

陕甘宁边区的外役有两种形式：(1) 保外服役，是指有担保而脱离监所直接管理范围的服役；(2) 调外服役，是指不脱离监所直接管理范围，参加农工商及其他各项的服役。

1942 年 9 月 9 日，陕甘宁边区高等法院颁布《监狱人犯保外服役办法》。在总结实践经验的基础上，1945 年 9 月 12 日高等法院又颁布命令，修正发布了《陕甘宁边区监狱人犯保外服役暂行办法》，确认和完善了保外服役制度。

1942 年《监狱人犯保外服役办法》规定，凡在高院监狱执行徒刑、劳役或易服徒刑、劳役的刑事犯，具备下列条件的，方得保外服役：第一，有殷实商号或有信用之人作保。但残余刑期不满 3 月的犯人，工作需要，无保可觅，经批准得免除具保。第二，在守法中表现良好而无逃亡之虞者，或在边区有家庭关系者。第三，必须执行一定刑期：2 年以下徒刑或劳役，执行刑期在 1/5 以上者；2 年以上 5 年以下徒刑，执行刑期在 2/5 以上者；5 年以上徒刑，执行期在3/5以上者。随着经验的积累和认识的提高,1945年的《陕甘宁边区监狱人犯保外服役暂行办法》对保外服役的条件有了新的补充和发展:一是把表现良好,有转变错误之实据而无逃亡之虞者作为必备条件,取消了在边区有家庭关系一条,强调了犯人在守法中的表现;二是规定了执行刑期1/2以上为标准,简化了计算手续;三是规定了有些罪犯,即破坏边区犯、杀人犯中群众所极端愤恨者,不易转变之累犯者,不得保外服役。

(三)外役犯人的教育管理

保外服役的手续,一般是先经犯人大会民主讨论通过,监所提出名单,交高等法院执行处详加审查,核对保状后,即可保外服役。执行处撤销后,由监所负责人审查核对保状。保外服役犯人以及残余刑期为服役期间,服役期间终了,即为执行刑期终了。保外服役犯人如有违犯管理教育之实施,或表现不好,或逃亡之虞者,由执行处和主管监所给予撤销保外服役处分。但此项处分,应事先通知服役地之行政负责人。表现好的,可以减刑释放。

对于保外服役犯人的管理教育,边区采取服役地单位与监所互相配合、共同管理的方法。根据1945年《陕甘宁边区监所保外服役犯人暂行办法》规定,各服役地之行政负责人,对犯人要严加管教,掌握其思想动态,进行思想教育。对表现不轨者,行政负责人有权恢复警戒和看管,并须定期或不定期地将管理教育情形向高等法院执行处汇报或书面报告。此外,外役犯人多且服役单位集中时,可按单位编组编队,选举组、队长,通过犯人自治组织进行管理,由犯人负责人按级向监所汇报每个犯人的情况,以便监所配合服役地负责人搞好管教。

(四)实行外役制度的经验

边区监所在执行保外服役中,取得了许多成功的经验:(1)必须严格坚持以思想表现为主的保外服役条件;(2)必须抓紧对外役犯人的管理教育,不能两不管,放任自流;(3)定期检查和考核,做到赏罚严明。

六、生产奖惩制度

为了减轻人民负担,提高犯人生产热忱,奖励生产中成绩优良者,以积累生产资金,为犯人建立家务,边区政府和高等法院制定了监所犯人生产奖惩制度。

边区高等法院提出,首先在手工业部门试行奖金制度,为此公布了《陕甘宁边区监狱劳动生产第一所(工业)奖惩办法》。这个办法虽然很不完善,但在生产中也曾发生过重大作用。后来,逐步把奖金制度推广到各个生产部门。随着经验的增多,在上述办法的基础上,1944年前后,陕甘宁边区高等法院制定和颁布了《陕甘宁边区高等法院在押人犯服役奖惩暂行办法》。

(一)奖金制度

1942年《陕甘宁边区高等法院在押人犯服役奖惩暂行办法》规定,奖金分三种:一是定额奖,即根据每个人的技术进步与工具条件,每月定出个人生产任务,能完成规定任务者,就有受奖资格,超额完成任务,累进计奖。如弹花,完成任务,奖米5升,超过1斤,增米1升。二是不定额奖,即对杂工、修理工等不能计算定额的工种,按工作好坏,由大家民主评定给奖。三是普通奖，即对于工作努力，但基于特殊原因未能完成任务者，酌情给予普通奖。

在外服役犯人具有下列条件者，除照监所规定奖励外，并给予一定数量之奖金：(1)埋头苦干，不偷懒；(2)服从组织，遵守纪律；(3)想方设法，节约原料；(4)积极提出关于增长生产率的意见或方法，并行之有效。奖金有三种：一种是按服役成品所得的纯收益，给予5% -10%的奖金；超过生产最高标准(按照各服役部门一般犯人技术的熟练程度及劳动强度制定)之服役成品，按照纯收益，给予20% -40%的奖金。第二种是不能以生产数量给奖者，应按照服役之努力和成绩，每月给予20元以上100元以下之奖金。第三种是特别奖，即服役犯人对于劳动技术或强度的提高及其他有关生产率增长的具体方式或方法有所创造，使生产有特殊发展者，给予100元以上300元以下特别奖金。除特别奖外，奖金最高额不得超过普通工资的30%。奖金的发放，斟酌情况，考虑犯人的需要，折合市价，按月发给实物。犯人生产成绩最优、获奖最多者，予以通报表扬，彼此激励，扩大影响。

监所和各服役部门都建立了奖金保管制度。犯人要购置日用必需品、补助家庭生活费或有其他正当理由的，应准予领取，其余要认真保管，待犯人释放时发放。

《陕甘宁边区高等法院在押人犯服役奖惩暂行办法》还规定了服役犯人有消极怠工及其他不良行为，如无故不能完成任务、违反工房纪律、浪费原料、旷工、每月病假3日以上、有贪污偷窃行为的，按照情节轻重给予批评(个人及小组批评)、全体大会斗争、停止和撤销奖金之一部或全部之处罚。服役犯人损坏工具时，得斟酌情形赔偿工具价格之一部或全部。实行惩罚时，应本着循循善诱、诲人不倦的精神，着重采用谈话、批评等个别教育方式。被惩罚犯人不服的，可向高等法院申诉。

(二) 分红制度

1943年，党鸿魁任典狱长时，开始在木板场实行分红制度。当时做法是，每月规定生产定额，多于定额的部分，由木板场给犯人分红，发给奖金。后来推广到其他手工业生产部门。1946年以后，监所各项生产都实行分红制度。按正二八分成，即犯人生产所得利润，80%归公，解决监狱的经费，以减轻人民的负担，其余20%归犯人，按照技术高低、工作日和积极性大小来分红。这个制度的实行和推广激发了犯人的生产热忱，他们把钱积蓄起来存放监所，作为出狱建立家务之用。1948年，实行正三七分红制，把犯人分红部分由20%提高到30%。1949年后，进一步发展为倒三七分红制，即每个犯人生产一年，年终结算，其所得收获，除去生产成本和其一年的吃粮外，再行分红，公家得三分，犯人得七分，犯人多分红，就为其出狱建立生产条件打下了基础。

从分红制度发展的过程，可以清楚地看到犯人分红的比例日益增大，由20%到30%，最后达到70%。这个变化是人们认识深化的必然结果。分红制度建立初期，着眼于鼓励犯人生产的积极性，同时，考虑到为犯人建立家务、解决暂时生活问题，使其出狱后不致马上陷入衣食无着的困境。后期，认识进一步提高，从长远出发，着眼于防止犯人重新犯罪，因此，大幅度地扩大犯人分红比例，使他们积蓄更多的资金，创造出狱后能独立进行生产的条件。

(三) 实行奖惩制度的经验

边区执行犯人的奖惩制度，创造了许多宝贵的经验。主要包括：

第一，坚持奖励多于批评的原则。犯人和普通人一样，都是积极因素和消极因素的统一，但犯人的消极因素占着主导地位。

第二，坚持奖罚分明，公平合理的原则。处于接受教育改造、弃恶从善之中的犯人，对于监所给予的奖励和惩罚是十分敏感的。

第三，坚持民主讨论的原则。为了做到公平合理，奖金制度与最高生产指标的确定，事先都要征集犯人的意见，确定后，还应向犯人传达和解释，并随时听取他们的意见，以便修正。奖金制度的具体实施，更要经过犯人大会的民主讨论。

七、卫生医疗制度

边区监所的卫生医疗制度，包括卫生制度、医疗制度和卫生常识教育三个方面内容。

（一）卫生制度

根据《陕甘宁边区高等法院监狱卫生规则》的规定和实际的执行情况，犯人入监，首先由医生进行身体检查，作出体力强弱鉴定书，以便根据体力不同安排适当的生产劳动。个人卫生的要求，每日早晨刷牙、洗脸，晚上洗脚，每周换洗衣服，每周暴晒被毯 1 次，1 周或半月洗澡 1 次，半月或 1 月理发 1 次。犯错误受禁闭处罚的犯人，每天放风 3 次，晒太阳 1 – 2 小时。犯人不得共用面巾、牙刷和碗筷，不得暴饮暴食。

整洁的卫生环境对于犯人的守法情绪是有直接影响的，因而对号舍卫生，一般要求做到阳光充足、空气流通。每天整理内务，做到清洁整齐。物品放置有秩序，被毯折叠有棱角。室内，日间不放便盆，夜间不能大便。每天有专人值日，负责打扫室内外卫生两次，每周大扫除一次，严禁随地吐痰，不准乱倒污水垃圾。在距离犯人住室较远的地方，建立宽敞的厕所，由犯人轮流值日打扫，保持洁净。夏季动员犯人捕打苍蝇，监所特别重视保持厨房的卫生，做到饭菜清洁，不吃生冷腐败的食品。

为了促进犯人搞好个人和公共卫生，监所开展个人与个人、组与组之间的卫生竞赛。定出竞赛条约，进行督促检查和评比。

为了保证监所卫生工作的经常化、制度化，建立了严格的卫生检查制度。由救亡室委员会（俱乐部）的卫生委员和各组卫生组长每天督促检查本室内务和室外卫生，每周由卫生委员率领各卫生组长进行两次卫生大检查，评定分数，每月计算总分，进行评比，并召开大会，奖励卫生好的，发给优胜旗，对于卫生不好的予以批评。

在当时住房挤、设备差、困难多的条件下，监所想方设法抓好卫生工作，使得住室整洁，环境卫生，犯人身体健康，情绪饱满。1938 年，几位国际友人参观看守所，把犯人窑洞中通铺上摆的整齐的被毯，误认为长条桌子，可见内务整洁的程度。

（二）医疗制度

犯人入监，生患疾病的比较多，主要有梅毒、肺病、疥疮等。如 1949 年 10 – 12 月，边区监狱统计，在押人犯共 758 人，其中：内科病患者 289 人，治愈 139 人；外科病患者 225 人，治愈 192 人。共计患者 514 人，治愈 331 人。保外就医犯人 5 人，病死 2 人，正在治疗者 187 人。每日看病者不下百人。

边区政府很关心监所犯人的身体健康，责成边区医院每周两次派医生来看守所看病。1940 年以后，从犯人中推选懂医学的犯人为他们治病，或者患病的犯人到高等法院医务所看病。1946 年后，为了方便犯人治病，马锡五院长决定，将高等法院医务所划归监狱编制之下，其任务是：(1)诊断治疗疾病；(2)领导监所卫生工作，进行卫生常识教育；(3)对保外就医的犯人实行巡检制度。

边区高等法院监所对患病犯人，根据不同情况做不同的处置：(1)一般疾病由医务所进行治疗。医务所设传染病隔离室，给病人开病号饭，如白面、小米粥、鸡蛋等，使犯人不因生病而感到恐惧。生病期间免除劳动，以便休养。(2)刑期短，病情重，需要长期营养治疗的犯人，由于医务所物质条件达不到，或者保外治疗，或者准假回家养病。1949 年，监所曾建议法院，凡判决犯人患重病或传染病者，由当地处理，不得解送高院监狱。(3)对于患急病，需要动手术的犯人，由监所将其送医院住院治疗，甚至有的送中央医院治疗，手术医疗费用由监所担负。

由于边区监所对犯人医疗卫生工作的重视，以及工作人员的关心和医生的认真治疗，边区很少有犯人病亡于狱中。据统计，从高等法院看守所建立到 1950 年的 13 年里，正常死亡犯人共 16 人。当时，陕北农村由于缺乏卫生习惯，医疗条件差，某些地区不时流行传染病，而监狱并没受多大影响。由此可见，监狱医疗卫生工作成效显著。

边区监所工作人员和医务人员把关心犯人的疾病痛痒和生命安危，当成自己对革命事业应尽的职责。在极端艰苦的条件下发挥了工作的积极性、主动性，大大改善了犯人身体健康状况，取得感化教育犯人的惊人效果。病愈的犯人都十分感动，有的在犯人大会上发言，表达自己对党和边区政府的感激之情；有的投稿给《守法生活报》，诉说监所关心、治疗他疾病的经过；有的病未愈就要求参加生产；有的主动带病干轻活；有的则为劳作队犯人打毛线、缝补衣服等。

（三）卫生常识教育

边区监所配合卫生医疗工作，着眼于提倡文明，讲究卫生，克服落后习俗，对犯人进行卫生常识教育。卫生常识课，每周上 1－2 次，由医务人员担任教师。根据犯人的实际情况和监所发病的特点，自编教材，采用集体上课和墙报卫生之宣传栏相结合的形式，机动灵活，着重实用性。

卫生常识课的内容，根据记载有：中国人民的卫生概况，守法中讲究卫生的重要性，疾病的原因，什么是病菌，肠胃病的起因，冻疮冻裂的起因及其预防，疥疮的预防，伤风的预防法，传染病的媒介，眼病是如何传染的，白喉的预防法；剃头剪指甲的好处，喝生水的害处，苍蝇对健康的危害，阳光对治病的作用，烟的害处，烧火须知，运动与健康等。

犯人守法期间，由于经常的卫生教育和严格执行卫生制度，懂得了一些卫生常识，逐步养成了一些卫生习惯，初步改变了愚昧落后、肮脏迷信的状况。正如雷经天在《两年半来陕甘宁边区的司法工作》中指出的：“老百姓在乡村中，不卫生的习惯，在看守所住了一个时期，都能够改变了。”有的人在出狱后，还能进行卫生宣传，教育别人。

结语：陕甘宁边区法制在中国法律现代化中的地位

中国法律现代化，是指立足于中国社会内在需要的，以解决中国社会问题为目标的法律改革运动。[①] 在特定历史时期和特殊的历史条件下，面对当时的司法环境和社会现实，法制建设应当从改造社会、治理社会的目标出发，以解决中国社会问题为中心，紧密关注陕甘宁边区特殊的社会条件和环境，推动中国现代法治的进程。陕甘宁边区法制作为新中国法制的萌芽，是中国现代法制的重要组成部分，对中国当代司法改革和法治中国建设提供了历史经验。

陕甘宁边区的法制实践，充分考虑了中国传统文化在边区的延续和影响，以及边区特定的生活环境和战争需要。中国从秦朝确立郡县制以来，直至清末，地方上采取行政与司法合一的模式，行政长官兼理司法。基层法制强调对社会的综合治理，强调县级最高司法、行政长官——县令的职责，强调地方上司法与行政合一的模式，其最大的特点是能够发挥综合的社会治理功能，适合中国传统农业文明的需要，符合效率原则。这种体制不强调某一部门的独立，而强调司法作为地方政权的组成部分，发挥宏观的和综合的作用，通过高效的司法活动完成地方治理的目标。

正是在陕甘宁边区的法制实践中，马锡五审判方式脱颖而出。马锡五审判方式最大的特点，是关注到了程序价值与实体价值的矛盾和冲突。形成于近代西方国家的程序公正，与中国传统司法注重实体公正形成了强烈的反差。如果说程序价值的实现条件是发达的律师职业的话，边区并不具备这一条件，也不可能在短期内具备这一条件。如果程序公正需要当事人完成证据收集、辩论等诉讼环节，边区人民的文化水平达不到这一要求。边区人民需要尽最大的努力去生产生活和抗日救国，而不是花费大量时间去学习法律和诉讼技巧。

中国传统社会中维持秩序的“规则”，主要不是国家的制定法，而是风俗习惯、道德规范，是亲情、乡情等情感。如果说汉唐以来制定的成文法典与中国基层社会保持了距离，近

① 现代化与近代化的主要区别在于，中国法律近代化源于领事裁判权的外在压力，贯穿“中外通行，有裨治理”原则。法律改革的中心是介绍和输入西方的法律学说，运用西方的法律学说解释和说明中国的法律现象，在立法中模仿和引入西方的制度与规则。在“中外通行”和“有裨治理”之间发生冲突时，以“中外通行”作为最高的原则和准则。

代的国家立法则更与中国社会脱节。在陕甘宁边区特定的环境和条件下，司法必须为边区的社会治理服务，司法被认为是政权工作的一部分，司法干部被认为是政府工作人员的组成部分。与“规则的治理”相对，陕甘宁边区的司法强调便利人民诉讼，强调纠纷的化解，强调司法教育功能的发挥。

在整个陕甘宁边区时代，司法正规化是一种从未间断的呼声，但从未被实施。在李木庵任陕甘宁边区高等法院院长期间，确实采取措施加强了边区高等法院的审判工作，但这一改革与司法正规化仍然不能同日而语。而适合边区社会实际的、便利人民诉讼的马锡五审判方式则最终占据了主导地位。司法活动中所强调的深入实际、调查研究、坚持群众路线、追求社会效果被视为创造型司法的重要组成部分。

陕甘宁边区法制采取了追求人际关系和睦的恢复性司法措施。首先，通过推动民间调解、指导民间调解，在解决了大量民间纠纷，减轻法院压力的同时，培植民间力量，实现基层社会的自我约束、自我管理，从根本上消除矛盾，化解纠纷，造福人民。其次，通过对普通刑事案件的调解，使受害人得到最大程度的补偿，使轻刑犯免于入狱，既节约了狱政管理的资源，又保证了刑罚适用的效果。最后，推行人本化的监狱管理模式，对恢复性司法的实现具有重要的意义。人本化的监狱管理模式，是指将罪犯作为“人”来对待，通过教育改造，改变其思想，转变其观念，使之回归社会，过上正常人的生活。

发端于近代的中国法律改革，是中国社会转型的写照。如果说中国法律现代化的目标尚未完成，是一个长期的过程，那么，主要的原因在于中国近代以来一直是一个转型的社会。司法如何适应社会变革的要求，并在社会变革中扮演积极的角色，在实现社会改革的同时，更好地发挥自身的作用，陕甘宁边区的法制实践为我们提供了经验。陕甘宁边区人民在争取民族独立、自由和解放的运动中所进行的法制实践，构成了中国法律现代化的重要篇章。司法抑或法治究竟如何成功地回应社会的要求、人民的呼声，陕甘宁边区法制的实践或许能为我们提供借鉴，是我们今天建设中国特色社会主义法治体系的宝贵财富与历史经验。

阅读文献

1. 中共中央党史研究室:《中国共产党历史》(第 1 卷),中共党史出版社 2002 年版。

2. 韩延龙、常兆儒编:《中国新民主主义革命时期根据地法制文献选编》(第 1 - 4 卷),中国社会科学出版社 1981 - 1984 年版。

3. 陕西省档案馆、陕西省社会科学院合编:《陕甘宁边区政府文件选编》(第 1 - 14 辑),档案出版社 1986 - 1991 年版。

4. 《红色档案——延安时期文献档案汇编》编委会编纂:《陕甘宁边区政府文件选编》(第 1—15 卷),陕西人民出版社 2013 - 2016 年版。

5. 《陕甘宁边区政权建设》编辑组编:《陕甘宁边区的精兵简政(资料选辑)》,求实出版社 1982 年版。

6. 《陕甘宁边区政权建设》编辑组:《陕甘宁边区参议会(资料选辑)》,中共中央党校科研办公室 1985 年版。

7. 中共延安地委统战部、中共中央统战部研究所编:《抗日战争时期陕甘宁边区统一战线和三三制》,陕西人民出版社 1989 年版。

8. 《延安民主模式研究》课题组编:《延安民主模式研究资料选编》,西北大学出版社 2004 年版。

9. 高海深、艾绍润编:《陕甘宁边区判例案例选》,陕西人民出版社 2007 年版。

10. 雷志华、李忠全主编:《陕甘宁边区民政工作资料选编》,陕西人民出版社 1992 年版。

11. 孙照海选编:《陕甘宁边区见闻史料汇编》,国家图书馆出版社 2010 年版。

12. 雷云峰编著:《陕甘宁边区史:抗日战争时期(上)》,西安地图出版社 1993 年版。

13. 杨永华、方克勤:《陕甘宁边区法制史稿(诉讼狱政篇)》,法律出版社 1987 年版。

14. 杨永华:《陕甘宁边区法制史稿(宪法政权组织法篇)》,陕西人民出版社 1992 年版。

15. 韩伟、马成主编:《陕甘宁边区法制史稿(民法篇)》,法律出版社 2018 年版。

16. 杨永华主编:《中国共产党廉政法制史研究》,人民出版社 2005 年版。

17. 张希坡:《中国法制通史》(第 10 卷:新民主主义政权),法律出版社 1999 年版。

18. 张希坡、韩延龙主编:《中国革命法制史》,中国社会科学出版社 2007 年版。

19. 张希坡:《马锡五与马锡五审判方式》,法律出版社 2013 年版。

20. 汪世荣等:《新中国司法制度的基石——陕甘宁边区高等法院(1937 - 1949)》,商务印书馆 2011 年版。

21. 侯欣一:《从司法为民到人民司法——陕甘宁边区大众化司法制度研究》,中国政法大学出版社 2007 年版。

22. 肖周录:《延安时期边区人权保障史稿》,西北大学出版社 1994 年版。

23. 关保英:《陕甘宁边区行政法概论》,中国政法大学出版社 2010 年版。

24. 欧阳华:《抗战时期陕甘宁边区锄奸反特法制研究》,中国政法大学出版社 2013 年版。

25. 刘全娥:《陕甘宁边区司法改革与“政法传统”的形成》,人民出版社 2016 年版。

26. 马京平:《陕甘宁边区农民法制教育研究》,陕西人民出版社 2015 年版。

27. 宋金寿、李忠全主编:《陕甘宁边区政权建设史》,陕西人民出版社 1990 年版。

28. 李智勇:《陕甘宁边区政权形态与社会发展(1937 - 1945)》,中国社会科学出版社 2001 年版。

29. 曾鹿平、姚怀山主编:《延安文化思想概论》,陕西师范大学出版社 2015 年版。

30. 黄正林:《陕甘宁边区社会经济史(1937 - 1945)》,人民出版社 2006 年版。

31. 梁星亮、杨忠虎、宋炜主编:《中国共产党延安时期局部执政史论》,陕西人民出版社 2005 年版。

32. 朱鸿召:《延安日常生活中的历史(1937 - 1947)》,广西师范大学出版社 2007 年版。